礼仪公关系列教材

李道魁 郭玲 王冰蔚 编著

GONGGONG GUANXI XINLIXUE

公共关系心理学

公关人员的心理素质
公众的心理倾向
公众的心理特征
公众的心理定势
公共关系传播心理与实务
利用社会影响改变公众心理
人际交往心理与实务
内部公关与组织内心理氛围的营造

（第二版）

西南财经大学出版社

图书在版编目(CIP)数据

公共关系心理学/李道魁编著 . —2 版. —成都:西南财经大学出版社,2015.7

ISBN 978 - 7 - 5504 - 2030 - 4

Ⅰ.①公… Ⅱ.①李… Ⅲ.①公共关系学—社会心理学 Ⅳ.①C912.3

中国版本图书馆 CIP 数据核字(2015)第 141579 号

公共关系心理学(第二版)

李道魁 郭玲 王冰蔚 编著

责任编辑:张 岚
助理编辑:高 玲
封面设计:杨红鹰
责任印制:封俊川

出版发行	西南财经大学出版社(四川省成都市光华村街55号)
网 址	http://www.bookcj.com
电子邮件	bookcj@foxmail.com
邮政编码	610074
电 话	028 - 87353785 87352368
印 刷	四川森林印务有限责任公司
成品尺寸	160mm×240mm
印 张	21
字 数	350 千字
版 次	2015 年 7 月第 2 版
印 次	2015 年 7 月第 1 次印刷
印 数	1—2000 册
书 号	ISBN 978 - 7 - 5504 - 2030 - 4
定 价	38.00 元

再版前言

公共关系心理学是研究公共关系的主客体及其在传播沟通中特有的心理状态和心理活动规律的科学。它是一门实用性较强的综合性的应用学科，在整个心理科学体系中属于应用心理学的范畴，是心理学的一个分支，也是公共关系学的重要组成部分。在激烈的市场竞争中，组织形象已被视为组织的无形资产，那些不注重团体及个体自身形象、缺乏人际交往艺术技巧的团体已难以发展。任何团体和个人，只有了解公关活动双方的心理和传播活动的心理规律及其特征，才能有效地处理公共关系，深化对公共关系活动规律的认识。而公共关系心理学就是将心理学的一般原理和知识融入公共关系活动中，探讨公关活动实践中的心理现象、心理规律、心理策略等。可以说，只要一个组织想在这个充满竞争压力的社会中存在、发展，就不能无视公共关系心理学。

参加本书撰写的人员有：李道魁（第一章）、王冰蔚（第二、三、七、九、十章）、郭玲（第四、五、六、八章）。李道魁负责本书的编写方案及最终定稿，王冰蔚（河南科技学院）、郭玲（郑州师范学院）负责提纲拟定、统稿与校对等工作。本书的撰写者都是长期从事公关心理学研究和教学工作的人员，对公关心理学进行了系统、深入的研究和探讨，在吸纳公共关系学和心理学等学科体系研究成果的基础上，形成了自己的研究成果。本书内容丰富、结构清晰，理论研究与实证研究相结合，通俗易懂。

作为一本系统研究公共关系心理学方面的书籍，在撰写与修订过程中，我们既总结了多年来在高等院校教育教学与公共关系工作中的实践经验，也参考并吸纳了国内外学者许多有价值的相关研究成果，并引用了部分资料，本书已尽量在参考文献中逐一列出，在此对原作者深表谢意！

由于本学科可供参考的资料有限，同时限于时间与作者水平，书中难免有不妥之处，敬请各位专家、同行和读者批评指正。

编　者
2015 年 5 月

目　录

第一章　绪论 …………………………………………………………（1）
　　第一节　公共关系与心理学概述 ……………………………（1）
　　第二节　公共关系心理学的性质和研究对象 ………………（8）
　　第三节　公共关系心理学的研究原则和方法 ………………（13）

第二章　组织形象 ……………………………………………………（19）
　　第一节　组织形象概述 ………………………………………（19）
　　第二节　组织形象与公众印象 ………………………………（28）
　　第三节　组织形象与公众态度 ………………………………（34）
　　第四节　组织形象与公众舆论 ………………………………（40）
　　第五节　组织形象塑造 ………………………………………（43）

第三章　公关人员的心理素质 ………………………………………（50）
　　第一节　公关人员心理素质的内涵与结构 …………………（50）
　　第二节　公关人员健全的自我意识及其培养 ………………（54）
　　第三节　公关人员的情绪管理 ………………………………（63）
　　第四节　公关人员如何应对挫折 ……………………………（69）

第四章　公众的心理倾向 ……………………………………………（78）
　　第一节　公众的需要 …………………………………………（78）
　　第二节　公众的动机 …………………………………………（96）
　　第三节　公众的兴趣 …………………………………………（101）
　　第四节　公众的价值观 ………………………………………（107）

第五章　公众的心理特征 ……………………………………………（119）
　　第一节　公众的个性心理特征 ………………………………（119）
　　第二节　公众的角色心理特征 ………………………………（132）
　　第三节　重要目标公众的心理特征 …………………………（144）
　　第四节　公众的群体心理特征 ………………………………（155）

第六章 公众的心理定势 …………………………………… （172）
　　第一节 公众心理定势概述 ………………………………… （172）
　　第二节 个体心理定势 ……………………………………… （176）
　　第三节 群体心理定势 ……………………………………… （185）
　　第四节 流行心理定势 ……………………………………… （193）

第七章 公共关系传播心理与实务 ………………………… （211）
　　第一节 公共关系传播概述 ………………………………… （211）
　　第二节 受传者心理分析 …………………………………… （222）
　　第三节 传播效果的提高 …………………………………… （231）

第八章 利用社会影响改变公众心理 ……………………… （240）
　　第一节 他人在场 …………………………………………… （241）
　　第二节 从众 ………………………………………………… （247）
　　第三节 暗示 ………………………………………………… （251）
　　第四节 模仿 ………………………………………………… （257）
　　第五节 感染 ………………………………………………… （261）

第九章 人际交往心理与实务 ……………………………… （269）
　　第一节 人际交往概述 ……………………………………… （269）
　　第二节 人际吸引与人际关系发展阶段 …………………… （275）
　　第三节 了解人际交往中的人性特点 ……………………… （280）
　　第四节 掌握人际交往的原则与方法 ……………………… （284）

第十章 内部公关与组织内心理氛围的营造 ……………… （294）
　　第一节 内部公关概述 ……………………………………… （294）
　　第二节 组织内心理氛围概述 ……………………………… （298）
　　第三节 协调内部人际关系，构建和谐组织 ……………… （301）
　　第四节 培养员工的主人翁意识 …………………………… （306）
　　第五节 增强企业凝聚力 …………………………………… （311）
　　第六节 调动员工积极性 …………………………………… （315）

参考文献 ……………………………………………………… （328）

第 一 章

绪 论

公共关系心理学是应现代社会发展需要而产生的一门学科，尤其在一个全面重视组织公共关系的时代，公共关系心理学的作用更是日益受到人们的关注。

第一节 公共关系与心理学概述

在学习公关心理学之前，我们需要了解公共关系和心理学的基本知识。

一、公共关系的含义

"公共关系"一词是舶来品，其英文为 Public Relations，缩写符号为 PR，简称"公关"，也可译为"公众关系"。从不同的学者对公共关系定义的不同界定中，我们也不难发现其中的一些趋同之处。这些趋同之处主要表现在以下方面：

第一，公共关系是一个组织与其公众之间的关系。这种关系是一个组织在与公众的相互作用和相互影响中形成的。

第二，公共关系是一种特殊的思想和活动。作为一种思想，它渗透到一个组织的全部活动之中；作为一种活动，它又具有区别于组织的其他活动的特殊性和特殊要求。

第三，公共关系是现代组织管理的独立职能。公共关系的主要任务就是协调组织与公众的相互关系，使组织适应公众的要求，使公众有利于组织的成长与发展。

　　第四，信息沟通与传播是公共关系的特殊手段。公共关系协调组织与公众的主要手段，就是信息沟通与传播。信息沟通与传播主要以现代大众传播媒介为物质工具。

　　我们根据成功的公共关系的经验，吸收众多定义的可取之处，给公共关系定义如下：公共关系是指一个社会组织遵循一定的原则，通过双向的信息沟通，为组织树立良好形象，旨在谋求组织内部的凝聚力与社会公众的谅解和支持，从而形成一种组织和公众之间良好的、互动的社会关系。

　　人们普遍认为公共关系是由三要素构成的：主体、客体和传播。

　　社会组织是公共关系的主体，是公共关系活动的发起者、策划者、实施者、调控者和评估者，在公共关系的三大要素中，处于主体地位，具有主导性。它包括政治组织、经济组织、文化组织、宗教组织、群众组织等。社会公众是公共关系的客体，包括特定组织相关的内部公众和外部公众。联系主体与客体的纽带与桥梁是传播。在一个组织内部，有组织与内部公众之间的上源下向流和下源上向流，保证信息畅通。在组织与外部环境（外部公众）之间，有内源外向流和外源内向流，以保证提高组织的知名度和外部信息反馈，修正公关方案。

二、心理学的研究对象

　　心理学是研究心理现象的产生、发展及其变化规律的科学。心理学研究所揭示的许多规律是各个应用心理学科的理论基础，当然也是公关心理学的重要理论基础。

　　心理学的研究对象是心理现象。心理现象是多种多样的，也是非常复杂的。心理学主要研究人的心理现象，也研究动物的心理现象；既研究个体的心理现象，也研究群体的社会心理现象。与物理、化学等现象不同，心理现象不具形体性，是人的内部世界的精神生活，他人无法直接进行观察，但是通过对行为的观察和分析，却可以客观地研究人的心理。因此，心理学还研究行为及其与心理的关系。

　　（一）个体的心理现象

　　心理学上所说的个体是指动物和人类的一个个有生命的整体。我们每个人都知道，人有许多心理现象，如感觉、知觉、注意、记忆、思维、情绪、态度、动机、意志、能力、气质、性格以及信仰、期待、做梦等等。现代心理学的一种流行的观点是把人的心理现象看成一个复杂的系统。据此，有些人把心理现象划分为心理事实与心理规律；有的人把心理现象划分为无意识现象与意识现象。我们采取的是多数心理学家的观点，即把心理现象划分为心理过程、个性心理和心理状态三大范畴。

1. 心理过程

心理过程是指人对客观事物不同方面及相互关系的反映过程。他是心理现象的动态形式，包括认识过程、情感过程、意志过程。

（1）认识过程。认识过程是人的最基本的心理过程，是人从感性认识到理性认识的发展过程，包括感觉、知觉、记忆、思维和想象等过程。我们看到一种颜色，听到一种声音，尝到一种滋味，闻到一种气味，摸到一种事物表面的光滑程度，都是属于最简单的认识过程——感觉。在感觉的基础上，我们能够辨认出这是盛开的牡丹花，那是歌唱的百灵鸟；这是鲜红的苹果，那是崭新的书桌等，这些就是知觉。感觉和知觉往往紧密地联系在一起，不能截然分开，可以统称为感知觉。感知过的事物能够以经验的形式在头脑中留下痕迹，以后在一定条件下还可以再现或回忆起它的形象和特征。例如，一个人游览了杭州西湖，美丽的景色会在其大脑中留下深刻的印象；读了李白的《望庐山瀑布》，遇到一定的情景，会自然而然地吟诵出来。这种人脑对过去经历的事物的反映，叫作记忆。人不仅能直接地感知事物的表面特征，还能间接地、概括地反映事物的内在的、本质的特征。例如，医生根据病人的脉搏、体温、舌苔等的变化，可以推断其体内的疾患，这就是思维。人在头脑中不仅能够再现过去事物的形象，而且还能在此基础上创造新事物的形象。例如，文学艺术家塑造典型形象，我们在头脑中对未来生活和工作情景的勾画等，这类心理活动的过程叫想象。

感觉、知觉、记忆、思维和想象都是属于人的认识过程。

（2）情感过程。人对客观事物的认识，并不是呆板的、冷漠的，而总是对它表现出鲜明的态度体验，渗透着一种感情色彩。例如，我们对祖国名山大川的赞美，对社会丑恶现象的愤恨，对本职工作的热爱，为取得的成绩而喜悦等。这些在认识基础上产生的喜、怒、哀、乐等态度体验，心理学上称之为情感过程。

（3）意志过程。人不仅能认识客观事物，并对它产生一定的情感体验，而且还能够自觉地改造客观世界。为了认识和改造世界，人总是主动地确定目标、制定计划，并树立信心，坚持不懈地去战胜困难和挫折，以达到预期的目的，这种心理活动的过程叫意志过程。人凭借意志的力量，支持、保护自己所喜欢的事物，反对、摒弃自己所厌恶的事物，积极主动地创造人类的物质文明和精神文明。所以，意志是人的意识能动性的集中表现。

认识、情感和意志过程是相互联系、相互统一的整体。一方面，人的情绪和意志受认识活动的影响。所谓"知之深，爱之切"就说明认识对情绪的影响，而"知识就是力量"则说明认识对意志行动的重要影响。另一方面，人的情绪和意志也影响着认识活动。积极的情感、锐意进取的精神能推动人的认识活动；相反，消极的情感、萎靡不振、畏难苟安就会阻碍人的认识活动。再者，情绪和意志也是密切联系、相互作用的。情绪既可以成为意志行动的动力，也可以成为意志行动的阻力，可以加以控制、调节。

2. 个性心理

人是社会的个体，是某一社会享有一定权利的成员，能够而且应该承担与此相应的社会角色和履行义务，从而实现自身的潜能。每个人的精神面貌都不相同，各自记录着自己的生活史。个性是指一个人的总的精神面貌。它是通过个人的生活经历形成的，反映了人与人之间稳定的差异特征。个性的心理结构包含极复杂的成分。我们可以把个性结构划分为三个主要的子系统：个性心理特征、个性倾向性和自我。

（1）个性心理特征。个性心理特征是人的多种心理特征的一种独特的组合。它集中反映了一个人的精神面貌的稳定的类型差异。例如，有的人聪明，有的人愚笨；有的人有高度发展的数学才能，有的人有高度发展的音乐才能。这些都是能力上的差异。能力标志着人在完成某项任务、参与某项活动时的潜在的可能性特征。例如，有的人活泼好动、反应敏捷；有的人直率热情、情绪易冲动；有的人安静稳重、反应迟缓；有的人敏感、情绪体验深刻、孤僻。这些都是气质上的差异。气质标志着人的心理活动的稳定的动力特征。例如，有的人果断、坚韧不拔；有的人优柔寡断、朝三暮四；有的人急功近利，还有的人疾恶如仇。这些都是性格上的不同。性格显示着人对现实的稳定的态度和行为方式上的特征。能力、气质、性格统称为个性心理特征。

（2）个性倾向性。个性倾向性是推动人进行活动的动力系统，是个性结构中最活跃的因素。它决定着人对周围世界认识和态度的选择趋向，决定着他追求什么，什么对他来说是最有价值的。个性倾向性主要包括需要、动机和价值观。需要是个性倾向性的基础。人有各种需要，如生理需要、安全需要、交往需要、成就需要等等。个性是人在活动中满足各种需要的基础上形成和发展起来的。人的一切活动，无论是简单的或是复杂的，都是在某种内部动力推动下进行的。这种推动人进行活动，并使活动指向一定目标的内部动力，称为动机。动机的基础是人的各种需要。对一个人来说，什么是最重要的？想要怎样生活？又该怎样生活？由此而产生的愿望、态度、目标、理想、信念等等，都是由这个人的价值观所支配的。价值观是一种渗透于人的所有行动和个性中的支配着人评价和衡量好与坏、对与错的心理倾向性。价值观的基础也是人的各种需要。如果说需要是个性倾向性的基础，那么价值观则处于个性倾向性的最高层次。它制约和调节着人的需要、动机等个性倾向性成分。

（3）自我。自我即自我意识，是个人对自己的自觉因素。自我意识是一种多维度、多层次的心理系统。从心理形式上来看，自我意识表现为认知的、情绪的和意志的三种形式。①属于认知的有：自我观察、自我概念、自我认定、自我评价等，统称为"自我认识"。自我认识使个人认识到自己的身心特点、自己和他人及自然界的关系。自我认识主要涉及"我是一个什么样的人""我为什么是这样的一个人"等问题。②属于情绪的有：自我感受、自爱、自尊、自恃、自卑、责任感、义务感、优越感等，统称为"自我体验"。自我体验主要涉及"我是否满意自己""我能否悦纳自己"等问题。③属于意志的有：自立、自主、自制、自强、自卫、自信、自律等，可统称为"自我控制"。自我控制表现为个人对自己行为活动的调节、自己对待他人和自己态度的调节等，如"我怎样节制自己""我如何改变自己的现状，使我成为自己理想中的人"等。自我意识的上述三种表现形式综合为一个整体，便成为个性的基础——自我。自我使一个人的个性心理特征和个性倾向性等成为统一的整体。如果自我发生障碍，人就有可能失去自己肉体的实在感，或者感觉不到自己的情感体验，觉得自己陷入了麻木不仁的状态，或者感到自己不能做主，总是受人摆布等等，从而导致人格障碍。个性结构中的诸种心理成分不是无组织的、杂乱无章的，它们是由自我进行协调和控制而成为一个有组织的、稳定的整体。

总之，从人的心理特征的整体性、稳定性和差异性上来看，一个人的总的精神面貌就是他的个性。个性是一个多维度的、具有层次结构的心理构成物，而个性心理（其主要结构：个性心理特征、个性倾向性和自我）是心理学研究的另一个重要内容。

3. 意识和无意识

人的心理现象，绝大多数是当事人能够觉知到的，但也有不少是当事人不能觉知到的。从能否被当事人觉知到的角度来看，可以把人的心理划分为意识现象和无意识现象。

（1）意识现象。意识就是现时正被人觉知到的心理现象。我们在清醒状态下，能够意识到作用于感官的外界环境（如感知到各种颜色、声音、车辆、街道、人群等）；能够意识到自己的行为目标，对行为的控制，使环境适应于自己的需要；能够意识到认识、情绪和意志行动中的心理活动和心理状态；能够意识到自己的身心特点和行为特点，把"自我"与"非我""主体"与"客体"区别开来；还能意识到"自我"与"非我""主体"与"客体"的相互关系。个人对于自我的意识称为自我意识。意识使人能够认识事物、评价事物、认识自身、评价自身，并实现对环境和自身的能动的改造。总之，意识是我们保持生活正常的心理部分，它涉及心理现象的广大范围，就像一个复杂庞大的心理文件系统，包含着我们觉知到的一切消息、观念、情感、希望和需要等，还包括我们从睡眠中醒来时对梦境内容的意识。我们对这些"心理文件"的觉知，通常是用词来标记的。

（2）无意识现象。除了意识活动，人还有无意识活动。无意识活动在人的心理生活中是很普遍的。我们每个人都有做梦的经验，梦境的内容可能被我们意识到，但梦的产生和进程是我们意识不到的，也不能进行自觉调节和控制。人的自动化了的活动，在通常的情况下我们是意识不到这类活动的结构的。无法回忆起的记忆或无法理解的情绪常属于无意识之列。偶尔，无意识的一些东西也会闯入意识之中，诸如失言或说溜了嘴、笔误，会把自己无意识的愿望泄露出来。有意识的动作或经验可能在梦境、联想和神经紧张症中表现为无意识的东西。总之，无意识活动也是人反映外部世界的一种特殊形式。人借助它来回答各种信号，但却未能意识到这种反应的整个过程或它的个别阶段。

在人的日常生活、学习和工作中意识活动和无意识活动是紧密联系着的。意识和无意识都是心理学的研究对象。

（二）个体心理和行为

心理学通过行为来研究人的心理。行为就是个体对所处情境的一种反应系统，这种反应有内在生理性的（如肌肉运动、腺体分泌等）和外在心理性的（如言语、表情等）。在日常生活中，人的行为是很复杂的，如吃饭、穿衣、写文章、驾驶汽车等行为，都是由一系列反应动作所组成而成为某种特定的反应系统的。行为是在一定的情境中产生的。引发个体反应的情境因素称为刺激。刺激可以来自外部环境，也可能起于机体的内部。例如，外界的声音、光线、温度、气味，他人讲话的内容、动作、面部表情以及机体内的内分泌或血液中化学成分的变化，头脑中浮现的思想观念、欲望等都可以成为引发个体反应的刺激。人类的行为具有一定的心理成分，受刺激所制约，并且是由一定的刺激而引起。因此，不考虑哪一种或哪一些刺激对具体人的影响，就无法理解人的行为。

行为与心理是不同的，但两者又是密切联系的。引起行为的刺激通常是以人的心理为中介而起作用的。每个人都存在着一些个体差异，如知识经验、态度需要、个性特征和价值观等方面的差异。由于心理条件的不同，同样的刺激在不同人身上的反应并不相同；由于心理条件的不同，同一个人在不同的时间、地点和条件下对同样的刺激所引起的反应也不相同。例如，一张观看足球赛的入场券，可以使球迷欣喜若狂，但非足球爱好者的反应则是淡漠的；即使是球迷，如果由于身体欠佳或者有重要的工作必须去完成，对球赛入场券的反应也是不同。这也说明，人的心理现象是由一定的刺激引起的，心理支配着行为并又通过行为表现出来。

人不同于动物，人具有主观能动性。人的心理对行为的支配和调节通常是很复杂的。人可以有意地掩盖自己的某些心理活动不在行为中表现出来，可以做出与内心不符的行为表现，甚至某些行为出乎自己的掌控。也就是说，人的外在行为和内部的心理活动的关系不像动物的行为和心理的关系那样是单义，它往往是多义的。如微笑，它可能表示对某人的好感，也可能嘲笑某人的愚蠢，还可能是笑里藏刀，心里盘算着暗算某人等等。因此，要正确地理解人的行为，确定行为所表达的心理活动，最重要的是要了解引起和制约行为的各种条件，并且系统地揭示这些条件和行为的因果关系，才能明确行为的意义。

（三）社会心理和社会行为

心理学主要研究人的心理。人是社会的人。他不可能一个人独来独往，而总是要与其他社会成员发生种种联系，结成各种社会关系，如民族关系、阶级关系、上下级关系、亲属关系、师生关系等，由此就产生了各种社会心理现象。例如，时尚、风俗、社会习惯和偏见、舆论和流言，以及不同团体、民族的心理特点等。当然，这些社会心理现象也表现在个体的心理现象之中。显然地，如果仅研究个体心理而不从整个团体以及团体关系的角度来加以研究，就无法理解这些社会心理现象。因此，心理学还要研究团体的社会心理现象。

社会心理和社会行为既有区别而又密切联系。社会心理是人们的心理活动，同时又存在于人与人之间，人心相通，互有影响（即心理气氛的影响）。在人们的社会交往中，社会心理表现在社会行为中，社会行为是受社会心理支配的。但是，社会行为和社会心理也并不完全一致。相同的社会行为不一定有相同的社会心理；同样，相同的社会心理也不一定都有相同的社会行为。

第二节　公共关系心理学的性质和研究对象

了解了什么是公共关系和心理学的研究体系等基础知识后，我们来认识公共关系心理学的学科性质以及什么是公共关系心理学。

一、公共关系心理学的性质

公共关系心理学是 20 世纪 90 年代国内才兴起的新兴学科。它将心理学的一般原理和知识融入公共关系活动中，探讨公关活动实践中的心理现象、心理规律、心理策略等。它是一门实用性较强的综合性的应用学科；它在整个心理科学体系中属于应用心理学的范畴，是心理学的一个分支。公共关系心理学既是心理学，又是公共关系学，是公共关系学的重要组成部分。

（一）公共关系学是一门综合性的应用学科

公共关系学作为一门综合性的应用学科，是现代许多学科综合交叉发展的产物，与许多学科有着密不可分的联系。

公共关系学首先是现代管理科学发展的结果。当代管理理论通过运用现代科技手段研究社会系统，并对社会组织进行内外环境的分析和研究，从而在社会管理中起到了重要作用。作为管理理论重要组成部分的管理心理学的主要内容是从个体和群体两个层次上，研究激励、动机、需要和目标之间的关系，以及组织的政策、领导者的品质对被领导者的心理影响等。这些理论研究为公共关系心理学的发展提供了重要的理论指导。公共关系本身就具有管理职能，而公关心理学也要研究组织内部公众的心理活动规律，调动内部公众的积极性。但是，对组织成员积极性的调动与形象塑造、社会组织内外心理环境优化之间的关系的研究，对组织管理中人的研究，特别是对人的心理行为与管理的关系的研究等，还需要进一步深化和具体化。于是，公共关系心理学便产生了。

社会学是研究整个社会整体以及社会生活中人们相互之间的社会关系和社会行为的科学。社会学家解释和说明社会群体中人的行为，致力于关于人的本性、社交、文化和各种社会群体的社会关系和社会问题的一般规律，尤其是关于人类的社会关系、社会团体以及它们之间的相互关系等方面的研究。这些都与公关心理学有着十分密切的关系。

社会心理学是研究在人们的社会相互作用中，个体和群体社会心理活动发生、发展和变化规律的科学。社会心理学所研究的个体对社会的影响、社会对个体心理的影响、在群体中人与人的相互作用所产生的心理现象，有关团体、交往、沟通、模仿、暗示、社会舆论、团体压力以及人际关系等理论和内容，都是公共关系心理学研究的重要基础。

除此之外，公关心理学还与行为学、人类学、传播学、广告学有直接的关系。可以说，公关心理学是运用现代管理理论以及心理学、社会学、社会心理学和人类学等理论来综合研究人类公共关系行为的科学。

（二）公关心理学是心理学的一个分支

心理学是研究心理现象的产生、发展及其变化规律的科学。现代心理学是一个学科体系。在心理学的学科体系中，包含有多种多样的心理学分支。这些心理学分支有些担负理论上的任务，有些担负实践上的任务。根据它们担负任务的不同，可以大致把各分支心理学划分为两个大的领域：基础领域和应用领域。

1. 基础领域

基础领域的心理学分支，主要研究心理科学中同各分支心理学有关的基础理论和基本的方法论问题，研究心理发生和发展的基本规律问题。基础领域的心理学分支包括普通心理学、实验心理学、比较心理学、发展心理学、生理心理学和社会心理学等。下面就与公共关系心理学联系紧密的几门学科研究对象简单加以介绍：

普通心理学是研究心理现象一般规律的科学。它研究心理学的基本理论，阐述正常成人心理（认识、情绪、意志和个性心理等）的一般规律，同时也概括各分支学科的研究成果。在普通心理学范围内还包括感知觉心理学、记忆心理学、思维心理学、言语心理学、动机心理学、情绪心理学、意志心理学、个性心理学等等。普通心理学为各分支心理学提供了理论基础，也是学习心理学的入门学科。

发展心理学是研究人类个体心理发展规律的科学。发展心理学按照人生发展的各个阶段，可分为婴幼儿心理学、儿童心理学、少年心理学、青年心理学、成年心理学和老年心理学，分别研究各年龄阶段的心理特点及其形成规律。

社会心理学是研究社会心理的基本过程及其变化发展的条件和规律的科学。具体地说，它研究社会认知、社会动机、社会态度、社会感情、团体心理（如民族心理、阶级心理、小团体人际关系心理等），以及时尚、风俗、舆论、流言等社会心理现象的特点及其变化发展的条件和规律。

2. 应用领域

心理学的应用领域甚广。可以不夸张地说，凡属人类的各种社会实践均涉及人的问题，都是心理学应用的领域，属于心理学应用于社会实践的各分支学科。其发展较成熟的学科主要有教育心理学、劳动心理学、管理心理学、医学心理学、商业心理学、军事心理学、司法心理学等。

管理心理学是研究各种管理工作中管理者和被管理者的心理活动规律的科学。它包括行政管理心理学、企业管理心理学、学校管理心理学等。

商业心理学是研究商品销售过程中商品经营者与购买者心理活动规律的科学。主要研究商业人员的选择、培训和职业指导，以及消费者的动机、知觉和决策等。它包括销售心理学、旅游心理学、广告心理学等。

作为公共关系心理学是心理学应用领域的分支学科。1903 年，后来被称为"公共关系之父"的艾维·李（Ivy lee）辞去了《纽约世界报》记者的职务，开始投身于公共关系方面的工作，使他的公司成为公共关系公司的雏形。公共关系从此进入了职业化时期。公共关系作为一门职业，它有着自己的活动目的、活动方式和手段以及独特的工作对象。公共关系工作人员要使其行为获得预期结果，就必须要明了自身以及公众的心理活动规律，掌握并运用作用于两者之间的沟通传播的心理规律。于是，应公共关系实践的需要，便产生了公关心理学。公关心理学是以公关活动中人的心理活动规律为对象的科学，是心理科学体系的一个分支，属于心理学的应用领域。

（三）公关心理学是公共关系学的重要组成部分

公共关系学是研究公共关系活动的规律及其传播沟通方式的一门新兴的综合性的社会应用学科。它的研究内容主要有社会组织与公众的各种关系状态及其规律、信息沟通的现象与规律、公关活动策划实施的方法与规律。无论是目标公众的确定与了解、传播媒介的选择或是公关方案的实施，都离不开人的心理活动，当然也就离不开对组织和公众的心理特征和心理过程的考察和审视。因此，研究组织、公众及传播沟通的心理特征和规律的公关心理学就成了公共关系学科的重要组成部分。

作为公共关系学科体系的一个重要组成部分，公关心理学与这一学科体系的其他部分如公关策划、传播、技能、管理等有着密切的联系。其共同点在于它们都是以公关活动作为考察和研究对象，并在此基础上抽象出指导性的理论。然而，公关心理学与其他分支又有着比较大的区别。具体表现在：公关心理学是从心理学的角度来研究公关现象，它不但考察公关活动的一般过程，而且考察这些活动背后的心理现象并力求总结出带有规律性的东西。这就将它同公共关系学的其他分支学科区分开来。

二、什么是公共关系心理学

公共关系心理学有着其独特的研究对象和内容，是不能被其他学科的研究领域所替代的。公共关系的具体实现形式是组织与组织、组织与个人、个人与个人之间的关系，但都是人与人之间的交往和影响关系。因此，只有了解公关活动双方的心理和传播活动规律及其特征，才能有效地处理公共关系，深化对公共关系活动规律的认识。然而，尽管公共关系学、心理学、社会心理学、管理心理学都要涉及公共关系心理学的部分领域，但没有任何一门学科的研究能够完全涵盖公共关系心理学的研究领域。

那么什么是公共关系心理学呢？公共关系心理学是研究公共关系的主客体及其在传播沟通中特有的心理状态和心理活动规律的科学。

三、公共关系心理学的研究内容

根据公共关系的三要素即主体、客体和沟通传播，我们把公共关系心理学的研究内容分成三大部分：主体心理、客体心理、沟通与传播心理。

（一）主体心理

公共关系的主体是社会组织。社会组织策划、实施公关活动，其重要目的是为了塑造组织形象。因此，如何在公众心目中树立组织的良好形象，提高组织的知名度和美誉度是公共关系心理学研究的重要内容。多数研究者认为，公共关系活动的主体只是组织或群体；而有的研究者则认为，公共关系活动的主体也有可能是个人。不管是否承认个人也是公共关系活动的主体，公共关系活动实际上是由组织的代表——公关人员进行的。因此，公关人员的心理素质也是公共关系心理学的重要研究内容。

（二）客体心理

公众是公共关系的客体，所有的人不是此公共关系活动的公众就是彼公共关系活动的公众。因此，我们所研究的一般意义上的公众心理就是人的心理。但是，公共关系心理学所研究的公众心理又不同于一般人的心理，而是在公共关系活动中人的心理。

公关客体心理主要研究公众的一般心理特征、公众心理变化的基本动因以及公众的心理效应。主要内容包括：公众的心理倾向，即公众的兴趣、需要、动机、价值观；公众的心理特征，即公众的个性心理特征、角色心理特征、重要目标公众的心理特征、群体心理特征；公众的心理定势，即微观心理定势、宏观心理定势、流行心理定势等。

（三）传播和沟通心理

作用于主客体之间的公共关系活动过程就是组织与公众借助传播手段进行的沟通活动。因此，从心理学的角度来看，对传播的心理策略和沟通的心理机制的研究，是探讨组织与公众之间相互心理作用的手段与机制的重点内容。

具体来说，此部分主要研究公共关系传播的心理模式与策略、传播者与受众的心理分析、如何利用社会影响手段去改变公众心理、公关人员的人际交往心理，以及如何通过内部公关营造良好的组织内部心理氛围等。

第三节 公共关系心理学的研究原则和方法

公关心理学的研究需要建立在科学的研究原则和方法基础上，研究的原则决定了公关心理学研究所采取的观察与分析角度、独特的学术内容，具体的研究方法则是公关心理学研究的工具。

一、公关心理学的研究原则

公关心理学的研究原则主要有客观性原则、联系性原则、发展性原则、分析与综合的原则。

（一）客观性原则

客观性原则也叫实事求是原则，即按照事物的实际表现（即客观指标）去揭示其内在的本来面目（本质、结构、联系与规律等），而不加任何主观臆断或歪曲。所谓不加主观臆断，不是说研究者不要有主观活动或设想，而是说不要在毫无依据或缺乏足够的依据之前轻率地做出武断性结论，应力求使主观认识与客观事实相一致。人的心理活动虽是内在进行的，但它却是客观现实的反映，是由内外刺激引起的，并通过一系列的生理变化，在人的外部活动中表现出来。研究人的心理，就是要从这些可以观察到的、可以进行检查的活动中去研究。人的心理活动无论怎样复杂或做出何种假象来掩饰，都会在行动中表现出来或在内部的神经生理过程中反映出来。因此，在心理学的研究中切忌采取主观臆测和单纯内省的方法，应根据客观事实来探讨人的心理活动规律。我们要了解公众，必须坚持这个原则，只有坚持这个原则，才能对公众的心理活动、行为指向进行科学分析，然后确定自己的心理取向和公关方式，以达到理想的效果。

（二）联系性原则

人生活在极其复杂的自然环境和社会环境之中，人的每一心理现象的产生都要受自然和社会诸多因素的影响和制约。人们对某种刺激的反映，在不同的时间、环境和主体状况下，反应往往不尽相同。因此，在对人的某种心理现象的研究和实验中，要严格控制条件，不仅要考虑与之相联系的其他因素的影响，而且要在联系和关系中探讨心理活动的真正规律。

（三）发展性原则

世界上一切事物都是运动、变化和发展的，心理现象也是如此。

我们只有坚持发展的观点，在公共关系心理学发展变化全过程中，从各个角度来探索、观察，才能认识其全貌，明确其特征，掌握其规律。

公共关系学和心理学研究的新成果，既是公关心理学研究的成果，也能促进公关心理学研究内容的丰富充实和手段的发展更新。因此，在公关心理学研究过程中，要注意研究随时代发展公众心理的变化及发展，也要注意研究公共关系领域新的发展进程和趋向。以开放的观点，吸收邻近学科的新成就，充实、丰富公关心理学的理论和实践，并从发展动态中探索和掌握规律，预测其发展方向和趋势。

（四）分析与综合的原则

把复杂事物分解为简单的组成部分和把各部分联合成为统一的整体，是任何学科深入认识其对象的有力手段。在心理学研究中贯彻分析与综合的原则，至少包括以下两层意思：其一，心理、意识虽然是很复杂的现象，但可以通过剖析将其分解为各种形式进行专门的考察研究，而后通过综合将其看成为有机联系的整体加以理解；其二，在研究某一种心理形式与现实条件的依存关系时，也可以分别地考察某一条件在其中所起的作用，而后将其揭示的各种规律加以综合运用。综合的观点在心理学中也可以称之为系统论的观点，因此，这个原则也被叫作系统性原则。

二、公关心理学的研究方法

公关心理学的研究既采用心理学的一些研究方法，也吸收了传播学以及其他社会科学的研究方法。从公关心理学的研究状况来看，常用的研究方法主要有观察法、调查法、测验法、实验法、内容分析法和心理换位法。

（一）观察法

观察法（自然观察法）是在自然情景中对被观察者的行为做系统的观察记录以了解其心理的一种方法。观察法通常是由于无法对被观察者进行控制，或者由于控制会影响其实际行为表现或有碍于伦理道德而采用的。从观察者和被观察者之间的关系来看，观察有两种主要形式：参与观察和非参与观察。前者是观察者成为被观察者活动中一个正式的成员，其双重身份一般不为其他参与者所知晓；后者是观察者不参加被观察者的活动，不以被观察者团体中的成员身份出现。无论采用哪种形式，原则上都应在被观察者不知晓的情况下对其进行观察。这样，被观察者的行为表现才更自然、真实。通过单向透光玻璃或闭路电视录像装置进行观察，被观察者觉察不到有人在观察，这时也可以观察到其自然、真实的行为。

观察法比较有代表性的就是"垃圾学"，它源于查尔斯·巴林先生在20世纪初对芝加哥街区垃圾的调查。1970年，美国一家食品公司就成功运用"垃圾学"为产品确定了目标公众。该公司为了弄清楚到底哪个阶层的人们更喜欢他们生产的汤罐头，于是派人到大街小巷去观察人们扔下的垃圾袋，以获取所需数据。

优点：使用方便，所得材料真实；缺点：只能消极等待有关现象的发生，难以对所得材料进行数量处理，难以确定某种行为（现象）发生的真正原因。

（二）调查法

调查法是通过搜集各种有关材料间接了解公众的心理活动的方法。

调查法的主要特点是：以提问方式，要求被调查者就某个或某些问题做出回答。调查法可以用来探讨被调查者的机体变量（如性别、年龄、教育程度、职业、经济状况等）、反应变量（即对问题的理解、态度、期望、信念、行为等）以及它们之间的相互关系。根据研究的需要，可以向被研究者本人做调查，也可以向熟悉被研究者的人做调查。这种方法常常用于广告心理研究。通过适当的手段，让公众表达他们对事物、观点的态度或意见，用以探讨公众对广告活动的意见和看法，以及广告活动对消费者产生的心理影响，即广告效果。

调查法可分为书面调查和口头调查两种。

书面调查即问卷法，是研究者根据研究课题的要求，设计出问题表格让被调查者自行填写，用以搜集资料的一种方法。这种方法的优点是，可以向许多人同时搜集同类型资料；缺点是发出去的调查表难以全部收回，只能得到被调查者对问题的相对完整的答案。

要想使问卷收到良好效果，在设计时应注意以下几点：①要针对调查的目的来设计问卷；②提出的问题要适合于调查的目的和被调查的对象；③使用方便，处理结果省时、经济。

口头调查即晤谈法，是研究者根据预先拟好的问题向被调查者提出，以一问一答的方式进行调查。要使晤谈法富有成效，首先应创造坦率和信任的良好气氛，使被调查者做到知无不言；同时，研究者应当有充分的准备和训练，预先拟好问题，尽量使谈话标准化，并与记录指标的含义保持一致。这样才有可能对结果进行客观的分析和概括。

与问卷法相比，晤谈法有如下优点：①可以直接向被调查者解释晤谈的目的，可以提高他们回答问题的准确程度；②调查者可以控制晤谈进程，使调查中的遗漏大为减少；③可以不同的方式考察被调查者回答问题的真实程度；④可以根据被调查者的反应临时改变话题，有可能获得额外有价值的资料。其缺点是：①由于在一定时间内只能晤谈数量有限的对象，要搜集较多对象的资料太费时间；②调查者必须训练有素，才能掌握晤谈法；③若调查者的言语不当，被调查者有可能拒答或谎答问题；④调查者的行为，有时甚至是无意的行为也可能对被调查者的回答有暗示作用。

（三）测验法

测验法就是用标准化的量表来测量被试者的智力、性格、态度以及其他个性特征的方法。测验的种类很多。按一次测量的人数，可把测验分为个别测验（一次测一人）和团体测验（一次同时测多人）。按测验的目的，可把测验分为智力测验、特殊能力测验（性向测验）和人格测验等。

用标准化的量表来测量心理特征时应注意以下几点：①选用的测量工具应适合于研究目的的需要；②主持测验的人应具备参与测验的基本条件，如口齿清楚、态度镇静，了解测验的实施程序和指导语，有严格控制时间的能力，并按测量手册上载明的实施程序进行测验等；③应严格按测验手册上载明的方法记分和处理结果；④测验分数的解释应有一定的依据，不能随意解释。

观察法、调查法和测验法都属于心理学问题的相关法。上述这些方法可以用来发现两个（或几个）变量之间的相关程度，即关系的疏密程度，但却不能确定它们之间是否存在着因果关系。确定变量之间的因果关系，必须借助于实验法。

（四）实验法

实验法是心理学研究中的一种普遍方法。这种方法主要用于探索心理现象之间是否存在着因果关系。实验法就是在控制的情境下系统地操纵某种变量的变化，来研究此种变量的变化对其他变量所产生的影响。由实验者操纵变化的变量称为自变量或实验变量（通常是用刺激变量）；由实验变量而引起的某种特定反应称为因变量。实验需在控制的情境下进行，其目的在于排除实验变量以外一切可能影响实验结果的因素（无关变量）。在实验中，实验者系统地控制和变更自变量，客观地观测因变量，然后考察因变量受自变量影响的情况。因此，实验法不但能揭示问题"是什么"，而且能进一步探求问题的根源

"为什么"。

20世纪初，拉斯勒（Laslett，1918）就采用实验法研究广告插图与文案内容是否相关联。他从两本杂志中选择出全页广告并插进测验杂志中，让大学生和农妇看杂志5~7分钟，然后检查他们对广告的记忆。研究发现，有关联插图广告的记忆率大约是无关联插图广告的10倍。两年后，亚当斯（Adams）对463位被试进行实验，以考察版面大小不同的广告的发布顺序对该系列广告记忆的影响。结果表明，如果一个公司做4次大小不同的广告，那么应该先大后小比由小到大效果好。20世纪80年代以后，随着研究的深入，更复杂的实验设计常常出现在研究文献中。

实验法一般分为实验室实验和现场实验（也叫作自然实验）。

实验室实验是借助专门的实验设备，对实验条件严格加以控制进行的。这种方法的优点是控制条件比较容易实现，允许人们对实验结果进行重复验证，因而在研究中被广泛运用。但是实验室实验法也存在着一个致命的弱点，即实验条件是由研究者严格控制的，实验情景带有很强的人为性质。被试者处在控制情景中，清楚自己正在接受实验，这种实验意识可能会对实验结果产生干扰，影响结果的客观性。

现场实验是在自然条件下进行的。在现场实验中，研究者也对实验条件进行了控制，但这种控制通常不是人为地创造条件，而是适当地选择自然条件。被试者一般不清楚自己正在接受实验，实验结果比较符合客观实际，比较容易为人们所理解、接受。但是现场实验也存在明显的不足，即控制或选择不同的实验条件很困难，对其他干扰因素往往无法加以严格控制。这些问题使得实验法在实际运用中受到一定的限制。其优点是：控制条件严格，结果精确度高；缺点：表现在对心理现象的过分简化，所得结果与实际情况存在一定差距。

（五）内容分析法

内容分析法是一种对第二手资料（或案头资料）进行分析以揭示其中隐含的规律的方法。它是传播学研究中的一种重要方法。在广告心理研究中，它经常运用于广告活动的心理策略以及民族心理差异的研究。此外，研究者还经常将它与其他方法（如实验法）结合起来，用于探讨广告作品的各种构成要素与广告效果之间的关系。例如，广告语的各种特点与广告语记忆效果的关系等。

（六）心理换位法

心理学中的心理换位法就是通过"设身处地"的角色换位来了

解、分析公众内心心理活动的方法，即在研究时把自己放在一定的背景、环境中去体验内心感受，然后据此加以分析，以推断被研究对象的处境和心情。运用心理换位法认知公众的心理，就是要打破思维定势，站在公众的角度上思考问题，通过充当公众角色来体会公众的心态与思想，从而选取有针对性的最佳方案来处理问题，增加相互间的理解与沟通，防止误解和不良情绪的产生。

心理换位法的实施，要求公共关系人员要有高度的职业感和责任心。因为只有主观上想要做好本职工作，才可能做到真正以公众的心理去感受和体验，并在认识过程中不断调整思考问题的方式方法，以充分认识、了解各类公众的不同需求，为组织的决策提供依据。

思考题：

1. 什么是公共关系心理学？
2. 公共关系心理学的研究内容是什么？
3. 公共关系心理学的研究原则和研究方法是什么？

第 二 章

组织形象

任何组织都有一个属于自己的独特的形象。良好的组织形象可以使组织在市场竞争中处于有利地位，受益无穷；而平庸乃至恶劣的组织形象无疑会使组织在生产经营中举步维艰，贻害无穷。现代企业为了能在市场竞争中独树一帜，呈现差异化的面貌，就必须打造组织的形象，提升竞争力。

第一节　组织形象概述

组织形象是本学科的核心概念，我们需要对它进行详细的了解。

一、组织形象的含义

要理解什么是组织形象，首先要知道什么是形象。所谓形象，按《现代汉语词典》的解释，是"能引起人的思想或感情活动的具体形状或姿态"。也就是说，形象本身既是主观的，又是客观的。其主观性是由于人的思想和感情活动是主观的，是人对事物的具体形状或姿态的印象、认识、反映及评价；其客观性在于形象是事物本身具有的具体形状或姿态，是事物的客观存在，是不以人的主观评价为转移的。

一般来讲"形象"这个词有三种含义：一是指具体事物的形状、外貌，它是直观的、具体的、图像化的，因而是可以描述和通过一定的方式转录和再现的；二是指文艺作品中塑造的人物的精神面貌和性格特征，它是文学艺术家从审美的立场，根据现实生活各种现象加以选择、综合和加工所创造出来的、具有一定思想内容和感染力的艺术形象；三是指人们对过去感知过的外界刺激物在头脑中的再现，对具体事物形状、性质和特征等的总体印象，是一种主观的反映形式。组织形象中的"形象"一词就属于第三种含义。

组织形象是指社会组织在公众心目中的印象和地位，是公众对社会组织总体的、概括的、抽象的认识和评价。它包含三方面的内容：第一，组织形象的主体是组织，它是组织有意或无意地展现在社会公众面前的状态，包括组织内部生产经营管理、外部营销服务和社会活动在内的所有活动及其表现。第二，组织形象的接受者是社会公众，它是社会公众对组织的总体印象和评价。第三，组织形象是组织在与社会公众通过传播媒介或其他接触的过程中形成的，它包括公众印象、公众态度和公众舆论三个层次。后面我们将从这三个层次上来介绍组织形象形成的心理过程。

（一）　组织形象的两层意思

组织形象这个概念包含两层意思：第一层意思指客观组织形象即社会组织是什么；第二层意思指主观组织形象即社会组织像什么。

1. 组织的客观形象

组织的客观形象是指组织客观存在的不以人的主观意志为转移的但能被人们感知的形象。它既包括组织的物质文化因素，也包括组织的非物质文化因素。

（1）组织的物质文化因素：它包括组织的厂房与设备以及厂区内生态环境、排放物、组织的经济效益和物质福利待遇、组织的产品等。在这些因素中，最为重要的是产品。组织目标的实现最终靠的是组织产品的生产和销售，没有产品的生产和销售也就没有组织。但是，组织的产品不可能离开组织的其他物质因素，没有高水平的设备就不可能生产出尖端产品。

（2）组织的非物质因素：它是指组织的服务水平、组织的信誉、组织的管理体系、组织的科技水平、组织的价值观念、精神状态、理想追求等。客观组织形象的非物质化因素是组织的灵魂，组织的运转离不开这些非物质化因素。它不是物质化因素的补充，实际上，非物质化因素甚至起着比物质因素更大的作用。

2. 组织的主观形象

组织的主观形象是指人们对组织的主观反映。主观组织形象可分为：组织内部形象和外部形象。

（1）组织内部形象

组织内部形象是指本组织员工对组织的印象。组织员工是客观组织形象的组成部分，他们的言论、行为、精神风貌等都是客观组织形象形成的因素，但同时他们又像局外人一样对组织有一个认识过程。这种通过组织员工反映出来的关于组织的印象就是内部组织形象。内部组织形象的认识主体包括：组织职工、管理人员和股份制组织的股东等。

（2）组织外部形象

组织外部形象也可以称之为组织社会形象，它是指组织员工以外的一切社会公众对组织的印象。组织员工特别是组织管理者，对组织的印象是经过对组织做全面、长期的考察和研究，从而逐步形成。但社会公众对组织形象的认识，只是就他们与组织接触的那一个方面去认识，从而得出对组织的总体印象，因此，社会公众对组织的要求是苛刻的。

组织外部形象包括：

其一，组织所在社区居民对组织的印象。组织处在一定的地理位置，它不一定直接与周围的人们发生经济联系，但是它的存在对社区会产生很大的影响。组织要想树立良好的形象，往往会为社区创造一些便利的条件和良好的环境，这也是成功组织的经验。

其二，政府公务人员对组织的印象。政府公务人员与组织之间发生的是监督与被监督或领导与被领导的关系，这种领导与监督主要是从经济、法律、政策等方面进行的。因此，组织是否遵守法律、法规，是否依法纳税等，是政府公务人员认识组织的重要因素。

其三，与组织的产品和人员直接打交道的顾客对组织的印象。组织目标的实现必须依赖广大的顾客，失去了顾客，组织就失去了生存的基础。顾客对组织的印象是通过组织提供的产品和组织服务人员的服务质量得出的。因此，任何优秀组织都会把顾客置于最高的地位。

在组织的主、客观形象中，客观形象是关键，是基础；主观形象是对客观形象的反映，是由客观组织形象决定的。但是主观组织形象对客观组织也有反作用，主观组织形象在一定程度上是塑造客观组织形象的参照系。因此，我们在探讨组织形象的时候，不能孤立地谈客观组织形象，或者孤立谈主观组织形象，只有把主、客观组织形象结合起来才是完整的组织形象。实践表明，组织的客观形象和信誉是一个组织最终赢得市场、赢得公众、赢得社会的决定力量，是一个组织保持可持续发展的生命线。

补充材料：

众所周知，美国安然公司作为全球最大的能源供应商，在全世界500强公司排名中名列前茅，并长期居于微软和英特尔前面。但安然公司进入20世纪90年代以后，新的决策者为了寻求超速发展创新，置组织实际于不顾，涉足宽带等其他产业和项目，遭受严重亏损，并在其组织文化方面走向极端，盲目追求业绩，赢者通吃，高傲自大。有人形容，就连安然员工走路的样子都盛气凌人，与众不同。由此演变成腐朽的安然文化，最终走上违背国家法律和市场规律的路。为了确保自己虚夸不实的地位，安然完全置组织信誉和组织形象这一生命线于不顾，铤而走险，连续做假账，内瞒员工，外骗公众。当其丑行暴露于光天化日之下时，便是其资金链条断裂、濒临破产之时。其教训可谓惨烈而深刻。

这一实例说明，对于组织来说，公众是自在之物，其对某个组织的评价有其自身的规律性和性质、特点，并不是组织可以随意操纵的。公众态度、情感形成过程中的天然的唯物主义倾向决定了组织形象的客观性，即组织形象不是组织自认为如何的形象，而是公众用公众的标准来认定的。

（二）组织形象的标示

评价组织形象最基本的指标有三个，即知名度、美誉度和定位度。

总括不同学科中不同研究者对知名度和美誉度的质的解释，我们认为，知名度是一个组织被公众知晓、了解的程度，这是评价组织"名气"大小的客观尺度。美誉度是一个组织获得公众信任、赞许的程度，这是评价组织社会影响好坏程度的指标。知名度和美誉度实际上是对同一感知对象评价和分析过程中量和质的确定问题。知名度主要衡量和评价量的大小，美誉度则涉及社会舆论的质的价值评判。

公众对组织的定位度是公众对该组织个性特征的识别程度。

在这三者中，知名度是树立组织形象的前提，没有知名度，就没有组织形象。美誉度是核心，有了美誉度，知名度和定位度才有意义。如果美誉度低，而知名度大、定位度强，那么组织形象就不怎么样，给公众留下的印象就差。定位度是树立组织形象的关键，只有定位度强，才能便于公众的识别，培养公众对组织的偏爱，增强组织的竞争能力。知名度、美誉度、定位度三者互相依赖、互为补充，共同发挥整体的形象效应。三者的高度统一，是公关工作追求的最高境界。

二、组织形象的构成要素

组织形象是由丰富的内容和多样的形式构成的。构成组织形象的基本要素有：产品形象、员工形象、环境形象、文化形象、标识形象等等。唯有这几方面要素有机组合，方可形成具有旺盛生命力的组织形象。

（一）产品形象

产品形象是树立组织形象的第一要素，是组织形象的基础。消费公众对产品使用后的评价是最真实的，也是最重要的。产品形象实际上是产品文化的直接反映。决定产品形象的因素包括质量、价格、装潢设计、规格设计、技术含量、情感含量、安全性、性能组合、文化嫁接等。

（二）员工形象

员工形象包括领导者和职工形象两部分。领导干部形象的好坏对组织生存与发展有着非常重要的关系，廉洁、开拓奋进的领导者可以凝聚和带领全体职工，创造卓越业绩，赢得高度信任。职工形象主要指服务态度、职业道德、行为规范、精神风貌、文化水平、业务技能等整体形象，好的员工形象可以增强市场竞争力，为组织长期稳定发展奠定牢固基础。

（三）环境形象

环境形象包括良好的生产、工作、服务环境，如宽敞明亮的车间、整洁绿化的厂区，先进的办公、售后服务设施以及醒目鲜明的统一标识、整齐划一的员工服饰等，都是现代组织实力的象征。可以说，美好的环境形象是支撑"现代、卓越、高效"组织形象的重要基石，是组织向社会公众展示自己的主要窗口。

（四）市场形象

市场形象是指社会公众对组织精神、价值体系、规模性、服务、广告、时代性、人才趋向、股票变动性、对社会的贡献性、国际市场竞争能力等多方面的综合评价。大多数组织表现、宣传出来的软性内容，是以营销文化为本所反映出来的感性材料。

（五）组织信誉

组织信誉是建立在组织优质产品和优质服务上的无形资产，是组织的"金字招牌"，特别是组织的名牌产品，除了给组织带来巨大的经济效益外，还能为组织塑造良好的社会形象，使组织信誉大大提高。因此，创造名牌本身是塑造组织形象的一项主要内容。评价组织形象最基本的指标有两个：知名度和美誉度。

组织的形象建设应该对上述几个方面进行系统地研究和整体地规划，将组织形象纳入科学管理的轨道，使组织的形象具有现代化的魅力，最大限度地提高组织形象对内、对外的吸引力、影响力和辐射力。

三、组织形象的特征

由于组织形象具有以上丰富的内涵和外延，是一个复杂的系统，因而其基本特征表现在以下几方面：

（一）客观性和主观性

一方面，组织形象是组织实态的表现，是组织一切活动的展示，是客观真实的。良好的组织形象不能由组织经营者主观设定，自我感觉良好并不能表明组织形象果真良好。良好的组织形象是有客观标准的，它由组织良好的经营管理实态、良好的组织精神、良好的员工素质、良好的组织领导作风、良好的组织制度、良好的组织产品以及整洁的生产经营环境等客观要素所构成。这些构成要素都是客观实在，反映了组织的实态，是人们能够直接感知的、不以人的主观意志为转移的。

另一方面，组织形象是社会公众对组织的印象和评价，它又具有主观性特征。作为社会公众对组织的印象和评价，组织形象并不是不以人的意志为转移的客观存在的实态本身，而是与人们的主观意识、情感、价值观念等主观因素密切相关，具有强烈的主观性色彩。首先，组织形象的主观性表现在组织外在形象并不等同于组织的内部实态。组织实态是一种客观存在，这种客观存在只有通过各种媒体介绍、展示给公众，为社会公众认识、感知，才能形成公众接近一致的印象和评价，形成具体的组织形象。如果组织不能把其客观实态有效、全面地传递给消费者，或是组织有意隐瞒缺陷，自我美化，就会使组织形象失真乃至虚假。其次，组织形象的主观性还表现在组织形象形成过程的主观色彩。组织形象是社会公众以其特有的思维方式、价值取向、消费观念、需求模式以及情感等主观意识，对组织的各种信息进行接收、选择和分析，进而形成的特定的印象和评价，其结果是主观的。

（二）整体性和层次性

一方面，组织形象是由组织内部诸多因素构成的统一体和集中表现，是一个完整的有机整体，具有整体性的特征。各要素形象如组织员工的形象、产品或服务的形象之间具有内在的必然联系。构成组织形象的每一个要素的表现好坏，必然会影响到整体的组织形象。组织只有在所有方面都有上乘的表现，才能塑造出一个完整的、全面的良好形象。

另一方面，由于整体的组织形象是由不同层次的组织形象综合而成的，组织形象也就具有了十分鲜明的层次性特征。组织形象的层次性表现在：①内容的多层次性。组织形象的内容可分产品形象、员工形象、环境形象、文化形象、标识形象等等。②心理感受的多面性。组织形象是组织在人们心目中的一种印象。由于每个人的观察角度不同，和组织的关系不同，便构成了观察角度各异的局面。首先，不同的人对同一组织就有不同的看法；其次，同一人所处的不同位置也会对同一组织产生不同看法；最后，即使是同一人在同一位置上，在不同时期也会有不同看法。总之，每个人都是从自己特殊的位置来观察组织的，所以，这就决定了人们对组织形象的心理感受呈现出多面性。③要素构成的复杂性。组织形象是一个构成要素十分复杂的综合体。例如，组织形象既可分为物质部分和精神部分、对内部分和对外部分，又可分为动态部分和静态部分。动态部分指组织的公关活动、广告宣传、生产经营等，静态部分指组织的标志、名称、标准色等。因此，在塑造组织形象时，既要考虑组织的物质基础，又要考虑组织的社会影响；既要分析组织内部的各种因素，又要研究组织外部消费者对组织的心理感受，使组织能够塑造出社会认同并能经受时间检验的成功形象。

（三）稳定性和动态性

一方面，组织形象一旦形成，就不会轻易改变，具有相对稳定性。这是因为社会公众经过反复获取组织信息和过滤分析，由表象的感性认识上升为理性认识，对组织产生的比较固定的看法。这种稳定性首先产生于组织形象所具有的客观物质基础；其次反映为人们具有相同的心理机制，这种相同的心理机制表现在人们具有大体相同的审美观和好恶感。最后表现为人们往往都具有共同的思维定势。思维定势是指由一定心理活动所形成的准备状态，它可以决定同类后继心理活动的趋势。组织形象是组织行为的结果，而组织行为又可能发生这样或者那样的变化，但这种变化不会马上改变人们心目中已存在的形象。因为公众所具有的相同的思维定势，使他们总是倾向于原有的组织形象，而不会因为组织行为的改变而改变对组织的看法。

组织形象的稳定性可能导致两种不同结果：一是相对稳定的良好的组织形象。组织信誉一旦形成就可以转化为巨大的物质财富，产生名厂、名店，名牌效应。二是相对稳定的低劣的组织形象。这需要组织在一定时期内通过艰苦努力来挽回影响，重塑其形象。

另一方面，组织形象又具有动态性或可变性的特征。随着时间的推移、空间的变化、组织行为的改变以及政治、经济环境变迁，它不可能一成不变，因而会处在动态的变化过程之中。这种动态的可变性，使得组织有可能通过自身的努力，改变公众对组织过去的印象和评价，一步一步地塑造出新的良好的组织形象；也正是这种动态的可变性，迫使组织丝毫不敢松懈、努力地维护其良好形象。因为良好组织形象的确立绝非一日之功，而是组织员工通过长期奋斗、精心塑造的结果。但是组织形象的损坏，往往却是由于一念之差、一步之错。因此，组织形象构成要素的任何环节、层次出现严重问题，都可能使长期培养的良好形象受到损害，甚至毁于一旦。

（四）对象性与传播性

组织形象的形成过程，实质上是组织实态借助一定的传播手段，为社会公众认识、感知并得出印象和评价的过程。组织形象的形成过程使其具有明确的对象性和传播性。

组织形象的对象性是指组织作为形象的主体，其塑造要有明确的针对性。组织作为社会的赢利组织，其形象塑造是为了实现组织经营目标，是为其营销服务的。不同的组织提供不同的产品和服务，面对不同的消费者和用户，决定了组织必须根据公众特有的需要模式、思维方式、价值观念、习惯爱好以及情感特点等因素，适应公众的意愿，确定自己特有的组织形象。

组织形象的建立必须经过一定的传播手段和传播渠道。没有传播手段和传播渠道，组织实态就不可能为外界感知、认识，组织形象也就无从谈起。组织形象的形成过程实质上就是组织信息的传播过程。传播作为传递、分享及沟通信息的手段，是人们感知、认识组织的唯一途径。组织通过传播将有关信息传递给公众，同时又把公众的需求反馈到组织中来，使组织和公众之间达到沟通和理解，从而实现塑造良好组织形象的目的。

（五）独特性与创新性

独特性又称组织形象的差异性。社会竞争的加剧，竞争对手的增多以及商品世界的繁华，迫使每个组织必须彰显其形象的鲜明性和独特性，便于公众认知、识别，吸引其注意，从而在公众头脑里留下难以忘怀的美好印象。

组织形象仅仅具有独特性还不够，必须要在保持鲜明的独特性的同时，不断调整、创新，提升自己的形象，才能适应市场需求以及公众价值观、竞争状况、社会舆论、政府政策等各种因素的变化。

四、组织形象的作用

《美国周刊》有一篇文章写道："在一个富足的社会里，人们都已不大计较价格，产品的相似之处多于不同之处。因此，商标和公司形象变得比产品和价格更为重要。"在现代社会条件下，要想在激烈的竞争中仅仅通过大幅度地提高质量或降低价格来求得发展，无疑要受到多方面条件的限制，即使在某一点上有所突破，也不可能长久。在西方一些发达的国家里，形象策略已经成为组织竞争的战略核心内容，是组织进行的市场营销的主要手段。因此，当今的时代也被称为"形象力"时代。具体来说，组织形象的作用主要表现在以下几个方面：

（一）良好的组织形象可以增强消费者的信心

发达的商品经济是伴随着卖方市场向买方市场转换而出现的。当买方市场已成为制约组织经营活动的主要环境因素时，形象原则也就成为组织经营的重要原则。良好的组织形象可以使消费者对组织及产品产生信赖感。这就是说，如果一个组织为社会公众所信赖，那么社会公众自然会信任这个组织所生产的任何产品和服务。东芝电器、可口可乐、TCL 公司等由于在社会公众心目中形象美好，所以消费者自然就信任他们公司生产的各种产品。

（二）良好的组织形象可以提升组织的筹资能力

一个组织能否持续发展，取决于这个组织是否有持续稳定的资金来源。由于一个组织的资金毕竟是有限的，因此，组织就需要吸纳社会资金。而组织是否有能及时吸纳社会资金，是否有较高的筹资能力，很大程度上取决于组织形象的好坏。一个令人信赖的组织，无论是政府还是银行都乐于为其提供优惠的条件或信贷，股东也乐于购买其股票，其他的组织也乐于与之进行资金上的合作。

（三）良好的组织形象可以增强组织的凝聚力

良好的组织形象可以赋予职工一种荣誉感和信心，使他们在社会中能够深切地感受到由于组织的地位而给他们带来的荣耀，从而获得心理上的满足，促使他们自觉地把自己的命运同组织的命运连在一起，并产生强烈的使命感和责任感，把一言一行都与组织的形象和信誉结合起来，为组织吸引更多人才创造有利条件。

（四）良好的组织形象可以使组织寻求到可靠的经销渠道

组织不仅要生产出优质的产品，提供优质的服务，还要能够通过最佳的途径，把产品或服务转移到消费者手中。组织要将自己的产品打入市场、占领市场，需要可靠的经销渠道；而良好的组织形象，恰恰有助于组织寻求到最可靠的合作伙伴，因为一流的经销商更愿意经营形象好的组织的产品。

（五）良好的组织形象，可以使组织获得其他外部公众的支持

组织的生存和发展，离不开良好的外部环境，社区、政府、新闻媒体等外部公众对组织的发展有着很大的影响。只有在外部公众全力支持组织的前提下，才有可能使组织的生产经营活动顺利进行；而社会对组织的支持程度，无疑取决于组织在社会上的形象。可见组织形象是组织外部形象和内部形象的统一，两者互为前提，互为因果，相互补充。良好的内部形象是组织向外部发展，建立良好的外部形象的基础；而塑造良好的外部形象，又为提高组织员工的自豪感和荣誉感，增强组织的凝聚力和吸引力创造了条件。

第二节　组织形象与公众印象

组织形象就是公众对社会组织的印象、看法、态度等，组织要塑造良好的形象，首先要给公众留下一个良好的印象。这就需要组织了解和把握公众印象的产生和形成的心理规律。

一、公众印象形成的心理过程

公众印象是组织实态和特征在公众头脑中的反映，是一种心理活动。公众印象的形成大致要经过引起注意、产生兴趣、做出判断、形成记忆四个阶段。从心理活动的角度看，尤其以注意、判断、记忆最为最要。

（一）注意

注意是指心理活动对一定对象的指向和集中，它是印象形成的前奏。当人们开始对接触过的事物引起注意时，印象才开始生成。组织

要给公众留下印象，就要在引起公众注意方面做出努力。注意包括有意识注意和无意识注意两种形式。

有意识注意是有预定目的，需要做一定努力的注意，是一种主动地服从于一定的活动任务的注意。它不仅指向人们乐意去做的事物，而且指向应当要做的事物。因此，这种注意是受人的意识自觉调节和支配的。

无意注意是事先没有预定的目的，也不需要做意志努力的注意。引起无意识注意的原因有两点，一是客观刺激物本身的特点；二是人本身的状态。前者是产生无意识注意的主要原因，包括：刺激物的强度、刺激物之间的对比关系、刺激物的活动和变化、刺激物的新奇性等。组织在进行形象传播时考虑最多的应该是公众无意识注意的时间和次数，其传播越能突出刺激物本身的特点，就越会引起人们的注意，从而将组织形象传导到公众心目中，形成印象。组织通过形象传播，集中而强烈地展示自己的组织形象，唤起人们的高度注意，从而给公众留下深刻印象。

（二）判断

当公众对组织信息引起注意，并进而产生兴趣后，便会对思维所关注的事物进行判断。判断是对事物特征有所断定的一种基本思维形式。它有直觉判断和复杂判断两种，同印象联系较密切的是直觉判断。社会公众通过直觉判断从而形成直觉印象。由直觉判断产生的直觉印象和判断者的经验、个性、角色、心理倾向、兴趣、当时的状态以及周围环境等各种因素有关，受心理定势影响较大，容易产生偏见。因而组织形象传播一方面应追求美感；另一方面则应强调组织个性。通过高质量的产品、服务、广告和公共关系等交流渠道，在社会公众中形成良好的接纳态度和心理定势，激发公众做出可信、可靠的判断，以利于组织良好形象的建立。

（三）记忆

记忆是过去经历过的事情在人脑中的再现。具体说，是人们感知过的事物、思考过的问题、体验过的情绪和做过的动作在人脑中的反映。从信息加工的角度上看，记忆就是对输入信息的加工、储存和提取的过程。一般而言，人们对某些事物容易识记，而对另一些事物则不容易识记。通常是亲身经历过的事情、简单而又有意义的事物、曾经激起过人们情感波澜的事物容易被识记。不过，记忆的东西总有遗忘。德国心理学家艾宾浩斯对遗忘现象做系统研究后发现，遗忘的进程是不均衡的。识记初期遗忘很快，后来逐渐缓慢，到了一定时间，几乎不再遗忘，即遗忘规律是"先快后慢"。对组织形象传播来说，要使组织形象在公众中留下深刻的记忆而不被遗忘，在组织形象输出的最初阶段，必须以简单而有意义的标识和口号对社会公众的头脑进行持续而有力的冲击。这种冲击需要反复地、多角度、多层次地进行，只有这样，才能给社会公众留下深刻的印象。组织形象在公众头脑中定型后，传播的目的就是经常唤起公众记忆，使其不致被遗忘。

二、公众印象形成的模式

一个组织能否给公众留下良好的印象，与这个组织的印象管理密切相关的。根据组织在公众心目中印象形成的模式进行有效的印象管理，是十分必要的。

公众印象的形成并不尽是按知觉规律进行的。公众的期望、需要、观念等常常起着比知觉到的真实特征还要重要的作用，即公众印象形成有着自己的模式。一般地说，公众印象的形成是循着印象形成的模式进行的。其模式主要有：

（一）中心性特征模式

该模式认为，组织留给公众的印象是由该组织所拥有的中心性特征决定的。用公式表示：中心性特征 A + 中心性特征 B + … + 中心性特征 N = 公众印象。这是因为中心性特征在公众印象中起着晕轮效应的作用，而非中心特征在公众印象形成中所起的作用被中心特征所起的晕轮效应掩盖了。

（二）累加模式

该模式认为，组织留给公众的印象的形成是该组织所拥有的所有特征决定的。用公式表示：特征 A + 特征 B + … + 特征 N = 公众印象。各种特征累加以后所形成的印象远比单一特征或部分特征所形成的印象深刻。任一特征乃至微小特征的增加，都将使最终印象发生变化。

（三）平均模式

该模式认为，组织留给公众的印象由该组织所拥有特征的算术平均值决定的，用公式表示：（特征 A + 特征 B + … + 特征 N）/N = 公众印象。这意味着，只有比平均值高的特征才会改善公众印象，否则就会影响组织良好印象的形成。

（四）加权平均模式

该模式认为，组织留给公众的印象的形成并非简单地按累加或平均模式进行的，而是由组织特征加权的平均值决定的。用公式表示：（a×特征 A + b×特征 B + … + n×特征 N）/N = 公众印象。影响组织特征加权的主要因素有：

1. 前后关系效应

组织特征的前后关系会使任何一种特征值发生变化，从而影响印象的形成。如果好与好的特征相配，公众印象将更加好，坏与好、好与坏、坏与坏的特征相配，公众印象不会好甚至更加不好。可见，组织特征的前后关系将直接影响到组织统一印象的形成。

2. 消极否定效应

在公众印象形成中，积极肯定的特征和消极否定的特征所起的作用是不同的，有些极端的消极否定的特征往往起着更大的决定作用。例如，当公众所信任的一个组织有严重问题时，不管他还有别的什么优秀品质特征，你对他的印象都会发生变化，甚至十分懊悔自己当初的判断力。

3. 最初和最近效应

最初和最近的形象在形成印象过程中所占的比重较大。在大多数情况下，最初印象往往比最近印象的影响要大。总的来讲，最初和最近的印象在总印象形成中，在不同条件下所占的比重是不同的，所起的效应也是有差异的。

4. 范型与分类的效应

组织的范型（范型：范式模型。此处指组织形象得到公众认可的典型模式）在公众印象的形成中起着重要的作用。人们在看一个组织时，头脑中常常会浮现出这个组织所隶属的范型或定型的意象。把某组织同它的范型或定型联系起来，从而自觉或不自觉地设想该组织具有的许多特征，会对公众印象的形成产生重要的影响。

5. 内隐个性观效应

在公众印象形成中，人们已有的关于组织特征的知识和经验有时也会比组织实际具有的特征起着更大的作用，因而当人们在面临十分贫乏的组织可见特征时，就会根据自己的内隐个性观形成一个组织完整的公众印象。

总之，组织整体印象的形成是十分复杂的，任何一个模式都难以概括。但上述模式的认识对公众印象管理肯定是有帮助的。

三、公众印象管理的策略

印象管理是指对他人关于个体或群体印象的形成与保持的管理。

公众印象管理就是控制社会各界人士对公众印象的形成与保持的管理。怎样才能使组织的整体印象良好并持之以恒呢？根据上述印象形成模式揭示的规律和特点，我们提出如下公众印象管理的策略。

（一）根据平均模式的特点，加强典型性特征的管理

一个组织要想有良好的印象，就必须在全面管理的基础上，特别重视那些平均值以上的具典型性极好特征的管理。对这些典型性的极好特征要通过各种渠道、各种方式进行大量的宣传、报道，造成一种令人瞩目的社会舆论。同时，要尽量避谈组织的一些微小特征，以免淡化极好特征的影响，削弱组织留给公众的好印象。通过控制输入特征来提高算术平均值的策略，是十分有助于组织良好的整体印象形成的。

（二）根据中心性特征模式的特点，加强中心性特征的管理

组织要想有一个良好的印象，就必须加强中心性特征的研究和管理，突出诉求点。组织形象主要将火力集中在一个狭窄的目标上，要在消费者的心智上下功夫，力求创造出一个心理的位置。在形象传播过程中不被其他声音淹没的办法就是集中力量于一点。换言之，就是要做出某些"牺牲"，放弃某些利益或市场，突出重点和个性，以使形象传播更鲜明，能在消费者心目中留下印迹。如沃尔沃定位于安全、耐用，它就放弃对外观、速度、性能等形象利益点的诉求。可见，在公众印象管理中，抓好中心性特征的管理多么重要。

（三）根据定型和分类效应的特点，加强类型性特征的管理

公众印象的形成在一定程度上受到了类型性特征的影响，因此，在公众印象管理中，就必须加强类型性特征的管理。公众总是根据一个组织的类型对该组织抱有期望。如果这个组织的类型性特征符合社会期望，那它在公众心目中的印象和社会声誉肯定好，即便其他方面不尽如人意，也往往能"一俊遮百丑"。可见，组织类型性特征与社会期望相一致，公众印象就将向好的方面发展。

（四）根据内隐个性效应的特点，加强期望性特征和可见性特征的管理

组织影响的形成在很大程度上受到了内隐个性观的影响。在公众印象形成过程中，人们往往会凭借自己已有的知识、经验和需要，对组织少许的可见特征做出期望性的推测，形成期望的公众印象。例如，对某一职业学校组织的评价，对于一个很少直接接触该类学校组织的人来说，他总是根据自己所掌握的这类学校组织的有关知识、经验及其需要做出好与坏的评价。如果该类学校组织较少可见的特征与自我

期望特征相一致，那么，对该类学校组织的评价就高，印象就好；否则，就会向着自我期望的公众印象发展。因此，必须创造一些可见的良好特征，使组织的可见特征与人们的期望特征相一致。通过这两种组织特征的管理，公众印象将趋于良好。

（五）根据前后关系效应的特点，加强相配性特征的管理

组织要想给人一个良好的印象，就必须加强相配性特征的研究和管理。组织一定要严格要求自己，以保持良好的特征。这些良好特征的前后关系是相同的，具有相配性，容易造成倾向于好印象的趋势。同时，必须避免不相配特征的呈现，特别是那些不相配性强的特征，否则，公众印象就会改变。

（六）根据消极否定效应的特点，加强否定性特征的管理

组织的整体印象是要受消极否定性特征影响的。在其他方面都一致的情况下，消极否定的特征比积极肯定的特征更能影响组织印象。这是因为积极肯定的特征是社会所要求的，是人们所期望的，易被人们视为应该的；而消极否定的特征是社会禁止的，是人们所厌恶的，易被人们视为相对可靠的真实特征。因此，组织必须重视这种否定性特征的管理。因为只要它出现，哪怕量值很少，其所起的作用就不能忽视。这正如吃瓜子，尽管有时只吃到一两颗烂瓜子，但足以影响这次吃瓜子的好感觉。可见，严格控制否定性特征，将有助于组织良好印象的形成。

（七）根据最初和最近效应的特点，加强位置性特征的管理

公众印象的形成在一定程度上受到了最初或最近位置性特征的影响。运用传播媒介给形象打造出独有的位置，特别是"第一说法、第一事件、第一位置"等。因为第一在消费者心目中可以形成难以忘怀的、不易混淆的优势效果。从心理学的角度看，人们更容易记住居第一的事物，这就是首位优势所引起的作用。如果市场上已有一种强有力的头号品牌，形象定位创造第一的方法就是找出本公司的品牌在其他方面可以成为"首位"的优势。因此，这就需要在消费者头脑中开拓一个还没有被其他组织占领的空白领地。如七喜汽水称其产品为"非可乐"，当消费者需要一种非可乐饮料时，首先就会想到它。

上述七方面特征在公众印象形成中，很难说某一特征特别重要，因为在不同的文化背景下，在不同的情境中，它们所起的作用各有千秋；而且在同一情境中，它们之间也能相互联系、相互作用。因此，公众印象管理的总策略应是：针对组织的实际情况灵活地选用或综合

使用上述七方面的管理策略，其效果必将更佳。同时，需要指出的是：这种公众印象管理并非纯粹的策略问题，更不是假惺惺的伪装，而是平时积累和养成的思想、作风、知识、才能、方法等的综合反映。因此，组织必须大胆地进行印象管理，不断提高印象管理水平，让组织在人们心目中拥有更美好的印象。

第三节　组织形象与公众态度

组织树立自己的形象如果仅仅满足于给公众留下印象，那只是低水平的要求。只有当公众对组织有良好的印象，而且抱有积极肯定的态度，公众才会采取有利于组织的行为。

一、态度的含义与特征

（一）什么是态度

态度是人们对一定对象较一贯、较固定的综合性心理反应过程，是比较持久的个人内在心理结构。

认知论者将态度看作是由认知的、情感的、行为的三种成分构成的一个整体，是对态度对象的理解、情感和行为的相互关联的比较持续的、内部的系统。认知成分是主体对态度对象的认识和评价，是人对于对象的思想、信念及其知识的总和；情感性成分是主体对态度对象的情绪的或情感性体验；行为倾向成分是主体对态度对象向外显示的准备状态和持续状态。这三种成分各有自己的特点，认知成分是态度的基础，其他两种成分是对态度对象的了解、判断基础上发展起来的；情感性成分对态度起着调节和支持作用；行为倾向成分则制约着行为的方向性。鉴于此，组织形象传播必须以情感人，从而使社会对组织形成有力的支持态度。

（二）态度的特点

态度有以下特点：

（1）内隐性。态度本身是无法直接测定的，必须从个人的行为或与行为有关的语言行为表现中间接推断出来，测定态度需要一定的中间变量。

（2）方向性。态度总是具有赞成或反对的方向特点，并具有程度的差异，即有时反映出态度的极端性，有时则反映出态度的中性。

（3）统一性。构成态度的认识、情感和行为倾向三种成分彼此协调，是一个统一的整体。

（4）复杂性。在一定条件下，个体并不是经常表现出与内心态度相一致的外部行为。

（5）稳定性。在一定时期内态度保持着相对稳定的倾向。

二、影响态度形成的因素

态度的形成与个体社会化的程序是同步的。一个婴儿从娘胎中分娩出来的时候，只是一个生物体、自然人，需要得到成人照料，而后通过参与社会，进行交往，才能发展成为一个社会人。他在成长的过程中，个体与周围环境相互作用，逐渐形成自己的世界观、价值观，形成了对周围世界的种种态度。就像社会化贯穿于人的一生一样，态度的形成（态度的转变即是一种新的态度的形成）也贯穿于人的一生。

个体的态度是在个体与环境的相互作用中形成的。影响态度形成的主要因素有：

1. 个体需求的满足程度

态度总是有一定对象、人物、群体或事件，也可以是代表具体事物本质的一些抽象概念，还可以是制度等。态度的对象对个体的意义——即满足个体需要的程度，是态度形成的主要促成因素。事物对人的意义、满足程度，即事物对人的价值。因此可以说，价值是态度的核心。人们对于某事物的态度，取决于该事物对人们价值的大小。价值不同，态度也不同；价值观不同，态度也不同。

2. 所属群体的制约

个人在社会生活中总是隶属于某个群体，成为群体的一员。任何群体都有一定的规范、纪律，要求其成员共同遵守。个人表现出符合群体规范的行为，很可能得到群体的接纳和喜欢；反之，不符合群体规范行为的人，将感受到群体一致性压力，遭到群体的拒绝和排斥。因此，个人为了免受其他成员的非议和孤立，往往采取从众行为——"随大流"，从而形成与群体大多数成员一致的态度。

3. 信息和知识的影响

态度不是天生的，而是后天学习而来的。完善的学校教育甚至从个体的婴儿时期开始，到其生命的终结，一直发挥着传递社会文化，促进个体社会化的功能，不断地教给他（她）符合社会主导文化要求的知识、观念、规范和行为方式。学校这种有目的、有计划的教育影响是态度形成的重要因素。电影、电视、广播等大众传媒和互联网以自己特有的方式向人们传播各种信息和知识，也对人们的态度予以重要影响。

4. 受个体文化背景的影响

个人家庭出身、自身经历、生活环境等个体文化背景不同，会形成不同的态度。如前所述，态度本身也是一种综合反映。家庭、个人经历、生活环境是刺激个体的重要因素，必然综合反映到个体的态度中。可以说，态度是个体经历和文化积淀的产物。

三、态度转变的理论

态度的转变与态度的形成是有区别的。形成是指没有态度而逐渐生成了某种态度；转变是指已具有某种态度后而发生的改变。态度转变有一致性转变和不一致性转变。一致性转变是指向着符合社会主导文化要求的转变；不一致性转变是与社会主导文化要求相背离的转变。这里所讲的转变是指一致性转变。

态度转变的理论主要有：

（一）费斯定克（Festinger）的认知失调理论

1957 年，美国社会心理学家费斯定克提出，认识因素是相对于个体的整个认知结构而言。人们的认知结构是由知识、观念、观点、信念等组成。每一种具体的知识、观念、观点都是一个认知因素的单元。认知失调理论认为，在一般情况下，人们的态度与行为是一致的。但是，如果由于做了一种与态度不一致的行为就容易引发态度主体不舒服的感觉，那就会形成认知失调。在这种情况下，往往会造成态度主体的心理紧张。为了克服这种由认知失调所引起的紧张情绪，人们需要采取多种多样的方式，以减少心理紧张。比如：如果客户认为某商业银行服务好，那么他就喜欢到这家银行办理业务，这时的态度与行为协调；但如果由于某种原因，客户没有到这家银行办理业务，这时就产生了认知失调。为了减少这种的认知失调的心理紧张，客户往往会采取以下四种方式来达到认知协调：①改变态度。由于银行不能合理设置营业网点，因而我认为这家银行服务并不好。②改变认知的重要性。虽然银行太远不方便去办业务，但是这家银行办理业务方便、快捷、热情，因而服务周到比路程远更重要。③增加新的认知要素。这家银行有我的朋友，为了加深彼此的感情，所以常去办理业务。

④改变行为。尽管银行比较远，但我还是愿意去这家银行办理业务。

（二）海德的平衡理论

美国社会心理学家海德（F. Heider）于1958年提出了态度转变的平衡理论。

海德认为，人类普遍地有一种平衡、和谐的需要。一旦人们在认识上有了不平衡和不和谐性，就会在心理上产生紧张和焦虑，从而促使他们的认知结构向平衡和和谐的方向转化。显然，人们喜欢完美的平衡关系，而不喜欢不平衡的关系。海德用 P—O—X 模型说明这一理论（见图2-1），其中：P 为认知主体，即客户；O 是作为认知对象的另一个人，是业务员或客户认识的其他人；X 是态度对象，即信用社，他们之间的连线代表相互的态度。他还根据这一模型推论出8种模式：4种平衡模式，4种不平衡模式。

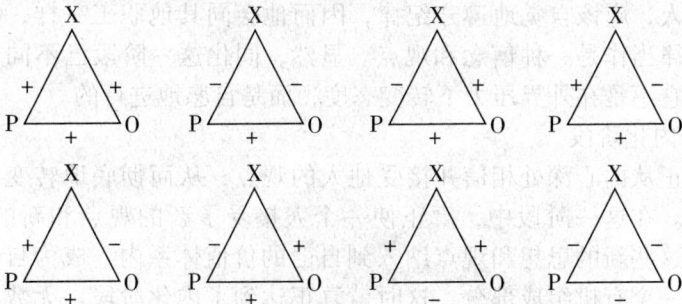

图 2-1　P—O—X 关系形式

按照海德平衡理论的观点，与自己喜欢的人态度一致，或者与自己不喜欢的人态度不一致，简而言之就是"朋友的朋友是朋友，朋友的敌人是敌人"。这样，我们的生活关系就是一个平衡的系统，否则就是不平衡的。当系统处于不平衡模式时，就必须发生改变使系统重新回到平衡状态。在这个过程中，一般遵循最少付出原则，即为了恢复平衡状态，哪个方向的态度改变最少，就改变那里的态度。如在商业银行客户服务中，如果客户（P）对业务员或客户经理（O）的态度是正面的，业务员（O）对商业银行（X）也是正面的宣传，那么客户（P）对商业银行（X）的态度也应当正面的，则这个系统就是平衡的，反之则不平衡。这时，客户（P）要么改变对商业银行（X）的态度，要么改变对业务员（O）的态度来达到平衡。因此，在客户服务过程中，业务员是改变客户服务的关键，给客户的良好印象是改变客户态度的第一步。

（三）凯尔曼（Kelman）的态度变化阶段说

1961年，美国社会心理学家凯尔曼提出了态度变化过程的三阶段说。这三个阶段是：服从、同化和内化。现分述如下：

1. 服从阶段

这是从表面上转变自己的观点和态度的时期，也是态度转变的第一阶段。一般说来，这时人们会表现出一些顺从的行为，但这仅仅是被动的，就比如刚进工厂的某青工因为考虑到奖励和惩罚的利益关系，才在行为上表现出服从的样子。

2. 同化阶段

这一阶段表现为不是被迫而是自愿接受他人的观点、信念、态度与行为，并使自己的态度与他人的态度相接近。同样可用上面的例子，某青工在组织和同事的教育帮助下，真正意识到作为一名现代企业的青年工人，应该自觉地遵守纪律，因而他会同其他职工一样，把遵守劳动纪律当作是一种信念和观点。显然，同化这一阶段已不同于服从阶段，它不是在外界压力下转变态度，而是自愿地进行的。

3. 内化阶段

真正从内心深处相信并接受他人的观点，从而彻底地转变了自己的态度。在这一阶段中，真正使一个人接受了新的观点和新的思想，从而把这些新的思想和观点纳入到自己的价值体系内，成为自己态度体系中一个有机组成部分，这时就真正达到了内化阶段。无数成功人士成长的历程都可以充分说明这点。

（四）勒温的参与改变理论

德裔美国心理学家库尔特·勒温（Kurt Lewin）的参与改变理论，看重一个人是否参与态度的形成过程，从而会在改变别人态度时取得不同的成效。勒温认为，改变态度的方法，不能离开群体的规范和价值。个人在群体中的活动性质能察觉他的态度，也会改变他的态度（其中包括主动型和被动型）。实验证明，就某一对象而言，改变主动型人的态度要比改变被动型人的容易得多，效果也比较明显。

由勒温的观点和实验我们可以看到，在组织管理中，如果想改变员工的态度、提高工作效率，就要努力让员工积极参与某些活动。

（五）沟通改变态度理论

沟通改变态度理论中，强调了人容易受到周围环境和一些媒介的影响和鼓动。通过沟通，可以显著地改变对某些事物和人的态度看法，但要讲究沟通的技巧，才能取得良好的效果。

许多心理学家认为，沟通对态度改变的影响，依赖于沟通者、沟通过程和沟通对象三个因素。沟通者需有良好的沟通能力，沟通过程要能充分了解对象的需要和动机，以其惯用的言语来传达。当然，即便是以上两个过程都做好了，那还得看看沟通对象的因素。

在组织管理中，管理者可以通过与某些员工的对话来改变其态度，尽可能使其与管理者达成共识，进而在员工中产生更大的影响，方便管理。

四、公众态度形成和转变的策略

公众态度的形成是一个复杂过程。它是社会公众对反复接收的组织信息进行接受、分类、分析、整理，并以其价值观念、心理倾向进行判断的过程。组织信息只有符合公众的心理倾向、价值观念及其需要，才能被公众认同并接受，形成良好的组织形象。如果背离公众的需求，只会遭到公众的拒绝。为此，组织形象传播可根据社会心理学理论来控制或影响公众态度，主要包括以下策略：

（1）强化策略。组织形象通过不断地增加组织形象信息的正面内容，不断强化公众的注意和兴趣，便能达到影响或改变公众态度的目的。

（2）定势策略。组织形象是组织实态及员工行为的反映，是员工长期行为的结果。组织只有坚持不懈地以其固有的价值理念和规范统一的行为准则面对公众，使公众对组织产生比较稳定的印象，公众才会对组织形成稳定的态度。

（3）迁移策略。在利用公众原有态度的基础上引发新的态度，称之为态度迁移。利用态度迁移，比重新建立一种新的态度难度要小得多，速度也快得多，能收到事半功倍之效果。根据此策略，进行组织形象策划时，应将组织名称、品牌名称有机地统一起来，使组织形象协调统一，以利于新的产品领域的开拓和新产品市场开发。

（4）信度策略。组织在试图影响、改变公众的某种态度时，往往要通过形象传播对公众输入一系列的信息。这些信息必须是真实可靠的。如果信息是虚假的，是欺骗社会公众的，组织的得益也只会是暂时的，难以持久，一旦事情真相败露，则会引发公众对抗情绪，从而极大地损害组织的原有形象。所以，根据"信度原理"，组织传播的信息必须与组织实态相吻合，以使公众对组织产生信赖感。

第四节　组织形象与公众舆论

公众舆论是组织形象形成的最后阶段，公众舆论的好坏，直接决定着组织形象的好坏。公众舆论对社会组织形象有非常重要的影响，它可以为塑造组织形象创造机会，也可以是组织形象的"杀手"。若处理得当，会对社会组织的发展有很重要的意义。有些组织通过制造舆论、传播舆论、引导舆论和改变舆论而美名远扬；相反，有些组织因为公众舆论而臭名昭著。

一、公众舆论

公众舆论就是一个社会组织的公众在涉及共同利益的有争议问题上所持有的带评价性意见的总和，是公众对组织实态及特征的基本一致的评价。

这里的公众舆论的主体是社会组织所面临的内部公众和外部公众，而不是指社会上的大多数人；公众舆论的客体是涉及公众共同利益并有争议的问题，而不仅仅是某一个人、群体或组织所关心的问题。公众舆论是公众所持有的带评价性意见的总和，表明不同的甚至是对立的意见经过斗争、沟通和融合而形成公众舆论。评价是公众舆论的武器，没有评价，公众舆论也就失去了动力。

公众舆论是以赞扬、支持或指责、反对两种形式出现的，具有冲撞性和煽动性。它虽然不具有法律那样的强制力，但具有强大的社会压力，而且这种社会压力往往还会导致来自上面的压力，甚至导致行政命令。很多政治家都明白这个道理，一般对公众舆论都持肯定和重视的态度。美国总统林肯曾说过："民意（舆情）就是一切。得到民意的支持，任何事情都不会失败；得不到它的支持，任何事情都不能成功。"伟大的革命先驱孙中山曾指出："舆论者，造因之无上乘也，一切事业之母也。故将图国民之事业，不可不造国民之舆论。……盖舆论者，必具有转移社会、左右社会之力也。"

二、公众舆论的作用

公众舆论在塑造组织形象的过程中起着非常重要的作用，包括积极作用和消极作用。

一方面，公众舆论不仅为塑造组织形象带来机遇，而且能保护和改善组织形象，扩大组织的影响。组织形象从公众方面来说就是靠公众舆论树立起来的。当公众舆论以对组织的积极评价为内容时，参与舆论活动的公众越广泛，组织的知名度就越高；公众意见越向好的评价倾斜，组织的美誉度就越高。这就使组织形象处于良好的状态。所以，"良好的公众舆论"几乎是良好的组织形象的同义语。树立良好的组织形象就要形成和保持与组织有关的良好公众舆论环境。例如，《青岛晚报》报道：青岛市一位姓王的老太太新买一台海尔空调，被出租车司机调换拿走。海尔集团领导得知这消息后，当即决定赠送王老太太一台同样的空调，并派专人送到家，免费为她安装调试好。《青岛晚报》就此事作报道后，在青岛市民中引起强烈反响和广泛议论，人们对海尔此举表示赞扬，对海尔集团产生了好感和信任。这就是公众舆论的作用。

另一方面，公众舆论又可以毁坏组织形象。当公众意见对组织越向坏的评价倾斜时，甚至变成指责、抨击，组织就说不上什么美誉度，甚至会名声大损。例如，原商业部部长胡平曾在武汉商场买了一双牛皮鞋，穿了不到一天就坏了。舆论界和商业界对此都特别予以关注，纷纷对武汉商场进行批评和指责，反响较大，使武汉商场的声誉扫地。

值得注意的是，在某些时候，当组织成为公众舆论指责的对象时，这并非完全是坏事，只要我们辩证地看待这个问题，坏事就可以转变为好事，成为组织塑造良好社会形象的机遇，因为这种公众舆论扩大了组织的知名度。如果能及时采取有效的矫正措施使舆论指责变为舆论赞扬，使知名度和美誉度得到统一，就能产生未受公众舆论指责时难以产生的社会效果。如上例中"一日鞋"问题发生后，武汉商场负责人下令把劣质皮鞋撤出柜台，结果在一定程度上挽回了名誉损失，重塑了组织形象。

三、利用公众舆论塑造组织形象

塑造组织形象有很多途径和方法，其中，借助各种传播媒介，发挥公众舆论的服务功能来塑造组织形象，是社会组织追求美好形象的最佳选择之一。

1. 制造舆论

制造舆论就是社会组织有目的、有计划地进行能够引起公众广泛议论的重大事件的一种活动。其目的在于吸引新闻媒体关注，扩散自身所希望传播开去的信息，从而形成对组织有利的公众舆论环境。

制造舆论不是无中生有地编造新闻，欺骗公众，而是着力于利用一些偶然事件和突发事件，注意把握最佳时机，在一般人视为平凡小事中挖掘出新闻价值，吸引新闻媒体广为传播，连续报道。因此，策划时必须遵循"新""奇""好"三个原则。"新"就是最近发生的鲜为人知的、甚至是独一无二的事情，这是内容原则；"奇"就是吸引公众注意的超越常规、但不出格的做法，这是形式原则；"好"就是事件的报道能够引发良好的社会效应，这是效果原则。坚持这三条原则，制造舆论就能为组织树立良好形象。

2. 传播舆论

传播舆论就是社会组织借助各种传播媒介，特别是大众传播媒介，传递以组织重大事件为内容的信息的一种活动。其目的在于引起公众的注意和兴趣，从而扩大组织的影响，最终达到提高组织知名度的效果。

传播舆论的方式多种多样，如召开新闻发布会、记者招待会，举办庆典活动、展览会、赞助活动等。传播舆论，首先要坚持真实性原则，事实是成功传播的生命线；其次是力求把最近时间内发生的信息以最快的速度传播给广大公众，使公众及时地把握最新信息；再次是传播的信息应力求使最大数量的公众能够接触和接受；最后要根据传播的信息内容和目标公众做出选择，应与目标公众的文化层次与审美情趣相适应。

3. 引导舆论

按照公众对组织的态度，可以将公众区分为逆意公众、独立公众和顺意公众。引导舆论就是社会组织利用引起公众议论的有关组织的事件，借题发挥，因势利导，消除公众的某些偏见或误解的一种活动。其目的在于使公众相信组织的立场与观点，争取把独立公众转化成为顺意公众，使舆论向有利于组织的方向发展。

引导舆论时要注意要坚持实事求是、对公众负责的原则，不能为塑造自我形象、维护自我利益而夸夸其谈和欺瞒哄骗；还要坚持说服沟通的原则，晓之以理，动之以情，疏中有导，导中有疏，耐心细致地宣传解释事件的来龙去脉，争取获得公众的理解。对舆论领袖应予以重视和利用，舆论领袖，即意见领袖，是对人们的意见有导向作用的人物，往往追随者颇多，公共关系人员应借助于他们的影响力开展工作。

4. 改变舆论

改变舆论就是社会组织面对不利的公众舆论而开展的一种使公众转变对组织看法的活动。其目的是让组织重新获得公众的信任和支持。

社会组织面对不利舆论置之不理或一触即跳都是错误的，这会给组织带来更多不利的后果。如果不利舆论已见诸报端，组织的信誉和形象就会受到较大损害。对此，如果采取置之不理的对策，不利影响就会不断扩散，恶化事态；而一触即跳，坚决反击，做出失态的反应，其后果是更加不可收拾，让组织形象蒙受更大损失。正确的态度是正视现实，头脑清醒，冷静分析，以查清事实为突破口，找到起"死"回"生"的转机，然后向公众说明真相；对应当承担的责任，做出必要的自我检查。这样才能挽回影响，重新取得公众的信任和支持。

第五节　组织形象塑造

了解和掌握组织形象的形成规律是为了塑造良好的组织形象。

一、组织形象塑造的原则

要想塑造良好的组织形象，就必须研究和熟悉组织形象塑造的原则。组织形象塑造的原则，主要体现在以下几个方面：

（一）整体性原则

众所周知，公共关系中的组织形象是一个系统，即 CIS。也就是说，必须将组织理念识别（MI）、组织行为识别（BI）和组织视觉识别（VI）当作整体来看待。整个 CIS 的运用是三位一体，相互连动的。

英语的"identity"的内涵十分广泛，但或许是由于汉语翻译时对"识别"词义的过多强调，而无法做到近代翻译家严复所要求的"信"字，使得人们对 CIS 产生了理论上的误解。人们在 CIS 策划活动中经常重视的往往只是组织视觉识别，而较少考虑到其他两个要素。其中，人们在塑造组织形象时最容易忽视组织的经营理念识别。组织的经营理念是 CIS 的核心，没有良好的经营理念，便不可能有良好的组织经营行为；没有良好的组织经营行为，即使有再好的组织视觉形象，也只能使组织形象形同虚设，不能得到人们的赞誉。2001 年 2 月发生的日本"三菱汽车事件"就可以清楚地说明这一点。作为组织识别的主要要素，三菱公司的组织标志一直是高校教师在公关、广告和市场营销教学中经常引用的范例。但是对于中国消费者，三菱公司故意长期隐瞒其产品帕杰罗 V31、V33 两款车的安全隐患问题，这种行为本身已经严重违反了现代组织应有的商业道德。中国海关宣布吊销这两款车的入关许可证后，严重的公关危机发生了。中国消费者对于三菱公司的行为群起攻之，一时间投诉、起诉三菱的用户在中国内地此起彼伏。但令人遗憾的是，三菱公司仍不能积极诚恳地向中国消费者道歉，提出妥善合理的赔偿方案。三菱公司的这种经营行为，表明其在经营理念这一组织形象的深层要素上存在着严重的弊端。如果三菱公司不尽快进行公关理念方面的矫正，即使其有着优秀的视觉识别，但也无法挽回消费者的信任。

在国内，有些组织连基本的视觉识别还没有建立，而其经营行为却与三菱公司如出一辙，个别的甚至有过之而无不及。常有小造纸厂为了提高自己的利润忽视环保随意排放废水，饮料厂为了减少自己的损失涂改过期产品的出厂日期等事件见诸报端。这些事件用外部强制性的处罚手段进行整改，往往收效甚微。要想根治这些侵害公众利益的行为，必须从内因上着眼，用公关关系学的相关原理让这些组织意识到其行为对组织形象带来的负面影响和长远利益。要让他们意识到，如果不从组织的经营理念上反思改正，就没有资格奢谈组织的行为识别和视觉识别，也就无法建立良好的组织形象。

（二）竞争性原则

现代社会和现代组织崇尚创造、尊重创造，只有具有创造精神的组织形象才能具有强大的市场竞争力；而那些生吞活剥、一味模仿的组织形象只能是东施效颦，以丢丑的结局告终。

为了发展中国公关事业，提高组织形象塑造的水平，我们必须改变这种落后的状况，用竞争的心态，用你强我更强、你好我更好的心态去塑造属于自己的组织形象，丰富自己的组织形象。

（三）简洁化原则

不管是影响组织形象的内在因素组织经营理念，还是影响组织形象的外部因素组织行为识别和组织视觉识别，都必须简单明了。这是因为作为塑造组织形象的主体，组织必须尽力缩短受众对组织形象接受和认知的时间，而不能搞成马拉松比赛，以真正有效地提高公共关系活动的效率，加快组织在商战中的制胜步伐。这就要求在塑造组织形象时，一方面应当追求"标新立异二月花"，另一方面又必须"删繁就简三秋树"。在组织经营服务理念上，一些组织能简洁而富有个性地将企业的价值传达给目标公众，如海尔："真诚到永远"，飞利浦："让我们做得更好"，金利来："男人的世界"，诺基亚："科技以人为本"；在视觉识别上，组织要通过简洁、明了、易被公众感知、记忆的语言、图案或标志物表达出来。如麦当劳快餐以弧形 m 为标志，以黄色为标准色，m 弧形柔和、简洁，和店铺大门形象搭配起来，象征麦当劳像磁石一般不断地把顾客吸引进这座欢乐之门。

二、组织形象塑造的途径

（一）通过经营理念塑造组织形象

组织形象经营理念也就是组织的经营哲学，即组织的价值导向。它是组织"社会定位"物化的结果，也是组织一切活动的经营指导方针。作为组织，首先要确定自己的经营理念，在任何时候、任何情况下都要表现出自己的经营理念，始终不渝地恪守自己的经营理念。如海尔集团的"真诚到永远"的组织经营理念贯彻于组织经营全过程，管理以人为本、质量追求卓越、创新本土化、服务国际化、文化扩张化等等，其每一步发展都围绕着"真诚"二字做文章。

正因为经营理念的定位精确才使得海尔由原来亏损 167 万元的小厂成为今天年销售额达 660 亿元的跨国集团。鉴于此，其他组织也可以通过以下方式来宣传自己组织的经营理念：其一，以组织每个员工的实际行动来表述自身的经营理念，像海尔集团那样。其二，通过非直接商业目的宣传来表达自身的经营理念，如强调服务于社会。对公众、消费者负责的组织，在自身产品出现了问题时总是在消费者发现之前，就主动承认、主动解决，甚至在那些非自身原因造成但与自身产品有连带关系的事件中，亦表现出负责的精神和帮助的态度。透过这些事件，使自身经营理念家喻户晓、人人颂扬。其三，通过自身的视觉形象，如组织的建筑、标志、招牌、推销工具、交通工具等，以构成强烈的暗示作用，经由人们的非理性知觉通道来传递组织自身的经营理念。

（二）"制造新闻"塑造组织形象

组织可以通过各种事件来塑造、传播组织形象。所谓"制造新闻"就是给新闻内容以社会意义。也就是说，通过人为地"制造"具有新闻价值的事件，在社会上造成正面影响，并将这一事件广泛地、有效地予以传播，进而达到扩大组织知名度和美誉度的目的。实际上，很多的组织都是以此方法脱颖而出的，特别是对那些默默无闻的组织来说，这种方法可以收到立竿见影的效果。

（三）利用名人塑造组织形象

名人是指那些在社会上具有较高的知名度，为广大社会公众所宠爱和尊敬的人物。社会心理学的研究表明，由于人类心理中"晕轮效应"的存在，人们不仅爱名人，也爱名人之所爱。因此，如果合理地选择名人，并将名人作为组织及组织的产品的"代言人"，将会极大地提高组织及其产品的形象。

（四）利用公益活动塑造组织形象

社会公益活动的目的在于造福社会公众、造福社会。现代社会的公益活动与那种"广种福田"式的善举是有区别的。这个区别在于后者属于"博爱"，而前者属于"有选择地爱"。也就是说，前者追求的是一种"双重效果"。

在北京街头，常常可以看到一群带着醒目的"m"字母帽子的人在打扫卫生，这就是麦当劳快餐店的社区服务。自麦当劳开业以来，这种活动每周二次，从不间断。打扫卫生，确实是一件造福大众的好事，这说明"麦当劳"是一个对社会负责任的组织。但是他们为什么偏偏选择了打扫卫生而不是植树或者其他工作呢？因为麦当劳的经营理念中特别强调"清洁、卫生"，他们到街头搞卫生，人们既可以将此理解为是"善举"，也可以认为是借此来传播组织精神、树立组织形象。

（五）利用组织建筑塑造组织形象

组织用于生产、办公、销售的建筑也是传播组织形象的一个重要载体。许多公司在实施 CI 战略时，就把组织形象有机地融入建筑中，使建筑体变成表现组织形象的"广告"。美国加利福尼亚州有家经营开山机械的公司，公司将它的营业总部建筑得像一台开山机械，楼前还堆筑了一座假山，在高速公路上远远望去，仿佛一台巨大的开山机正在作业。可口可乐公司的一些饮料销售点，其造型及涂饰俨然就是一只巨大的可口可乐易拉罐。有一家专卖橘子汁的售货商亭，亭子的整个形象设计就是一只剥开后张着嘴的大橘子。当然，更多的组织是利用建筑物的风格来表现组织精神而非直接展现形象的。但不管怎么说，利用建筑物来传播组织形象是重要的，也是可取的。

课后思考练习：

格力电器：精品战略塑国际名牌形象

成立于 1991 年的珠海格力电器股份有限公司，是一家集研发、生产、销售、服务于一体的国际化家电企业，以"掌握核心科技"为经营理念，以"打造百年企业"为发展目标，凭借卓越的产品品质、领先的研发技术、独特的营销模式引领中国制造，旗下拥有格力、TOSOT、晶弘三大品牌，涵括格力家用空调、中央空调、空气能热水器、TOSOT 生活电器、晶弘冰箱等几大品类家电产品。

2012 年格力电器实现营业总收入 1 001.10 亿元，成为中国首家超过千亿的家电上市公司；2015 年 4 月 27 日，格力电器发布 2014 年业绩报告。报告显示，公司 2014 年实现营业总收入 1 400.05 亿元，同比增长 16.63%；归属于上市公司股东的净利润为 141.55 亿元，同比增长 30.22%，继续保持稳健的发展态势。2014 年格力官方商城重磅上线。

格力空调，是中国空调业唯一的"世界名牌"产品，业务遍及全球 160 多个国家和地区。家用空调年产能超过 6 000 万台（套），商用空调年产能 550 万台（套）；2005 年至今，格力空调产销量连续 10 年领跑全球，用户超过 3 亿。2015 年 5 月，格力电器大步挺进全球 500 强企业阵营，位居"福布斯全球 2 000 强"第 385 名，排名家用电器类全球第一位。

作为一家专注于空调产品的大型电器制造商，格力电器致力于为全球消费者提供技术领先、品质卓越的空调产品。格力电器在全球拥有珠海、重庆、合肥、郑州、武汉、石家庄、芜湖、巴西、巴基斯坦 9 大生产基地，7 万多名员工，至今已开发出包括家用空调、商用空调在内的 20 大类、400 个系列、12 700 多个品种规格的产品，能充分满足不同消费群体的各种需求；累计申请技术专利 14 000 多项，其中申请发明专利近 5 000 项，自主研发的磁悬浮变频离心式制冷压缩机及冷水机组、光伏直驱变频离心机系统、双级变频压缩机、无稀土变频压缩机、R290 环保冷媒空调、1 赫兹变频空调、多功能地暖户式中央空调、永磁同步变频离心式冷水机组、超低温数码多联机组等一系列"国际领先"产品，填补了行业空白，改写了空调业百年历史。

在激烈的市场竞争中，格力空调先后中标 2008 年"北京奥运媒体村"、2010年南非"世界杯"主场馆及多个配套工程、2010年广州亚运会14个比赛场馆、2014年俄罗斯索契冬奥会配套工程等国际知名空调招标项目，在国际舞台上赢得了广泛的知名度和影响力，引领"中国制造"走向"中国创造"。

作为全球空调领军企业，格力在竞争日趋白热化的空调市场可谓捷报频传，屡中大标，雄踞不可撼动的霸主地位。格力成功的秘诀在哪里？缘何格力空调受到如此青睐？

质量是企业生存与发展的根本。而格力人深谙此道，他们坚信："一台好空调就是一则好的广告"，在这种理念的引导下，格力的着眼点、着力点始终瞄准在提高产品质量、提高售后服务水平上。

"好空调、格力造"，这一句耳熟能详的广告语、简单的一句话却概括了格力坚持的精品战略——"打造精品企业、制造精品产品、创立精品品牌"。与众多热衷于概念游戏的空调企业不同的是，格力志在通过精品战略来创建国际名牌形象。

打造精品、创建国际名牌形象是需要"真功夫"的。

这一点在格力身上得到了最有力的验证。格力的质量保障从上游原材料的选择进行把关，到产品的设计研发、生产制造，再到销售环节的运输、售后的安装维修，在每一个环节都践行着"不拿消费者当试验品"的承诺。在采购环节，格力坚持零部件100%全检，有任何一项不合格就不能流入生产线；在研发设计环节，格力严格执行"五方提出，三层论证，四道评审"原则，将产品的质量问题控制在设计研发的源头阶段；在制造过程中，格力注重对工艺质量的把关，"总裁十四条禁令""质量宪兵队"都成为格力为打造零缺陷工程而采取的"铁腕"措施；在运输环节，格力设立了国内首家完整的空调包装摔打实验室，将所有出厂后运输环节中可能发生的问题都事先想到并将之消灭在萌芽状态。

此外，为保证安装质量，格力空调在对全国服务网点进行专业化技能培训、要求执证上岗的同时，还率先在业内创造性地建立"安装巡视监督制度"，为安装质量切实把关。

精品品质也让格力在面向消费者的服务方面颇有底气。从2001年年初以来，家电企业的服务承诺不断升级。当家电企业纷纷在延长保修期限上大做文章的时候，作为中国家电行业的领军企业，格力高调宣布：自2011年1月1日起，凡是购买格力变频空调者，一年之内免费包换，以"换机"服务承诺引领中国家电企业服务水平。

应该说，格力变频空调一年包换的服务承诺，是与其多年来备受认可的产品品质与技术密不可以分的，其自信源于格力变频空调产品过硬的质量和日臻成熟的变频空调技术。

对此，格力电器总裁董明珠表示："格力之所以率先推出变频空调一年包换的服务承诺，主要是希望引导空调行业更加注重产品质量这一根本，没有产品质量的保证，过于强调服务是舍本逐末。只有通过成熟先进的变频技术打造出品质卓越具有竞争力的产品，才是企业发展的硬道理。服务是产品质量的补充，质量好到无需服务对于消费者来说，才是最好的服务。"

正是有了精品品质，格力的发展才得到了国内外的广泛认可。

格力美国分公司成立后，其国际化的发展格局更加清晰起来。应该说，格力国际化的发展脚步，更离不开其精品战略的支撑。

对此，董明珠表示，在经济全球化的今天，企业的产品一定要能代表国家的形象。凭借精品的质量，格力的目标已经不只是成为中国的世界名牌，而是要在国际上树立起"中国创造"的精品品牌形象。

（资料来源：http://www.gree.com.cn/about‒gree/gsjs.jsp？catid=1241、http://info.homea.hc360.com/2011/07/291129752936.shtml）

思考题：

1. 用所学理论来分析格力电器树立组织形象的做法。
2. 请拟订一个树立格力电器组织形象的方案。

第 三 章

公关人员的心理素质

现代社会的快节奏、高效率对公关人员的素质要求越来越高，良好的自身素质成了在竞争社会中生存的必备条件。公关人员的素质结构大致包括思想道德素质、文化素质、业务素质、身体素质和心理素质。心理素质是公关人员素质结构中十分重要的一种基础素质。

美国的两位著名心理学家特尔曼和西尔斯在长达半个世纪的时间里，相继追踪研究了 1 528 名超常智力的人，结果发现：智力与成就有一定的关系，但不是完全相等的关系，个性与成就的关系大于智力与成就的关系。同样都是高智商的人，有的成绩卓著，有的一无所成，其主要原因在于心理素质的差异。特尔曼对 800 名被试的男性中成就最大的 20% 与成就最小的 20% 做了全面的比较，发现最明显的差别就是他们的个性心理品质不同。成就最大的一组在进取心、自信心、持久性、独立性、忍耐性等方面非常优秀。公关研究者也有类似的发现：同样的公关任务，不同的人去完成，效果不同。乐观、坚定、进取的人可以弥补策划的不足，圆满地完成任务；反之，怯懦、自卑、呆板的人，则使公关工作大打折扣。公共关系工作对其从业人员的心理素质要求是较高的。

第一节　公关人员心理素质的内涵与结构

在本章内容中心理素质是一个核心和基础性的概念，科学界定心理素质的内涵和外延，具有十分重要的理论意义和实践意义。

一、心理素质的内涵

关于心理素质的内涵，心理学界已经有人进行了有益的探索。上海师范大学燕国材教授认为，个体的素质包括自然素质、心理素质和社会素质。心理素质"乃是一系列稳定的心理特点的综合"，它的内容包括"智力素质"（观察力、记忆力、想象力、思维力、注意力）和"非智力素质"（动机、兴趣、情感、意志、性格）。也有人认为，"心理素质是一个心理能力素质（智力因素）、心理动力因素（人格因素）和身心潜能素质三个子系统交互作用、动态同构的自组织系统。"张大均认为，心理素质以生理素质为基础，将外在获得的东西内化成稳定的、基本的、衍生性的，并与人的社会适应性行为和创造行为密切联系的心理品质。这一定义清楚地说明了心理素质形成及其特性，强调了心理素质与人的社会适应性行为和创造行为密切联系。

上述多位心理学者对心理素质概念的界定有使用上的缺陷，首先是外延过大。几乎所有的心理内容都是心理素质的内容，这就在很大程度上失去了提出心理素质概念的意义。例如，如果把智力水平都作为心理素质的内容，那么，就没有什么不是心理素质了。这在实际上是把心理品质和心理素质作为同义词来使用，因而不管在理论上还是在实践上都是不合适的。如果这样的话，一个智力落后的学生就是心理素质差的学生，这是很荒谬的见解，且和大多数人对心理素质的理解也相去甚远。

其次，当我们把一个概念放在一个概念体系之中进行研究时，就不能仅仅就一个概念进行论述。例如，人的素质结构是多方面的，当我们对人的素质进行分类时，就不能彼此互相包含，尽管不同的素质之间存在明显的相互作用。当我们讲心理素质时，是放在个体的素质结构中进行论述，所以，心理素质、思想道德素质、业务素质、文化素质之间就不能明显地相互包含。

那么，究竟如何合理地界定心理素质的内涵和外延呢？中国石油大学人文社会科学学院的王建军老师给心理素质下一个这样的定义：心理素质是个体人格的强度和力量。

对于"心理素质是个体人格的力量和强度"这一解说，应从以下三个方面来理解：

1. 心理素质所包含的心理内容，主要是心理结构中的非智力因素而不是智力因素

从某种意义上讲，个体的心理成分可以分为智力因素和非智力因

素。在实际生活中，当我们讲某人的心理素质较差时，并不是指此人的智商（IQ）不高或能力不强，而是指此人在理性认知、情绪调控和人际交往方面存在这样或那样的问题。

因此，尽管智力因素和非智力因素是人类心理世界中互相关联的两大组成部分，尽管智力水平的高低同心理素质的优劣也并非毫无关系，但是，心理素质就其自身的内涵讲，并不包含智力成分在内。

2. 心理素质特指人格的力量和强度，而不是指某一具体的心理内容

人格的内涵十分丰富。从心理过程讲，它包含了情绪和意志以及认知的部分内容；从个性心理讲，它包含了个性心理特征中的气质、性格以及个性倾向性等内容，如自我意识以及需要、动机、理想、信念等。在我们定义心理素质和使用心理素质这一概念时，是从人格的功能角度而不是从人格的内容角度来理解的。因此，我们对心理素质的分析和理解，也就很难用某一特定的个性心理特征加以解释，而必须用人格的整体力量进行解释，用多因素进行解释。单纯用某一种心理因素，不管是情感因素还是意志因素，都难以完美地解释心理素质的内涵。也正是由于从心理功能角度进行界定，心理素质才有强弱、好差之分。当然，我们应当具体分析和心理素质密切相关的一些人格因素，以便为心理素质的训练提供必要的基础。

3. 心理素质的强弱和好坏可以从"抗压能力"（即挫折耐受力）和"抗拉能力"（即抗心理冲突能力或选择能力）两个方面进行理解

心理卫生学告诉我们，挫折和冲突是造成心理紧张和心理障碍的两个主要原因。挫折是在某种动机的推动下，所要达到的目标受到阻碍，因无法克服而产生的紧张状态和情绪反应。用人才学的语言讲，挫折就是一种逆境。一个心理素质良好的人，就是一个能够承受甚至超越挫折情景的人，不管这种挫折是需要的延迟满足，还是外部的限制和打击，抑或是由于个人行为不当引起的事业失败。在一帆风顺的生活情景中是难以考察和检验一个人心理素质强弱的。冲突是一种选择的困境，一种面临两个或多个目标时因难以选择而产生的心理矛盾和焦虑。不管是双避冲突、双趋冲突，还是趋避冲突，都会使人产生心理紧张。在价值观念和生活方式日益多元化的现代社会，每个人都会面临一系列的选择困境，大到职业选择、恋爱（婚姻）对象选择，小到一天的生活安排。一个心理素质良好的人，具有比较稳定的价值观念，也具备良好的自我监控意识和自我监控能力，能够在不同的情

景中做出比较明智的选择；相反，一个总是犹豫不决、举棋不定、左右为难的人，其实就是一个心理素质不佳的人。

二、良好的心理素质是公关工作的需要

公共关系是一门职业，公共关系的职业化道路是发展公共关系事业的必由之路。根据中国国际公共关系协会调查显示，目前全国公共关系公司数量超过 2 000 家，专业公司从业人数超过20 000人，公关行业有着潜在的巨大市场。业内人士分析，目前公共关系市场持续快速增长，年营业额继续保持明显的增长率，无论是市场发展、经营状况还是客户服务仍将会有良好的表现。

公共关系从业人员不仅数量多、增长快，而且也是少数几个高薪行业之一。根据美国公关学会的调查，公关从业人员平均工资（年薪）接近 5 万美元，那些为身价亿万美元的大型公司服务的公关人员年薪收入高达 10 万美元、20 万美元甚至更多。而且他们除了六位数的工资外，还能得到股票期权、奖金福利和丰厚的退休金。美国波士顿忠诚投资公司聘用的一位公共关系高级副总裁，年薪超过 50 万美元；时代华纳公司最高层公共关系职位的补偿一揽子方案总数竟达100 万美元。中国国际公关协会 2004 年度调查显示：我国公关从业人员薪酬水平较高，并保持一定的增长势头。以客户经理为例，外资公司月薪平均超过10 000元人民币，本土公司月薪为 6 000～8 000 元人民币。某些热门行业薪酬往往以小时计算，如美国汽车行业公关人员的费用高达每人每小时 100 美元；如果是公关总监，该数字将达到 180 美元。

与高薪职位相对应的是富有挑战性的工作。他们的工作范围大体包括以下一些方面：撰写和编辑各种公关资料和出版物、公关理论和实务研究，提供媒体报道资料，进行管理和行政工作、公关咨询，主持专题活动、公关培训、协调内外关系等。他们必须和高层领导、挑剔的顾客、怨气冲天的内部员工、不懂专业的股东、狡猾的竞争对手等各类人物打交道，必须去面对鲜花和掌声，也要接受鸡蛋和西红柿的"洗礼"。在变幻莫测的复杂环境中与各色人物周旋，是公关人员工作的真实写照。据中国国际公关协会 2004 年度调查显示：公关人员工作压力仍然较大。整个行业人均周工作小时为 45 小时，加班工作已是常态。

增长的需求、高薪的职位、挑战性的工作，使得公共关系从业人员备受瞩目，也由于公共关系活动的复杂性、广泛性、创造性和灵活性，更需要公关人员具有良好的职业心理素质。那些想成为这个富有

吸引力行业中的一员或已经入行的人，都应该努力使自己达到这些基本要求。

三、公关人员的心理素质结构

究竟公关人员的心理素质包含哪些具体的心理内容，还需要深入具体的实证研究，从心理素质的定义和公关人员的职业特点出发，以下几个方面是十分重要的。

（1）有良好的社会认知和建立适宜的人际关系的能力，建构和维持良性的公共关系网络的社会调控素质；

（2）有客观的自我认知，积极的自我态度和自我控制等自我调控心理素质；

（3）以积极的态度对待工作、学习和生活，克服和转化负面情绪，维持良好的主导心境的情感调控心理素质；

（4）能正视现实，适应环境，具有克服困难的毅力和勇气，以及在压力和挫折面前不屈不挠的顽强精神意志调控心理素质；

（5）广泛的兴趣、开朗热情的性格等其他心理素质。

这几项素质是一个整体，它们共同构成了心理素质的完整结构系统。其中，社会调控心理素质系统的内容、广泛的兴趣、开朗热情的性格等其他心理素质在公关人员的人际交往部分会进行阐述，本章不作分析。

第二节　公关人员健全的自我意识及其培养

健全的自我意识是公关人员心理素质的核心内容。

一、自我意识概述

自我意识也称自我，是个体意识发展的高级阶段。

（一）自我意识的定义

自我意识（Self‐consciousness）是意识的核心部分，就是对"自我的认知"，或者说是自己对自己的认知。它包含自我认知、自我评价和自我控制。如果再进一步简化，自我意识是对自己及自己与周围环境关系的认识，包括对自己存在的认识，以及对个体身体、心理、社会特征等方面的认识。这种认识是个体通过观察、分析外部活动及情境、社会比较等途径获得的，是一个多维度、多层次的心理系统。个体对自己的各种身心状态的认识、体验和愿望，具有目的性和能动性等特点，对人格的形成、发展起着调节、监控和矫正的作用。

（二）自我意识的结构

自我意识包括三个方面：自我认识、自我体验、自我控制。如同意识表现为知、情、意的统一，自我认识主要指"我究竟是一个什么样的人""我为什么是这样一个人"。自我体验则主要指从情绪情感上对自己接受、认可的状况："能否悦纳自己""对自己是否满意"？自我控制则是要解决"如何有效的调控自己""如何使自己成为一个理想的人"的问题。三者紧密联系，相辅相成。

1. 自我认识

自我认识，即自己对自己的认识，包括自我认知和自我评价。前者是个体对自身各种状况的了解，后者则是对"自我"各方面的评估。一个人需要了解自己什么呢？概括地讲，有三个方面：其一，生理自我，也就是你对自身这样一个生物个体的基本认识。比如，独立个体的意识（"我"不同于他人、他物）、性别、年龄、发育状况、生理特征等。其二，社会自我，指对自身社会性要素的认识。人的本质即各种社会关系的总和，所以"社会自我"包含了各种社会关系及由此产生的相应的各种社会角色，以及所生活的社会文化环境和社会定位。其三，心理自我，就是对自身心理状况的了解，包括对自己的认知、情绪情感、意志、个性倾向性（兴趣、爱好、价值观、理想）及个性特征（能力、气质、性格）等的全面认识。这三方面的综合了解才是完整的"自我认知"。

在"自我认知"的基础上，自我对自我各方面会有一个评估，然后给自己下一个结论，即"自我评价"。比如，我太瘦了，我是个很情绪化的人，我过于严肃，我是个受欢迎的人，很多时候我都是大家的中心，等等。

根据"理情疗法"的创始人艾里斯的观点，认知决定我们的情绪、情感及相应的行为，所以"如何认识自我，我到底是怎样的一个人"是我们要研究的重要课题。很好地认识自己，才可能很好地体验自己、控制自己，否则只会因"认识"而痛苦。

2. 自我体验

自我体验是自我认识基础上的一种情绪体验，即自己对自己是否满意的问题。"满意"则自我肯定，信心十足；反之，则自我否定，垂头丧气。它有自爱、自尊、自恃、自卑、责任感、义务感、优越感等表现。自我认识决定自我体验，同时，自我体验又往往会强化自我认识并影响自我控制。我们可能都有过这样的体验：当你对自己失望时，整个世界都似乎成了"灰色"的，你心情沮丧、抑郁消沉，所看到的、所做的，甚至从记忆深处挖出的点滴都是令人伤感的、令自己否定自己的；而充满自信时，对自己的缺点都可以合理化地、积极地去看待，去争取改善。人区别于其他动物的一个很大的特点就是感情丰富。自我体验正是自我对自我的感受，它的积极与否直接关系到我们对自身发展的要求高低及行动的方向对错。

3. 自我控制

自我控制就是自己对自己的控制，自我认识了解了"我"，自我体验感受了"我"，自我控制则是要表现"我"。这里包含了两层含义：其一，自己对自己的设计，即"我"应该做什么、我不应该做什么；其二，自己对自己的指导，即"我可以怎样做"。

我们常说的"自制力"就是自我控制的能力，它的强弱、高低可以直接由我们的情绪、行为表现出来。自制力强的人，不易感情用事，常常会克制自己的情绪，做事有计划性，自我发展方向明确，给人深沉、冷静、含蓄的印象，极端者则犹如"冷血动物"，过于呆板，不近人情；相反，自制力弱的人，常会不顾场合宣泄一番，高兴时手舞足蹈，生气时乱发脾气，表情就是"晴雨表"，行为好像3岁儿童。心理学术语称此为"过度情绪化"，行为充满"情境性"，对将来则愿意"跟着感觉走"。诸如自立、自主、自制、自强、自信、自律等词都是积极自我控制的描述，而自我失控、自残、自虐、自我放弃则是消极的自我控制方式。

自我认识是其中最基础的部分，决定着自我体验的主导心境以及自我控制的主要内容；自我体验又强化着自我认识，决定了自我控制的行动力度；自我控制则是完善自我的实际途径，对自我认识、自我体验都有着调节作用。三方面整合一致，便形成了完整的自我意识。

二、健全自我意识的标准

自我意识对人的心理健康起着很重要的作用，它制约着人格的形成发展，在人格的优化中发挥着强大的动力功能。健全的自我意识是心理健康的重要标准，是人类自身内在的一种成功机制，在人才发展中发挥着重要作用。健全的自我意识有如下标准：

（1）自我意识健全的人，应该是自我认识、自我体验和自我控制相协调一致的人，同时又与外界保持协调一致；

（2）自我意识健全的人，应该是一个有自知之明的人，既知道自己的优势，也知道自己的劣势，能够接纳它们，并能正确评价自我与自我发展；

（3）自我意识健全的人，应该是积极自我肯定的、独立的并与外界保持一致的人；

（4）自我意识健全的人，应该是理想自我与现实自我统一的人，有积极的目标意识和内省意识，积极进取、永无止境。

补充材料 3 - 1：

测一测，你的自我健康吗？

1. 接受自己的生理状况，不自怨自艾
2. 对自己的心理素质有较清晰的认识，知道自己的长处和短处
3. 对自己所处的环境有较清晰的认识，包括家庭、工作和学校环境
4. 对自己的经历有正确的评价
5. 对未来自我发展有较明确的目标
6. 对自己的需求有清楚的认识
7. 知道生活中什么是应该珍惜的，什么是应该抛弃的
8. 对妨碍自己达到目标的因素有较为清楚的认识
9. 对自己能够做到的事情有较为清楚的认识
10. 对自己的希望和能力的差距比较清楚
11. 正确估计自己的社会角色
12. 对自己的感受和情绪有较为清楚的认识
13. 明白自己能力的极限

三、培养方法与途径

正确的自我意识有利于人的心理健康，有利于人对自身行为进行适宜的调控，实现自己的义务和责任，走向全面发展与成功。那么，怎样培养正确的自我意识呢？

（一）正确地认识自我

认识自我是人类从古到今一个永恒的话题，正确地认识自我是培养形成健全的自我意识的基础。古人云："人贵有自知之明。"如果一个人能对自我有一个较全面、客观的认识和评价，就能扬长避短、取

长补短、发展自己、完善自己。可从以下三个方面做起。

1. 全面深刻地了解自我，找准自己在现实环境中的位置

要正确地认识自我，首先要从生理的自我、心理的自我、社会的自我三个方面来全面深刻地了解自己。为此，要努力拓宽自己的知识面，增强信息来源，提高文化水平和修养；多与他人交流思想，多征询他人对自己的看法，以适当的参照系来了解自己。这样对理想自我的构建、自我的发展以及人际关系的处理大有裨益。

2. 客观准确地认识自我，建立自信

注意从多个角度、多个侧面来客观评价自我。一方面，既要进行纵向比较，将现实的自我和理想的自我作比较，看到自己的差距；同时，也要将现实的自我与过去的自我作对照，看到自己的进步。另一方面，还要进行横向比较，与超过自己的、与自己相似的、比自己稍差的人作比较。要将上述各个方面获得的信息综合分析，以获得较为客观的评价，既不妄自菲薄，也不夜郎自大。

3. 独立、稳定地认识自我

在评价自我时，避免盲目地接受他人的暗示和对权威、群体性心理的完全依赖。要有自己独立的意志，同时还要避免以一时、一事作为衡量评价自我的尺度，要对自己有一个稳定的、概括的评价。

补充材料 3 - 2：

乔韩窗口理论

现代人有很多文化经验、科学知识，可说无所不知，但缺少自知。而自知乃是一个人自我意识发展的基础。美国心理学家约翰（Jone）和哈里（Hary）提出了关于人自我认知的窗口理论，被称为"乔韩窗口理论"。他们认为，人对自己的认识是一个不断探索的过程。根据一个人对自身的了解与他人对自身的了解两个纬度，可把每个人的自我都分为四部分：公开的自我、盲目的自我、秘密的自我和未知的自我。通过与他人分享秘密的自我，通过他人的反馈减少盲目的自我，人对自己的了解就会更多更客观（见表 3 - 1）。

表 3 - 1　　　　　　　　乔韩窗口理论

	自知	自不知
他知	A. 公开的我	B. 盲目的我
他不知	C. 秘密的我	D. 未知的我

（二）积极地悦纳自我

悦纳自我是发展形成正确自我意识的核心和关键。一个人首先应自我接纳，才能为他人所接纳。

"自我接纳"是指个体对自身以及自身所具特征所持的一种积极的态度，即无条件地接受自己的一切，无论是好的或是坏的，成功的或失败的。要平静而理智地对待自己的长短优劣，要乐观开朗，以发展的眼光来看待自己：既不消极回避自身的现状，自欺欺人，更不以哀怨、自责甚至厌恶来否定自己。在自我悦纳的基础上，培养自信、自立、自强、自主的心理品质，从而发展自我、更新自我。

自我接纳是个体健康成长的前提。一个人如果不接纳自己，连自己的问题都不敢正视，那他怎么能引导自己向上？更何况，在生活中，不接纳自己的人常会把很多能量用在自我否认和排斥上，带着那么多对自己的不满、失望，甚至否认和拒绝，又怎么可能成长？有句话说得好："先爱你自己，别人才爱你。"一个看不起自己的人还有谁会重视你？自尊是获得别人尊重的基础，自信是赢得别人信任的根本。所以，每一个人都要学会接纳自己。

在公关实务活动中，企业公关人员的公关对象结构很复杂，有些公关人员，或因地位低，或因资历浅，或因经验少，或因单位小等原因，面对地位高的、资历深的、经验丰富的、大单位的公关对象，常会产生自卑心理，在对方面前总觉得自己渺小低下，大有"配不上"的心态，因此就显得拘谨、胆怯、手足无措，言谈小心翼翼、吞吞吐吐、词不达意，这样当然会影响公关效果。公关工作并非简单的"二传手"。公关人员在协助领导决策时，虽然在一定程度上能预测到工作的结果，但有时还是要冒一定的风险，这就需要自信。在处理令人尴尬或危机四伏的意外情况时，自信的公关人员就会沉着冷静，凭着智慧和信心，通过艰辛的努力，迅速而出色地完成任务。正如法国启蒙学家卢梭所说："自信心对于事业简直是奇迹，有了它，你的才智可以取之不尽、用之不竭。一个没有自信力的人，无论他有多大才能，也不会有成功的机会。"所以，公关人员首先要树立起自信心，充满自信的公关人员，敢于面对挑战，敢于追求卓越。他们自信能超人，自信能胜人，会以极大的勇气和毅力塑造出自己和组织的良好形象。

自我接纳加上能力，这是构成自信的两大基石。

有自我接纳，有不断自我完善的动机和行为，总有一天，就会具备能力，并最终具备自信。所以，自我接纳是自信的起点。从自我接纳出发，不仅可以让人早日摆脱自卑，更可以让人早一天走向自信。

自我接纳的方法如下：

1. 停止与自己对立

"停止与自己对立"是指停止对自己的不满和批判。不论自认为做了多少不合适的事，有多少不足，从现在起，都停止对自己的挑剔和责备，要学习站在自己这一边，维护自己生命的尊严和价值。

参考句式："不论我的现状如何，我选择尊重自己的生命的独特性。"

2. 停止苛求自己

具体地说，就是允许自己犯错误，但在犯错后要做出补偿，弥补自己的错误造成的损失；要记住，一个错误不犯两遍。

参考句式："不论做错了什么，我选择从中吸取教训。""我选择不二过，而不是不断地责备自己。"

3. 停止否认或逃避自己的负性情绪

如果产生了负性情绪，不要去抑制、否认或掩饰它，更不要责备自己，对自己生气。要先坦然地承认并且接纳自己的负性情绪，不论它是沮丧、愤怒、焦虑还是敌意。

人产生负性情绪是很正常的，它提醒你对现状要有所警觉，是改变现状的先决条件。如果一个人不为自己的成绩差而沮丧，他就不会迎头赶上，努力学习；如果一个人不为和别人的矛盾而苦恼，他就不知道自己的人际交往方式需要调整。

所以，不要怕产生负性情绪，也不要否认或逃避。先要接纳它，然后再想办法解决引起负性情绪的问题。

参考句式："不论我产生什么样的负性情绪，我选择积极地正视、关注和体验它，我将从中了解自己的思想问题，并给予具体的解决措施。"

4. 无条件地接纳自己

不少人从小就受到一些条件的限制，或者严格的管束，致使他们以为只有具备某种条件，如漂亮的外表、优异的学习成绩、过人的专长、出色的工作业绩等等，才能获得被自己和他人接纳的资格。于是，背上了自卑的包袱，并逐渐习惯用挑剔的眼光看待自己。为此，我们要学习做自己的朋友，站在自己这一边，接受并且关心自己的身体和心理状况，不带任何附加条件地接纳自己的一切。

参考句式："不论我有什么优点和弱点，我首先选择无条件地接纳自己。"

补充材料 3－3：

2003 年 12 月 24 日，时任中国外交部长的李肇星走进了新华网"发展论坛"聊天室，在 105 分钟的时间里，2.7 万网友共问了李外长2 000 个问题。其中有一位网友提问道："如果别人说你的长相不敢恭维，你怎么想？"

李外长答复：我的母亲不会同意这种看法。她是山东农村的一位普通妇女，曾给八路军做过鞋，她对我的长相感到自豪。我在美国最大的大学俄亥俄大学演讲的时候，3 000 名学生曾经起立给我鼓掌达 3分钟。如果我的工作使外国人觉得我的祖国是美好的，就是我的幸福和荣耀。当地的美国教授对我说，看起来，你看重的是自己的祖国，对自己看得很轻。这正如美国有句谚语说的：天使能够飞翔，是因为把自己看得很轻。

对于李外长的长相，也有人赞赏有加。网友说：虽然有人不恭维你的外表，但在我们女网友看来，你是特别有男人魅力的，在外交场合让我们看到了中国男人的阳刚之美。

李外长回复："你的话令我受宠若惊。在工作中我很少注意到自己的外表。"

（三）有效控制自我

自我控制是人主动、定向地改变自我的心理品质特征和行为的心理过程。有效地控制自我是健全自我意识、完善自我的根本途径。缺乏自我控制意识的人将是一个情绪化的、缺乏承受力的、一事无成的人。对自我的有效监督和控制，离不开意志的力量。只有意志健全的个体才会做到对自我的有效控制，从而最终实现理想的自我。

下面简单介绍几个控制自我的方法：

（1）把自己的感情出口放宽，莫使心胸像个瓶颈；

（2）在任何情境中，都尝试从积极乐观的角度看问题，从长远的利益作决定；

（3）对生活环境中的一切多欣赏，少抱怨，有不如意之处应指出并设法改善，坐而空谈不如起而实行；

（4）对是非之争辩，只要自己认清真理正义之所在，就坚持到底；

（5）设定积极而可行的生活目标，然后全力以赴求其实现，但却不能期望未来的结果一定圆满；

（6）莫使自己的生活僵化，为自己在思想与行动上留一点弹性空间，偶尔放松一下身心，将有助于自己潜力的发挥；

（7）与人坦率相处，让别人看见你的长处和缺点，也让别人分享你的快乐与痛苦。

在公关实践过程中，公关人员要经常同各种各样的人打交道，其间包括热情好客的，也有冷漠吝啬的；有口若悬河的，也有"金口"难开的；有积极合作的，也有制造麻烦的；有如实反映情况的，也有谎报"军情"的。公关人员遇到这些不同情况，必须善于自我控制，学会忍耐，遇到任何麻烦、棘手之事都要沉得住气，不因情绪激动而手舞足蹈，饶舌不止；也不因情绪低沉而紧锁双眉，哭丧着脸。任何时候都要防止自己勃然大怒、暴跳如雷。当然，自制不是表面的强作笑颜或强压怒火，自制力实际上是人的高度的思想道德修养和性格坚强的表现。

有几位香港资深的公关经理到广州参加一个研讨会，交谈中论及工作的甘苦时都异口同声地说，做了几十年公关工作，感受最深的一点就是：干这一行一定得学会一个"忍"字。如若不忍，关系立即就会呈现紧张状态。也许，为了一次谈判的进行，为了改善本公司在顾客心目中的形象，为了与兄弟单位建立合作关系，大家已经花费了很多精力，如今因为在一个环节上沉不住气，就可能前功尽弃，这又是否值得呢？

公关人员的自我控制能力也是意志（毅力）的表现，是一种深浅有度的把握能力。1951 年就开始的板门店谈判，进展相当困难。在交换战俘的问题上，美国提出无理要求并采取拖延手法，谈判桌上久久沉默对峙。中方的李克农将军只指示三个字"坐下去"。当时的中国和朝鲜代表，沉稳地静坐了 132 分钟，终于使美国人顶不住了，宣布休会。这中间，除了正义与非正义的较量外，也有意志和毅力的较量。"狭路相逢勇者胜"，忍耐是公关人员获得勇气、取得成功的重要因素。

在工作中，公关人员在处理各种冲突和投诉时，应能保持清醒的头脑，能控制住心头的火气和怒气，因为只有这样才能使组织在公众中树立的形象不受损失。

广州某化妆品厂发生过这样一件事：一天，一位姑娘来到公关部，她手里拿着一盒化妆品，怒气冲冲地质问公关部经理："这盒倒霉的东西是不是你们厂的产品？广告上说能祛除雀斑，可我用过后，不但没有祛掉雀斑，还弄坏了我的皮肤。"公关经理一看，姑娘脸上果然有许多因药品刺激而形成的红斑，于是关切地说："别急，我们一会再说，你的皮肤要紧，我马上陪你去医院检查一下，药费我们全包了。"医生检查后指出，这位姑娘的皮肤属敏感性皮肤，不适宜使用这种类型的化妆品，幸亏这种化妆品药性不强，不会引起什么恶果。听完医生的这番话，姑娘脸上的表情缓和了。这时公关经理才从化妆品包装盒中取出原来就附在里面的说明书，对姑娘说："其实，这说明书上已有注明，什么皮肤不宜使用这种化妆品。根据医生的检查结果，我觉得另一种牌子的产品挺适合你，你不妨试试看。"听了公关经理的一席话，姑娘的脸颊上露出了满意的笑容，一场可能激化的纠纷化解了。

不难想象，如果公关经理不能很好地控制自我，面对怒气冲冲的姑娘，一开始就和她争论谁是谁非的话，就很难消除那位姑娘对厂家的敌意。

总而言之，正确的自我意识的形成与健全需要付出艰辛的努力和巨大的代价，它是每个追求卓越、追求自我实现的人的终生课题。

第三节 公关人员的情绪管理

情绪是人们对于周围事物的一种内心感受和体验，情绪能影响一个人的精神状态，改变一个人的处事态度和待人接物的方式方法；同时情绪还具有感染性。争取公众，首先在于争取公众的感情。公关人员积极的情绪有利于创造出融洽和谐的工作气氛，便于合作，取得理解和支持；相反，消极的情绪则会使对方不安和窘迫，造成僵局和对立。公关人员必须善于调整自己的心态，保持乐观的情绪，微笑面对公众，面对一切。公关人员在与公众打交道的过程中肯定会遇到一些麻烦，甚至是极不友好的态度。但作为一名公关人员，要时刻把自己置于超越"自我"的地位，对待具有敌意的语言、场合要善于控制自己，不能感情用事。要认真分析情况，采用妥当的措施，避免因个人情绪失控，对个人和组织形象造成负面影响。

一、情绪管理的方法

情绪管理是一门学问，也是一种艺术，需要掌控得恰到好处。

（一）做情绪的主人

人难免有脾气，难免会为一些事情感伤，但将这种负面的情绪放在自己与别人身上好吗？当然不好。没有人想当你的出气筒，每个人都是自己心情的主人，你可以控制自己的喜、怒、哀、乐，运用自如。当我们容许别人掌控我们的情绪时，我们便觉得自己是受害者，对现况无能为力，抱怨与愤怒成为我们唯一的选择。我们开始怪罪他人，并且传达一个信息："我这样痛苦，都是你造成的，你要为我的痛苦负责！"

"当自求解脱，切勿求助他人"。这是释迦牟尼圆寂时的最后一句话。我们不一定去当佛教徒，我们也无须拒绝他人的援助之手。但当我们为心理困境所扰时，也应该首先学会自救。一个成熟的人情绪稳定，应该为自己负责，让别人和他在一起时成为享受，而不是压力。

假如你的烦恼是别人引起的，你是非常可怜的。你的钥匙在哪里？在别人手中吗？快去把它拿回来吧！

（二）合理发泄情绪

解脱不良情绪的办法就是合理发泄。合理发泄情绪是指以不伤害自己和他人的健康，不破坏社会道德生活的方式，把心理上积存的郁闷通通发泄出来，使神经通路无阻。在适当的场合、用适当的方式来排解心中的不良情绪，它可以防止不良情绪对人体的危害。

1. 哭——投入地哭一次

从科学的观点看，哭是自我心理保护的一种措施，它可以释放不良情绪产生的能量，调节机体的平衡，促进新陈代谢；哭是解除紧张、烦恼和痛苦的好方法。许多人哭一场过后，痛苦、悲伤的心情就会减轻许多。

2. 喊——痛快地喊一回

当受到不良情绪困扰时，不妨痛痛快快地喊几声。通过急促强烈的、无拘无束的喊叫，将内心的积郁发泄出来，也是一种解脱的方法。它可以使人的心理达到一种平衡，有助于培养自信心。

3. 诉——向亲朋好友倾诉衷肠

俗话说："快乐有人分享，是更大的快乐；痛苦有人分担，就可以减轻痛苦。"把不愉快的事情隐藏在心中，会增加心理负担。找人倾诉烦恼，诉说衷肠，不仅可以使自己的心情感到舒畅，而且还能得到别人的安慰、开导以及解决问题的方法。向朋友诉说是一种良好的宣泄方法。请记住培根的名言："把快乐告诉一个朋友，将得到两个快乐；把忧愁向一个朋友述说，则只剩下半个忧愁。"

（三）转移注意力

转移注意力就是把注意力从引起不良情绪的事情转移到其他事情上，这样就可以使人从消极情绪中解脱出来，从而激发积极、愉快的情绪反应。

转移注意力可以通过改变注意的焦点来达到目的。当自己情绪不好时，可以参与一些自己平时感兴趣的事，参与一些自己感兴趣的活动。通过做游戏、打球、下棋、听音乐、看电影、读报纸等正当而有意义的活动，使自己从消极情绪中解脱。另外，还可以转移话题或回忆自己高兴、幸福的事，使消极情绪转移到积极情绪上去。

情境转移可以调整情绪，也可以帮助一个人平息怒火。其方式之一就是走到一个山清水秀的清幽之地，使激昂的生理状态渐渐平复。

转移注意力还可以通过改变环境来达到目的。当自己情绪不理想时，到室外走一走，到风景优美的环境中玩一玩，会使人精神振奋，忘却烦恼。把自己困在屋里，不仅不利于消除不良情绪，而且可能加重不良情绪对自己的危害。即便不走出去，如果能够改变一下自己所处的环境，也可以使心理得到转机。如收拾一下房间，改变一下布局，点缀一些花草，都不失为一种好办法。

转移注意力的方法看起来是一种消极的调节方法，但会收到良好的效果，它适合于比较容易排解的情绪。

（四）学会控制情绪

自我控制情绪的方法很多，我们只给大家介绍四种。首先，我们做一个小实验：你静下心来，在心中默念"喜笑颜开""开怀大笑"，并且想象这些情景，你会产生什么感觉呢？

1. 自我暗示法

你也许会产生一种真的很高兴的感觉。这个实验，说明了语言能对人的情绪产生暗示作用。因此，我们可以利用语言的暗示作用来对不良情绪进行调控。自我暗示可以控制不良情绪的产生，而且还可以缓解已经产生的不良情绪。当你发怒时，可以反复地暗示自己"不要发怒，发怒有害无益"；当你陷入忧愁时，可以暗示自己"忧愁没有用，无济于事，还是振作起来吧"。这些缓解情绪的方法称为自我暗示法。

2. 自我激励法

自我激励法是用生活中的哲理或思想来鼓励自己。这是用理智调控情绪的一种方式，是一种精神动力。一个人在消极的情绪中，通过名言、警句进行自我激励，能够有效地调控情绪。林则徐为了调控自己的情绪，写了"制怒"的条幅悬挂屋中，以此告诫自己。

3. 心理换位法

心理换位，就是打破思维的定势，站在别人的角度上思考问题。这样，通过充当别人的角色来体会别人的心态与想法，就会增加相互间的理解与沟通，防止一些不良情绪的产生。心理换位法更重要的是可以消除自己不能调节的情绪。

4. 升华法

升华法，即把消极的情绪与头脑中的积极因素相联系，把消极的情绪转化为积极的行为，变消极的情绪为激励自己前进的推动力。升华法其实是一种高水平的发泄，是将情绪激起的能量引导到对人、对己、对社会都有利的方向。塞万提斯在早年遭遇不幸之后，写出了《唐吉诃德》；歌德在失恋之后，写出了《少年维特之烦恼》。这就是利用升华法调节情绪的典型事例。

二、关于情商

"情商"来源于美国心理学家萨洛维（Salovery）和梅耶（Mayer）于1990年共同提出的"情绪智力"的概念。美国哈佛大学心理学教授戈尔曼（D. Golman）于1995年发表《情绪智力》一书，在全球掀起了一股"情商"热潮。他认为，人们首先要认识 EQ 的重要性，改变过去只重视 IQ、认为 IQ 就等于高成就的传统概念。他通过科学论证得出结论："EQ 是人类最重要的生存能力"，人生的成就只有20%可归诸 IQ，另外80%则要受其他因素（尤其是 EQ）的影响。因此只有从重视 IQ 转到重视 EQ 上来，并大力提升年轻一代的 EQ，才能拯救现代社会。戈尔曼（D. Golman）在书中论述的都是 Emotional Intelligence，即"情绪智力"，但却以 EQ 两个字母作为书名，其用意就是要使人们的注意力转移到 EQ 上来。

"情商"是情绪、情感商数的简称，也是情绪评定的量度。情商是情感理论的新发展，情商高，才能情绪稳定、意志坚强、乐观豁达，有利于自身学习、工作及人际关系调整。具体说来，公关人员的情商包含以下五种能力：

1. 认识自己的情绪

认识情绪的本质是情感智商的基石，当人们出现了某种情绪时，应该承认并认识这些情绪而不是躲避或推脱。这种认识自己情绪的能力叫自我觉知。

2. 妥善管理情绪

情绪管理是指能够自我安慰，能够调控自我的情绪，使之适时、适宜、适度。

3. 自我激励

自我激励是指能将情绪专注于某项目标上，为了达到目标而调动、指挥情绪的能力。任何方面的成功都必须有情绪的自我控制——延迟满足、控制冲动、统揽全局。

补充材料 3-4：

小小的糖果试验告诉了我们什么

有一个很有趣的实验很能够说明问题。20 个世纪 60 年代的心理学家米切尔（Walter Mitchell）曾经设计过一个实验来分析控制冲动、延缓满足、抵制诱惑的水平对今后取得成功的影响。实验人员对一群 4 岁的孩子说，你们现在每人可以马上得到一颗果汁软糖，但是如果等我外出办事回来就可以得到两颗，说罢便离开了。他 20 分钟后才回来兑现了承诺。经观察发现，一些孩子（A 组）在实验人员出门的一刹那就抓取并享用了一颗糖，而另一些孩子（B 组）为抵制诱惑，或闭目低头，或喃喃自语，或玩游戏甚至去睡觉一直等到实验人员回来得到两颗糖的回报。然后，实验人员对 A、B 两组的孩子进行追踪研究一直持续到高中毕业。在此后的 12～14 年里，B 组孩子表现出较强的竞争性、较高的自信心、能较好地应付生活中的挫折；A 组孩子中有 1/3 的人缺乏上述品质，而且有较多的人出现心理问题。两组孩子高中毕业时在 SAT 学业能力倾向测量中，B 组的平均分数高出 A 组 120 分。因此，这项追踪研究得出结论——延缓满足、抵制诱惑的自我控制能力是个人获得成功的要素之一。

4. 认知他人的情绪

认知他人的情绪即移情的能力，是在自我认知的基础上发展起来的最基本的人际技巧。具有这种能力的人，能通过细微的社会信号敏锐感受到他人的需要与欲望，能分享他人的情感，对他人处境感同身受，并能客观理解、分析他人情感。

5. 人际关系的管理

大体而言，人际关系的管理就是调控他人的情绪反应的技巧。这种能力包括展示情感、富于表现力与情绪感染力，以及社交能力（组织能力、谈判能力、冲突能力等）。

从 EQ 的提出及它所包含的几种能力可以看出，EQ 所涉及的并非仅仅是情绪，而是以情绪为核心的诸多非智力因素。如在人际交往中察觉他人的需要与欲望，进而了解他人的情感；通过调控他人的情绪反应对其加强管理等。也可以这么说，认识个体与他人情绪反应的起因，以及对它们的理解与分析在很大程度上决定着个体对自身的认知与归因。

三、公关人员情商的提高

公共关系人员也应该从这五个方面提高自己的情商：

1. 准确地认识自身的情绪

只有准确地认识自己真实的情绪，才有可能有效地对自己的情绪进行管理，才有可能以正确的方式进行自我激励，才有可能对他人的情绪做出正确的认知，最后才有可能运用自己和他人的情绪，达到调节关系的目的。

2. 有效地管理自己情绪

在准确认识自身情绪的基础上，公关人员应对自己的情绪进行有效的管理。在大多数时候，公关人员的工作是面临各种类型的公众的。因此，如何做到不受负面情绪的影响，以最佳的状态面对公众进行沟通和协调就显得尤为重要。比如，公关人员可能会因为各种原因，情绪比较低落。但是，在面对公众时，则要在最短的时间内调整自己的情绪，将自己的真实情绪隐藏起来，和平常一样以热情、真诚的状态投入到和公众的交往中去。在和公众打交道时，公关人员不能仅仅是表面上的热情和主动，更要在内心真正改变自己的状态，才能完成并做好自己的工作，才能使公众感受到自己的真诚，最终被公众所接受和肯定。另外，随着客观环境的变化，组织在发展的过程中会面临各种各样的突发事件。当事件发生时，如果公关人员不能有效地克服自己的恐惧和慌张，就会使事态朝着不良的方向演变，给组织带来不可估量的损失。因此，公关人员一定要具备很好的情绪自控、自制能力，要在突发事件面前保持足够的清醒和冷静，才能做到随机应变，尽快采取有效措施控制事态的恶化，尽量为组织挽回损失。因此，对于公共关系人员来说，有效地管理自己的情绪是公共关系的职业特点所决定的。由于公共关系的服务性特点，更要求公关人员对自己的情绪有更强的控制和约束能力，才能达到服务公众的最佳效果。

3. 有效地进行自我激励

对于这一点，尤其要求公关人员必须具备乐观和自信的心理素质。公共关系的行业特点决定了公关人员要承受巨大的压力，因此，自信和乐观的情绪对公关人员的抗压和激励显得尤为重要。公共人员要具备自信的心理，要坚信自己的能力，只有这样才能敢于面对挑战，敢于开拓创新；同时，公关人员要有乐观的精神。只有具备乐观的精神，才能使公关人员在最艰难的时刻以最真诚和最具感染力的微笑面对公众、感染公众，在面临挫折和挑战时鼓励自己重拾信心，在困境中泰然自若地应对各种问题。因此，乐观和自信是公共关系人员必须具备的心理素质。如果缺少乐观与自信，公关人员的其他素质也就无从谈起。

4. 有效地认知公众的情绪

这是公关人员处理与公众之间关系的基础。只有对公众的情绪有准确地认知，才能有效地采取相应的措施对自己的情绪进行管理和利用，达到与公众交往的最佳效果；只有对公众的情绪有足够的敏感性和准确地认知，才能及时对公众的行为做出最正确的反应，以达到公共关系的最佳效果。

5. 有效地协调与公众的关系

从一定程度上讲，公共关系活动的成败取决于公关人员与公众交往的效果。公关人员只有准确地认知自身和公众的情绪、有效地控制管理自己的情绪、以乐观和自信的状态面对公众，才能够达到与公众建立和谐关系的目的，从而最终为公共关系活动的成功打下坚实的基础。

第四节　公关人员如何应对挫折

公关活动并不都是一帆风顺的，随时都可能遇到各种各样的阻力和困难，甚至遭遇公关活动的失败。当记者问伟达（中国）公共关系顾问公司公共事务总监张心宏"做公关最大的职业困境是什么"时，他说，"做公关，面临的 70% ~ 85% 的情况都是困难和挫折。最常见的就是客户挑剔，其实你该做的研究也做了，但客户就是不认同。让客户高兴是比较难的事情，客户很容易受到更低价格的诱惑，横挑鼻子竖挑眼，这也是公关人比较苦恼的事情。"这样，有的人可能产生畏难情绪，甚至自暴自弃，这对于一个公关人员来说是必须避免的。

一、挫折的概念

挫折是指个体在通向目标的过程中遇到难以克服的障碍或干扰，使目标不能达到、需要无法满足时，所产生的不愉快情绪反应。挫折有两种含义：一是指挫折情境，就是使个体活动受到阻碍的环境、对象、情境；二是指挫折感受，就是个体活动受阻时产生的情绪状态。挫折感受是一种复杂的内心体验，包括烦恼、困惑、焦虑、愤怒等各种负面情绪交织在一起。

挫折对个人构成情绪上的打击与威胁，包括自尊心的损伤、自信心的丧失、孤独感与愧疚感的增加，使人产生一种由紧张、不安、焦急、忧虑、恐惧等感受交织而成的情绪体验。心理学的研究表明，人对挫折的耐受力受人的生理条件、过去挫折的经验以及个人对挫折的主观认识的影响。

二、挫折的应对策略

既然挫折是不可避免的，那么就有必要学会如何面对挫折，如何应对挫折，提高挫折承受力。

（一）正确认识挫折

要提高承受挫折的能力，首先要正确认识挫折。在现实生活中，遭遇失败和挫折是正常的，也是不可避免的，它既有正向功能，也有负向功能；既可使人走向成熟、取得成就，也可能破坏个人的前途。关键在于你怎样面对挫折。

适度的挫折具有一定的积极意义，它可以帮助人们驱走惰性，使人奋进，同时又是一种挑战和考验。英国哲学家培根说过："超越自然的奇迹多是在对逆境的征服中出现的。"

首先，挫折可以帮助人成长。人的成长过程是适应社会要求的过程，如果适应得好，就觉得宽心、和谐；如果不适应，就觉得别扭、失意。而适应就要学会调整自己的动机、追求和行为。一个人出生时，根本不知道什么是对，什么是错，正是通过鼓励、制止、允许、反对、奖励、处罚、引导、劝说，甚至身体上的体罚与限制才能使他学会举止与行为的适应和得当，学会在不同环境、不同时间、不同规范条件下调整自己的行为。如果一个孩子从小就不受约束、无法无天，一旦独立生活就可能被淹没在矛盾和挫折之中。

例如，德国天文学家开普勒，从童年时代开始便多灾多难——在母腹中只待了七个月就早早来到了人间。后来，天花又把他变成了麻子，猩红热又弄坏了他的眼睛，但他凭着顽强、坚毅的品德发愤读书，学习成绩遥遥领先于他的同伴。再后来，因父亲欠债使他失去了读书的机会，他就边自学边研究天文学。在以后的生活中，他又经历了多病、良师去世、妻子去世等一连串的打击，但他仍未停下对天文学的研究，终于在59岁时发现了天体运行的三大定律。他把一切不幸都化作了推动自己前进的动力，以惊人的毅力，摘取了科学的桂冠，成为"天空的立法者"。

挫折能够增强人的意志力。实际上，生活中许多轻度挫折，是意志力的"运动场"，当你大汗淋漓地跑完全程，克服了生活中的挫折，就会获得愉快的体验。心理学家把轻度的挫折比作"精神补品"，因为每战胜一次挫折，都强化了自身的力量，为下一次应对挫折提供了"精神力量"。

当然，挫折也有负面效应。在日常生活中，每个人对于挫折的反应并不相同，这决定于对挫折的理解。比如一个朋友批评了你，你可能会听从，甚至非常感激他；但如果把这位朋友的批评曲解了，认为有损你的尊严，那你的反应也许就大不一样了。

可见挫折犹如一把双刃剑，可以为我们所用，也可以伤害我们，关键就要看我们怎么对待它了。

补充材料 3 - 5：

在大海上航行的船没有不带伤的

英国劳埃德保险公司曾从拍卖市场买下一艘船，这艘船1894年下水，在大西洋上曾138次遭遇冰山、116次触礁、13次起火、207次被风暴扭断桅杆，然而它从没有沉没过。劳埃德保险公司基于它不可思议的经历及在保费方面带来的可观收益，最后决定把它从荷兰买回来捐给国家。现在这艘船就停放在英国萨伦港的国家船舶博物馆里。

不过，使这艘船名扬天下的却是一名来此观光的律师。当时，他刚打输了一场官司，委托人也于不久前自杀了。尽管这不是他的第一次失败辩护，也不是他遇到的第一例自杀事件，然而，每当遇到这样的事情，他总有一种负罪感。他不知该怎样安慰这些在生意场上遭受不幸的人。

当他在萨伦船舶博物馆看到这艘船时，忽然有一种想法，为什么不让人们来参观参观这艘船呢？于是，他就把这艘船的历史抄下来和这艘船的照片一起挂在他的律师事务所里。每当商界的委托人请他作辩护，无论输赢，他都建议他们去看看这艘船。

它使我们知道：在大海上航行的船没有不带伤的。

温馨提示：虽然屡遭挫折，却能够坚强地百折不挠地挺住，这就是成功的秘密。

（二）改变不合理观念

心理学研究表明，引起强烈挫折感的与其说是挫折、冲突，不如说是受挫者对所受挫折的看法以及所采取的态度。常见的不合理观念有以下几种：

1. 此事不该发生

有些人把生活中的不顺利，工作、交往中的挫折、失败看成是不应该发生的。他们认为，生活应该是愉快的、丰富的，人际关系应该是和谐的、互助的。一旦生活、工作中出现诸如人际关系冲突、业绩评不上优秀等事件，就认为它不应该发生，而变得烦躁易怒、痛苦不堪、束手无策、失去信心。

2. 以偏概全

有些人常常以片面的思维方式看待事物，简单地以个别事件来断言全部生活，一叶障目。例如，有人对自己不友好，就得出结论说自己人缘不好或缺乏交往能力；一次失恋就认为自己对异性没有吸引力等，从而导致自责自怨、自卑自弃的心理，甚至引发焦虑、抑郁。以偏概全不仅表现在对自己的认识上，也表现在对他人、对社会的认识中。例如，因一事有错而对他人全盘否定；因社会现象丑陋，就看不到光明，从而丧失信心。

3. 无限夸大后果

有些人遇到的是一些小挫折，却把后果想象得非常糟糕、可怕。夸大后果的结果是使人越想越消沉，情绪越来越恶劣，最后陷入难以自拔的境地。

补充材料 3 - 6：

阴影是条纸龙

人生中，经常有无数来自外部的打击，但这些打击究竟会对你产生怎样的影响，最终决定权在你手中。

祖父用纸给我做过一条长龙。长龙腹腔的空隙仅仅只能容纳几只蝗虫，将蝗虫投放进去，它们都死在里面了，无一幸免！祖父说："蝗虫性子太躁，除了挣扎，它们没想过用嘴巴去咬破长龙，也不知道一直向前可以从另一端爬出来。因而，尽管它有铁钳般的嘴和锯齿一般的大腿，也无济于事。"当祖父把几只同样大小的青虫从龙头放进去，然后关上龙头时，奇迹出现了：仅仅几分钟后，小青虫们就一一地从龙尾爬了出来。

温馨提示：命运一直藏匿在我们的思想里。许多人走不出人生各个不同阶段或大或小的阴影，并非因为他们天生的个人条件比别人要差多远，而是因为他们没有想法要将"阴影纸龙"咬破，也没有耐心慢慢地找准一个方向，一步步地向前，直到眼前出现新天地。

只有改变不良的认知方式、纠正错误的观念，才能实事求是地评价挫折带来的后果，从困境中看到希望。

（三）加强修养，勇于实践

为了提高挫折承受力，就应该主动地、自觉地将自己置身于充满矛盾的、复杂的社会环境中去磨炼，向生活学习，而不是逃避社会。同时，必须提高自身的思想修养、道德修养、知识素养、培养"慎独"精神，养成冷静思考的习惯，经常自我分析、自我反省、自我激励。从心理发展的角度看，积极主动地适应，勇敢顽强地拼搏，反复不懈地磨炼。这样才会使心理更趋成熟，增强承受挫折、化解冲突的能力，促进自己朝着健康、向上的方向发展。

补充材料3-7：

井里的驴子（寓言一则）

有一天，农夫的一头驴子不小心掉进了一口枯井里，农夫绞尽脑汁想办法要救出驴子，但几个小时过去了，驴子还在井里痛苦地哀嚎着。

最后，这位农夫决定放弃，他想这头驴子年纪大了，不值得大费周章去把它救出来，不过无论如何，这口井还是得填上。于是，农夫便请来左邻右舍帮忙一起将井中的驴子埋了，以免除它的痛苦。

农夫和邻居人手一把铲子，开始将泥土铲进枯井中。当这头驴子了解到自己的处境时，刚开始哭得很凄惨。但出人意料的是，不久之后这头驴子就安静下来了。农夫好奇地探头往井底一看，出现在眼前的景象令他大吃一惊：

当铲进井里的泥土落在驴子的背部时，驴子的反应令人称奇——它将泥土抖落在一旁，然后站到泥土堆上面！

就这样，驴子将大家铲在它身上的泥土全部抖落在井底，然后再站上去。很快地，这只驴子便得意地升到了井口，然后在众人惊讶的表情中快步跑开了！

温馨提示： 在生命的旅程中，有时候我们也难免会陷入"枯井"里，会有各式各样的"泥沙"倾倒在我们身上，而想要从"枯井"脱困的秘诀就是：将"泥沙"抖落掉，然后站到上面去！

（四）优化自身人格品质

挫折承受力与人格特征有关。以下几种人格类型的人常常容易引起挫折感：

性情急躁的人。他们情绪变化大，易动怒，火暴脾气一点就着，常常因为一点芝麻绿豆的事而引起挫折感。

心胸狭窄的人。他们气量小、好猜疑，喜欢斤斤计较，容易体验消极的情感。

意志薄弱的人。他们做事缺乏耐力和持久，患得患失，害怕困难，只看眼前利益，经不起打击和挫折。

自我偏颇的人。他们缺乏自知之明，或者自高自大、目空一切，或者自卑自贱、畏首畏尾。

为了提高挫折承受能力，每个人都应主动地培养自己良好的人格品质，改变那些不适应发展的不良的人格品质。重点应培养自信乐观、宽容豁达、开拓创新、坚持不懈等品质。

自信才能保持乐观，乐观才能拥有自信，两者相辅相成。当遇到挫折、困境时，如果相信自己一定能取胜，那就会积极去改变现实、克服困难、战胜挫折，这是自信的作用。乐观者在面临挫折、困境时，不会被眼前的困难吓倒，而是能够透过表面的不利看到蕴藏在背后的希望，相信明天是美好的，从而信心十足地去战胜困难。

宽容豁达和开拓创新的人胸怀宽阔，对挫折不是被动地适应，一味忍耐，而是面向未来，积极进取，勇于创造新生活。

公关人员在复杂的公关活动中，可能会遇到因同事之间误解、领导主观偏见使自己感到委屈，或因他人的成功、自己的失败而使自己感到难堪等情况。这就更要求公关人员要有宽阔的胸襟，有容忍谦让的气量，克服狭隘嫉妒心理，化不利因素为有利因素，把工作干得更加出色。

大凡成功的人生都经历过坚持。坚持就是胜利，坚持就是在最困难几乎要放弃时拥有再坚持一下的勇气。成功往往就在最后的坚持中。优化自身人格品质可以从以下方面着手：

（1）要有明确的目标。人的意志活动，总是指向一定的目的的。目的的性质决定人的意志力。要具有坚忍不拔的意志力，目标必须明确而适当，越明确、越具体，越能有的放矢，始终如一，坚持到底。过高的目标或太过简单的目标都不利于培养和锻炼人与困难做斗争的毅力。

（2）要有切实的计划。目标一旦确定，就必须拟定切实可行的行动计划，包括行动的步骤、方法和手段的选择。在制定计划时要正确分析实现计划的主客观条件，采取各种手段的有效性和合理性。只有理智地分析各种因素，权衡利弊，才能确定既能达到目的又适合个人实际条件的可行性计划。意志力坚强与否，能从执行计划的过程中，得到如实反映。坚强者：果断，持之以恒；薄弱者：动摇、半途而废。

（3）要有迎难而上的精神。一般说来，在执行决定的行动中，要克服个性中的消极品质，如懈怠、保守等不良习惯，要忍受由行动或行动环境带来的种种不愉快的体验等等，要克服来自主、客观的各种困难，就需要发扬迎难而上、坚忍不拔的精神，否则，就不能到达胜利的彼岸。

（4）要坚持不懈。俗话说："善始容易，善终难。"意志力的锻炼，必须持之以恒、善始善终。大凡有志有成者均是数十年如一日，专心致志、锲而不舍的意志坚忍者。在执行决定的过程中，常有与既定目标不符合的、具有诱惑力事物的吸引，这就要学会控制自己的感情，排除主、客观因素的干扰，使自己行动按照预定方向和轨道坚持到底。那种见异思迁、半途而废的行为，正是意志薄弱的表现。"无志者常立志，有志者立志长"，正是对意志强弱的生动写照。

补充材料 3-8：

狐狸与压力应对（寓言一则）

盛夏酷暑，一群口干舌燥的狐狸来到一个葡萄架下。一串串晶莹剔透的葡萄挂满枝头，狐狸们馋得直流口水，可葡萄架很高。

第一只狐狸跳了几下摘不到，从附近找来一个梯子，爬上去满载而归。

第二只狐狸跳了多次仍吃不到，找遍四周，没有任何工具可以利用，笑了笑说："这里的葡萄一定特别酸！"于是，心安理得地走了。

第三只狐狸喊着"下定决心，排除万难，吃不到葡萄死不瞑目"的口号，一次又一次跳个没完，最后累死在葡萄架下。

第四只狐狸因为吃不到葡萄整天闷闷不乐，抑郁成疾，不治而亡。

第五只狐狸想："连个葡萄都吃不到，活着还有什么意义呀！"于是找了根树藤上吊了。

第六只狐狸吃不到葡萄便破口大骂，被路人一棒子了却了性命。

第七只狐狸抱着"我得不到的东西也决不让别人得到"的阴暗心理，一把火把葡萄园烧了，遭到其他狐狸的共同围剿。

第八只狐狸想从第一只狐狸那里偷、骗、抢些葡萄解馋，也受到了严厉的反击。

第九只狐狸因为吃不到葡萄，气极发疯，终日蓬头垢面，口中念念有词："吃葡萄不吐葡萄皮……"

另有几只狐狸来到一个更高的葡萄架下，经过友好协商，利用叠罗汉的方法，成果共享，皆大欢喜！

狐狸们面对自己的需求、面对生存的压力，各自采取了不同的办法及策略，结果也不尽相同。第一只狐狸的聪明之处在于它能够利用周边的环境，借助外界的力量取胜；第二只狐狸采取了逃避现实的做法；第三、四、五、六、七、八、九只狐狸分别在不同层面上都有心理问题，他们采取了极端的做法，所以产生了极其可悲的后果。最聪明的应该属于那几只会叠罗汉的狐狸，因为他们没有利用任何外力，只是通过集体的力量便大获全胜。

人类也正面临着越来越多的竞争和压力，在众多压力面前，有的人积极乐观，越战越强，越挫越勇，不断成长，取得成功；有的人却无所适从，心浮气躁，牢骚满腹，怨天尤人，在惶惶然中一事无成；也有的人心身俱疲，积劳成疾，或重病缠身或英年早逝，这其中的差别就在于怎样去应对压力。

课后思考练习：

扎曼的信条

1984 年，可口可乐公司遭到百事可乐公司强有力的挑战，为了扭转不利的竞争局面，可口可乐公司把重任交给了塞吉诺·扎曼。扎曼采取更换可口可乐的旧模式，标之以"新可口可乐"，并对其大肆宣传。在新的营销策略中，扎曼犯了一个严重错误，他自以为是，根本就没有考虑到顾客口味的不可变性，他将老可口可乐的酸味变成甜味，这就违背了顾客长久以来形成的习惯。结果，新可口可乐成为继美国著名的艾德塞汽车失利以来最具灾难性的新产品，以至 79 天后，"老可口可乐"就不得不重返柜台支撑局面——改为"古典可乐"。扎曼的失败对他在公司的地位造成了巨大的负面影响，不久，饱受攻击的他黯然离职。当扎曼离开可口可乐公司以后，有 14 个月他没有同公司中的任何人交谈过。对于那段不愉快的日子，他回忆说："那时候我真是孤独啊！"但是他没有关闭任何门路，他和另一个合伙人又开办了一家咨询公司。在亚特兰大一间被他戏称为"扎曼市场"的地下室里，他操纵着一台电脑、一部电话和一部传真机，为微软公司和酿酒机械集团这样的著名公司提供咨询。他的信条是："打破常规，敢于冒险。"在这个信条的指引下，扎曼为以微软公司、米勒·布鲁因公司为代表的一大批客户成功地策划了一个又一个发展战略。最后，甚至连可口可乐公司也来向他咨询，请他回来协助公司工作。于是扎曼在 7 年后又重返可口可乐公司。可口可乐公司总裁罗伯特也承认："我们因为不能容忍错误而丧失了竞争力。其实，一个人只要运动就难免有摔跟头的时候。"挫折，不论是人格上让人蒙受屈辱的，还是破坏个人形象的，有时并不像人们想象的那么糟糕。

思考题：

1. 扎曼是怎样离开可口可乐公司的？
2. 扎曼离职时是什么心情？他的信条是什么？

第四章

公众的心理倾向

在纷繁复杂、不断变化的现代社会，公关主体能否成功地开展公共关系活动，在公众心目中树立组织的良好形象；公众究竟对组织会采取何种行为，事实上都深受公众的心理倾向的影响。所谓心理倾向，即心理上的倾向性，是人们对外界事物进行选择性行为的心理活动过程。一般来说，人们在进行活动时有个思考选择的过程，这种思考和选择与五个方面的问题有关：即喜欢与否、需要与否、值得与否、能够与否、实行与否。从心理学上说，这就是个性的心理倾向。因此，对影响公众行为的需要、动机、兴趣、价值观等心理倾向进行研究、分析，使公关主体能在了解公众心理倾向的基础上，有针对性地制定公共关系心理策略，是开展公共关系活动、实现组织目标的前提和基础。

第一节　公众的需要

在分析公众需要前，我们先来看一个案例。

案例：

华鹤整体衣柜强势出击 走俏家装市场

"实木定制"是整体衣柜高端走势

随着人们对居家环境要求的不断提高，人们对整体定制衣柜的要求，也不仅仅停留在样式上，而是更注重环保细节以及品质感的提升，在家具界作为高端代表的实木材质开始进入消费者视野。走在行业前列的华鹤木业，以"高端实木定制化"特色在细分市场打开了良好局面，引领实木整体定制衣柜的方向。

华鹤衣柜依托其56年专业家具制造经验，采用俄罗斯进口樟子松和产自东北的枫桦等上等木材，配合高端净味油漆及其他环保辅料，完全符合国家e1级环保标准，趋于无甲醛释放，无毒无害。"高端、实木、定制"，这三个关键词大大满足消费者对整体衣柜的更高要求。

细节设计 更贴近消费需求

面对用户越来越高的要求和多样化需求，如何做到让消费者满意，是企业竞争胜出的根本之道。为满足用户的个性化需求及实用化需求，华鹤衣柜聘请德国著名设计师开展联合设计，将华鹤拥有的先进技术、领先工艺与国际化原创设计相结合，打造全新华鹤衣柜产品线。

对于整体衣柜而言，样式、结构甚至是颜色变化皆不明显。那么除了材质方面的竞争，还有哪些更能吸引消费者的目光呢？以整体衣柜为例，市场上常见的推拉门设计，在进行收纳时至少有50%的开门局限，收纳只能"缩手缩脚"。而华鹤独有的"开门"，不仅利于防尘，而且内部空间可以一览无余，方便收纳和整理。

据介绍，开门衣柜设计填补了现有的市场空白，有效满足了中高端消费者多样化需求。华鹤从消费者实际应用角度考虑，以人为本，专门设计了整体衣柜的开门样式，在至关要的五金方面，全面使用德国进口海蒂斯五金，确保产品使用性能的稳定性。而在工艺方面，华鹤独有的抗弯抗变形设计，能将实木衣柜做到最高2.4米超高门不变形、不弯曲。这些工艺和细节优势，推动华鹤衣柜发展成为定制衣柜行业的领跑品牌，在终端网络数量和产品质量、工艺品质、售后服务和样式花色上，远超越竞争对手，从而更受用户喜爱。

一站式突破 整体衣柜市场展望

如今80后逐渐成为家装主力军，他们"追求整体协调"的更高层次装修理念也随之成为市场消费潮流。针对新生代消费心理，一体化、整体化的配套销售理念正在逐渐被市场认同。华鹤在推广配套家具的选购，采用打包式销售，免去消费者搭配烦恼的同时，也从设计师角度提供了更专业的一站式解决方案，尤其是针对包含整体衣柜在内的装修设计，不仅能够通过衣柜色调、样式的选择，做到整体衣柜与家具、木门等家居产品的一体化，还能让整个居室的装修设计浑然一体。作为木制品企业的龙头公司，华鹤旗下拥有家具、木门、衣柜等全套家居产品，丰富的产品结构，不仅满足集团多元化发展的需要，更能为消费者提供完整解决方案。

在产品沿革上，华鹤整体衣柜除个性化定制之外，还将充分结合已有木门、家具系列产品风格，进行整体衣柜产品的配套研发。在集团新工厂投入运营后，华鹤还将向市场推出实木窗产品。由此，华鹤集团将依托领先的装备实力、技术实力和品牌实力形成强大的整合竞争实力，为未来市场的一站式一体化服务夯实基础。

随着市场化的进程加快，消费者对产品品牌的附加值也更加看重。尤其家居布置，是屋主人生活品位、底蕴内涵的体现，因此消费者在购买衣柜产品时所要考虑的因素不应只局限于价格和质量，还应更多地考虑产品品牌所带来的附加价值。这对于衣柜市场的竞争者们而言，依托于已有的行业品牌知名度，将有助于其更快速地赢得衣柜市场的认可。

（资料来源：环渤海财经网，2012.10.26）

华鹤衣柜是国内领先的家居建材企业集团华鹤集团旗下品牌，借助华鹤集团全方位优势，已经发展成为衣柜行业的领先品牌。华鹤衣柜主打实木定制衣柜，采用独有开门设计，面对中国高端定制衣柜市场，提供完善的实木衣柜定制服务。华鹤衣柜秉承华鹤集团"造福顾客、实现梦想"的企业理念，不断开拓进取，提升品牌影响、完善产品结构，努力满足不断发展变化的市场需要。

一、需要

（一）需要的含义

需要是人们在个体生活和社会生活中感到某种缺乏和不平衡，而力求达到新的平衡获得满足的一种心理状态。

需要是人脑对机体自身或外部生活条件的要求的反映。人是一个生物实体，又是一个社会的成员。人作为高级动物，为了求得个体的生存，就有补充营养、求得安全和进行繁殖的客观要求。这些生理要求反映在人脑中就有了吃饭、睡觉、性欲等需要。人作为一个社会成员，不能离开群体与社会孤立存在，就要求人们有秩序而和谐地生活，要求人们要与社会保持一致，这样就有了与他人交往、获得友爱、被人尊重等需要。

需要是人类一切行为的起点和动因。它会促使人的活动向着一定的目标和方向努力，追求一定的对象，以行动求得自身满足。人类在满足已有需要的基础上，又会不断产生新的、更高层次的需要。正是这些不断发展的需要激励着人们，也推动着社会的文明和进步。所以说，需要是个性积极性的源泉和动力，是形成心理倾向的基础。这就是我们从需要开始研究公众心理倾向的原因。

（二）公众需要的种类

人的需要是多种多样的，需要的分类也相当复杂。一般的分类方法有以下几种：

1. 根据需要的产生和起源，可以把需要分为生物性需要和社会性需要

生物性需要是与维持个体的正常生命活动和延续种族有关的需要。如饮食、睡眠、休息、交配、运动、排泄等，这种需要是人类最原始和最基本的需要。如果这些需要在相当长的时间里得不到满足，人就会死亡或不能繁衍后代。

社会性需要是人类在社会生活中形成的、为维护社会的存在和发展而产生的需要，是人类所特有的高级需要。人的劳动的需要、交往的需要、求知的需要、美的需要，文化娱乐的需要都属于社会性需要。社会性需要是在生物性需要的基础上，在后天社会环境等因素的影响下形成的。社会性需要受社会生活条件所制约，具有社会历史性。这种需要在相当长的时间里得不到满足，不会像生物性需要得不到满足那样会导致死亡，但是人会因此产生痛苦和忧虑的情绪，严重者会导致精神失常。

2. 根据需要的对象，可以把需要分为物质需要和精神需要

物质需要是指对社会物质生活条件的需要，如人对衣、食、住、行的需要，对书籍、报刊、电脑等的需要等。在物质需要中，既包括生物性需要，也包括社会性需要。因此，人的物质需要会随着社会生产的发展和社会的进步而不断发展起来。

精神需要是指对社会精神生活及其产品的需要，如爱的需要、审美需要、求知需要、娱乐需要等，是人所特有的需要。这种需要如果长时间得不到满足，将会导致个性失常，影响心理的正常发展。

3. 根据需要的范围，可以把需要分为个人需要和公共需要

个人需要是个人自身的需要，是个人积极性与主动性的来源。公共需要是指一定范围内的人共同的需要，是群体主动性与积极性的原动力。但它不一定是该群体中每个人的主动性与积极性的原动力，而群体的需要也不是该群体中每个人都能意识到并予以承认的，这样就

可能导致个人需要与公共需要之间产生冲突。这时候就需要通过公关活动来解决问题。

4. 根据需要的作用，可以把需要分为生存需要、享受需要和发展需要

生存需要是人类为了维持生存而产生的对基本生活用品的欲求，如对食物、水、衣服和住所的基本需要。

享受需要是人们为了增添生活情趣和提高生活质量而产生的对各种娱乐、休闲及享受消费品的欲求，如欣赏音乐、旅游等。

发展需要是人类对发展智力和体力、提高个人才能所必需的消费品的欲求，如对书籍、药品、进修深造等的需要。

5. 根据需要强度，可分为弹性需要和刚性需要

弹性需要是指那些在满足需要的方式和程度上要求不很强烈的需要。如某人要写一篇文章，可以用几十元一支的高档笔，也可以用几毛钱一支的廉价笔。

刚性需要是指具有满足的绝对必要性和强烈愿望的需要。这种需要没有任何回旋的余地和条件，如人们每天对睡眠和排泄的需要。

6. 根据需要时间，可分为短期需要和长期需要

短期需要是指短时间内的暂时需要，在事过之后就不再出现或间隔一定时间后再出现。

长期需要是指长期的一刻也不能少的需要，如人们对空气和氧气的需要。

7. 根据需要目标的远近，可分为眼前需要和将来需要

眼前需要是和近期目标相联系的需要。它具有紧迫性，易被重视，因而容易获得满足。如商场的某些时令性商品及食品需要迅速卖出，以加快资金周转，这就是紧迫的眼前需要。

将来需要是与远期目标相联系的需要。它具有张弛性，易被忽视，在满足上很难及时兑现。

8. 根据需要实现的可能性，可分为能满足的需要和不能满足的需要

能满足需要是指在各种主客观条件下能够获得满足的需要；不能满足需要是指受主、客观条件的限制一时或永远不能得到满足的需要，如先天性发音器官缺陷的人要成为歌唱家的需要就是不可能获得满足的需要。

实际上，需要非常复杂且多种多样。人的任何行为都不只与一种需要相联系，而是多个需要共同作用的结果，它们相互促进或相互抵消，制约着一个人的行为。例如，一位顾客在有限收入的基础上花费一笔开支来购买一件大衣，可能是为了防寒的需要（生存需要），也

可能是为了参加某个重要聚会的需要（社会需要），也可能是为了摆阔、炫耀、追求时髦的需要（精神需要）等等。

（三）马斯洛的需要层次理论

马斯洛是20世纪50年代中期在西方兴起的人本主义心理学派的主要创始人。他在1943年提出了需要层次论，认为需要的满足是人的全部发展的一个最简单的原则。在他看来，人的一切行为都是由需要引起的。人类主要有五种基本需要。所谓基本需要就是指一般人所共有的一些最基本的需要，不包括不同的社会文化条件下人们的特殊需要。这五种基本需要是由低层次向高层次发展的，它们依次为：生理需要、安全需要、归属与爱的需要、尊重的需要和自我实现的需要（如图4-1所示）。后来，他又在尊重的需要与自我实现的需要之间增加了认知的需要和审美的需要。马斯洛认为，人类的基本需要是相互联系、相互依赖、彼此重叠的。它们排列成一个由低到高逐级上升的层次，层次越低的需要强度越大，只有低级需要基本满足后才会出现高一级的需要。

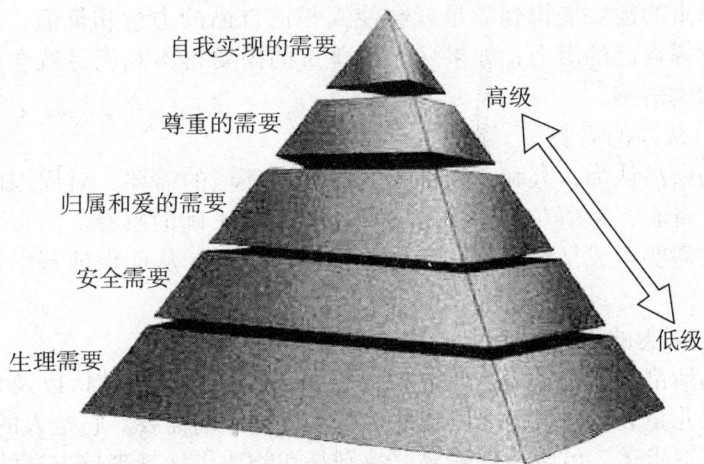

自我实现的需要
尊重的需要
归属和爱的需要
安全需要
生理需要
高级
低级

图4-1 需要的层次

1. 生理需要

生理需要是直接与生存有关的需要。它具有自我保存和种族保存的意义，是人类最基本、最强烈、最明显的需要。主要包括对食物、水分、空气、性、排泄、休息等的需要。如果生理需要得不到满足，将严重影响一个人的身心健康，对生理需要对象的追求将成为支配一个人行为的主要动力。

2. 安全需要

安全需要表现为人们要求安全稳定，免于恐惧、危险、伤害或威胁等。马斯洛指出，在现实生活中，健康的成年人的安全需要基本上都能得到满足，但儿童和精神病患者经常会有安全需要的表现，如婴儿看到陌生人会啼哭，精神病患者总认为有人要加害于他等。

3. 归属与爱的需要

人们总是渴望得到亲人，朋友的关心、爱护和信赖，总是希望归属于一个集体或团体，成为其中一员。马斯洛指出，爱与性并不是同义的，性是生理需要，而爱的需要是人与人之间彼此关心、尊重和信任。如果爱的需要得不到满足，人就会感到空虚和孤独。

4. 尊重的需要

马斯洛认为，尊重的需要包括自尊和他人对自己的尊重。自尊就是个体对自己的尊重，包括对获得信心、能力、本领、成就、独立等的愿望。他人对自己的尊重包括威望、承认、地位、名誉等。如果一个人尊重的需要能得到满足就会使人相信自己的力量和价值，从而有利于发挥自己的潜力；如果一个人尊重的需要得不到满足就会产生自卑感和失落感。

5. 认知的需要

马斯洛认为，人和动物都有积极探索环境的需要，对周围的一切充满好奇心，希望对所遇到的问题能够做出正确的解释。所以，他把认知的需要看成是解决问题和克服障碍的工具，从而保证基本需要的满足。

6. 审美的需要

马斯洛认为，审美需要包括对秩序、对称、完整结构以及存在于大多数儿童和某些成年人身上的对行为的完满的需要。它是人的本性，人都有追求美、欣赏美的需要。特别是在物质生活越来越丰富的今天，它已经成为精神生活中不可或缺的需要。

7. 自我实现的需要

只有前面几种需要基本满足后，人才会产生自我实现的需要。自我实现的需要是马斯洛个性发展理论中最高理想的目标，是指个体希望最大限度地实现自己潜能的需要，表现为个人充分发挥自己的潜力，不断充实自己，不断完善自己，尽量使自己达到完美无缺的境地。

马斯洛认为，个人的需要结构的发展过程不完全像陡立的、间断的阶梯那样的东西，每一低级的需要不一定要完全满足，较高一级的需要才出现。它更多表现为像波浪式地演进，各种不同需要的优势由一级演进到另一级（如图4-2所示）。

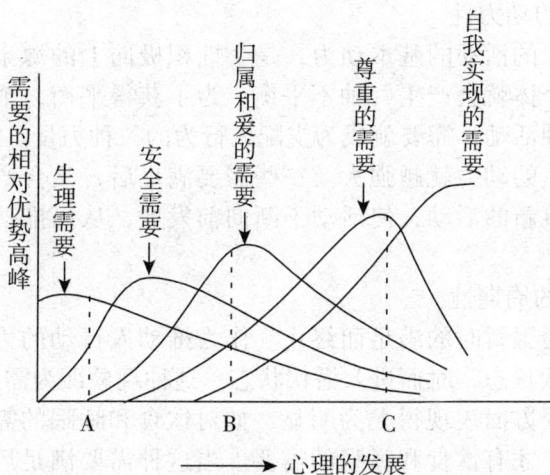

图4-2　需要层次和不同的心理发展时期

马斯洛的需要层次理论是一种比较完整地研究需要的理论。它系统地探讨了需要的实质、结构、发生、发展和需要在人类生活中的作用，反映了人的基本需要由低级向高级发展的趋向，以及需要和人的行为之间的关系。但是马斯洛离开了人的社会历史条件，离开了人的社会实践，抽象地谈人性和人性的自我实现，仍然是受本能论的影响。另外，他的需要发展模式与某些人的实际需要发展情况不相一致。例如，有些人虽然缺乏基本需要的满足，但仍有所创造；有些人为了某种理想，可以牺牲自己的一切。再就是马斯洛的需要层次理论依据观察和推理较多，缺乏实验依据和客观测量指标。

（四）需要的特点

需要是个体反映有机体内部环境和外界生活条件的要求而产生的，为自己感受到或体验到的一种内心状态。这种状态常常通过外显的方式为他人间接地认识到。需要有以下特点：

1. 需要的对象性

需要总是有自己的对象，或是物质的东西，如衣、食、住等；或是精神的东西，如求知、娱乐、审美等。需要总是指向能满足某种需要的客观事物，即追求某种客观事物，并从客观事物得到需要的满足。没有客观事物、没有对象的需要是不存在的，而且需要也总是伴随满足需要的对象范围不断扩大而增加。所以，了解公众不同的需要，搞清楚公众究竟需要的是什么，是公关人员的职责，是公关工作成败的关键，也是许多商家为什么要做市场调查的原因。

2. 需要的动力性

需要是人的活动的基本动力，是个性积极向上的源泉。当有了某种需要后，个体就会产生一种不平衡，为了获得平衡，个体就会积极地去从事某种活动，需要就成为支配人行为的一种力量。需要越强烈、越迫切，产生的动力就越强大。一些需要满足后，又会产生新的需要推动人去从事新的活动，使活动不断向前发展，从而推动整个社会向前发展。

3. 需要的周期性

需要不会因暂时的满足而终止。作为推动人行动的力量，它总是时而呈现活跃状态，时而进入潜伏状态，这种现象即为需要的周期性。它在生理需要方面表现得尤为明显，如对饮食和睡眠的需要。人只有饿了或困了，才有饮食和睡眠的需要。当这种需要满足后，它就会进入潜伏状态，过一段时间后才又会产生这种需要。另外，人的社会性需要也具有周期性，如求知的需要，安全的需要等。

4. 需要的多样性

人的生活是丰富多彩的，所以人的需要也是多样化的：有生理的需要，也有心理的需要；有物质的需要，也有精神的需要；有基本的需要，也有发展的需要，等等；这些都体现了需要的多样性。此外，需要的多样性还表现在对一特定需要对象兼有多方面的需要，如对同一商品既要求质量好，又要求款式新颖、大方时尚、经济实用等。

5. 需要的差异性

由于每个人的文化程度、民族、职业、年龄、生活习惯等的不同，所以公众的需要表现出差异性。这种差异性不仅表现在个体与个体、群体与群体、个体与群体之间，还表现在现实与非现实、合理与不合理、目前与未来等之间。所以，对于公关人员来讲，了解自己的目标公众的需要层次、种类、强度等，是他们工作的重要内容。

6. 需要的发展性

需要不是一成不变的。随着社会的政治和经济制度的发展、生活和工作条件的改善、道德风尚的变化、媒体的宣传，公众的需要都在不断地发生转移和变化。旧的需要得到满足，就会产生新的需要，如此循环往复，以至无穷。需要的发展性，不仅表现为纵向的发展，不断向高水平、高层次的方向发展，还表现为横向的发展，不断扩大需要的范围和种类。正是这种需要的发展性，推动社会不断进步，激发企业竞争力，同时也为企业和组织的发展创造了机会。

7. 需要的无限性

古人云，"人生而有欲""阖棺而后止"。意思是说，人的需要生而有之，而且伴随着人的一生。可以说，人永远都处于需要的状态之中。人没有无需要的时期，只会有某些需要处在潜在状态而没有显露出来的状况。有人说，知足者常乐，知足即无所求。其实，知足者也有所求，因为知足本身就体现了一种心理上的需求。需要的无限性就个体而言，说明个体总是要保持自己生理上、心理上的平衡；就整个人类而言，正是由于人总是不满足，才促使其不断努力，去认识世界、改造世界，以不断满足人们日益增长的各种需求。

8. 需要的可诱导性

公众需要的产生和发展，与客观外界的刺激有很大的关系。社会政治经济制度的变革，社会舆论、媒体宣传、广告渲染、环境变迁、年龄变化等，都有可能使公众的需要发生相应的变化和转移，使潜在的欲望和需要转变成现实的行为，使未来的需要变成现在的需要，使微弱的需要变成强烈的需要。这使公关工作充满挑战性，同时也是公关人员之所以要采用适当的诱导措施，开展公关活动引导和启发公众需要的原因所在。

二、公众需要与公关活动

（一）公众需要对公关活动的意义

需要有不同层次、不同的种类，层次当中又有层次。不同的群体和个体可以通过一种或几种主导需要而反映出特定的需要层次上的倾向。公共关系主体要调动内部公众的积极性，就要发现、引导和满足其不同层次和种类的需要；同样，为了更广泛地赢得外部公众的信任、支持，也需要了解各类外部公众的需要层次、种类及特点，否则公关活动就等于"隔靴搔痒"。

总之，需要是主动性和积极性的原动力，它在人的心理倾向和公共关系活动中的地位和作用不可忽视。必须认真地分析和研究公众的需要倾向，把它视为开展公共关系活动的一个重要基础。

补充材料 4 - 1：

TCL 与京东联手推出网络定制智能空调"任性调"

2014 年，TCL 与京东联手推出网络定制智能空调"任性调"，该空调允许用户根据自己的喜好对产品的名称、外观、功能和遥控器进行个性化定制。TCL 空调事业部总经理李书彬将这种模式戏称为"自助餐"。

李书彬表示，TCL 与京东战略合作推出 TCL 网络定制智能空调，这是大家电行业首次通过互联网平台，使用户深度参与产品个性化定制、厂家为用户提供极致产品体验的一次大胆尝试。"任性调"的推出，是传统行业借助互联网思维进行的一次全新的尝试，其本质就是借助互联网平台将用户拉近和参与产品全过程，将产品做到极致，为用户带来货真价实、超出期望的体验。

中国家用电器协会秘书长徐东生认为，当前家电行业的发展正进入新时期，大部分家电产品完成了普及阶段，多元化、个性化的需求将是未来的重要特征，家电行业进入了消费新阶段。因此家电行业的发展必须要适应消费者需求、适应新变化，产业转型升级要由过去的主要注重规模扩张和价格竞争向差异化创新为主发展。

李书彬说，"面向未来，TCL 空调将用互联网思维模式全面改造企业，以用户驱动和产品驱动实现企业的增长，坚持智能化、年轻化、时尚化，给消费者带来更新鲜的消费体验和服务感受。"

（资料来源：TCL 网站）

（二）对公众需要的了解

由于人的需要是非常复杂的，要解决好并不容易。为了提高公关活动的效率，公关主体必须了解公众需要的层次、类型、特点等。要了解公众需要，一般在具备以下前提的基础上就能取得较好的效果。

1. 从调查研究入手

这是解决公众需要的一个根本出发点和前提。通过对公众的合理需要、不合理需要、当前能满足的需要和一时满足不了的需要等进行调查，可以有针对性地激发动机，发挥公众的积极性。

2. 综合分析

公众的需要是多种多样的，有的是无限的，有的是有限的；有的是合理的，有的是不合理的；有的是眼前的，有的是长远的等等。因此，在通过调查研究取得大量资料的基础上，必须认真综合分析，提出解决问题的途径。

在这方面，长城饭店给我们提供了一些成功的范例和经验。长城饭店的公关工作始于调查研究，他们的调查工作包括了日常调查、月调查和半年调查。通过这些调查，收集了大量的信息，汇集了大量的资料，然后对其进行细致的分析和综合，确切而清晰地了解了顾客的需要，进而更有效地开展公关工作，使长城饭店成为同行中的佼佼者之一。

补充材料4-2：

"现在大多数消费者已不关心 PC 的配置、构成，他们更在乎一种与众不同的感觉，这是海尔差异化前景之所在。"海尔电脑业务总经理高以成在谈到海尔对差异化的理解时说，"在产品上增加几种别的产品不具备的功能，这不是差异化，更不是创新。海尔的差异化一定是来源于用户使用过程中的需求。在研制每一款产品之前，海尔一定会做大量的市场调研，跟踪用户信息反馈，在深入挖掘用户的潜在需求后，才会有针对性地开发产品。"所有产品的开发以用户为本，从市场中来到市场中去，"这是海尔电脑最大的一个法宝"。

在高以成看来，如果一个企业过分追求规模而忽视针对用户开发"以人为本"的产品，这种企业的发展不会长久。所以，海尔电脑更关心的是用户的使用价值，而且会坚定不移地沿着这个方向走下去。他认定，"如果海尔电脑能够坚持沿着这条路走下去，就一定会再创辉煌。"

（三）需要层次与公关活动

马斯洛需要层次图反映的仅是一般人的需要，实际上每个人的需要并不都是严格按照图上的顺序由低到高发展的。对公关工作人员来说，了解这些情况十分重要，如有些人对社交的需要比受尊重的需要更为重要；有的人对某些生理需要也许要求多一些，金钱仅仅是激励他们的一种东西而已。美国有一管理学家，曾有针对性地做过调查，调查表明：约占人口20%的人基本上处于生理和安全的需要层次，只有不到1%的人处于受尊重和自我实现这两个高层次的需要，而大约有80%的人保留在第三层即归属和爱的需要层次上。所以，在公关活动中，不能忽视与公众进行真挚地沟通和交流，要理解公众，周到服务，使公众觉得自己就是公关活动中的一员，有一种被尊重、重视和接纳的体验，这样才能满足公众归属和爱的需要。

在广告创意中，广告制作人员可以利用公众被尊重、重视、接纳的需要、设置符合商品基本消费途经的日常生活情景，在生活情景中展示商品的特点与功效，这种方法叫演示生活情景创意法。在香港一些商店里，售货小姐这样宣传一种新式塑料熨斗："先生，这种熨斗是本店制造的新产品，它比任何一种熨斗都轻巧，携带方便，能水平熨，还能垂直熨，效果都很好。"说罢，售货员会顺手拿起熨斗，贴着揉皱了的西装徐徐刷下，简直像玩魔术一般，三下两下便把皱痕熨平了。售货小姐继续介绍说，这种熨斗虽由塑料制成，但它是一种特殊塑料，不仅耐高温，而且不易破碎。"能摔来看看吗？"有顾客问。"可以。"那售货员回答，随即把熨斗拿到齐胸高处，然后一松手，"啪"的一声，熨斗完好无损。至此，顾客心服口服，随即纷纷购买。

（四）公众需要引导与公关活动

1. 积极诱发公众产生合理需要

公众要产生强烈的需要心理，必须有两个前提条件：一是公众感到缺乏某种东西，有不足之感；二是期望得到某种东西，有求足之愿。需要就是这两种状态共同形成的心理现象。广告宣传的一个日常性任务就是把公众需要心理的自发过程通过施加积极的刺激物，诱导其产生需要，并把这种需要的方向引导指向企业产品，使公众自觉地把企业的产品看成是满足自己需要的最佳消费对象，从而去关心企业形象和产品形象的各种信息，最终做出购买企业产品的消费决策。比如，家喻户晓的"娃哈哈"的广告语采用问句的形式，"今天你喝了吗"，让消费者从心底产生一种消费需要，进而用实际行动去回答这个问题。

2. 不断刺激公众产生新的需要

公众的某种需要得到满足之后，企业就应该策划新一轮的广告宣传，使公众在新的层次上产生"不足之感"和"求足之愿"，引导公众不断进行需要的自我更新。比如，"海飞丝"的广告就是一个成功的例子。很多人以前对头屑是不太注意的，但宝洁公司通过持久的广告宣传，让大家意识到随着生活条件的提高，原来的生活习惯需要改变，原来的形象也需要改变。消除头屑——要达到这样的目的，就需要用"海飞丝"提升自身形象，增强自信心，从而使"海飞丝"走俏中国市场。

（五）当代消费者需要的发展与公关活动

补充材料4-3：

2006年11月9日，海尔电脑与英特尔的合作达到了新的深度，双方联手成立"海尔＆英特尔创新产品研发中心"。这个研发中心由海尔电脑研发团队的核心与英特尔 MIP 移动创新设计团队共同组成，结合未来新技术趋势进行产品研发。高以成把这个研发中心的目标定位在："双方共同探讨怎么把更多的需求变成产品。海尔会从市场上了解到用户的真实需求，通过双方沟通互动开发产品，用海尔和英特尔的技术研发理念去满足用户的需求。"

伴随联合研发中心同步推出的海尔新款笔记本电脑"我变 V60"，可以说是这个目标的生动体现。人们日常使用笔记本时，在不同场合需要调整笔记本电脑不同的高度，比如在飞机上使用就有诸多不便；同时，由于使用时头部前探，时间长了会有颈椎疾病的困扰。基于这种现实需求，海尔做了大量市场研究，在北京、上海、广州等地举行了 9 场专题研讨会，最终双方研发团队提出了解决方案：通过可以自由拉伸的屏幕，实现屏幕上下前后自由移动，让屏幕的高度和角度随时随地适应使用者的视线，摆脱空间狭小或低矮的束缚。这种人性化的功能创新，使得笔记本电脑适应于人，而不是人去适应笔记本电脑。

消费者的需要既非常丰富，又极具差异性并且是不断发展变化的。随着科学技术的飞速发展和经济全球化进程的加快，当今的消费环境已经发生了深刻的变化。科学技术的广泛运用使消费对象的内容越来越丰富，技术含量越来越高，智能化和自动化水平也越来越高。全球范围内各个国家、地区、民族和各种文化的交流与融合，使消费者能够选择的产品范围得以扩大，也为消费者带来了全新的消费方式和消费理念。了解当代消费者需要的变化，对提高公关活动针对性和效率有重要的作用。

结合我国的情况，当前消费者需要的发展变化主要表现在以下几个方面。

1. 消费需要由低层次向高层次发展变化显著

随着生产力的发展，人们的消费水平普遍得到提高，消费需要的层次和内部结构发生了显著的变化，人们更加注重发展和享受高层次的需要，注重教育、体育和娱乐。在生存需要的内部结构上，吃、穿的比重迅速下降，而住、用、行的比重迅速上升。如我国的私家轿车拥有量每年都以很快的速度增长；人们对住房的需求一直都很强烈，尤其是我国实施住房改革以后，买一套自己的住房，已成为激励人们努力工作的动力之一。

2. 消费需要和生活方式相统一

生活方式是人们为生存和发展而进行的全部活动的总体特征。消费方式虽然只是生活方式的一种，但它与人们生活的其他方面联系却非常密切，因为人的需要是多方面的，并不仅限于消费需要。若消费需要和其他需要结合得当，则会提高人们的生活质量。

家庭是人们生活的核心。现代的家庭无论是结构，还是功能等都有别于传统的家庭。家庭的结构核心化，家庭的形式也发生了异化，家庭的情感功能增强，但家庭的教育功能仍不可忽视。这些无疑都对消费者的需要产生了重要影响，因此，针对家庭消费的产品必须考虑这些因素。

在现代社会，人们的生活节奏加快，工作压力增大，易于身心疲惫，所以需要适当地调节，同时工作效率的提高及工作时间的缩短，使人们有更多的时间安排闲暇生活。于是，人们增加了教育、娱乐、旅游、社会劳务等服务性消费支出，也开发了许多新的消费方式。人们在安排消费需要时越来越注重身心愉悦，如在选购商品房时，一般都会考虑小区的生态环境、配套设施、安全系统等。正因为如此，那些拥有智能安全系统、完善的配套设施、"小桥流水人家"式的住宅小区才会受到消费者的青睐。

补充材料4-4：

田晖、刁康认为，上海居民消费结构特点主要有以下几方面：

1. 吃、穿、用支出均呈下降趋势

首先，随着人们收入增加，食品消费普遍遵循恩格尔定律，即在消费总量中的比重会逐步下降。2002年，上海居民消费的恩格尔系数为39.4%，比1990年的56.5%下降了17.1个百分点。这表明上海人的总体生活水平已迈进了"富裕"的门槛。其次，继食物消费满足后，穿的比重会上升，然后趋于下降。这是因为衣着方面虽日益丰富多彩，但一般有其数量限制，即增加不是无限的。当衣着基本满足后，其支出比重就会呈稳定或下降趋势。另外，随着纺织业技术装备水平的提高，纺织品的价格处于稳定状态，甚至呈下降趋势，并从另一面导致穿着的变化趋势。2002年，上海居民的穿着消费为5.9%，比1990年的10.9%下降了5个百分点，完全符合衣着消费的变动规律。再次，家庭设备用品消费比重呈下降趋势。虽然上海居民20世纪80年代购置的家用电器开始进入更新换代期，许多新型家庭设备用品也会进入居民家庭消费内容，根据90年代的实际数据计算的家庭设备用品需求收入弹性较高，但是由于住房、医疗、教育体制的改革，上海居民家庭设备用品消费比重已经开始逐年下降。2002 年，上海居民的家庭设备用品消费为 6.2%，比 1990 年的 9.19% 下降了 2.99 个百分点。

2. 住宅消费支出的比重明显上升，但仍然偏低

2000 年以来，上海的房地产市场一直处于上升阶段，推动上海住宅消费比重上升的主要因素不是收入水平提高和居住条件改善，而是因为：由于住房体制改革和居住类价格变动，以及住宅具有耐久性、财产性、增值性等特点，但和发达国家相比较，上海居民的住宅消费支出比重仍属偏低。从国外房地产发展来看，美国、日本、英国房地产增加值占 GDP 的比重分别达到 11.2%、12.8%、22.4%。在美国几个经济发达的州，房地产增加值占 GDP 的比重更是高达 14% ~ 15%。其中，加利福尼亚州的房地产增加值占 GDP 的比重为 15.5%；纽约州的比重为 13.9%。2001 年，上海的房地产增加值占 GDP 比重为 6.4%、2002 年的比重超过 7%。从居民消费支出比重看，美国用于住房消费的支出比重为 18.95%，纽约、洛杉矶等大都市的比重则分别达到 23.97%、23.34%，上海 2001 年则为 7.85%。

3. 服务消费支出比重明显增加

主要表现在教育和医疗保健及交通通信消费支出明显上升。有三大因素促进上海居民的娱乐、教育、文化服务消费比重持续上升：一是市场化改革使就业竞争加剧，个人的教育、文化、科技水平逐步上升为就业竞争能力的决定性因素，居民对于女教育和自身继续教育的重视程度不断提高，以及教育体制改革使居民教育费支出大幅度上升；二是信息化时代的到来使彩电、摄像机、家用电脑等文教娱乐类耐用消费品不仅成为娱乐工具，更重要的是成了居民接受信息的主要媒介，这类耐用消费品的不断更新和价格下降使其家庭普及率迅速上升；三是双休日制度的实行为居民增加了休闲时间，促进了娱乐、教育、文化服务消费产业化发展。2002 年，上海居民用于娱乐、教育、文化服务消费的支出占总支出的 15.9%，比 1990 年的 11.94% 增长 3.96 个百分点。另外，有三大因素在推动医疗保健消费支出比重继续上升：一是人口结构老龄化，老年人更需要保健消费；二是随着收入水平的提高，人们的保健意识增强；三是医疗保险制度改革使个人医疗负担适当增加。2002 年，上海居民的医疗保健消费占总支出的 7.0%，比 1990 年的 0.59% 增长 6.41 个百分点。另外就是交通、通讯消费增长势头迅猛，2002 年，上海居民的交通、通讯消费为总支出的 10.7%，

比 1990 年的 2.63% 增长 8.07 个百分点。

4. 休闲消费成为时尚

休闲作为物质生产过程以外的活动，其时间的多少取决于社会生产力的发展程度。休闲时间的大量增加是因 18 世纪 70 年代后，动力机械（如蒸汽机等）的使用大大提高了劳动生产率，使休闲时间增加到了 23%。到 20 世纪 90 年代，电动机器加快了一切工作的速度，使人们能够用 41% 的生命时间享受各种消遣。劳动生产率的提高使人们周工作时间在持续缩短。100 多年前，欧洲国家的周劳动时间普遍长达 80~90 小时，1900 年美国的周劳动时间还是 60 小时，现在欧美主要工业发达国家的周劳动时间也只有 30~40 小时。德国大众汽车公司现在是每周工作 4 天，法国一些地方决定实行每周工作 32 小时，年工作 1 000 小时。人们印象中很忙碌的日本人，1990 年的工作时间比 1955 年减少了 400 个小时，差不多下降了 1/6 以上，而这段时间正是日本经济起飞的高增长期。目前，全世界已有 145 个国家实行 5 天工作周制，发达国家和地区将进一步缩短工时。随着知识经济时代的来临，社会生产力将发展到前所未有的程度，人们的休闲时间也将随之增加。未来学家托夫勒曾预言：在进入第三次浪潮社会后，人们的周工作时间将缩短到 25 小时，尤其是在欧洲，人们甚至还在讨论每周 20 小时工作制。1999 年第 12 期的美国《时代》杂志宣称：2015 年前后，发达国家将进入休闲时代，休闲在国民生产总值中将占有一半的份额，新技术和其他一些趋势可以让人把生命中 50% 的时间用于休闲。

我国休闲时间的增加主要是在改革开放以后，尤其是 1990 年以来明显增加。自 1995 年实行了"双休日"和 1999 年 10 月又实施"黄金周"后，使得我国的法定假日增加到 114 天。另据《光明日报》报道，我国城市居民周平均每日工作时间约为 5 小时，个人生活必需时间 10 小时多，家务劳动时间 2 小时多，休闲时间约 6 小时。四类活动时间分别占总时间的 21%、44%、10%、25%。在我国，从个人终生时间分配来看，正规学习时间约为全部生命时间的 7%，工作时间仅仅占人生的 10%，生活必需时间几乎占去了整个生命时间的一半，休闲时间约占 1/3。随着人们生活中休闲时间的增加，多数人都会选择娱乐、运动和文化活动等休闲形式，于是又产生了许多与此相关的产品和服务的需求。另外，从事各类艺术活动和教育培训的需求十分突出，由此产生的对艺术品和文化教育用品的需求也会大大增加。

处在海派文化背景下的上海居民，整体消费观念比较成熟，相对地更讲究休闲和娱乐。2002年，上海居民人均用于娱乐教育文化的消费支出为1 668元，占消费总支出的15.9%，其中扣除教育支出的821元，娱乐文化支出为847元，占总消费支出的8.05%。随着上海整体劳动生产率提高和居民休闲时间的增多，休闲消费将会迅速增加。

（资料来源：《经济问题》，2004年第11期）

3. 消费需要与环境保护相结合

生产消费和生活消费是生态环境恶化的根源。广大的消费者也意识到生态环境对于自身生存和发展的重要性，希望通过自己的行动维护生态平衡，减少对自然资源的过度消耗和浪费，以实现永续消费。目前，绿色消费已不再为广大的消费者所陌生，大家都希望购买绿色环保的电冰箱、空调，无公害的蔬菜、食品等。虽然消费需要和环境保护的结合是一种必然的趋势，但目前人们还做得非常不够，如买菜时大量使用的塑料袋，就是一个重大的污染源。要彻底保护生态环境，需要生产者、消费者以及全社会的共同努力。

补充材料4－5：

企业只有把保护环境当作自己的事业，主动承担起保护环境的社会责任，持积极的态度参与环保工作，才能使企业永远立于不败之地。因此，一些企业在开展环境公关方面先行了一步：

新飞电器总经理李根：制造业发展应当从工业绿色入手

今年如何减少雾霾、加大环境治理保护力度，成为多位代表关注的话题。全国人大代表、河南新飞电器有限公司总经理李根向网易财经指出，绿色发展、循环发展、低碳发展，是全社会的新常态。而作为家电企业，应当综合考虑环境影响和资源效益的现代化制造模式。

"作为制造业，应从工业绿色发展入手，围绕工业节能与清洁生产、工业循环经济、低碳技术支撑绿色发展。从技术、政策、观念创新推动绿色发展，探索绿色发展模式。真正做到提升消费者生活品质，推动我国家电业绿色升级。"李根表示。

据李根介绍，新飞电器在历年的改建、扩建项目，零配件的招标采购中，始终把环境的因素考虑在内。"目前新飞的生产线全部采用双绿色环保设计。新飞先后在噪音、粉尘、污水等硬件设施上投入巨资，使各种废弃物的排放达到了国家有关环境保护排放标准，所有建设项目的环境影响评价执行率达到100%，新飞节能减排技术在产品与生产制造环节全面应用，使二氧化碳、二氧化硫的排放得到大幅度削减，为环境的改善起到了作用。"

（资料来源：网易财经，2015.03.09）

第二节 公众的动机

动机是和需要紧密联系着的不同概念。需要是人的积极性的基础和源泉，而动机就是推动人们活动的直接力量，任何行为的产生都存在动机的驱动作用。

一、什么是动机

（一）动机的含义

动机是引起并维持人们从事某项活动以达到一定目标的内部动力。个人的活动都是由一定的动机所引起，并指向于一定的目的。动机是个人行为的动力，是引起人们活动的直接原因，它是一种内部刺激。

动机这一概念包含以下内容：动机是一种内部刺激，是个人行为的直接原因；动机为个人的行为提出目标；动机为个人行为提供力量以达到体内平衡；动机使个人明确其行为的意义。

人从事任何活动都是有一定原因的，一个人从举手投足到科学上的发明创造，无一不是在动机驱使下进行的活动。动机作为一个解释性的概念，用来说明个体为什么有这样或那样的行为。

（二）动机产生的条件

动机产生的条件有两个：需要和诱因。需要是引起动机的内在条件，动机是在需要的基础上产生的。需要是由个体生理上或心理上缺失或不足时而产生的一种不平衡状态。个体为了获得需要的满足，就会积极地去寻找满足需要的对象，从而产生活动动机。例如，夏天热的时候，人就会尽可能地寻找凉爽的地方，渴时就会去寻找水源等。虽然动机是在需要基础上产生的，是由需要所推动的，但需要产生之后，并不一定就成为推动人进行活动的动力。需要变成动机往往会有一个发展阶段，即需要的强度必须达到一定水平后，才能成为引起、推动或阻止某种活动的动机。

诱因是引起动机的外在条件。凡是能够诱发个体动机的刺激或情境称为诱因。有了诱因，人才能为满足需要去采取行动，而需要才表现为活动动机去推动行为达到目标。如果仅仅有需要而没有诱因，是不会产生动机的。

只有内部需要与外在诱因相互作用、相互结合才能成为支配一个人行为的动机，二者缺一不可。

（三）动机的功能

动机作为推动一个人进行活动的内部动力，具有三种功能：

1. 激发功能

人们的各种各样的活动都是由一定的动机所引起，没有动机也就没有活动。动机是引起活动的原动力，它对活动起着激发功能。恩格斯曾指出："就个人来说，他的行动的一切动力，都一定要通过他的头脑，一定要转变为他的愿望的动机，才能使他行动起来。"

2. 指向功能

在动机的支配下，个体的行为总是指向特定的对象。对其行为具有定向作用，动机不一样，有机体活动的方向以及它所追求的目标也就不一样。例如，在学习动机的支配下，人们会到书店买书或去图书馆借书；在进食动机的支配下，人们就会积极地去寻找食物。

3. 调节和维持功能

当活动产生后，动机要维持这种活动，使它坚持进行下去，并及时调节着活动的强度和持续时间。当活动指向于个体所追求的目标时，动机就获得了强化，活动就会持续下去；当活动偏离个体所追求目标时，动机得不到强化，活动就会逐渐停止。

有人说，人类的动机就好像汽车的发动机和方向盘，是个体活动的动力和方向，既给人的活动以动力，又对人活动的方向进行控制。

（四）动机的种类

人的动机是多种多样的，我们可以从不同角度、根据不同标准来进行分类。

1. 根据动机的来源，可分为外在动机和内在动机

外在动机是指推动活动的动机是由外力诱发的。例如，学生为了获得老师的表扬或避免老师的批评而努力学习；个体为了获得别人的赏识而努力工作，并非对工作本身感兴趣。这些活动的推动力都是来自机体外部，所以被称为外在动机。

内在动机是指推动活动的动机是由个体自身激发，是由个体的自尊心、责任感、荣誉感、求知欲等内在因素引起的。因为从事这项活动，个体会感到愉快、满足，不需外力推动。例如，一个学生并未受

到老师或家长的表扬，但他却愉悦和充实，这是因为学习本身给他带来了乐趣。这种动机是由个体内部因素激发的，被称为内在动机。美国当代著名的教育家、心理学家布鲁纳指出，内在动机由三种内驱力引起：好奇心、好胜心以及互惠的内驱力。哈洛等人的实验表明，在没有任何奖赏的情况下，猴子会拆开一些机械装置，而且随着次数的增加，拆卸手法会愈来愈高明。但如果猴子每次操作成功，都给予食物奖励，它们的行为将发生改变：为了获取食物，操作的兴趣会降低。所以，我们一般认为，内在动机比外在动机对个体行为的推动作用更为稳定和持久。

2. 根据个体需要，可分为生理性动机和社会性动机

生理性动机是由生理需要所引发的一种行为的动力，如饥饿动机、干渴动机等。社会性动机是由社会性需要所引发的行为动力，如求知动机、交往动机、成就动机等。只有人类才具有社会性动机，它是在一定的社会生活条件下形成并发展起来的。对人的行为和活动具有重大意义的是人类的社会性动机，由社会性动机所引发的对行为的推动力量更为强烈。

3. 根据动机的影响范围和持续作用的时间，可分为近景性动机和远景性动机

远景性动机影响范围大，作用的时间长，而且比较稳定。近景性动机影响的范围小，只对个别的具体活动起作用，作用的时间较短，且不够稳定，常受个人情绪和兴趣的影响。例如，学生们认真学习，有的是为了今后能成为一名优秀的人才，有的是为了应对当前的考试。

4. 根据动机在活动中所起的作用不同，可分为主导性动机和辅助性动机

主导性动机是指在活动中所起作用较为强烈、稳定、处于支配地位的动机。辅助性动机是指在活动中所起作用较弱、较不稳定、处于辅助性地位的动机。在儿童的成长过程中，活动的主导性动机是不断变化与发展的。事实表明，只有主导性动机与辅助性动机的关系较为一致时，活动动力才会加强；而彼此冲突，活动动力就会减弱。

二、公众动机与公关活动

公共关系活动不仅要了解和适应公众的需要，还应通过激励或激发公众的动机，调动公众的积极性，以达到公共关系的最终目的。

（一）把握公众动机的特点

公众动机是多种多样的，非常具体、复杂。组织在分析公众动机

时，要把握公众动机的特点。第一，要注意公众动机的系统性。对于公众来说，往往同时存在几种心理动机，构成动机系统。例如，一个消费者购买商品，既可能是因为使用的需要，同时也可能是因为这件商品的价廉物美。第二，要注意公众动机的主导性。在同时存在的几种心理动机中，必有一个是主要的、起主导作用的心理动机，它对公众行为的推动起着重要作用。第三，要注意公众动机的内隐性。动机是推动人的行为的心理动因，因而动机往往处在内隐状态，特别是真实的动机往往被假象所掩盖。因此，组织在研究公众动机时，要善于从公众行为去揣摩公众的真正动机。

（二）激发公众动机

及时引导公众把需要心理转化为行为动机是公关主体的目标。公众的消费活动都是由特定的动机所引起的，动机是推动公众消费的直接原因。当公众的需要有了某种特定目标时，需要才能转化为行为动机，而关键的中介环节是确定特定目标对象。因此，在广告宣传中，把握了公众的需要心理后，要及时宣传产品的性能优势、价格优势、品牌优势等，为公众提供理想的目标物品对象，将其需要心理转化为消费动机。

公众购买行为的发生、需要的满足，必须以动机为中介。公众购买动机产生的原因包括内因和外因。内因就是公众的内部需要，外因就是外部诱因，外部诱因必须通过公众的内因——内部需要起作用。然而，并不是所有的需要都能被公众自觉地意识到。

有些需要没有被公众觉察出来，在这种情况下，必要的提示对于动机的激发是很重要的。公共关系活动中的提示有各种各样的方式，有面对面地向公众介绍（口头提示），还有通过报纸杂志、广播电视等各种大众传播媒体进行提示等。许多有经验的工厂、商店经常要举办各种类型的商品展评会或展销会，目的就是向公众进行提示。在展销会上，一些公众本来只是抱着参观的态度而来，可是看到某种合意的新商品时，便会产生购买动机。公共关系活动的重要任务之一，就是要利用各种外部诱因来激发公众的消费动机。

补充材料 4－6：

激发消费者动机的"5F"准则

什么样的信息能激励消费者购买呢？

1. 功能（Functions）

功能是指产品和服务是如何满足消费者具体需求的，它是否是消费者当前确实需要的东西。

2. 财政（Finances）

财政是指这次交易是如何影响消费者全盘的财政状况的，不仅仅是产品或者服务的价格，还包括节省的费用和增加的生产率。

3. 自由（Freedom）

自由是指交易和使用产品和服务是如何的便利，如何为他们生活的其他方面节省更多的时间、减少更多的忧虑。

4. 感觉（Feelings）

感觉是指产品和服务让消费者对自身感觉如何，是如何影响或者涉及他们的自身形象，他们是否喜欢和尊重销售人员和公司。

5. 未来（Future）

未来是指随着时间的流逝，他们如何处理产品和服务，在未来几年，产品和服务将如何影响他们的生活，他们是否因此对于未来有了更多的安全感。

消费者希望在各方面都得到益处，所以企业要满足消费者各个层次的需要。企业只有满足了消费者各层次的需要才能激发消费者的动机。但是，生意和生活一样有得有失，一个企业不可能得到所有东西。所以，请聚焦于那些你的产品和服务最出色的领域，这也是你最能激发消费者动机的地方。

（三）把握公众的深层动机

行为是受动机所支配的，而动机具有内隐性，不容易被他人所觉察。在公共关系活动中，我们要注意分析和研究公众的深层动机，要防止把动机的表面现象或者其他动机当成真正的动机。在实际工作中，要根据公众的深层动机有针对性地开展公关活动，只有心动，才会有行动。这里举一个有关深层动机的实例。速溶咖啡物美价廉，配料又不需要特别的技术，省时又省事。20世纪40年代，速溶咖啡被作为一种新产品投入市场，但是销售情况并不理想。这么好的产品为什么不受人欢迎呢？研究人员曾经用问卷法直接调查公众对速溶咖啡的看法，结论是公众不喜欢这种咖啡的味道。研究人员认为这个结论并不可靠，因为当实际品尝速溶咖啡和传统咖啡时，大多数人都说不出它们之间有什么不同。为了深入地了解消费者拒绝购买速溶咖啡的真正动机，研究人员改用投射技术进行了深层研究，结果发现，妇女们拒绝速溶咖啡的真正原因是消费观念上的偏见。在她们看来，购买速溶咖啡的妇女是为了偷懒，是不愿履行从事家务的天职，只有购买新鲜咖啡的妇女才是勤俭的、负责的、爱家的、会安排生活的人。当时的家庭主妇都带有一种片面的自我意识，即作为家庭主妇应当以承担家务为己任。速溶咖啡突出的"一快二方便"的特点，恰恰与当时妇女在消费观念上的偏见相冲突。所以，妇女们觉得饮用速溶咖啡，不洗咖啡壶，就是没有尽到家庭主妇的责任。找到了速溶咖啡遭拒绝的深层动机之后，厂家采取了相应的对策，在公关活动宣传上不再突出速溶咖啡不用煮、不用洗咖啡壶等省时省事的特点，而是强调速溶咖啡具有美味、芳香和质地醇厚等特点，避开偏见的锋芒，销路自然也就打开了。从这里可以看出，是否能针对公众的真正动机开展公关活动，直接影响到公关活动的效果。

第三节　公众的兴趣

案例：

这是日冷株式会社冷冻食品的一则广告：画面上是一个刚刚吃完食品的天真可爱的儿童，正在舔她胖胖的小手，似乎对食品的滋味意犹未尽。从她鼻子尖上沾着的食品碴粒，我们可以自然而然地想象她刚才是如何狼吞虎咽、美滋滋地吃了一通。而她看来还很不满足，目光中依然流露出浓浓的食欲。这幅广告不禁使人产生兴趣：是什么食品使小女孩儿吃得那么津津有味乃至恋恋不舍呢？下边的包装接着就能清晰地告诉你，是用天然原料做成的该品牌的各类食品：汉堡牛肉饼、烧卖、炸肉饼、浓汤……

在这个广告设计中，设计者就是激发了公众的兴趣，从而达到了广告宣传的目的。

一、什么是兴趣

（一）兴趣的含义

兴趣是力求探究某种事物或从事某种活动的心理倾向。它使人对某些事物予以优先注意，并且带有积极的情绪色彩。如对体育感兴趣的人，总是对体育方面的消息优先加以注意，常为体育竞赛活动以及有关体育方面的报道所吸引，无论是观看还是谈论体育比赛时都情绪高昂、兴高采烈。

兴趣是在需要的基础上产生和发展的，需要的对象也就是兴趣的对象。一个人只有对某种客观事物产生了需要，才有可能对这种事物发生兴趣。瑞士心理学家皮亚杰指出："兴趣，实际上就是需要的延伸，它表现出对象与需要之间的关系，因为我们之所以对一个对象发生兴趣，是由于它能满足我们的需要。"但需要不一定都表现为兴趣，如人有睡眠需要，但并不代表对睡眠有兴趣。

日常生活中，我们常把兴趣和爱好作为同义语使用，实际上二者既有联系，又有区别。爱好是在兴趣的基础上发展起来的，一个人爱好的事物必定是他感兴趣的事物。兴趣只是认识的倾向，当它进一步发展为从事某种活动的倾向时，才成为爱好。爱好是活动中的倾向，是和活动紧密相连的。一个人对小说感兴趣，仅仅表现为阅读方面，当他积极从事写作活动时，就转化为了爱好。

（二）兴趣的种类

1. 根据兴趣的内容，可分为物质兴趣与精神兴趣

物质兴趣是由物质需要所引起的兴趣。表现为对衣食住行等物质生活环境、生活条件和生活用品的兴趣。物质兴趣人人都有，但如果一个人过分追求物质兴趣，将会发展成畸形的、贪婪的低级兴趣。

精神兴趣是由精神需要所引起的兴趣，表现为人对精神财富的渴望，如对学习、娱乐、社会活动等的兴趣。精神兴趣越广泛，人的精神生活就越丰富。

2. 根据兴趣的倾向性，可分为直接兴趣与间接兴趣

直接兴趣是指对事物或活动过程本身的兴趣，如对电视、电影、体育、绘画等的兴趣。间接兴趣是指对某种活动或活动本身并没有兴趣，但对活动的结果或事物的意义感兴趣。比如一个学生不喜欢英语，但认识到英语的重要性，便产生了学习英语的间接兴趣。

直接兴趣具有暂时性，间接兴趣则是较为持久的。一项活动如果仅靠直接兴趣，很难让人持久地坚持下来，也很难深入进行，而如果仅靠间接兴趣，又会使人感觉枯燥乏味。只有两种兴趣同时存在，相互结合，才能充分发挥一个人的积极性。

（三）公众兴趣的差异

公众的兴趣，无论是个体兴趣还是群体兴趣，都是有差异的。了解和把握公众兴趣的差异，有利于提高公关工作的针对性。

1. 兴趣的广度

兴趣的广度即兴趣的范围，指兴趣指向客观事物范围的大小。人

与人之间在兴趣的广度上存在着很大的差异，有些人的兴趣范围十分广泛，对一切事物都乐于探求，有多种多样的爱好，他们的生活丰富多彩，有广博的知识，有较强的能力，因而也容易取得较大的成就；而有些人的兴趣范围十分狭窄，什么事物似乎都引不起他的兴趣，生活也就显得单调乏味。

作为公关人员为了和不同的公众更好地沟通，不仅要了解公众的兴趣，而且还应该培养自己广泛的兴趣，以便更好地开展公关工作。

2. 兴趣的指向性

兴趣的指向性是指个体或群体对什么事物感兴趣。比如，有人对文学感兴趣，有人对数学感兴趣，有人对音乐、绘画感兴趣等；女人对逛商店、购物具有极大的兴趣，而男人则把逛商店、购物当作负担；青少年对流行歌曲有浓厚的兴趣，老年人则传统戏剧情有独钟。所以公关人员在公关过程中，要充分了解公众感兴趣的对象，这样才可以提高公关工作的效率。

3. 兴趣的稳定性

兴趣的稳定性是指兴趣保持在某个事物或某项活动上时间的长短。人们的兴趣可能是持久不变的，也可能是变化无常的。例如，青少年在生活中喜欢追求新鲜的刺激，在购物时，他们经常会变换品牌；而老年人如果喜欢一个品牌，就会长期购买，忠诚度较高。公关人员在公关过程中，就是要根据自己的需要，利用兴趣的可变性和稳定性，激发公众新的兴趣或是让其保持持久的兴趣，以利于自己的公关工作。

4. 兴趣的效能性

兴趣的效能性，是指兴趣对于活动能够产生积极效果的大小而言。有的人的兴趣只满足于对事物当前的感知过程，缺乏对活动的推动力量；有的人的兴趣，不仅是要从客体的知觉中享受到快乐，而且渴望有进一步地认识客体，把握客体，由此推动自身积极地探索某种事物或从事某种活动。所以，后者的兴趣可能就高于前者。

在公关过程中，公关人员不仅要想法设法引起公众兴趣，而且要通过自己的公关技巧提高公众兴趣的效能性。

二、公众兴趣与公关活动

（一）充分重视公众兴趣在公关活动中的作用

在公关活动中，公众兴趣的发挥具有重要的作用。只有充分重视、利用、引导公众的兴趣，才能使公关工作取得成效。公众兴趣对公关活动的作用主要表现在以下方面：

1. 引起公众注意

我们知道，任何一个组织的公关目标都是要在公众心目中树立组织的良好形象，而要实现这一目标，首先必须使公众关注组织。设想公众对某个组织毫不关心，视若无睹，那么组织不管开展多少公共关系活动，也只能是"自作多情"。只有公众注意组织，组织才有可能通过自己的行为给公众留下良好印象。而要想引起公众注意，就不能不考虑公众的兴趣，只有符合公众兴趣的事物才更容易成为公众注意的对象。比如，因为出演戏剧《倒霉大叔的婚事》中的"倒霉大叔"而为河南人耳熟能详的任洪恩，由于他的唱腔富有特点，因而得到了广大农民朋友的喜欢。所以，近年来河南省许多生产农用产品的企业都频频邀请任洪恩代言和宣传自己的产品，利用农民朋友对任洪恩的兴趣和熟悉让公众更加关注自己的企业。据报道，泰国曼谷有家酒吧在门口放了一个巨型酒桶，外面写着醒目的大字："不许偷看！"引发了过往行人的好奇心，而非要看个究竟。行人们将头探进桶里，一股醉人的酒香便扑鼻而来，桶底酒中浮现出一行字："本店美酒与众不同。请享用！"商家的这一招抓住了人们的好奇心，让公众产生了浓厚的兴趣，使匆匆过客驻足观望后纷纷进店去试饮几杯。

2. 刺激公众行为

兴趣能够给人带来愉快的感觉，每个公众当然都希望能够多获得这种感受，这就必然促使公众采取进一步的行为。也就是说，正是由于兴趣的刺激作用，才引起公众对组织的吸引力。有了兴趣，公众行为也就有了一定的动力。

补充材料 4 - 7：

寻宝活动

1980 年，英国人迪特·威廉姆斯创作了一本题为《化装舞会》的儿童读物。为了提高该书的销售量，他特意在书中设计了一条谜语，让读者根据书中的文字和图画猜一件"宝物"的埋藏地点，并公开宣称这件"宝物"是一只制作精巧、价格高昂的纯金野兔。

《化装舞会》一问世，在英国迅速刮起了一阵购买旋风。数以万计的青少年及不同身份层次的成年人都怀着浓厚的兴趣，按照自己在书中得到的启示，走遍英国各地四处寻宝，历时长达两年之久。最后，一位年近半百的工程师发现了这只金兔，一场声势浩大的寻宝活动至此告一段落。然而此时,《化装舞会》的销量已达到300万册,创下了非流行读物的最高销售纪录。

事隔四年,威廉姆斯故伎重演。经过精心策划,他又创作了一本30页的小册子,内容是描述一位养蜂者的故事和一年中的四季变化,并附有16幅彩色插图。书中的文字和幻想式的画面隐含着一个深奥的谜语,而谜底就是该书的名字。1984年5月25日,这一本独特而且没有书名的书稿在七个国家同时发行。威廉姆斯承诺:猜中该书书名的读者,可以得到一个镶着各色宝石的金蜂王饰物。开奖日期定为该书发行一周年之日。

结果,不到一年时间,这本小册子在世界各地的发行总数已超过两千万册。说到底,谁最终得到奖品并没有多大的吸引力,因为最重要的是威廉姆斯本人成了最大的赢家。通过那极具诱惑力和新奇感的创新,激发起了公众的兴趣,并投身于"轰轰烈烈的行动"中。结果威廉姆斯扬名于世,并一举成为大富翁。

(二)公众兴趣与公关活动

1. 承认公众兴趣的差别

公众的兴趣多种多样,不同公众的兴趣更是存在差异,这是组织在开展公关工作时所必须承认的。在公共关系中,组织面对的公众数量是非常多的。组织要分清自己的主要公众和次要公众,把主要公众作为自己的目标公众;组织还要分清不同公众的兴趣差异,明确目标公众的兴趣倾向是什么,否则公关工作只能是"东施效颦",结果将会是适得其反。

补充材料4-8:

日本一家汽车公司,根据年龄标准,把公众细分为青年公众、中年公众等。因为青年公众特别喜欢当红影星,为了吸引他们,该公司推出了一则汽车广告,占了报纸整整一个版面。这幅广告的独到之处在于:图案中没有把汽车的形象放在首位,却突出了日本著名影星山口百惠的大幅写真,广告标题上没有出现"汽车"这个词,却以"百惠红菱艳"这一迷人的短语来表示。把山口百惠作为广告的"主角",并把她的形象和汽车联系在一起,把套红印刷的两部汽车图像放在山口百惠图像下面,成为山口百惠脚上一双红色的鞋。这种比喻法,既富有哲理,又饶有趣味。广告标题定的是"红菱艳",这又巧妙地象征着喜悦、热情、活泼、爱情等美好的情感。用这种美好的情感和趣味盎然的手法做汽车广告，博得了一批着迷于大明星的日本青年的好感。

2. 承认公众兴趣的发展

由于公众兴趣受各种主客观因素的影响，因此，它会随各种条件的变化而不断地变化，而商品经济不断发展的外部动力之一就是公众兴趣的不断变化和发展。在公关活动中，不断变化着的公众兴趣会随时调节公关过程。如果公关过程能够适应，那么公关活动就会取得成效，否则就会失败。

补充材料 4-9：

"好莱坞"口香糖广告成功的秘诀

口香糖的最大消费群体是青少年，而"好莱坞"口香糖广告的最大特点就是始终与同一时代青少年的主流户外活动相呼应，在赢得了他们的好感后，也就自然而然地打开了市场。这正是"好莱坞"口香糖成功的秘诀。

分析"好莱坞"口香糖在 20 世纪 70 年代、80 年代和 90 年代不同的广告制作，人们很容易发现不同时代青少年的兴趣爱好。比如，70 年代"好莱坞"口香糖的广告就是"吉他加鲜花"模式；80 年代是冒险运动系列，典型代表是冲浪、草地滑雪等；进入 90 年代，青少年的爱好发生了本质上的变化，为了迎合他们，"好莱坞"口香糖的广告更是匠心独运，让年轻人跳上屋顶，边唱边跳。当然，所有的年轻人在进行户外活动时，嘴里嚼的都是"好莱坞"口香糖。欧洲的广告分析师说："直到今天，'好莱坞'口香糖的形象一直围绕'新奇生活'的价值展开，其中既有产品利益，也包含了心理层面的利益——一种'酷'的精神状态。"

3. 利用公众兴趣，提高公关效率

公关主体的重要职能之一就是收集各种有用的信息，而公众的兴趣正是最有用的信息和最重要的资源，它对公关主体发挥着启迪和诱导的作用。一方面启发公关主体按照公众的兴趣不断调整自己的目标，以适应市场的需要；另一方面又在诱导公关主体，为其开展公关活动提供各种有利的机会和条件。

因此，在公关活动中，公众的兴趣是一种客观存在和不容忽视的重要资源和信息，只有积极而自觉地认识和利用它，才能增强公关主体的主动性和灵活性，以适应公众兴趣的丰富性和多样性，并进一步发挥公关活动的创造性，深入开发公众兴趣的潜能，沟通公关主体与公众的情感，促进双方的交流。

第四节　公众的价值观

案例：

有一年，美国一家种植园的苹果因闪电、冰霜交替侵袭，大量的苹果皮上出现了令人讨厌的斑点，这就使销售成了大问题。苹果经销商出奇制胜地做了这样一个广告："苹果上应该都有斑痕，因为那是下冰雹所碰击出的痕迹。它证明：这些苹果都生产在寒冷的高山上，而唯有在寒冷的高山上，才能生产出这种香甜、爽口、清脆的苹果。请你赶快来品尝这种特殊美味的高山苹果吧！"这个颇具创意的广告在报上登出之后，竟然得到广大消费者的认同。大家抢着买斑点苹果，于是斑点苹果成为"独特美味苹果"的代名词。

此案例中，广告的成功之处就在于，通过经销商的公关宣传引起公众价值观的变化，从而达到了自己的目的。

一、价值观

（一）什么是价值观

价值是主观对客观的判断和评价，它属于认识的范畴。心理学中所说的价值，是指周围事物以及人和社会的关系在人心目中的主次地位和轻重程度。

价值观指一个人对周围客观事物的意义、重要性的总评价和总看法。对一个人来说，他认为最有意义和最重要的客观事物，就是最有价值东西。换言之，价值观就是一个人对周围事物的是非、善恶、有用、无用及其重要性的判断、评价。

价值观属于经济学和社会学的范畴，是人生观的核心，是世界观的组成部分。

在同一社会中，有人对自由看得重要："生命诚可贵，爱情价更高。若为自由故，二者皆可抛。"有的人把金钱看得重要："一切向钱看。"有的人把工作看得重要："工作着是美丽的。"这些差异就是价值观不同决定的。而价值观的不同，又与人的需要有着密切联系。一种事物对于一个社会、一个人有无价值，取决于这个社会和这个人对它的需要。在一个饥饿的人看来，食品的价值最高；在一个寒冷的人眼中，衣服的价值最大。

（二）价值观的构成

价值评价和价值取向共同构成了一个人的价值观。

人们对人、周围事物及社会关系的认识程度和范围是不同的，因此，也就有不同的价值评价。价值评价即人对事物有用性的评价。

一般来说，人们的行为活动都指向他们认为有意义的方向和目标，因此，价值评价决定价值取向。价值取向是人们在价值评价的基础上所采取的行为或进行活动。由于人的价值评价的不同，便导致了人们在行为或活动中价值取向的差异。在一些人看来很有价值、值得去做的事，在另一些人眼中可能会觉得没有必要。例如，由于人们对文化知识的价值评价不同，因此，有的人省吃俭用不惜重金为孩子进行教育投资，而有的人则只顾眼前利益，宁愿让孩子辍学去挣钱，这就是价值取向的不同。

（三）价值观的形成

价值观不是与人俱来的先天之物，而是在后天的社会实践中形成的。人的价值观的形成，主要受两种因素的影响：

1. 外在因素

从外在因素上说，价值观的形成主要受时代精神、社会风气、经济形势的影响。每一个时代，都有一种不同于另一时代的精神风貌，也流行一种不同于另一时代的风气，受这些因素的影响，也就形成了每个时代不同的价值观。

20世纪70年代末到80年代初期，随着我党工作重点的转移和经济建设中心地位的确立，人们认识到了知识和人才在社会生活和经济建设中的重要地位，社会上形成了尊重知识、尊重人才的时代精神和社会风气，价值观就向着知识倾斜。进入90年代后，由于市场经济体制的确立，许多人认为金钱最有价值，于是价值观就向着金钱倾斜。

2. 内在因素

从内部因素看，价值观的形成主要是受世界观和人生观所支配的。在同一个时代，人们面对同样的经济形势和社会风气，受着同样的时代精神的熏陶，但其价值观却不尽相同，追求各有所好。究其原因，这不同的价值观和人生追求，主要是受个人世界观和人生观所影响。有的人认为世界是美好的，人生是光明的，人的价值就在于对社会的奉献；有的人认为世界是丑恶的，人生是黑暗的，人的价值就在于对社会的索取。持这两种不同价值观的人，其追求目标必定是迥异的。

补充材料 4 – 10：

容声公布"简单生活"品牌理念

日前，中国冰箱行业老牌劲旅容声在上海召开30周年庆典暨新品发布会，并公布了"简单生活，畅享原生态"的品牌理念，致力于成就"中国最专业的冰箱品牌"。

据了解，此次发布会上亮相的六款艾弗尔系列新品，是容声成功探底节能、保鲜技术极限，对核心技术持续创新的又一次尝试。容声升级分立多循环系统，在冰箱冷藏、冷冻、变温室等间室采用独立的制冷和循环系统，实现了加倍保鲜、节能省电的优势突破。纳米水雾养鲜技术可恒久保持85%的最佳食物存储湿度，大幅延长了食物保鲜时间。

同时，新品的外观设计也让这30年的冰箱企业焕发出更多的时尚和活力，加大幅采用简洁的无边框面板、更具整体性的暗藏式把手、简单易用的操控系统……这也正契合了容声"简单生活"的理念，体现了容声冰箱希望消费者通过最简单的方式，享受到食物原生态般的新鲜，回归自然的生活状态。到目前为止，艾弗尔系列已经覆盖从200升到600升各个容积段，系列化的产品布局让容声实现了新的高端拓展，使高端节能产品成为新的战略支柱。2012年容声冰箱市场占有率份额的大幅增长，也预示着其对品质的不懈追求获得的市场认可，开始从市场领跑向行业领袖跨越。

（资料来源：新闻晚报，2013.3.25）

（四）价值观的变化

价值观一旦形成以后，就具有相对的稳定性，但也不是毫无变化的。时代的发展和个人遭遇、地位变化，也会或快或慢地导致价值观的变化。如"商品越经久耐用越好"是我国相当长一段时期内存在的一种价值观，而由于改革开放促进了生产水平和生活水平的提高，这种价值观受到了冲击，被商品"一新、二美、三优、四廉"的价值观所取代。

二、价值评价体系和价值取向的类型

（一）价值评价体系的类型

价值评价体系，是指人们通过对相关事物的地位和作用进行价值判断和价值评价，从而在内心形成的相对稳定的决定价值取向的心理内容结构。以不同的价值为中心来判断和评价事物就形成了不同的价值评价体系。比如，人们对自由、民主、尊严、金钱、友谊、权力、工作成绩、社会风气、政治态度等的总体看法和总体评价不相同，在心目中有主次之分，轻重之别，就成为价值观的体系。现今社会上主要存在以下几种价值评价体系：

1. 知识型价值评价体系

知识型价值评价体系是以知识和真理为中心价值来判断和评价事物的心理内容结构。持这种价值观的人对一切事物都是以其是否符合真理，以及知识价值高低来判断和评价的。凡是符合真理、知识价值高的事物，他们就认为是有价值的，值得去做。

2. 工作型价值评价体系

这是以工作态度的好坏和工作成绩的大小为中心价值来评判事物的评价体系。持这种价值观的人认为，凡是为了工作、对工作有利的事，再苦再难也值得，可以废寝忘食、夜以继日，甚至付出生命。

3. 生活型价值评价体系

这是以生活环境的优劣为中心价值来评价事物的价值评价体系。持这种价值观的人认为，只要能使生活环境舒适优雅、家庭生活安逸的事就是有价值的；只有生活好，人生才有意义，和谐温馨是生活的主旋律。此类人不太关心别人如何生活，也不太注重别人对自己如何看待和评价，对生活有独到的见解，珍视生命、注重健康、无忧无虑，容易达到心理平衡。

4. 政治型价值评价体系

这是以权力大小和地位高低为中心价值来判断和评价人与事的价值的评价体系。持这种价值观的人认为，只有谋取了一定的权力和地位才算是实现了自我价值，他们视功名和权力如生命。就整个社会来说，对政治价值的评价有升有降，以前人们往往把政治条件当成评价一个人人格的重要标准，甚至年轻人找对象都把此作为先决条件。近年来，相当一部分人视政治条件无关紧要，其价值似乎大大降低了。

5. 经济型价值评价体系

这是以金钱和经济效益为中心价值的评价体系。某些人把金钱价值看成是生活中最值得追求的目标，并以金钱的多寡作为评价一个人价值高低的重要标准。经商、挣钱被他们认为是当今最时髦的职业，甚至认为有了钱就有了一切，有钱花才算是幸福，于是想方设法把别人的钞票挣到自己腰包里。持这种价值观的人有靠自己的劳动换来财富的，但也不乏道德沦丧、损人利己、损公肥私之徒。

6. 社会型价值评价体系

这是以群体和他人利益为中心价值来评价事物的价值评价体系。持这种价值观的人认为，他们的人生价值在于奉献，在于为社会和他人谋福利，自己的价值只有在他人的幸福和社会的进步中才能得以实现。

7. 唯我型价值评价体系

这是以个人利益为中心价值来评价事物价值的评价体系。持这种价值观的人认为，只要是对己有利的事就是值得去做的和有价值的。这类人一般都以自我为中心，唯我独尊，极少替他人着想，是典型的个人主义和利己主义者。

8. 宗教型价值评价体系

这是以道德和宗教信仰为中心价值来评价事物价值的评价体系。持这种价值观的人认为，只有符合自己的道德标准与宗教信仰的事才是有价值的。持无产阶级道德标准、信仰马克思主义的人，往往体现出大公无私、先人后己、集体主义等道德风貌。相反，持资产阶级、剥削阶级道德标准的人，则以个人利益为重，只图索取、不讲奉献，在社会交往中也常表现出欺诈勒索、乘人之危、落井下石等不道德的行为。有着其他一些道德标准和宗教信仰的人，我们应有分析地区别对待，在尊重其宗教信仰的基础上，使之更趋完美。

9. 完美型价值评价体系

以事物形式的完美与否为中心价值来评价事物价值的评价体系称为完美型价值评价体系。持这种价值观的人力求一切都尽善尽美，认为只有绝对完美的事物才是有价值的。这类人的理想或者说幻想往往容易落空，因为世界上本来就没有十全十美的人或事。

10. 混世型价值评价体系

持这种价值观的人没有明确的中心价值来作为判断和评价事物的标准，没有目标，没有理想，自己也不明白整天活着是为了什么。只要吃饱喝足就什么也不想，对他人和事物极少关心，这类人虽为数不多，但确实是存在的。

以上所谈的价值评价体系因人而异，有些人身上可能体现出两种或几种价值评价体系，如政治型与经济型综合在一起；有的人认为有了权就有了钱，有了钱也可以买到权，二者不可分割，于是生活的目标就对准了"权""钱"，一切从权、钱出发来判断和评价事物。因此，我们在考察一个人的价值评价体系时应从多角度、多方面、多标准综合看待，不可一概而论。

（二）价值取向的类型

价值取向类型，就是在一定价值评价体系的影响下，行为、活动指向主要价值目标的行为类型。由定义可知，价值评价体系决定价值取向类型，价值评价体系的结构不同，价值取向类型也不同，前者的发展变化必然影响到后者。因此，根据上述价值评价体系的种类，价值取向类型也相应地分为以下 10 种：

1. 理论型价值取向

由于知识型价值评价体系是以知识、真理为标准来衡量事物价值高低的，我们且把该类人的价值取向类型称为理论型。他们的行为一般是以获得知识、维护真理为准则。

2. 事业型价值取向

这种类型的人以献身事业为特征，很少考虑个人利益，一心扑在工作上，一般来说品德高尚、不逾规矩。

3. 安逸型价值取向

这类人以维护安逸太平的生活为特征。工作上不太具有上进心，常年忙于家庭美好生活蓝图的设计和实现之中，热衷于经营自己的小安乐窝而显得胸无大志。他们比较理智，既不伤害别人，又有独立的见解，善于在现实环境中发挥自己的主观能动性，行为的平衡性较强。

4. 功名型价值取向

这类人以获取功名为特征，为功名而割舍其他的兴趣爱好，时间观念较强，怀有紧迫感，整天忙忙碌碌，不太会因挫折和失败而屈服。一般而言，他们对金钱、爱情、家庭、健康等关心较少、能把获得个人名誉、地位、成功和自己所从事的事业结合起来，因而能转化为事业型的价值取向类型。

5. 享乐型价值取向

这类人的行为以追求物质享受或精神享受为特征，工作上不大具有进取心，精力主要放在个人享受方面，讲究衣食住行的条件，或迷恋于某种感兴趣的活动。因为消费水平较高，对金钱的需求量大，所以对自己的工作常不满意，有时敢于铤而走险。

6. 奉献型价值取向

具有这类价值取向的人，其行为特征是一切为了他人和社会，只图奉献，不求索取。他们心甘情愿地把自己省吃俭用节省下来的钱物送给那些需要关心的人，有的甚至不惜用自己的生命去换取他人的幸福和社会的安定，做出忘我的无私无畏的创举。现今社会上不少奉献爱心、助人为乐、见义勇为、维护社会安定之举正是这一价值取向的具体表现。

7. 索取型价值取向

与奉献型价值取向相反，索取型价值取向类型的人的行为是一切从个人利益出发，是冷酷的个人主义者。自己一旦为他人做些什么，就要让别人终生铭记、加倍报偿，时时处处以"大恩人""救世主"的身份自居，而别人为自己做事则是"理所当然"的。工作中斤斤计较，患得患失，更有甚者，为了自己的利益，不惜以他人利益和公共利益为代价。

8. 寄托型价值取向

这类人以自己所信奉的宗教思想和道德标准为出发点来支配行为，表现为行为与信仰的同步、内心的虔诚与精神上的完全寄托同步。其言行服从于所信仰的宗教习惯和道德准则，一般很容易受到暗示。

9. 浪漫型价值取向

该类价值取向类型的人，其行为和活动具有浓厚的浪漫色彩，常常沉醉在浪漫的甚至不切合实际的幻想之中，很难接受现实中一切不合乎人意的事物。如若遇到挫折，他们很容易意志消沉、心灰意冷，或玩世不恭，对一切都无所谓。

10. 模糊型价值取向

模糊型价值取向类型的人，其行为以综合和多变为特征。这种人易受外部环境的支配，自己也不清楚到底追求的是什么，他们什么都想获得，但又缺乏动力和毅力，常在困难和挫折面前畏缩不前，情绪不稳定，没有信仰和理想。

三、公众价值观与公关

补充材料 4－11：

解读"20、30、40"岁购车之谜

汽车对于不同年龄层次、不同地域、不同社会地位的人来说扮演着不同的角色。新华信市场研究咨询有限公司推出网络调查，共回收5 237 份问卷，根据数据统计、分析，得出以下结论：

不同年龄段消费有显著差异

年龄在20 岁以下的购车人，32.7% 的人是纯粹的热爱汽车，喜欢汽车生活，22.4% 的人认为汽车能够体现出一个人的地位。此类消费人群属于冲动型消费者，他们尚未完全融入社会，消费观比较稚嫩，所以他们渴望高档次的品牌汽车来彰显汽车在他们心目中的地位。但是由于20 岁以下年龄的年轻人没有雄厚的经济实力，所以价格也是其购车的主要考虑因素之一。同时他们也是一个特立独行的新新人类，因此他们购车的时候更加关注时尚的汽车造型以及漂亮的汽车颜色。

年龄在20～29 岁的购车人，消费更加理性化。这个年龄段的人正处于人生创业阶段，所以他们的购车原因比较集中，33.7% 的人购车是因为外出办事情比较方便，与年龄在20 岁以下的消费者相比，这个年龄阶段的人并不是特别在意汽车是否能体现其个人的地位。

年龄在30～39 岁的人事业已经基本上稳定下来，事业已经不再是其生活的重心，此时家庭在人们的心目中更显现其重要性。这个时候，购车能让家人生活更舒适的重要性已经超过了购车能够外出办事情更加方便的重要性，同时在这个年龄阶段的人们已经有了一定的经济实力，所以其对汽车能体现个人的地位的需求也有所提升。

年龄在40～49 岁的人对汽车的需求除了需要外出办事方面、让家人生活更加舒适之外，能够更好地实现他们的郊游需求也开始逐渐显现。经历了几十年的事业奋斗，人们逐渐开始疲劳，城市的喧嚣让人们觉得心烦气躁，此时郊区的清新空气、片片绿地以及乡土气息无时无刻不在呼唤着人类回归。

各个年龄段看重因素略有差别

20～29 岁的人与年龄在30～39 岁的人购车时考虑的因素比较相似。他们购车的时候更多地考虑汽车品牌、价格以及质量，确保其购车的实用性。同时，这两个年龄段的人对汽车的安全性以及汽车的用

车成本有一定要求，他们不再像20岁以下的人那样对汽车的操控性以及汽车的外观有较高的需求。由此可以发现，厂商所针对的目标消费群体越是年轻，其相应的产品就越是要突出其产品的时尚外观以及良好的操控性。

40～49岁的人与20～39岁的人相比，安全性是其仅次于品牌的第二重点考虑的因素，汽车的质量则是其再次考虑的因素。此年龄段的购车者在经济实力上相对来说比前面几个年龄阶段的购车者更加雄厚，所以价格在他们的考虑因素中处于较次要的位置。面向40～49岁的消费人群，汽车厂商在重点打造产品品牌的同时，也需要重点突出汽车的安全性以及汽车的质量。

（资料来源：人民网，2007.11.17）

公众在价值观的影响下，确定自己的生活目标和基本的动机，并因此形成自己的活动方式和具体内容。由此我们可以说，认识不同群体或个体的价值观，对有效地开展公关活动、制订公关策略都是十分必要的。

（一）把握公众价值观的个别性，加强公关活动的针对性

公众的价值观受公众的需要、兴趣、观念的影响，因其个体不同而存在差异。例如，"新鲜"是南方人对食品的一种价值观念，蔬菜要新鲜的、鱼虾要活的、食物的蒸煮火候不能过头等。某省一家粮油公司想到香港推销冷冻饺子，认为这种省时省事的食品符合香港人"时间就是金钱"的观念，一定会受到消费者的喜欢，但其结果却适得其反。究其原因才发现，他们没有考虑到南方人对食品求鲜求活的心理需要，这在很大程度上不能不说是公关活动的失败。因此，公关活动应根据不同公众的个别差异，有针对性地开展活动。

（二）把握公众价值观的发展性，加强公关活动的时代性

社会是不断发展进步的，价值观也随之而发展变化。以人们对饮食的看法为例，随着社会物质生活水平的提高，人们一改以前"大鱼大肉为上乘食品"的观念，主张荤素搭配得当、营养要素齐全、色香味一体的饮食观念。因此，公关活动也应随着这一观念的进步而不断向公关主体提供和反馈信息，以满足公众的要求。

补充材料4-12：

美国露华浓化妆品公司在20世纪70年代推出一款题为"采妮香水"的广告，在广告中创造了一个深具魅力的名模形象。那是一个年

轻、聪明、美丽、思想和生活方式上完全独立的新女性。在电视广告中，女主角亲自驾驶一辆豪华轿车，飞快地闯进一流的酒店餐厅，黑人琴师为她独来独往的举动引吭高歌，宾客们纷纷向美人投以赞美和钦佩的目光，而她则以优雅飘逸的微笑回报大家的青睐和仰慕。由于采妮广告人物形象的塑造，吻合了当时美国社会时代女郎的心态而大受欢迎。而在整个作品中，真正"采妮香水"的"戏"并不多，香水只是名模表演的道具。但是名模形象塑造出来后，与之密切相关的香水也随之引起人们的注意，采妮香水就此一举成名。

（三）把握公众价值观的民族性，加强公关活动的灵活性

公众价值观受民族习惯和传统风俗的影响。例如，日本人初次见面时对互换名片极为重视，若初次相会不带名片，不仅失礼而且对方会认为你不好交往。在互赠名片时，要先行鞠躬礼，并双手递接名片；接过对方名片后，要认真看阅，看清对方身份、职务、公司，并用点头动作表示已清楚对方的身份。日本人认为名片是一个人的代表，对待名片就像对待他们本人一样。如果接过名片后，不加看阅就随手放入口袋，便被视为失礼。如果你是去参加一个商业谈判，你就必须向房间里的每一个人递送名片，并接受他们的名片，不能遗漏任何一个人。尽管这需要花费不少时间，但这是表示相互友好和尊敬的一种方式。

可见，公关人员在公关活动中应广泛地了解各国、各民族的风俗习惯，并灵活地按这些传统和风俗进行活动。否则，不但达不到公关目的，反而会事与愿违，适得其反。

（四）把握公众价值观的层次性，加强公关活动的共鸣性

公关活动中，由于公众的文化层次不相同，目标对象也不一致。一种公关活动不可能针对所有的公众，越想包容各个层次的人，反而越得不到公众的共鸣。因此，公关活动不可能各方面都做到雅俗共赏。

课后思考练习：

唤起台湾人的味觉——美国葵花油整合营销传播案例

为了提高台湾公众对食用美国葵花油有益健康的认识，增加产品的试用消费量，受美国向日葵协会的委托，凯旋—先驱公关公司于1998年12月至1999年9月策划和实施了一项该协会对中国台湾市场的调查及推广美国葵花油的整合传播活动。

关注健康的台湾人喜欢在家做饭，因此，食用油在烹调过程中就成为一种不可或缺的原料。而在选择食用油时，人们参照的最重要的标准是：有益健康，油烟少，价格便宜。在活动开展之前，葵花油在台湾市场的知名度一般，使用率仅为30%。台湾公众认为葵花油是一种较少或无油烟、较少或不含胆固醇的健康食用油，但在试用度方面，葵花油仍次于豆油。虽然豆油被认为是一种品质较低的油品，但它更经济实惠。

此次整合传播活动的目的是增强美国葵花油的形象，即它是人们的首选的食用油且价格合理。其他需要传递的重要信息还有：葵花油油烟少或基本无油烟，可以保持厨房的清洁，它是台湾消费者的最健康的选择。另外还要强调的是，使用葵花油来烧菜是一种快乐的体验。

凯旋—先驱公关公司首先选择的目标受众：30～49岁关注健康的消费者；关注健康的家庭主妇；消费品、健康、食品类专业媒体和综合类大众媒体；食用油方面的专业人士和营养学方面的资深人士。

为了达到公关目标，凯旋—先驱公关公司通过一系列的措施：

1. 凯旋—先驱公关公司和台北医科大学营养学系一位知名教授合作为美国向日葵协会编撰了一篇科学评论文章。

2. 鉴于台湾公众对产品品牌的认知有限，凯旋—先驱公司组织了一个媒体午餐会，将美国向日葵协会正式介绍给台湾媒体和一般大众。为进一步建立与媒体的良好关系，午餐会上公司向媒体发放了特别设计的葵花油礼品包，其中包括新闻稿、一本由《美食天下》杂志设计的有创意的葵花油食谱和一瓶试用油。将10 000本食谱随同《美食天下》月刊发放给订户，另有3 000本在其他公关活动的现场发放。产品试用的机会使得台湾的消费者可以直接领略美国葵花油的超级品质及其特有的性能，如显著减少油烟。

3. 在增进与台湾各地食用油进口商的关系和收集当地市场信息的

努力方面，凯旋—先驱公司陪同美国向日葵协会的官员拜访了全省的食用油供应商和进口商。其他一些树立品牌形象的努力包括：赞助电视烹饪节目，在主要的消费品报纸和烹饪杂志上安排中文广告。

4. 公关活动中的另一个有效内容是通过电视烹调节目主持人和食品评论家这样的资深人士宣传产品。其做法是在台湾三大城市台北、台中、高雄三地举办"美国葵花油周"。在每个城市，由一位名厨师用葵花油烹饪特别的菜肴，旁边有一位主持人作现场讲解。现场总共发放了1 500份美国向日葵协会的宣传小册子和700本食谱。

5. 凯旋—先驱公司还与发行量达110 000份的大型报业合作，举办了一个用葵花油作为食用油的食谱创作大赛。比赛规则、截止日期、换领美国葵花油食谱的印花，均由凯旋—先驱公司和赞助商统一企业、标准食品企业共同制定，并开通了一条免费热线。裁判为两位名厨和一位营养学家，20位获奖者的名单公布在占一个半版面的报纸彩色广告中，并被逐一个别通知领奖。

6. 此外，公司还在《Yummy》杂志上以插页广告的形式刊登了用葵花油特别设计的四种食谱。一些主要报刊上还刊发了专门的评论文章以促进公众对葵花油有益健康的了解。

通过一系列公关活动、电视节目赞助、插页广告和评论文章，美国向日葵协会和葵花油在媒体上的曝光度大大提高了。"美国葵花油周"的结果使一大批消费者对葵花油的多用途和健康品质有了很好地了解。一周的推广促销结束后，美国葵花油的销售量增长了3～4倍。美国向日葵协会得到了名厨的称赞，并赢得了本地食用油进口商对有关活动的支持和奖品的赞助，以及推广期间的诱人折扣。在台北、台中、高雄三市的巡回推销活动也吸引了超过15 000位消费者，成功地提高了公众对美国葵花油的营养价值和多用途的认识。

练习题：

1. 你是如何评价此营销传播案例的？
2. 此案例成功之处在哪里？有需要进一步完善的地方吗？

第五章

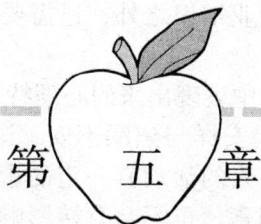

公众的心理特征

公众的心理特征是指公众心理特点的具体表现。公众的心理特征主要包括公众的个性心理特征、角色心理特征、重要目标公众的心理特征、群体心理特征等方面。

第一节 公众的个性心理特征

公共关系工作的客体是公众，具体地说是形形色色的个体。"人心不同，各如其面"。人的心理是千差万别的，每个人都有自己的心理特点。这些差异就是个性心理特征，具体地表现为个体在能力、气质、性格等方面的差异。公众的个体心理特征制约着人的各种心理活动。因此，了解和研究个体的心理特征，可以正确把握公众的个体心理，提高公关工作的针对性。

一、公众的能力特征

（一）什么是能力

能力是人们成功地完成某种活动所必备的个性心理特征。

对此定义我们可作如下理解：

能力总是与活动密切相连的。一方面，个人的能力总是在活动中形成和发展起来，也在活动中得到表现，如公关人员的公关能力，总是在公关活动中锻炼出来和表现出来；另一方面，从事任何活动，都必须以一定的能力为条件，如教师要想很好地完成教学任务，除了要有明确的立场、观点和专业知识之外，还需要有驾驭教材的能力与较好的口头语言表达能力等。

但是，人在日常活动中表现出来的心理特征并不都是能力。例如，人在活动中表现出的镇定安详与焦躁不安、谦虚谨慎与骄傲自大等，虽然都是心理特征，也对人的活动有一定的影响，但它们不是成功地完成某种活动所必备的因素，也不会直接影响活动的效率，因而不能称之为能力。只有那些从事某种活动所必需的，缺了它们就不能顺利地、成功地完成活动的心理特征，才属于能力的范畴。

（二）能力的分类

1. 一般能力和特殊能力

这是按照能力的倾向性来划分的。一般能力是指人们从事各种活动所必需的最基本的能力。它包括人的观察力、注意力、记忆力、思维力与想象力。

特殊能力是指人们从事某种专业活动所必须具备的能力。人要顺利地完成一项活动，既要有一般能力的参与，也必须依赖特殊的能力。一般能力与特殊能力在个体发展中是相互促进的，特殊能力建立在一般能力的基础上，因而一般能力的发展就为特殊能力的发展提供了良好的条件。

2. 再造能力和创造能力

这是按活动中能力的创造性的大小进行划分的。再造能力是指人们在活动中顺利地掌握前人所积累的知识、技能，并按现成的模式进行活动的能力。这种能力有利于学习活动的要求。人们在学习活动中的认知、记忆、操作与熟练能力多属于再造能力。创造能力是指在活动中创造出独特的、新颖的、有社会价值的产品的能力。它具有独特性、变通性、流畅性的特点。

再造能力和创造能力是互相联系的。再造能力是创造能力的基础，任何创造活动都不可能凭空产生的。因此，为了发展创造能力，就必须虚心地学习、模仿、再造。在实际活动中，这两种能力是相互渗透的。

3. 认知能力和元认知能力

这是按活动的认知对象的维度划分的。认知能力是指个体接受信息、加工信息和运用信息的能力。它表现在人对客观世界的认识活动之中。元认知能力是指个体对自己的认识过程进行的认知和控制能力。它表现为个体对内心正在发生的认知活动的认识、体验和监控。认知能力的活动对象是认知信息；而元认知能力的活动对象是认知活动本身。它包括个人怎样评价自己的认知活动，怎样从已知的可能性中选择解决问题的确切方法，怎样集中注意力，怎样及时决定停止做一件困难的工作，怎样判断目标是否与自己的能力一致等。

4. 认知能力、操作能力和社交能力

这是按照能力的功能划分的。认知能力指接收、加工、储存和应用信息的能力，是人们完成活动最重要的心理条件。操作能力是指操纵、制作和运动的能力。操作能力是在操作技能的基础上发展起来的，同时又成为顺利掌握操作技能的重要条件。认知能力中必然有操作能力，操作能力中也一定有认知能力。社交能力是指人们在社会交往活动中所表现出来的能力。在社交能力中也包含有认知能力和操作能力。

（三）能力的个别差异

人的能力存在着个别差异，这种差异可以表现在质、量和发展三个方面。从质的方面看，完成同一活动，不同的人可能通过不同的途径，或采用不同能力的组合，表现为能力类型的差异；从量的方面看，有的人能力水平高，有的人能力水平低，表现为能力发展水平的差异；从发展的方面看，有的人能力发展得早，有的人能力发展得晚，表现为能力表现早晚的差异。

1. 能力类型的差异

这里指人的能力在类别上、方向上存在的差异。能力类型的差异，不表现一个人能力的优劣，只表现一个人能力的倾向。在任何能力的基础上，人都可以得到全面的高水平的发展，只不过是不同类型的人，能力发展的内容与方式有所不同而已。例如，在记忆方面，有些人善于听觉记忆，有些人善于视觉记忆，有些人善于运动记忆，还有些人则在多种记忆结合时记忆效果最好。与此相应就可划分出听觉型、视觉型、运动型与混合型等四种记忆类型。实验证明，一般人多属混合型。

2. 能力发展水平的差异

这里指不同的人在同种能力的发展水平上存在着高低的差别。例如，在同一个班级中，有的同学作文写得很好，经常被老师作为范文讲解；有的同学的作文则写得很一般。这就是写作能力发展水平的差别。

智力是能力的重要表现形式。关于智力的高低是以智商的高低来区分的。人的智力水平的高低，一般可分为超常、中常、低常三级水平。通过大量的抽样测试发现，人的智力水平呈现正态分布。

3. 能力表现早晚的差异

人的能力有表现早晚的差异。有些人很早就表现出了某些方面的优异能力，称为"早慧"。例如，王勃 6 岁善文辞，9 岁读《汉书》，10 岁能赋，13 岁写出著名的《滕王阁序》。有些人的才能直到很晚才表现出来，是为"大器晚成"者。例如，英国生物学家达尔文从事生物学研究二十多年才有研究结果，写出了杰作《物种起源》，提出了进化论的伟大理论。当《物种起源》发表时，他已经 50 多岁了。我国著名画家齐白石先生，40 岁时学画，50 多岁才成为一代画师。

美国学者莱曼曾研究了几千名科学家、艺术家和文学家的年龄与成就，发现 25～40 岁是成才的最佳年龄。中国学者张笛梅统计了从公元 600 年到 1960 年间 1 234 位科学家的 1 911 项重大发明，发现科学家发明的最佳年龄在 35 岁左右，与莱曼的观点相一致。

科学家研究的最佳年龄在中年，这绝非偶然。要在科学上某个领域做出大的贡献，除了需要良好的品质外，还需要丰富的知识和成熟的经验，以及符合该领域要求的高水平的专门能力与创造能力。这些条件正是人在中年所具备的。他们少老年之保守，少少年之幼稚，多有成年人的老练持重，年轻人的思想活跃、好奇探索之心，处于年富力强、精力充沛之际，且在记忆力、比较判断力方面呈最佳状态（如表 5－1 所示）。这些都有助于中年人取得杰出成绩。

表 5－1　　不同能力的平均发展水平（根据麦尔斯的研究成果）

年龄（岁）	10～17	18～29	30～49	50～69	70～89
知觉	100	95	93	76	46
记忆	92	100	92	83	55
比较和判断	72	100	100	87	69
动作及反应速度	88	100	97	92	71

4. 能力的性别差异

从总体来看，男性和女性的能力有无差异目前还没有一致的结论。但是男性和女性在某些具体能力方面确实表现出较大差异。美国的麦科比曾于 20 世纪 70 年代根据对 1 600 人的研究结果，再加上自己的直接研究与发现，对小学生性向与成就的性别差异问题，得出三点结论：在语文能力方面，女生一般优于男生；在数学能力方面，男、女生无明显差异；在空间关系（方位与方向）判断方面，男生一般优于女生。根据麦科比的研究以及此后其他教育心理学家的验证，一般认为，小学阶段之后，女生在语文方面的优势逐渐消失，而男生在数学能力方面的优势却继续增强。这种学业性向的性别差异转变的现象，到中学以上直至大学阶段就更趋明显。

（四）能力特征与公关

1. 作为公关人员，要注重公关知识积累和公关实践锻炼

为了使公关工作达到最佳效果，公共关系从业人员必须具备多种多样的能力，并形成合理的能力结构。其主要包括公关人员的组织管理能力、语言表达能力、社会交往能力、宣传推广能力、随机应变能力、创造能力等因素。这种合理的能力结构是影响公关人员顺利完成公关任务、提高公关活动效率的必备条件。由于以上种种能力的具备又依赖大量的知识积累和实践锻炼，因此，公关人员要注重公关知识积累和公关实践锻炼。

补充材料 5 - 1：

美国一位公共关系专家坎托曾在《公共关系杂志》（Public Relations Journal）上撰文，阐述成功的公关从业人员的十大特征：①对于紧张状态做出反应；②个人主动性；③好奇心和学习；④精力、活力和抱负；⑤客观的思考；⑥灵活的态度；⑦为其他人提供服务；⑧友善；⑨多才多艺；⑩缺乏自我意识。分析这十大成功因素，我们发现其大都与公关人员的工作能力相关。由此可以看出，较强的综合能力对公关人员十分重要。

2. 就社会公众而言，人的能力存在着差异

在公关活动中要考虑公众的能力层次，区别对待，使公关活动取得实效。如果公关活动不考虑儿童和成人认知能力的差别，不考虑对象由于知识层次不同而造成的理解能力和接受能力，结果就不可能太理想。

3. 就组织内部的管理而言，组织成员之间也存在着能力差异

组织成员的努力差异分为能力类型、能力发展水平、能力性别的差异等。管理者要在了解成员能力的基础上进行合理调配和使用，对于不同能力的员工要安排在适合于各自能力所及和良性发展的岗位上，切实做到用人之长，人尽其才。

二、公众的气质特征

（一）什么是气质

心理学中所说的气质，并非日常生活中所指的一个人的风度或仪表，而是俗称的"脾气"。每个人都有各自不同的性情脾气，如有的人活泼好动、反应机敏；有的人则安静沉稳、反应迟缓；有的人情绪容易激动、一触即发；有的人则情绪柔弱、不露声色等。这些都是人气质的表现，它体现了人与人个性差异的另一侧面。

首先，气质是人的心理活动的动力特征。所谓动力特征是指心理活动的强度（情绪体验的强度、外显动作的强度、意志努力的程度等）、速度（知觉、思维反应的速度、情绪体验产生的速度等）、稳定性（注意的稳定性、情绪的稳定性等）以及心理活动的倾向性（心理活动倾向于外部或内部）等。

其次，气质具有天赋性。这是因为气质主要是人的神经系统基本特性的表现，是与生俱有的。人出生后就带来了个人气质的特点，如有的新生儿好动，有的则安详；有的新生儿活泼，有的则文静；有的新生儿灵敏，有的则迟钝，等等。因此，人生来并不是一张白纸，而是各有不同的底色，这个底色即为气质。

最后，气质是人的典型的、稳定的心理特点。由于气质是个体出生时就固有的，且每人都有其不同的气质特点，因此，它给人的全部心理活动染上独特的色彩，即典型性。由于气质的天赋性受高级神经活动所制约，所以它是稳定的，一旦形成就难以改变。俗话说"江山易改，秉性难易"，这里的秉性就是气质。

（二）气质的类型及特征

在心理学史上大部分心理学家对气质类型都沿用了古老的"四分法"即多血质、胆汁质、黏液质和抑郁质。这四种气质类型的人各自的特征如下：

多血质的人热衷于感兴趣的事业，他们热情，有能力，适应性强，精神愉快，但注意力易转移，情绪易变；他们富于幻想，办事凭兴趣，不愿做耐心细致的工作；他们活泼好动，敏感，喜欢交际，很容易适应新的环境，在集体中善于处事，显得朝气蓬勃。巴甫洛夫把多血质类型的代表，称为热忱和具有显著活动效率的活动家。

胆汁质类型的人精力旺盛，性情直率，待人热情，容易激动，易感情用事，性急、暴躁、爱发火，在行为上表现出极大的不平衡性；

心血来潮时不怕困难，工作热情很高，否则，情绪会一落千丈。其心理活动具有迅速而爆发的色彩。

黏液质类型的人具有较强的自我克制力，生活有规律，不为无谓的事分心，做事踏实认真，有耐久力，交际适度，不卑不亢，但反应不太敏捷，言语动作较迟缓，很适宜从事有条理的和持久的工作。巴甫洛夫称之为安详的、始终是平稳的、坚定和顽强的实际劳动者。

抑郁质的人忸怩、怯懦、多愁善感，办事犹豫不决，优柔寡断；反应缓慢，但细心、谨慎、感受力强，生活中遇到波折易产生低沉的情绪；善于觉察别人行动中的细微变化，情感细腻，富有自我体验精神。

（三）气质特征与公关

1. 就公关从业人员而言，必须了解自己的气质特点

公关人员只有了解了自己的气质，把握自己气质的特点，才能控制自己的心理活动。例如，多血质的人在公关活动中，具有情感丰富、容易适应环境、人际交往能力强、工作办事效率高等十分有利于开展公关活动的优点，但他们不易集中注意力、兴趣容易转移、不够踏实，这些缺点又应引起注意；胆汁质的人精力充沛、为人直率、能以极大的热情投入工作，但应注意把握自己的情感，冷静处世。总之，只有了解了自己的气质，才能注意克服自身的缺点，发挥优点。

2. 对外部公众而言，公关人员必须了解公众的气质特点

公关人员只有充分认识公众气质的差异性，对不同气质的公众采取不同的施加影响的办法，才能使公关活动顺利进行。当然，对公众的气质不能孤立地、一成不变地看待。所谓不能孤立地看，就是说，要对公众的动机、态度和需要等因素综合分析考虑；所谓不能一成不变地看，就是说，气质尽管是由各种神经活动类型决定的，不容易改变但也不是绝对不能改变。相对而言，孩提时代的气质特征最为单纯和自然，随着年龄的增长，在环境与教育的影响下，气质也会得以强化或改变。所以，对公众的气质不能用孤立的、一成不变的眼光去看待。

补充材料 5-2：

1993 年，北京全聚德成立股份公司，前门店进入股份公司，全店900 个餐位，平均每个餐位实现年销售收入 10 万元；全店 400 名员工，平均每个员工实现年销售收入 22.5 万元，在整个餐饮业处于领先地

位，曾创造过餐饮单家店铺日销售 67.7 万元的全国最高纪录。

不同类型顾客的服务对策。虽然要求服务员对顾客要进行"攻击型"服务，但前提条件是必须了解不同类型的顾客。为此老店按照人的四种不同气质类型，总结了以下具体服务对策：

1. 对多血质——活泼型顾客

该类型的顾客一般表现为活泼好动，反应迅速，善于交际，但兴趣易变，具有外倾性。他们常常主动与餐厅服务人员攀谈，并很快与之熟悉并交上朋友，但这种友谊常常多变而不牢固；他们在点菜时往往过于匆忙，过后可能改变主意而退菜；他们喜欢尝新、尝鲜，但又很快厌倦；他们的想象力和联想力丰富，受菜名、菜肴的造型、器皿及就餐环境影响较大，但有时注意力不够集中，表情外露。

服务对策：服务员在可能的情况下，要主动同这一类型的消费者交谈，但不应有过多重复，否则他们会不耐烦。要多向他们提供新菜信息，但要让他们进行主动选择，遇到他们要求退菜的情况，应尽量满足其要求。

2. 对黏液质——安静型顾客

该类型的顾客一般表现为安静、稳定、克制力强、很少发脾气、沉默寡言；他们不够灵活，不善于转移注意力，喜欢清静、熟悉的就餐环境，不易受服务员现场促销的影响，对各类菜肴喜欢细致比较，缓慢决定。

服务对策：领位服务时，应尽量安排他们坐在较为僻静的地方；点菜服务时，尽量向他们提供一些熟悉的菜肴，顺其心愿，不要过早地表达服务员自己的建议，应给他们足够时间进行选择，不要同他们进行太多的交谈或表露出过多的热情，要把握好服务的"度"。

3. 对胆汁质——兴奋型顾客

该类型的顾客一般表现为热情、开朗、直率、精力旺盛、容易冲动、性情急躁，具有很强的外倾性；他们点菜迅速，很少过多考虑，容易接受服务员的意见，喜欢品尝新菜；有时比较粗心，容易遗失所带物品。

服务对策：点菜服务时，尽量推荐新菜，要主动进行现场促销，但不要与他们争执，万一出现矛盾应避其锋芒；在上菜、结账时尽量迅速，就餐后提醒他们不要遗忘所带物品。

4. 对抑郁质——敏感型顾客

该类型的顾客一般沉默寡言，不善交际，对新环境、新事物难以适应；缺乏活力，情绪不够稳定；遇事敏感多疑，言行谨小慎微，内心感受复杂，但较少外露。

服务对策：领位时尽量安排僻静处，如果临时需调整座位，一定要讲清原因，以免引起他们的猜测和不满；服务时应尊重他们，服务语言要清楚明了，与他们谈话要恰到好处。在他们需要帮助时，要热情相待。

3. 对组织管理者而言，必须了解内部公众的气质类型

虽然气质本身无好坏之分，但不同的气质类型及特征会影响一个人的工作效率及活动的适应性，因此，组织管理者在选拔人才和任用人才时必须注意成员的气质特点，以便满足或适应工作之需。比如，对于要求热情开朗、反应灵活、善于交往等特点的公关工作来说，多血质的人就比较合适。所以，组织管理者在人员安排和工作分配方面，要考虑成员的气质类型与特征。

三、公众的性格特征

（一）什么是性格

心理学中，一般把性格定义为：性格是一个人在对现实的态度和行为方式中表现出来的比较稳定的、具有核心意义的个性心理特征。

对于性格这一概念可从三个方面来理解：

首先，性格是表现人对现实的态度和行为方式的个性心理，性格体现在人对现实的态度和行为方式之中。在行为方式中，既包括行为的方式，也包括行为的动机和内容。例如，有的人对工作总是任劳任怨、认真负责、富有创造精神；有的人则总是挑三拣四、敷衍马虎、因循守旧。这些对现实的不同态度与不同的行为方式，都是性格的表现。

其次，性格是个体具有核心意义的个性心理特征，对其他个性心理特征起支配的作用。人的性格是后天获得的一定的思想意识及行为习惯的表现，是客观的社会关系的反映。因此，性格是一个人本质特征的体现。在性格中占主导地位的是思想道德品质，它最突出、最鲜明地表现了人与人之间的差异，最集中地体现了个人的精神面貌。性格是个性中具有核心意义的部分，它直接影响着气质、能力的表现特点与发展方向。

最后，性格是比较稳定而独特的个性心理特征。也就是说，只有那些经常性的、习惯性的表现才属于性格特征，才能称为性格。例如，

一个人处理事情总是优柔寡断，偶尔一次他表现出非常果敢的举动，不能说这个人具有果断的性格特征。性格具有一定的稳定性，这就为我们根据人的性格特征去预测他的行为提供了可能性。

性格不仅是稳定的，也是独特的。性格总是为一个人所特有，而与别人有所不同，即使是同一性格特征，不同的人也会有不同的表现。例如，同是鲁莽，张飞表现得"粗中有细"，李逵则表现为"横冲直撞"，不考虑行为的后果。

（二）性格的结构

人的性格是由各种特征构成的，但这些特征并非杂乱堆积而成，而是有机组合成为一个完整而有序的结构。这个结构包括：

1. 性格的态度特征

这是指表现在对现实态度方面的性格特征。由于客观现实的复杂性和多样性，因而人对现实的态度也是多种多样的。概括起来主要有：

（1）对社会、集体和他人的态度的性格特征。属于这方面的性格特征主要有：爱国与不爱国，关心集体与无视集体，遵守纪律与自由散漫，助人为乐与自私自利，诚实与虚伪，礼貌与粗鲁等。

（2）对劳动和工作态度的性格特征。属于这方面的性格特征主要有：勤劳或懒惰，奋发或懈怠，认真或马虎，务实或浮华，节约或浪费，有首创精神或墨守成规等等。

（3）对自己态度的性格特征。属于这方面的特征主要有：谦虚或自负，自信或自馁，自尊或自卑，严于律己或放任自流等。

2. 性格的意志特征

人自觉地调节自己的行为方式表明了一个人性格的意志特征。具体表现在以下几个方面：

（1）对行为目标明确程度的性格特征。属于这方面的性格特征有：有目的性或冲动性，有独立性或受暗示性，有组织纪律性或放纵等。

（2）对行为自觉控制水平的性格特征。属于这方面的性格特征主要有：主动性或被动性，自制性或冲动性等。

（3）在紧急状态或困难情况下显示的性格特征。属于这方面的性格特征主要有：勇敢或胆怯，镇定或惊慌，坚决果断或优柔寡断等。

（4）对自己做出决定在执行过程中表现的性格特征。这方面的性格特征主要有：坚持或动摇，有原则性的灵活应变或顽固执拗等。

3. 性格的情绪特征

这是指人在情绪活动中表现出来的性格特征。具体概括为以下几个方面：

（1）情绪强度方面的性格特征。这种特征主要表现为情绪对人的行为活动的感染和支配程度，以及情绪受意志控制的程度。

（2）情绪稳定性方面的性格特征。这种特征主要表现为情绪起伏和波动的程度。

（3）情绪持久性方面的性格特征。这种特征主要表现为情感保持时间的长短程度。

（4）情绪主导心境方面的性格特征。每个人都有主导心境，个人的主导心境鲜明地表现为他对客观现实的一般态度。主导心境方面的特征主要是指不同的主导心境在一个人身上稳定性的表现。

4. 性格的理智特征

性格的理智特征是指人在感觉、知觉、记忆、思维、想象等方面所表现出来的特点。其表现在以下几个方面：

（1）表现在感知方面的性格特征主要有：被动感知型和主动感知型，分析型和综合型，笼统型和精确型，描述型和解释型。

（2）表现在记忆方面的性格特征主要有：主动记忆型和被动记忆型，有信心记忆型和无信心记忆型。

（3）表现在思维方面性格特征主要有：深刻型和肤浅型，形象思维型和抽象思维型，思维灵活型和思维固执型，思维敏捷型和思维迟钝型等。

（4）表现在想象方面的性格特征主要有：幻想型和现实主义型，主动想象型和被动想象型，广阔的想象型和狭窄的想象型，大胆想象型和想象受拘束型等。

（三）性格类型

性格的类型是指一类人身上所共同具有的性格特征的独特结合。由于性格表现的极端复杂性，在心理学中至今还没有一个公认的、有充分根据的性格分类原则。心理学家们曾以各自的标准和原则对性格类型进行了分类。现将几种有代表性的观点作一介绍：

1. 机能类型学说

机能类型学说是英国心理学家培因和法国心理学家李波提出来的。他们根据理智、情绪、意志在性格结构中占优势的情况，把人的性格划分成理智型、情绪型、意志型。属理智型的人，依伦理思考而行事，以理智来衡量一切并支配行动；属情绪型的人，情绪体验深刻，不善于思考，言行举止受情绪左右；属意志型的人，活动目标明确，行为积极主动。除上述典型的类型外，还有一些中间的类型，如理智—意志型等。

2. 向性说

向性说是由瑞士心理学家荣格提出的。这是按照人的心理活动倾向于外部或内部来划分的一种分类学说。凡是心理活动倾向于外部的叫外倾型，心理活动倾向于内部的叫作内倾型。属外倾型的人对外部事物特别关心，思想开朗、活跃，情绪、情感丰富且外露，善于交际；属内倾型的人则较为沉静，善于思考，富于理智，反应缓慢，处事谨慎，应变能力较差，不善交际。大部分人兼有外倾型与内倾型的特点而属混合型。

3. 独立—顺从学说

这是一种按一个人独立性程度来划分类型的学说。独立性强的叫独立型，独立性差的叫顺从型。独立型的人有坚定的信念，善于独立思考，能独立地发现问题与解决问题，不易为次要的因素所干扰，在紧急困难的情况下表现为沉着冷静，易于发挥自己的力量，但往往喜欢把自己的意志强加于人；顺从型的人易受暗示，容易不加分析地接受别人的意见，依别人的意见行事，在紧急困难的情况下，多表现为张皇失措。

4. 文化—社会类型学说

这是按社会生活方式来划分性格类型的一种学说。德国哲学家、教育家、心理学家斯普兰格根据人们生活方式六种形式，相应地把性格划分为六种类型。这六种类型分别是：①经济型。经济型的人以经济的观点看待一切事物，从实际的效果来判断事物的价值，追求实惠，以获得财产、追求利润为生活目的。②理论型。理论型的人能冷静而客观地观察事物，力图把握事物的本质，根据自己的知识体系来判断事物的价值，但遇到实际问题时，无法处理，以追求真理为生活目的。③审美型。审美型的人不大关心实际生活，而是从美的角度来判断事物的价值，珍视美的享受与创造，喜欢艺术活动。④宗教型。宗教型的人有感于圣人相救之恩，坚信永存的绝对生命，重视宗教活动。⑤权力型，又称为政治型。权力型的人重视权力，并竭尽全力去获得权力，喜欢指挥别人或命令别人。⑥社会型。社会型的人重视爱，以爱他人为最高的价值，乐于助人，有志于增进他人或社会的福利。斯普兰格认为，纯粹某种类型的人是没有的，多数人都属混合型。

5. 特性分析说

这是按照性格的多种特征的不同结合，把性格分为不同类型的一种学说。吉尔福特以情绪稳定性、社会适应性和社会倾向性为指标，把性格分成十二种特性，根据这十二种特性的不同结合，可以把人的性格区分为 A、B、C、D、E 五种类型。A 型也称为行为型。这种性格类型的人争强好胜，爱占上风，赢得输不得；急性子，遇事易急躁，说话坦率，言不择词，常打断别人谈话；喜怒无常，情绪不稳定，带有外倾型特点。B 型也称为一般型。这种类型的人情绪较稳定，社会适应性较均衡，智力、体力表现一般，主观能动性较差。C 型也称为平衡型。这种类型的人情绪稳定，社会适应性较好，处事沉着有条理，但不善于交际，有内倾特点。D 型也称积极型。这种类型的人积极主动，社会适应性一般，但善于交际，乐于助人，有较强的组织能力与管理才干，带有外倾型特点。E 型也称逃避型。这种类型的人宁可独处，常沉浸在内心世界之中，有自己独特的兴趣与爱好，社会适应性差或一般。五种类型的情绪稳定性、社会适应性、心理倾向性情况见表 5-2。

表 5-2　　　　　　　　　　　　**五种性格类型**

特征 类型	情绪稳定性	社会适应性	心理倾向性
A	不稳定	较差	外向
B	稳定	平衡	平衡
C	稳定	良好	内向
D	稳定	平衡	外向
E	不稳定	较差或一般	内向

（四）公众性格特征与公关

性格在个性心理结构中是表现力最丰富和道德品质结合最紧密、可塑性最大的因素。它与公共关系活动联系的密切程度也是显而易见的。

1. 对不同性格的公众，公关人员应当采用不同的方法施加影响

从公关策划到将公关计划付诸实践的整个过程都要考虑公众不同的性格特点，使公关工作更具针对性、更加有的放矢。就公关营销活动而言，研究表明，工商企业最欢迎具有以下性格类型的消费者，因为他们在客观上都可以帮助推销商品。①外向友善型。这类消费者是商品的口碑传播者，因为他们热情、外向、善交际、话多，对于他们

感兴趣的或购后评价好的商品，他们总能自觉或不自觉地充当义务宣传员。②勇敢冒险型。这类消费者性格开朗、思想解放、容易接受新事物，愿意尝试新产品，因此，他们是新产品购买和使用的先行者和"活广告"。③时尚领导型。这类消费者或者是赶时髦的"时髦领袖"，或者是在消费者中有一定地位或威望的影响人物。他们的意向和行为倾向往往会成为其他消费者的表率，因此，通过他们可以扩大商品的市场影响。

2. 对公关人员而言，要塑造自身优良的性格

成熟的性格是一个人独特的稳定的"标记"，具有优良而成熟性格的人，是能够最大限度地发挥自己的精神力量，并与环境建立起和谐关系的人，这是作为一名合格的公关人员起码的要求。所以，公关人员应努力使自己塑造成一个"有魅力、有正义感的人"。就是说，对朋友要真诚，做事情讲信义，对工作兢兢业业，举止高雅，行为文明，这是一个公关人员优良的性格特征。如果你总是"花里胡哨"地对别人言不由衷，如果你总是对许诺的事不兑现，那么，当别人了解你了以后，朋友关系就会到此告终，公关活动也随之宣告无效。

3. 对组织管理者而言，要了解内部公众的性格

作为组织管理者，了解成员的性格特点，有助于提高员工的积极性、主动性和创造性。比如，对于经济型性格的人，物质的奖励会更奏效；对于独立型性格的员工，应该让他们去从事需要不断创新的工作，更能发挥他们的特长，从而也更有利于组织的成长与发展。所以，管理者要了解员工性格特点，工作方法和工作安排要因人而异，扬长避短。

第二节　公众的角色心理特征

案例：

为了更好地给顾客提供细致入微的服务，贝塔斯曼对俱乐部会员进行细分，以前所有的会员每人得到的都是同样的一份新书目录、同样的封面设计，同样的推荐书目；现在，贝塔斯曼把会员分成了5个俱乐部，包括针对22岁以下的年轻群体的"活力俱乐部"，22岁以上成熟群体的"魅力"俱乐部，以女性为主的、喜欢买生活小礼品的、

群体的"贝风时尚"俱乐部，面向公司白领及企业经理人推出的"品智生活"俱乐部，还有面向国内外籍人士及本土精英人群推出的"英文原版"俱乐部。针对各类群体，贝塔斯曼推出有差别的服务承诺和产品推荐，以及不同的封面设计和语言表达方式，把俱乐部做得更人性化，让读者在每个阶段都可以在书友会中满足自己的需求。

在图书行业竞争的关键在于服务竞争的大趋势下，贝塔斯曼根据不同年龄、不同性别、不同职业、不同国籍的顾客的不同心理特点而提供不同的服务，逐渐强大起来。

公众的角色心理是指公众在社会生活中，扮演不同的社会角色而在行为上表现出稳定的心理特点。公众在社会生活中"扮演"的角色是多种多样的，公众的角色心理因性别、年龄、职业、文化的不同而表现出不同的角色心理。详细分析不同角色的心理有助于使我们的公关工作更有针对性，更能做到有的放矢，也会使我们的公关工作更富于灵活性。

一、公众的性别心理

性别角色是指由于人们的性别不同而产生的符合一定社会期待的品质特征，包括男女两性所持的不同态度、人格特征和社会行为模式。微妙的性别差异心理已成为人类探索自身奥秘的一个极其重要的方面，同时对公关工作的影响也是巨大的。在公关工作中，我们必须重视性别角色的心理差异。

(一) 女性的心理特点

女性心理独特，有以下一些特点：

胆怯。女性通常较胆怯，处事谨小慎微，思虑较多，瞻前顾后，缺乏充足的自信心，需要更多的帮助和保护。在规范性的遵守方面较男性自觉。

温柔，或称柔顺、文静。女性以温柔、内向、和顺而著称。她们情感丰富、细腻而深沉，待人处事不喜欢强硬手段，厌恶暴力和流血，通常较少攻击别人，顺从领导，服从权威。她们在情感方面的需求比男性更强烈、更丰富、更细腻、更深刻。

狭窄。女性心胸相对讲较狭窄、气量较小，容易紧张和焦虑，受不得委屈和讽刺，家庭观念强。

爱听。女性是最佳的倾吐对象，她们有耐心，爱倾听别人诉说。

善记。女性在机械识记和短时记忆方面表现特别突出。

心细。女性观察精细，较之于男性更具有细致、全面的特征，并善于发现男性不易发现的问题，办事细致认真。女性的心细还表现为办事较细致踏实，但往往优柔寡断。

固执。女性一旦形成某种看法就不易改变。

感情丰富。女性感情丰富而细腻，易受感染，容易产生共鸣，故事中的人物命运常会引起她们强烈的情感体验。

自制力弱。女性不太善于控制自己，情感暴露性强，稳定性弱，情绪敏感性高，会为一点小事就毫不掩饰地流泪不止，缺乏人们常说的"深沉"。

多变。女性往往喜欢改变主意，主要是受他人或情境的影响而改变主意。

爱说。著名的人类学家 M. 米镕发现，在所有的文化背景下。女孩的语言能力都比男孩强。男女在语言上的差异在童年期并不明显，从11 岁起差距开始拉大，并持续拉大于整个中学时代。女性的优势表现在听、说、读等各方面。心理学家认为，对于同一个问题，女性较多采用语言策略，而男性则较多采用空间方式。

依赖性强。女性有着极强的安全需要，希望自己能置身于有安全感、可信赖的生活环境之中，依赖性较强。

富有同情心。女性大多富有爱心，善于理解他人的感情，能将心比心，较容易体贴人、关心人、帮助人。

忍耐。女性大多愿意为他人献身。能忍辱负重，亦比较能谅解、体贴他人。她们习惯于将他人尤其是子女、丈夫的需求置于自身需求之上，从而舍弃自身的需求。

补充材料 5 - 3：

美的儿童空调，妈妈更放心

每到夏天，有小朋友的家庭对空调就会又爱又恨。不开空调热得受不了，开了空调又容易把小朋友吹感冒，不少家庭都会陷入两难的纠结中。日前，美的空调新品推介会上推出了国内首款儿童空调。美的儿童空调独特的设计让妈妈更放心，赢得妈妈们的青睐。

热电堆红外传感器，监测"踢被子"

美的儿童空调具有智能防感冒功能。空调装有热电堆红外传感器，能够时刻监测儿童在睡觉时的体温变化和热场面积的变化。美的儿童空调"小天使"睡眠监护系统开启后，同时启动智能舒适控温和智能防踢被等功能，空调会根据孩子的睡眠特点，自动调控温度、风速和风向，为孩子的安心睡眠提供智能守护。从此，妈妈们再也不用担心孩子会吹空调受凉，尽可放心休息。

光纤传感器，尽显关爱

妈妈们都知道，室内光亮度和声音也会影响孩子的睡眠质量。美的儿童空调创新性地在空调中安装有高灵敏度光纤传感器，当传感器测量到室内灯光关闭后，空调会自动关闭显示屏、调低蜂鸣器声音、降低风速，营造出最适合儿童的睡眠环境。

（二）男性的心理特点

男性也有特别的地方，比如：

独立。男性独立性强，喜欢独立思考、自作主张，不喜欢受人指派，尤其不喜欢受女子的领导。

开朗。男性较少在小事上斤斤计较，遇事看得开。

刚强。男性自控能力较强，刚强是男性美的象征。

粗率。与女性相比，男性不太细致，为人处事较粗率，考虑欠周到。

合群。男性一般交往较多较广，善与人相处，朋友较多。

随便。男性一般不太注意生活中的小节，衣着不甚讲究。

务实。男性思考问题较实际，不爱进行毫无意义的空想。

坚定。男性意志坚强，对挫折的耐受性较大，遇事不慌乱、沉着。

好表现。男性的成就动机强，好出风头，表现欲较强。

善推理。男性喜欢进行逻辑推理，而不爱幻想。

攻击性。在人们的个性行为中，性别差异表现最明显的是攻击性行为，男性比女性更具攻击性。值得一提的是，男性较多地攻击别人，也较多地成为被攻击的对象。另外，男性的竞争意识也比女性强得多。

支配欲强。男性的支配欲大于女性，喜欢控制与驾驭他人，有的甚至以获得他人的服从为满足，有的则表现为大丈夫气。国外的大量研究也表明：在性别的社会化过程中，男性形成的支配欲较女性强烈。

二、公众的年龄心理

个体心理的发展是从简单到复杂、从具体到抽象、从被动到主动的连续不断的过程。在这个发展过程中既有量的积累，也有质的飞跃，从而表现出个体心理发展的连续性和阶段性。不同的年龄阶段表现出不同的心理特点，也就是说，人有年龄心理特征。公关工作涉及不同年龄阶段的人，所以，我们应了解不同年龄人的心理特点。

（一）少年儿童的心理特点

少年儿童一般指 1～17 岁的未成年人，这一阶段是一个人成长发育最重要也是最快的阶段。这一阶段少年儿童的特点是天真、活泼、好动，好奇心强、探究心理强、求知欲旺盛，对新颖别致的东西特别感兴趣。同时，由于我国实行的计划生育政策，独生子女的成长环境发生了变化，在家庭中的地位越来越重要，从而也带来了少年儿童心理特点的变化。

日本有家商店根据本国儿童的好奇心理，在商店顶层设了一个小动物园，兼营金鱼、热带鱼、乌龟等小动物，并且大做生动活泼、引人注目的广告。小孩们知道后，由于好奇心理的驱使，便经常要求爸爸妈妈带他们去这家商店看小动物。家长为了满足儿女们的要求，时常领着孩子光临，同时还买些物品，使这家商店的销售额经常保持较高水平。

在 2006 年中国零售业高峰论坛上，发布了一份关于中国儿童用品市场将年均递增 12.4% 的研究报告。报告预测，到 2010 年中国儿童用品市场规模将超过千亿元。为了抢占这块"大蛋糕"，各个生产厂家和销售部门都在挖空心思，千方百计来满足少年儿童的心理需求。公关工作的对象若是少年儿童，就必须考虑其心理特点。为了更好地满足儿童或青少年的好奇心理，企业在制造儿童使用的商品时，应力求式样新颖有趣，销售部门则应在橱窗陈列、广告宣传上下功夫，以便更多地吸引这类消费者。

补充材料 5－4：

设计充满童趣的美的儿童空调

活泼、艳丽的色彩有助于塑造儿童开朗健康的心态，美的儿童空调在色彩设计上非常用心。"儿童星"系列产品共分甜心粉（公主版）和星空蓝（王子版）两款。室内挂机造型独特，更配有美的熊卡通图案面板，整个设计充满童趣。

此外，该款儿童空调还配有造型可爱的美的熊形状"不倒翁"遥控器。此款遥控器设有"小天使"按键，一键即可开启"小天使"睡眠监护系统，操作简便。平时不用时，遥控器可放在桌子上作为玩具，左右摇摆，非常可爱。

（二）青年人的心理特点

青年人一般指 18～35 岁的年轻人。青年人的特点是朝气蓬勃，正处于生理、心理发展日趋成熟、完成学业并走上工作岗位和成家立业的过程。其主要心理特点表现在以下几个方面：

热情奔放的个性。他们正处于朝气蓬勃、精力旺盛的年代，内心体验丰富，热情奔放、感觉敏锐、富于幻想、好奇心强。

未成熟与成熟心理共存。在青年段前期，生理发育基本成熟，第二性征已定型，对异性的追求已成为强大的心理冲动。恋爱、婚姻问题是青年人不能回避而又必须认真对待的严肃事情。而在该问题上，由于缺乏经验、由于挫折、由于社会舆论的压力或其他条件的局限，往往引起青年人心理的剧烈动荡、苦闷、彷徨和不安。进入青年段中期，经验增多，适应能力强；而在青年段后期，工作生活基本定型，心理渐趋成熟、稳定，责任感和使命感增强。

视野拓宽，自我意识增强。在这一阶段，青年人能把理想与现实比较密切地结合起来，自我意识升华，人生观逐步形成。他们通过多方面的比较，通过对于成功和挫折的总结，逐渐深入地认识自己的长处和短处，认识自己发展的需要与可能，认识自己的责任与权利，增强了适应社会现实的能力。

引领时代潮流的先锋。青年人具有旺盛的创造力，易于接受新鲜事物，追求时尚，意识超前，使他们始终是引领时代潮流的先锋。

青年人自制、自立的能力不断增强。随着知识的增加、经验的积累、社会活动范围的扩大，青年人逐步摆脱了靠父母、师长"扶着走"的被动状态，许多在家庭、学校碰不到的问题，现在大量地遇到了，因而需要自己去独立面对和处理。他们精力旺盛，参与意识强烈，接受新事物快，富有时代的敏感性，敢于创新，敢于向传统挑战，力争投身到社会的大舞台中尽情地表现自己，做出自己的贡献。

随着改革开放的不断深入，物质文化生活的提高，给人们的思想观念、行为方式带来了巨大变化，同时也深刻地影响着当代青年的心理。具体地说，这些影响主要体现在：强化了成才意识；加剧了观念更新；增强了竞争意识；产生了新的利益观。伴随外部环境的开放、民主观念的增强和思想的解放，许多青年的性格变得越来越开朗、奔放、外向。

补充材料 5－5：

"动感地带"将目标客户群体定位于 15～25 岁的年轻一族。从心理特征来讲，他们追求时尚，对新鲜事物感兴趣，好奇心强、渴望沟通，他们个性鲜明，思维活跃，具有强烈的品牌意识，是容易互相影响的消费群体；从对移动业务的需求来看，他们对数据业务的应用较多，这主要是可以通过移动通信满足他们对娱乐、休闲、社交的需求。

中移动据此建立了符合目标消费群体特征的品牌策略：

1. 动感的品牌名称。"动感地带"突破了传统品牌名称的正、稳，以奇、特彰显，充满现代的冲击感、亲和力，同时整套VI系统简洁有力，易传播，易记忆，富有冲击力。

2. 独特的品牌个性。"动感地带"被赋予了"时尚、好玩、探索"的品牌个性，同时为消费群提供以娱乐、休闲、交流为主的内容及灵活多变的资费形式。

3. 炫酷的品牌语言。富有叛逆的广告标语"我的地盘，听我的"，以及"用新奇宣泄快乐""动感地带（M-ZONE），年轻人的通讯自治区！"等流行时尚语言配合颇有创意的广告形象，将追求独立、个性、更酷的目标消费群体的心理感受描绘得淋漓尽致，与目标消费群体产生情感共鸣。

4. 犀利的明星代言。周杰伦以阳光、健康的形象，张扬的个性，不羁的行为，成为流行中的"酷"明星，在年轻一族中极具号召力和影响力，与动感地带"时尚、好玩、探索"的品牌特性非常契合。由他代言，可以更好地回应和传达动感地带的品牌内涵，从而形成年轻人特有的品牌文化。

"动感地带"其独特的品牌主张不仅满足了年轻人的消费需求，吻合他们的消费特点和文化，更是提出了一种独特的现代生活与文化方式，突出了"动感地带"的"价值、属性、文化、个性"，将消费群体的心理情感注入品牌内涵，是"动感地带"品牌的成功所在。

（三）中年人的心理特点

中年人一般指35岁到退休年龄阶段的人。中年人的特点是老练持重、自爱、沉着、坚毅、求实。其心理特点可概括如下：

心态比较稳健。人到中年，生理、心理功能都达到了全盛而稳定的状态。中年人在心理活动的技巧、经验与内容等方面已高度成熟。

社会化基本完成。中年人由于对社会与自己、对他人与自己的关系有了比较深的认识，并获得了处理这些关系的经验与能力，因此，他们对社会的适应和对自己的自制能力较之青年人有进一步提高。

角色已经定位。中年人有了稳定的志向、固定的职业、特定的技能和相应的地位，并以确定的身份参与特定的集体，因而他们在社会生活舞台上扮演的角色也就相对稳定了。中年人能够较恰当地把与自己想干的事同社会需要自己干的事，以及自己应当干的事与能干的事统一起来，乐于担当自己在社会活动中业已形成的角色。

精神负担较重。造成中年人精神负担重的原因有三个方面：一是多数中年人都上有老、下有小，要挑家庭生活的大梁，父母健康、子女成长、朋友交往、收入支出，事事都要挂在心上；二是中年人作为各行各业的骨干，工作责任重，攻关创业、承前启后、传技授徒，样样劳神；三是社会对中年人的期望较高，要求甚严，他们难以像青年人那样得到宽容，也难以像老年人那样得到照顾，而是要求他们去尽力扶老携幼，维护和顾全大局。所有这些，都给中年人的心理带来了较大的压力。

身心状况有所变化。这些变化包括外形的、体能的、精神方面的，如身体发胖，体力逐渐减退，生理功能由稳定到慢慢下降，工作、生活的重负给精神造成的紧张及外界不良因素的侵害等。中年人在心理变化过程中可能出现诸如高血压、冠心病、胃病、支气管炎、神经官能症等身心病变，并进而引起一系列心理功能的下降，给步入中年后期的人造成一种感到自己"老了"的心理压力，以致影响工作效率、适应能力和进取精神。

（四）老年人的心理特点

1. 老年人的心理特点主要表现

老年人的生理功能老化导致心理功能老化。生理学研究表明，人进入老年阶段以后，各种细胞不断损失，并发生脑功能、运动功能、消化功能、内分泌功能等方面的生理机能的退化。这些生理变化，将导致感知觉迟钝、记忆减退、心理平衡能力等减弱，情绪不稳定，气闷气蹩，忧郁悲观等心理老化现象。

角色改变使老年人面临着新的适应。不少老年人会因为工作的解除、作用的减退、地位的下降、清闲的生活，产生无所事事、心灰意冷、抑郁不快、无所寄托、自我封闭等不良的心理现象，出现人们所说的"退休综合征"。因此，老年人面临着新的角色适应。

老年人的怀旧心理重。老年人自我意识的取向往往由中、青年时期的向前看变为朝后看，喜欢追抚往事，回顾人生，眷恋故土，缅怀旧友。

2. 老年人心境的几种类型

美国学者认为，老年人的心境有下列五种类型：

成熟型。这种人一生顺利、业有所成，能平稳地进入老年，对于离退休和身体机能老化表示接受，既不悲观，亦不退缩；既不过于进取，也不过于防卫。

摇椅型。这种人不拘小节，亦无大志，视退休为乐事，对于年迈无恐惧的心理负担。

防卫型。这种人防卫心很强，固执刻板、守规矩、负责任，不易接受退休的现实，对衰老有恐惧心理。

愤怒型。这种人过去不得志，晚年伤心，把自己的失败归结于他人或社会，常满腹牢骚，愤世嫉俗，容易动怒。

自怨自艾型。这种人曾有过不得志的经历，把失败归因于自己的过错，故而沮丧、消沉，难以解脱。

三、不同职业者的心理

人们的职业不同，会有不同的心理特点，公关工作还要掌握不同职业者的心理。在现代社会中，职业的种类已远远超过了三百六十行，我们没有必要去逐一分析每一种职业者的心理，仅就几种有代表性的大的职业类型进行一些简单的分析。

（一）工人的心理特点

群体性。工人在组织严密、分工细化的企业中劳动，群体性特别突出，反映在心理上则乐于合群，互相依赖，维护群体利益，凝聚力强。

娱乐性。工人，特别是从事体力劳动、简单劳动的工人，往往会通过各种娱乐来满足精神上的需求。最简单的娱乐是工余时间互相开开玩笑、开展一些力所力及的活动。比如，棋类、球类、绳类、拳类、钓鱼、舞蹈等体育活动就很普遍，也能吸引多数人参加。

外露性。工人一般胸怀坦荡，心直口快，重感情、讲义气，乐于助人。

（二）教师的心理特点

爱护学生，期望学生成才。为了学生的进步成长，教师或忍受疾病的痛苦，或牺牲个人的安乐，不辞辛劳忘我工作。当看到学生的进步时，就欣慰不已，其乐无穷；当看到学生不努力学习或犯错误时，就忧心如焚、坐卧不安，甚至"恨铁不成钢"。

为人师表，提升自我。"以身立教，为人师表"，是教师职业道德的主要特征。教师是学生的楷模，其一言一行对学生都有着很大的影响作用。教师很注重自我的提高，包括自我修养的提高、专业文化水平的提高和教学方法的改进与提高。

（三）军人的心理特点

严肃紧张。紧张、严肃、整齐划一既是军队生活的特征，又是军人心理的特点。军人办事认真、节奏快，服从命令，行动一致。军人看不惯无组织、无纪律的现象，对油腔滑调、散漫轻浮、漫不经心的态度非常反感。军人守纪律，行为规范。

讲奉献。军人为祖国的安全、为祖国的建设无私奉献着青春和力量，不计较个人的得失。

勇敢坚毅。军人具备良好的意志力，勇于克服各种困难，坚持原则，敢于和坏人坏事做斗争。军人不怕挫折，行动目标明确，为达到行为目标可以忍受各种痛苦，持之以恒。

（四）农民的心理特点

对土地和家乡的眷恋是农民的基本特征。农民热爱土地、热爱家乡，别的地方再好也觉着没有自己的家乡好。富裕之后的农民翻盖住房就是眷念土地和家乡的一种表现。

对现代生活的渴望。随着十一届三中全会以来的一系列改革开放政策的实施，农民生活水平得到了很大的提高。对于大多数农民来说，填饱肚子不再是唯一的愿望，他们也渴望有文化生活，有娱乐的享受。他们的穿着、家庭摆设、日用消费品逐渐向都市消费水平看齐，传统守旧的心理逐步退化。

求实用、讲实惠。农民俭朴实在、讲究实际，不喜欢摆"花架子"。

补充材料5-6：

推出廉价的专门为农民量身定做的个人电脑（PC），是英特尔"世界齐步走"计划的主要组成部分。英特尔计划在发展中国家和新兴国家提供廉价的硬件产品以及建设无线因特网。这些面向发展中国家消费者的廉价PC基于英特尔的参考设计，包括在电脑中配置无线因特网功能。这些无线因特网功能将由每家制造公司就不同的市场进行不同的调整。英特尔的参考设计方案可以确保这些笔记本的销价低于400美元。

"在我们这里，电脑还是比较新鲜的事。以前我用手机农讯通，现在电脑正在改变我的生活，帮助我养家。因为我从那里能获得可靠的气象知识，了解了气象趋势，还能发现农作物销售的新路子。英特尔专门为我们设计的电脑，价格很便宜，一般的农户都能买得起。更重要的是不需要复杂的操作，即便文化水平很低也能操作。"这番话是湛江农民黄华平对《当代经理人》记者说的。

（五）服务员的心理特点

善于观察人。服务员每天要接触很多公众，善于观察人既是服务行业的客观要求，也是服务员应具备的心理素质。

反应灵敏。服务员要根据公众个体的不同心理特点迅速准确地做出反应。

自尊与自卑交织。服务员的自尊问题很突出，总担心别人看不起自己。由于受旧的服务行业"低人一等"的思想影响，再加上有些客人对他们的不尊重，服务员往往会产生较浓的自卑心理。有时他们不得不放下自尊去服务那些"特殊"客人。随着改革开放，第三产业异军突起，服务人员的矛盾心理已逐步得到缓解。

四、不同文化者的心理

不同文化有两层涵义：一是民族、地域和国家传统文化的差异；二是文化程度、知识水平不同。

不同民族、不同地域和不同国家的人，受其民族文化、地域文化和国家文化的影响，从而产生不同的心理。不同民族有其不同的心理，如我国的 56 个民族，其文化特点各有千秋，文化心理也不尽相同。地域不同，心理特征也不相同：南方人聪明伶俐，北方人正直豪放。当然，不同国家的人心理差异就更大了。

文化程度、知识水平不同的人心理也不相同。一般说来，文化程度越低，盲目性越大，自我要求也较低；而文化程度越高，自我意识越强，需要的层次越高，成就动机越强烈。知识分子因文化程度较高，他们有自身独特的心理。

知识分子的一般心理特征表现如下：

首先，知识分子习惯于思索，闻一知十。知识分子在学习、探求科学知识的历程中，掌握了思索问题的一定方法，养成了遇到问题总要"想一想"的习惯。他们有知识、好思维，一般情况下他们重科学、不迷信、不盲从，喜欢讲道理、以理服人。

其次，知识分子珍视独立性，反对不必要的干涉。知识分子的劳动很多是个体式的，所以他们很珍视劳动的独立性，不喜欢被别人干涉。有人认为，知识分子由于智力劳动方式的独特性，所以知识分子是多见自己，少见他人，过分自尊、自信，对自己估计偏高，从而容易产生"文人相轻"的现象。其实，这是对知识分子的误解，是一种社会刻板印象。知识分子中即便有这样的现象，也是个别的，而非普遍的，不能把这看成是知识分子的特征。

再次，知识分子珍视同行意见，要求公正评价。对于知识分子如能恰当公正地评价他们的劳动成果，他们是由衷佩服的，而胡乱给他们扣帽子、定性，他们则非常气愤。一般来说，只有他们的同行才能做到恰当公正地评价他们的成果，所以知识分子很重视同行的意见，从同行的意见里能明确自己的能耐与得失，可以坚定信心。

最后，知识分子重视自我激励、有事业心，成就动机较强。知识分子为了事业不过分计较生活享受方面的得失，能不断激励自己，不断进取。

五、公众的角色心理与公关

案例：

百安居从关键客户入手，把主要投资目标放在妇女和儿童身上。如果你了解汤姆·彼得斯关于妇女在商业活动中的地位的观点，你就会明白百安居的做法。百安居遵从了零售业的统一认识，即28～35岁的妇女是关键客户。她们比男士更有品位，比较仔细、眼光独特。最关键的是这一群人掌握了家庭的财政大权，从而掌握最终的购物选择权和决定权。因此，百安居举办了直接针对女性的培训班，比如家居软装饰、环保装修和园艺插花等等。另一方面，他们把目光放在未来的"顾客"身上。他们精心组织了"儿童俱乐部"的主题性活动，用Disney的玩具和闪闪发光的夜光贴纸吸引孩子们走进百安居，店里准备的像填色游戏、用小罐涂料在纸上作画、粉刷的活动，都环保而安全。这相当于在这些5～12岁的孩子身上做了一笔长期投资。当然这也有现实的回报，跟在孩子后面走进百安居的爸爸妈妈首先产生了"这里的东西没有想象中的贵"的印象，更有30%的大人当场掏腰包购物。

在公共关系活动中，如果公关人员说话、办事都要让公众感到满意，这就要注意公众的角色特殊性以及角色心理的特殊性。当我们把某类角色作为公共关系活动的对象时，就必须把握对方的主要心理特征，只有这样公共关系活动才会奏效。

又如，"新人类"具有这样一些价值指向：年轻、新潮、前卫、刺激、暴露、狂野、奢侈和叛逆。在《新周刊》进行的一项对"80 年代出生者"和他们的父母"买东西时最看重的因素"的调查中，所给出的选项有：品牌、质量、款式、价格和其他。其中"孩子"更看重"款式"（占 49.1%），父母更看重"质量"（占 57.9%）。对款式的强烈追求，表明了 20 世纪 80 年代出生的"新人类"消费的炫耀性特征。与之相比 40 岁左右的中年人面对快速变化的潮流，有些惊慌、有些迷惘。他们的形象往往是在不经意中流露出的质感，他们小心翼翼地接受时代变化，内敛中见潮流，成熟中见时尚。

事实上，公众在社会中担任的角色常常不是单一的，他们可能是乘客、观众、顾客等等。同时，每一个公众都至少具有性别、年龄、职业、文化等方面的不同心理特征，所以公众的角色是复合的，其心理特征是综合的。

那么，在公共关系活动中如何把握角色心理特征的综合性呢？首先，要注意公众角色的复合性、角色心理特征的综合性，反对以偏概全；其次，要注意这种复合性、综合性的构成要素，反对含糊笼统；再次，要注意角色心理特征和个性心理特征的关系，反对机械割裂；最后，要注意特定情境对角色心理特征的影响，反对照本宣科。只有对公众的角色心理特征进行辩证的、唯物的、历史的分析，才能够使这种研究具有指导实践的意义。

第三节　重要目标公众的心理特征

案例：

作为国有重要骨干企业之一，中国移动一直努力倡导和积极实践"优秀企业公民"行为。中国移动所要营造的和谐，包括企业发展与行业进步相和谐、企业发展与社会进步相和谐、企业发展与环境保护相和谐。在这三大使命下，中国移动按照"责任移动""移动信息化""平安移动""爱心移动""环保移动"五个行动主题，大力推进和积极实践"优秀企业公民"行为。比如，中国移动开通 8858 手机公益短信，为中国儿童慈善事业搭建起奉献爱心的公益平台。

企业并不仅是一个独立的盈利单元，而是与社会发展密切相关并影响社会发展的"公民"。对于像中国移动这样的国有重要骨干企业来说，它一直致力于成为对国民经济发展和信息化建设带来重大影响的企业公民。几年以来，中国移动坚持商业责任、社会责任、环境责任三者之间良性互动、相辅相成，追求企业价值、员工价值、股东价值和社会价值和谐发展的价值型增长，为构建和谐社会发挥了良好的示范和引导作用，是社会各行业优秀企业公民的典范。中国移动塑造"企业公民"的行为，极大地提升了企业品牌，实现了对政府、客户、股东、供应商、分销商、员工、社区的全方位公关。

公共关系活动涉及面广，灵活性大，任何一次成功的公共关系活动，都是一次思维和行为的创新。公关工作忌讳生搬硬套，刻板僵化。因此，公关人员要想有效地开展工作，就必须了解自己所面对的目标公众的心理活动特点，在此基础上制订出公共关系实务计划并加以实施，以便取得预期的效果。组织公关活动面向的目标公众主要有消费者、社区公众、新闻传播界及各级政府部门等。

补充材料 5 - 7（见表 5 - 3）：

表 5 - 3　　　　　　　目标公众权利要求结构表

公司的目标公众	目标公众对公司的期望和要求
员工	受到尊重；合理的工资福利，工作安全；培训和上进的机会；人际关系和谐；参与表达、晋升的机会
股东	参加利润分配；参与股东表决和董事会的选举；优先试用新产品；了解公司经营状态，有权检查账目和转让股票；有合同所确定的各种权利
政府	保证各项税收；遵纪守法；承担法律义务；公平竞争；保证安全等
顾客	产品的质量保证和适当的寿命；合理的价格，优良的服务态度，认真解决公众的投诉，完善的售后服务；消费者权益法规定的各项权益
竞争者	遵守由社会或本行业确定的竞争准则，平等的竞争机会和条件；竞争中使用的手段和现代企业风范
社区	向社会提供必要的生产和生活服务及就业机会；保证社区环境和秩序；关心和支持当地政府；支持文化和慈善事业；赞助公益活动，促进社区各项事业的发展
媒介	提供真实的有价值的信息；尊重其职业尊严；保证记者采访的独家新闻不被泄漏，提供采访便利

（资料来源：甄珍. 公共关系实务新编 [M]. 北京：北京大学出版社，2011.）

一、消费者的心理特征与公关

企业与公众的联系，最频繁、最重要、最广泛的莫过于在市场上与消费者的接触。要使公众了解企业并对其产生信任，实现相互支持合作，企业就必须根据消费者的心理特点，认识不同消费者的不同心理特点，有利于销售工作的促进与提高。

（一）消费者的心理特征

概括起来，消费者的心理特点主要表现为以下几种：

1. 追求实用

随着人们消费水平的提高，人们的消费习惯和消费方式都发生了变化，但这种追求实用的心理特点仍很普遍。有这种特点的消费者一般注重产品的内在品质和实际效用，讲求经济实惠，而对产品外在属性的要求较低。

2. 追求安全和健康

健康和安全已经成为人们消费支出的重要内容。出于这种心理，消费者不仅在购买家用电器、住房等产品时考虑安全因素，而且在购买药品、保健品、健身器材以及人寿保险等与健康有关的产品时，也会注意安全因素。

3. 追求新奇

这类消费者思想开化，喜欢与众不同，乐于尝试。如有些消费者在"纳米热"兴起时，就对纳米衬衫、纳米领带产生了强烈的购买欲。

4. 追求美感

这类消费者在选择产品和服务时，很注重产品漂亮、时尚的外观带来的精神上的愉悦感受。

5. 追求便利

有这种心理的消费者讲求轻松，注重时间和效率，不太在乎产品和服务的价格，常把购买目标指向可减小劳动强度的各种产品和服务。如购买各种智能化的家用电器，在超市购买净菜、配菜等。

6. 追求廉价

这是以注重产品相对低廉的价格，希望以较少支出获得较大效用为目标的购买动机。消费者对于在节假日、促销活动期间，以及产品换季时推出的降价、折扣优惠等尤其感兴趣，希望在这时买到物美价廉的产品。

7. 追求名牌

一般名牌产品的质量好、信誉度高、市场竞争力强，而且在一定程度上是一个人身份地位的象征，因而受到消费者的关注。消费者购买名牌产品不仅可以减少购买风险，而且能获得心理上的满足。

8. 张扬自我

这是以显示自己的身份、地位、财富为主要目的的心理，如购买名车、豪宅。有这种动机的消费者在选购产品时，注重的是它们的社会性象征意义。

9. 满足癖好

这是以满足个人的特殊爱好为主要目的的心理特点。这种爱好往往和个人的职业、知识、生活情趣等有关，购买指向较为集中。如养花、垂钓、集邮、摄影的爱好者，总是习惯性地持续购买与之相关的产品。

（二）消费者心理特征与公关

消费者的心理特点千差万别，以上只是几种常见、具有代表性的消费者心理特点。消费者的心理特点影响着消费者购买行为，决定着消费者的各种消费活动，从而也决定了企业经营的兴衰。如果企业的产品及服务能符合消费者的心理特点，激发消费者的购买需求，便会产销对路，商品畅销；反之，则有可能滞销和积压，导致企业的生存困难。因此，企业应分析和了解自己所面对的不同阶层、不同能力阶段、不同职业的公众的心理特点，通过市场调研和预测来改进生产计划和促销工作，提高企业的经营管理水平和适应市场变化的能力。

补充材料 5-8：

大众化时代向分众化时代转变正像物种演变一样，是考验企业能否适应变化的关键时期。所谓分众化，就是将原有的大市场进行进一步的细分。也就是说，按消费需求、消费心态、消费模式等参数将用户和潜在用户进行归类，再根据消费者生存状态、年龄、学历、收入、地区等类型来细分。经过多层的细分，会出现几十个不同组合的"子市场"，也称为"可定义的目标市场和目标消费群"。这样就能分辨出谁是第一目标用户群，谁是第二、第三目标用户群，谁是相应的竞争对手，从而更有效地制定市场战略与战术，达成企业的经营目标。

看看目前服装市场中正在热销的品牌是怎么做的。

"白领"是北京女装的代表品牌。品牌风格精致成熟，对目标消费群的解读细致而精准。不论是"阳光男孩"的贴心导购、客户关系管理（CRM）系统，还是沙龙化的品牌店铺装潢风格，都一再地让消费升华为享受。"白领"的这些作为从来都是目的明确：为了满足那些已失去往日青春的、窈窕的、都市的、成熟的、挑剔的律政女性全方位的消费需求，对这群高调享受消费、低调精致生活的女人，给予了无微不至的关怀，而这群女人忠实的、大量的消费行为又托起了"白领"成功。

"例外"是伴随着小资人群一起成长起来的品牌，风格简约，我行我素。时装产品线以及外延的生活用品产品线，无不透着优雅与精致。对于如何打动那些小资的人群和 bobo 族群，"例外"永远了然于心。

"ONLY"则是来自欧洲的潮流品牌。其挟着地域的优势，对来势汹汹的街头潮流趋势有着第一时间的感受与敏锐的判断，给新人类、新生代消费群带来一股自由表现自我的穿着方式，满足了他们疯狂的表现欲，也让他们在大量的新潮产品中享受着 DIY 自我形象的乐趣。

二、社区公众的心理特征与公关

任何企业或社会组织部必然生存于一定的社区内，必然会同社区整体乃至社区中的公众发生种种联系。一个企业或组织若想获得一个长久生存和发展的空间，就必须与所在的社区建立一种和谐的关系，得到社区公众的广泛支持。为此，企业或组织有必要了解社区公众的心理特点。

（一）社区公众的心理特征

社区公众的心理特征主要表现为：

1. 环境保护的需要

企业所在的社区，也是成千上万公众居住、生活的区域。所以社区的环境如何，将直接关系到社区公众的生活和健康。社区公众最基本的心理需求，就是能够有一个洁净、安全的环境。这种环境保护的心理特点表现在：一是希望社区内的企业不要污染社区环境；二是希望企业能够帮助美化所在社区的环境；三是希望企业自身也要做到环境优美。

2. 社区稳定的需要

除了环境的洁净、安全外，无论是社区中的居民，还是社区的各级领导，都希望本社区稳定。这种心理特点表现在：一是企业要为社区提供充足的就业机会，向居住在本社区的员工提供优厚的生活条件；二是希望企业增加治安保卫力量，协助社区公安部门打击各类犯罪活动，维护社区的治安秩序；三是希望企业内部要从树立和谐互助的风气入手，培养员工之间的团结友爱之风，促进整个社区社会风气的健康发展。

3. 社区发展的需要

社区公众希望企业能够为社区的健康发展提供更多的帮助和支持。一方面，社区希望企业能够支持社区的各种公益活动，诸如共办教育、赞助文体活动、安置孤寡老人、支持残疾人事业等义举，从而促进企业同社区之间关系的发展；另一方面，社区还希望企业能够更全面地帮助社区提高经济水平。企业具有雄厚的资金、设备和技术力员，因而可以有效地帮助社区繁荣富强、健康发展。企业可通过发展本企业的力量，为社区带来更多的物质收益，也可以帮助社区发展乡镇、街办企业，促进社区的发展。

补充材料 5-9：

苹果直营店特色服务——青少年活动

在苹果电脑直营店，苹果公司为每一个客户都提供相应的配套贴心服务。

你身边的 Apple Store 零售店还为孩子和他的家人准备了特别节目。青少年讲座常年免费举办，从而让全家共同体验苹果产品。每年夏天，我们举办苹果夏令营，为孩子们提供免费的数码摄影、音乐、电影制作及其他许多课程。

演示制作讲座：苹果公司把最新的手把手讲座称作"秀"。在讲座中，家庭成员将了解如何使用 Keynote 创建效果非凡的演示文件，使用 Numbers 制作令人惊叹的图表，同时，使用 Pages 制作美观的文件。孩子们会带回很多奇思妙想，和一本记录大量使用技巧的讲座笔记，他们未来有望成为出色的演示者和作家。

音乐制作讲座：使用 Garage Band，我们将指导家庭成员如何制作带有环回、节奏甚至自己演唱声音的歌曲。讲座最后，他们已经可以制作 CD 歌曲，拥有一本讲座笔记以备制作其他音乐时使用。

影片制作讲座：讲座将指导家庭成员如何导入脚本、剪辑视频片断并添加特效，通过 iMovie 制作属于自己的影片。当他们制作完毕时，这些制片新人可以将他们的杰作以 DVD 的形式带回家炫耀，他们同时拥有一本记满使用技巧的讲座笔记以供日后制作影片使用。

照片处理讲座：使用 iPhoto，我们将指导家庭成员如何编辑、打印并共享照片，以及如何制作相册和幻灯片。在讲座最后，他们会获得一张 DVD，以及一本讲座笔记以备日后处理照片使用。

Apple Store 零售店举办的免费讲座每天都有新鲜的 Mac 和 iPod 基础知识供你学习。

（资料来源：Apple 官网）

（二）社区公众心理特征与公关活动

由于社区公众为多层次、多种类的松散型公众，因而其心理特点也各不相同。企业或组织若能根据社区公众的心理特点，来制定公关计划和实施公关活动，就能同社区建立并维持一种良好、和谐的关系，得到社区公众广泛的支持和帮助。为了达到自身的公关目的，公关人员应注意以下两个方面：

1. 做好企业或组织与社区公众之间的信息沟通

在公关活动中，企业或组织应多层次地和社区公众保持接触，以便及时了解社区公众的意见和态度，并将其意见迅速、准确地传播给公众。同时，组织的公共关系人员必须注意同社区各种类型的公众代表接触，如社区领导、社区公众中的观念指导者、群众团体的领袖等。因为这些人的意见和态度往往在一定程度上反映了大众的想法和要求，所以，做好这些人的解释和说服工作，也容易将影响扩散到社区公众中去。

2. 建立良好的组织形象

要提高自身在社区中的地位，就要树立一个"合格公民"的形象，主动承担必要的社会责任和义务，像爱护自己的家业一样爱护社区，在社区的物质文明和精神文明建设方面发挥中坚作用，为社区造福，为社区公众多做贡献。

补充材料 5 - 10：

美国麦克唐纳公司，其分支机构遍布美国 50 个州和世界 31 个国家及地区。麦克唐纳公司的迅速发展得益于它能巧妙地处理与社区的关系。

麦克唐纳公司确立公关活动的一个主题就是以各种方式证明他们是"社区的一部分"。他们采取了许多别出心裁的做法：在加州莱市，麦氏餐馆为当地"扫除肮脏活动"的女士，免费提供点心；在田纳西州某市，他们为当地选出的最安全守纪的司机，免费准备了一顿丰盛的午餐；在加布利市，他们免费为参加森林救火的人员提供牛肉饼和饮料。总而言之，公司的行为都尽量尊重社区公众的意愿，在马萨诸塞州布兰地市，他们听从公众意见，改进餐馆街道建筑的设计。公司总裁雷·克洛为了公司的统一形象，曾要求公司员工不能留长鬓角和胡须，但在黑人区，由于黑人青年以留胡须和长鬓角为时髦，总裁就打破了自己的规矩，并破天荒地把黑人地区餐馆的经营权由白人转交给黑人。

麦克唐纳公司通过加强与社区的关系，使每个地方的麦氏公司都与当地社区水乳交融。

三、政府公众的心理特征与公关

通过良好的政府关系，能够及时了解到有关政策的变动，能够较方便地争取到政策性的优惠或支持。政府作为国家的管理机构，它的工作人员就形成了政府公众，所以，组织有必要了解政府公众的心理特点，才能有较好的公关效果。

（一）政府公众的心理特征

1. 有及时掌握信息的心理需要

政府掌握着制定政策、执行法律、管理社会的权力职能，具有强大的宏观调控力量，可以代表公众的意志来协调各种社会关系。为了更好地促进社会发展与进步，做好宏观调控和管理工作，政府就必须全方位地了解组织各方面的信息，从而制定行之有效的方针、政策，以此惠及企业或组织。

2. 有获得尊重的心理需要

一方面，政府公众作为国家机关的管理者和领导者，希望得到企业或组织的重视和尊重；另一方面，组织与政府部门应该相互尊重和支持，为促进社会发展各尽其责。

（二）政府公众心理特点与公关活动

1. 充分尊重和重视政府公众

组织作为一个相对独立的经济实体，它的发展仍然需要得到各级政府的指导和支持。公关人员在与政府工作人员联系的过程中，应尽力满足其受尊重的心理需要，避免因缺乏尊重而使对方产生不满与失落。公关人员要利用或创造一定的机会，如周年志庆、传统节目等，邀请、安排政府主管部门领导及党政要员出席组织开展的活动，使政府部门公众能充分地表达和实现其领导职责，也可以提高组织在政府部门中的信誉和影响。只有这样，政府部门公众才会切实地关心企业的生产和发展，及时地为企业提供支持和帮助，使企业与政府部门建立一种长久的良好关系。如果组织过分强调自主权，忽视对政府有关部门的政策、决定的贯彻执行，往往就会导致组织为了自己的局部利益而走向失控状态，从而损害长远的利益。现实中，有些企业出现认"钱"不认"法"的现象，这更是一种损害组织形象的自杀性行为。

2. 主动建立和加强组织与政府有关部门之间的双向沟通

公关部门作为政府与组织的纽带，一方面，应及时了解有关政策的变动，详尽地分析研究政府的方针、政策、法规，提供给组织领导及各部门参考，使组织的一切活动都保持在政策法规许可的范围内，并随时按照政策法规的变动来修正本组织的制度和实施细则，更好地获得政府的支持。另一方面，公关部门应随时将实际工作部门的具体情况上传至政府有关部门，并根据本地区、本行业、本部门的特殊情况，主动地提出新的政策设想和方案，并通过适当的渠道进行说服性的工作，协助发现及纠正政策执行中出现的偏差或失误。

3. 处理政府关系，还需要充分熟悉政府机构

在公共关系过程中，公关人员需要充分熟悉政府机构的内部层次、工作范围和办事程序，并与各主管部门的具体工作人员保持良好关系，以免因办事未循正规的程序或越出固定的工作范围而走弯路，减少人为造成的"公文旅行"或"踢皮球"现象，提高行政沟通的效率。

四、新闻媒体公众心理特征与公关活动

新闻媒体具有双重含义：一方面，它是一种工具，组织可以通过这一"工具"与各类公众取得联系；另一方面，新闻媒体本身也是一类公众，只有搞好与这类公众的关系，才能充分发挥新闻媒体的"工具"作用。组织不仅要争取新闻媒体的了解和支持，而且要通过新闻媒体进一步争取社会大众的了解和支持。要达到这一目的，组织必须深入了解新闻传播公众的心理特征。

补充材料5-11：

白宫记者晚宴显然是一项有着悠久历史的公关活动。在记者晚宴上，往往由总统亲自出面，以诙谐的方式营造宴会的气氛。例如，在2002年第八十八次白宫记者协会晚宴上，布什总统用幻灯片向参加晚会的人们展示了若干幅自己在白宫拍摄的滑稽照片，包括一幅副总统

切尼的从后面看起来像是正在对着总统椭圆形办公室撒尿的照片，以及布什本人平躺在白宫保龄球道上的照片，等等。这些照片使参加晚宴的人捧腹大笑。从公关的角度来看，这些手法无疑使政客更加人性化和生活化，这样的照片也迅速拉近了记者、公众和政治人物之间的距离。

（一）新闻媒体公众的心理特征

因为新闻工作的特殊性，新闻媒体公众有着自身的心理特征。新闻媒体公众的心理特征主要通过下面的心理需要表现出来：

1. 及时获取真实信息的心理需要

新闻报道的生命力主要表现在"新"和"真"两方面。"新"是指所报道的事情必须是新近发生的。一般来说，事件发生的时间与报道的时间间隔越短，其新闻价值越高，越能引起公众的注意和兴趣。"真"是指所报道内容的客观性、真实性。真实性往往更为重要，它是新闻报道的生命。因此，新闻媒体公众有着强烈的及时获取真实信息的心理需要。

2. 尊重新闻道德的心理需要

新闻媒体最为重视的是不发布假新闻和不受任何势力的摆布，保持对社会大众负责的公正性，这就是新闻道德的表现。各国的新闻工作者大都以公正和独立而自居，企业要争取新闻界人士的支持，应以增进相互了解为基础开展工作，而绝不能采用拉拢、贿赂、请客、送礼等手段来引诱新闻界传播假信息，更不能用欺骗或行政手段或通过其他正式或非正式途径来影响新闻工作者，以达到种种不可告人的目的。作为企业公关人员必须了解和尊重新闻工作者的职业操守，否则，只会引起新闻界公众的反感和社会公众的谴责。

（二）新闻媒体公众的心理特征与公关

补充材料 5-12：

麦奎尔为了说明媒体对社会的重要性，曾经指出媒体具有五项特征：①媒体是一种权力资源；②媒体是公共事务的舞台；③媒介是定义社会现实的重要力量；④媒体是获取声誉和知名度的主要手段；⑤媒体是界定社会规范的一把标尺。

在公共关系工作中，媒体公众具有双重身份。一方面，它是公关传播的工具和手段，另一方面，它又是社会组织特别争取甚至努力追求的公众对象。对象与手段合一的双重性，赋予新闻界公众特别重要的地位。正所谓"成也萧何，败也萧何"，新闻界公众就是社会组织的"萧何"，因为新闻界公众不仅是组织公关工作的同盟军，而且也是社会大众的卫士，他们常常利用手中的传播工具，利用舆论的力量来维护社会大众的利益。当组织行为有利于社会大众时，新闻媒介便进行正面报道，为之扬名；当组织行为不利或有损于社会大众时，便进行反面报道，发挥舆论监督的作用，以促使社会组织矫正其行为，重塑良好形象。

1. 尊重新闻媒体公众，平等对待各种新闻媒体

无论是大报还是小报，无论是中央电视台还是地方电视台，无论是有名的记者还是无名的记者，公关人员不应有等级亲疏之分，要给予其平等地获得本组织各种信息的机会和权利，及时提供必要的帮助和服务，尽量做到有问必答，有求必应。对于属于组织秘密的问题，不论是不便谈出来，或是可以谈但不便发表的，应耐心解释，以取得记者的支持和谅解，切不能以"无可奉告"加以搪塞或遮掩。

组织在与新闻媒体的交往中，可以向其提供信息，但无权要求其按自己的意愿办。既不能无视新闻媒体的独立性，把它纯粹看作宣传本组织的一种工具，也不能担心报道不利于本组织的信息而拒绝采访，或是一味投其所好，因为这种貌似尊重而实际不尊重行为，同样也会引起新闻界的反感。即使出现了对本组织不利的消息或失实的报道，也不要对媒体大加指责，而应该主动与他们联系，重新提供确切信息和事实真相，由他们去处理或更正，这种信任态度可体现组织对新闻界的尊重。

2. 了解新闻媒体公众

搞好与新闻媒体的公众关系，还应熟悉各种新闻媒体的编辑方针、发行范围、版面栏目、发刊周期、截稿时间、印刷方式等，以便组织按媒介的要求发送新闻稿件，提高稿件的使用率，扩大组织的社会影响。同时，还要研究各种新闻媒体的性质、特点、风格、听众及读者对象、新闻媒体的影响力、覆盖面、报道方针、报道内容、报道手法和特殊要求，以便在不同的新闻媒体的记者来采访时，都能协助他们的工作，为他们提供理想的采访对象、摄影环境、录音条件，使组织更有效地利用新闻媒体塑造形象。

3. 保持与新闻界经常性接触

组织的公关人员通过邀请新闻媒体的一些朋友参观访问，安排专人同新闻界联系，适时召开记者招待会，经常为新闻媒体撰写新闻稿

等途径，积极主动地、经常地与之保持联系，及时向新闻界提供具有新闻价值的本组织的信息，使他们对组织的情况有所了解。一旦组织有了重大的新闻，特别是在组织发生了危急情况时，他们才能以公正客观的立场进行采访和撰写新闻报道。

4. 要讲真话，公开事实真相

真实是新闻的生命，新闻媒体最为重视的是新闻的真实性。对不利于组织的报道，组织应有"有则改之，无则加勉"的态度。尤其是组织发生了事故，或者与公众发生了纠纷时，组织应如实地向记者介绍事件的经过、产生的原因及采取纠正的措施，而不应该采取回避的态度，更不应该拒绝采访。如果采取不合作的态度，会恶化组织与媒体的关系，必然影响组织在公众中的形象。热情的接待、真实的介绍，记者就会对组织产生好感，媒体就会客观地报道事件的真相，有助于赢得公众的谅解，使坏事变成好事。总之，对于组织中的"家丑"决不可掩盖起来，而要把事实真相告诉记者，欢迎舆论监督，不能拒绝采访，也不要"封杀"记者。

第四节 公众的群体心理特征

案例：

格力多品牌齐发力"健康"产品温馨送

五一期间，春绿初绽，刚刚将免费服务送到家的格力电器三大品牌又携手为广大消费者送来"健康"——自5月1日起，格力"掌门人"董明珠亲自出镜央视，逐一展示格力守卫消费者健康的经典产品，而"有健康，才有未来；格力科技，健康生活"的广告语也随之广为传播，让人倍感温馨。

格力致力于通过科技改变生活，此次格力广告中为消费者呈现了系列健康电器："要健康，就需要洁净的空气，格力全能王空调，TOSOT零耗材空气净化器，高效去除PM2.5、病菌等有害物质，是您健康空气管家；要健康，就需要洁净的水，TOSOT大流量净水机，多重精滤，层层净化，高效去除病菌、重金属等有害物质，打造纯净新水源，健康送到家；要健康，就需要新鲜的食物，晶弘冰箱独创瞬冷冻技术，-5℃不结冰，保护食物细胞，锁住营养，给您美味如初的享受。"

此次"送健康"的系列电器，充分展示了格力为消费者营造健康环境的实力，一切与人们的健康相关的家电产品，格力都在进行持续的技术创新。

"全能王空调"为格力系列主打空调产品，采用了独有的双级压缩技术，可实现-30℃超低温正常制热、54℃超高温正常制冷。全能王空调在严冬季节制热量最高可提升30%，在酷暑季节制冷量最高可提升35%，让我们的身体四季都能舒适。最为重要的是，格力全能王空调能够高效去除空气中的细颗粒物（PM2.5）：位于格力空调出风口的荷电装置能够向空气中发射自由离子，离子与空气中运动的尘埃微粒碰撞，将电荷传递给尘埃微粒，大量荷电尘埃从空调回风口进入电离（IFD）净化器中，经过预过滤网的初级过滤除去空气中的大型颗粒和尘埃碎片，再流经IFD高强度电质介场，在电场力的作用下，经过初级过滤的荷电尘埃被强力吸附在管道表面，从而达到快速、高效去除PM2.5的空气洁净效果。

TOSOT零耗材空气净化器绝对是洁净空气的经典代表，采用格力首创的CEP空气净化技术，与以往常见使用HEPA过滤材料的空气净化器不同，这是一种具有高能电子的等离子体技术，通过高能灭杀和有机分解，去除小于0.01um的超细颗粒物效果惊人，能长效去除甲醛，对PM2.5去除率及杀菌率高达99%，且其后续使用更实现了"零耗材"，无需任何后续投入，能为用户节约大量时间和金钱。

人们想喝到健康的水，TOSOT大流量净水机必不可少。其反渗透膜滤芯是世界上最精细的反渗透过滤膜，不仅可以去除水中的大颗粒杂质、微生物、细菌、病毒，还可以有效去除农药有机物、重金属离子。格力技术人员表示，经过TOSOT净水机处理的水经国家卫生部权威机构认定，可以直接饮用。

而晶弘冰箱采用了独创的瞬冷冻技术和顶级的用材配置，可以让肉类等块状食物瞬冷冻后轻松分离取用；其同时所拥有的光触媒技术，可有效去除异味及降低杂菌；内置的橙色发光二极管（LED）保鲜灯，可模拟光合作用释放有益于果蔬生长持久保鲜的光波，保证果蔬水润新鲜。

笔者发现，此次格力"送健康"活动无疑可促进格力多品牌战略的进一步实施，使格力多品牌的高端绿色家电企业形象深入人心。事实上，除了格力广告中的主打产品，热水器、电饭煲等系列产品也都是为给消费者提供更加健康生活的目标而设计生产的。格力一直走在为消费者提供健康未来的路上。

（资料来源：格力网站，2015.05.04）

群体是公众存在的一般形式，群体成员也可以构成公众，所以研究公众心理就不能不涉及群体心理。我们不仅要研究公众的个体心理特征，还要研究群体公众的共同的、规律性的群体心理特征，这样才能更全面地认识公众的心理特征。

任何一个群体，都有处于核心地位的领导者，他们往往影响或决定群体成员的思想意识和行为指向，代表着群体的意见和态度，也是公关活动取得成败的关键。所以，研究群体心理就不能回避群体领导者的心理。

一、群体

（一）什么是群体

群体是指在共同目标的基础上，由两个以上的人所组成的相互依存、相互作用的有机结合体。社会上的人，无一不是在群体中生活，他们既接受群体和群体中的个体对自己的影响，同时又对群体和群体中的个体施加影响。因此，个体与群体有着多种多样的交互作用。

应当注意的是，并非所有人群集合体都是社会学意义上的群体。如剧场里的观众、公园里的游客、商场里的顾客等，他们虽然是在同一时间出现在同一地点的一群人，但不是社会群体。只有具有以下特征的人群集合体才是群体：群体首先是一群人；群体存在一个结构，如角色分工；群体有一定的目标；群体成员明确意识到自己属于某个群体以及群体的界限；成员有共同的价值观和规范。

（二）群体的种类

1. 正式群体和非正式群体

正式群体是指由正式文件明文规定的群体。群体的成员具有稳定、正式的编制，有明确的规章制度，成员地位和角色、权利和义务都很清楚。如工厂的车间、班组，机关的科室，学校的班级、教研室、党团组织、行政组织等都是正式群体。

非正式群体是没有正式规定和编制的群体。一些自发产生的、群体成员的人际交往并不是十分有结构或有规则；群体的任务通常没有明确规定，有时甚至不存在特定的任务；无明确规章，成员的地位与角色、权利与义务都不确定，这些都应该算做非正式群体。非正式群体的成员之间的相互关系带有明显的情绪色彩，以个人之间的好感、喜爱为基础。这种群体的成员也有一定的相互关系结构和规范，不过并没有明文规定。非正式群体往往带有较强的内聚力和较高的行为一致性，对群体成员的吸引力也很强。

2. 成员群体与参照群体

按照成员对群体的心理向往程度，可以将群体分为成员群体及参照群体。成员群体是指个体为其正式成员的群体。参照群体也可被称为标准群体或榜样群体，是指这种群体的标准、目标和规范会成为人们行动的指南，成为人们要努力达到的标准。个人会把自己的行为与这种群体的标准进行对照，如果不符合这些标准，就改正自己的行为。

参照群体对于群体成员既有积极影响，也有消极影响。由于参照群体是成员心目中的榜样群体，因而如果参照群体是积极的、正面的，会对成员起到良好的示范作用。例如，学校的先进班集体、车间的先进班组等。但如果参照群体是消极的、负面的，则对成员起相反的作用，产生不利的影响，甚至有时会起到带头破坏社会规范的作用。

3. 大群体与小群体

根据群体规模的大小，可以把群体划分为大群体和小群体。但是，大与小是相对的。在社会心理学看来，群体的成员之间是否存在直接的、面对面的接触是划分的标准。如果群体成员能知觉到其他成员的存在，但又不能直接地面对面沟通，只能通过间接方式进行沟通，比如通过群体的共同目标、通过各层组织机构成员等建立间接的联系等，这样的群体就属于大群体。大群体还可以进一步分成不同形式、不同层次的群体，如阶层群体、社会职业群体以及观看演出、收看电视、收听广播时的观众和听众群体。

凡是相对稳定、人数不多，为共同目的而结合起来的、成员直接接触的联合体就是小群体。国外社会心理学研究较集中于小群体问题，并对小群体下了各种定义。其概括起来主要有以下特点：人数不多；群体成员之间有直接的个人交往和接触；群体的成员由共同的活动结合在一起；群体的成员之间发生感情上的相互关系；其行为受群体中形成的规范所调节。具体来说，家庭、工作班组、学校的班级等都属于小群体的范畴。

4. 假设群体和实际群体

按照群体是否真实存在，可以把群体划分为假设群体和实际群体。假设群体是指实际上并不存在，只是为了研究和分析的需要，把具有某种特征的人通过想象组织起来成为群体。假设群体常出现在统计学中，如老年群体、青年群体等。实际群体是实际存在的群体，是成员间有着实在的联系和相互关系的，有目的、有任务的联合体。实际群体可以短期存在，也可以长期存在，人数可多可少，它们都为共同体的存在而发挥作用。现实中的大多数群体都是实际群体。

二、公众群体的心理特征

群体心理特征，是指群体成员在群体活动中相互作用、相互影响所形成的共有的、有别于其他群体的价值、态度和行为方式的总和。群体心理特征不是独立存在的精神实体，而是体现在群体现象之中；它不是群体成员个体心理过程本身，但又存在于每个个体身上；它虽然是由每个成员的心理构成的，但又不等同于个体心理；它也不是个体心理特征的简单相加，而是每个成员个体心理特征的综合和概括。

群体，无论是正式群体还是非正式群体，也不管是实际群体还是假设群体，都会表现出群体的一般心理特征。这些特征主要体现为：

1. 归属感

无论何种群体的成员，都有一种强烈的归属意识，这是个体自觉地归属于所参加群体的一种需要，即依赖群体的要求。有了这种情感需要和要求，个体就会以这个群体为准则，进行自己的活动、认知和评价，自觉地维护这个群体的利益，对与群体规范背道而驰的心理、行为持拒斥态度，从而与群体内的其他成员在情感上发生共鸣，表现出相同的情感、一致的行为以及所属群体的特点和准则。这种归属意识使其成员获得了一种安全感，从而减少了孤独感，增强了自信心。群体的内聚力越强，取得的成绩越大，成员的归属感也就越强。

当然，归属感有自愿和非自愿之分，前者增强群体的凝聚力，后者则增强其离散力。由于非正式群体的成员加入群体完全是出于自愿，他们的归属感是自愿的归属，且显得更强烈更迫切。正式群体成员的归属感是不确定的，他们可能是自愿的，也可能是被迫的。对于后者，公关主体应给予更多的关注。

2. 认同感

认同心理指群体成员在认知和评价方面保持一致的心理。凡是属于一个群体的成员，都有认同其群体的共同心理特征，也都不否认自己是该群体的成员，这样才能使其行为、活动表现出群体的一致性。

群体的认同感大体可以分为正确的和不正确的两种。正确的认同感，会促使群体各成员团结一致，推动整个群体健康发展；反之，则往往会使个别成员的正确意见难以坚持，造成决策失误，影响组织发展。

3. 整体感

由于群体成员对自己的群体具有认同感和归属感，因而不论是正式群体的成员还是非正式群体的成员，都有或强或弱的整体感；又由于他们的整体感程度不同，行为表现也有差异。一般来说，整体感越强，维护群体的意识也越强，行为具有与群体其他成员的高度一致性；反之，整体感越弱，维护群体的意识也越弱，行为具有与其他成员的不一致性，即表现出一定的独立性。一旦群体成员的整体感没有了，这个群体也就四分五裂，不成其为群体了。

4. 排外感

由于每个群体都有自身的利益，具有相对的独立性，这就不可避免地会使群体成员在心理上产生排斥其他群体的倾向。团体越小，其成员之间的联系越紧密，排外感就越强烈。非正式群体一般没有层次，更具独立性，其群体成员的排外感更鲜明、更强烈。

在公共关系活动中，公众群体的排外感往往会使公关主体遇到困难。遇到公众群体的排外态度，良好的组织形象就很难快速树立起来。不仅如此，盲目的排外感还会阻止新成员的加入，阻塞人才流动的通道，抗拒外来信息的输入，从而阻碍组织团体的发展速度，于人于己都不利。公共关系工作应尽力避免这种情况发生。

三、群体领导者的心理特征

群体领导者，包括非正式群体中涌现的领导者和正式群体中的各级领导干部，他们一般都是群体的核心人物。这些领导者往往代表着整个群体的意见和态度，是公关活动的关键人物。

（一）正式群体领导者的心理特征

正式群体的领导者的地位是合法的，其职责是明文规定好的，权力是组织赋予的。由于他们具有管理的职责，故支配欲较强。

从管理学的角度看，正式群体领导者的影响力主要有权力性影响力和非权力性影响力。权力性影响力是由传统因素、职位因素、资历因素等构成的属于强制性影响力的一种。其特点是对领导者本人的影响力带有强迫性、不可抗拒性，并以外部压力的形式起作用。在权力性影响力的作用下，被影响者的心理和行为主要表现为被动和服从。

非权力性影响力是由个人的学识、才能、品德、人格等方面因素决定的。一般来讲，群众会佩服有人格、有知识、有水平、无私欲的领导。与权力性影响力强调命令与服从不同，非权力性影响力则强调顺从和依赖。它表面上没有合法权利那种明显的约束力，但实际上它不仅具有影响力的性质，而且常常起到权力性影响力所不能发挥的约束作用。

作为一个成功的正式群体的领导者，除了合理发挥权力性影响力的作用外，更应该充分利用非权力性影响力来实现组织的目标。据现代管理学研究，部属的积极性，至少40%要靠领导者的非权力性影响力来调动。有的西方领导科学专家甚至认为，领导的成功定律，是由99%的魅力与1%的法定权力构成的。

（二）非正式群体领导者的心理特征

非正式群体领导者一般是自发形成、自然涌现的。他们没有合法的地位和权力，为了维系非正式群体，必然要充分展示自身的个人才能，重视与非正式群体成员的情感关系，并与之沟通，积极寻求与非正式群体成员间的共同点，必要时应挺身而出，维护非正式群体成员的利益。

非正式群体中领导者的心理特征是以个性心理特征的吸引力为基础的，如领导者的能力、特长、气质、性格等，对调动成员的积极性和满足成员的心理需要（如自尊、交往、情感、安全、解决困难、发挥个人才能等）方面将起重要作用。但他们往往对自身的使命认识不足，感情色彩较重，在领导过程中往往表现出随意性有余、原则性不强的言行。

四、群体、群体心理特征、群体领导者的心理特征与公关

群体是公众存在的一般形式，是在公关活动中必须要面对的。所以，作为组织必须要了解群体心理特征和领导者心理特征，并且利用公众的群体心理特征和领导者心理特征，抓住公关活动的关键，从而使自己的公关活动取得事半功倍的效果。

补充材料 5 - 13：

勒庞（法国学者）在其代表性著作《乌合之众》中认为，群体心理是种族无意识的显现，是一切群体分析的思想基础。要了解勒庞的思想，必须明确这一点。勒庞还认为，群体心理一旦形成，"群体精神统一性的心理学规律"就开始发挥作用。在这样的规律支配下，群体将表现出鲜明特征：①群体的感情和道德观。由于群体几乎完全受着无意识动机的支配，此时，群体感情特征表现为冲动、易变、急躁；

易受暗示、轻信；偏执、专横和保守。在群体状态下，群体感情指向可以超越个人利益，起着道德净化器的作用。②群体的观念、推理与想象力。群体观念的形成要有无意识领域的中转，因此，只有让某种观念进入无意识领域，变成一种积淀的情感，才会产生影响。群体接受的观念要具有绝对的、简单明了的形式外衣，观念的社会影响与它是否包含真理无关。群体不受理性的影响，只有较为低下的推理能力，群体所接受的观念只有表面上的相似性或连续性。群体只会形象思维，有着很强的想象力。③群体的信仰具有宗教感情的色彩。历史上的大事件都是群体宗教感情引发而非个人意志的结果。④群体的意见和信念中的因素（包括间接的和直接的）。间接因素有种族、传统、时间、教育、政治和社会制度，其不易被用来影响群体意见和信念；直接因素包括形象、词语和套话，还有幻觉和经验。⑤群体服从领袖和权威的心理趋向。"只要有一些生物聚集在一起，不管是动物还是人，都会本能地让自己处在一个头领的统治之下。""聚集成群的人会完全丧失自己的意志，本能地转向一个具备他们所没有的品质的人。"

基于对群体心理的这种认识，勒庞对群体领袖提出了说服建议和断言、重复和感染，即"做出简洁有力的断言，不理睬任何推理和证据"，而"不断重复的说法会进入我们无意识的自我的深层区域，我们的行为动机正是在这里形成的"，当"一个断言得到了有效的重复，在这种重复中再也不存在异议……此时就会形成所谓的流行意见，强大的传染过程于此启动"。在领袖说服手段上，勒庞格外强调名望的说服作用。

勒庞的说法还从群体心理学角度，而非传统的媒介功能角度，解释了为什么社会紧急时期要控制大众媒介。因为在类似于法国大革命那样的社会变革环境下，个人易受暗示，听命于群体力量，表现为一种从众心理，而这种从众心理有一定的聚集、锁定效应。某种舆论或观念的支持率达到一定规模后，就会像滚雪球一样自发地越滚越大。从初始点的稳定状态开始，舆论合力会在自平衡点附近不停发生一定的偏离——涨落，但每一个涨落若不被其他外力加强，就会被系统的自我稳定性压制下去。领袖和大众传播媒介便可以充当这种外力，只要媒介外力突破一定的阈值或临界值，就会发生不可逆的系统状态的改变。正是由于这种作用，所以有必要控制大众媒介，调整系统状态，使其朝着某一特定的方向发展。

[资料来源：何晶. 从群体心理的视角看媒介说服 [J]. 中国青年政治学院学报，2003（6）.]

课后思考练习:

农夫山泉发布三款重量级新品,

顶级水源、绝美包装、动人故事震撼登场

2月1日,温度为零下26°。我们在长白山抚松工厂内召开了新品发布会,邀请了全国各大媒体亲临水源和工厂。抚松工厂位于长白山北麓,四周是一望无垠的森林。如图5-1所示。

图5-1 抚松工厂环境图

农夫山泉董事长钟睒睒在发布会上做了讲演,介绍了水源、产品以及整个创新研发过程。发布会展示了多段视频,讲述了一个又一个关于追求完美产品的故事。

不论时代怎么改变,总会有人,为了创造更美好的产品,可以忍耐寂寞,可以跋山涉水,可以忘却功利。

水源——低钠淡矿泉

距离工厂3.5千米处,便是水源地莫涯泉。

莫涯泉为泉群,由多个泉眼组成,位于露水河国家森林公园之内,距离天池主峰约60千米。水源补给则来自长白山自然保护区。工厂则位于森林公园旁。如科5-2所示。

图 5-2　莫涯泉位置图

莫涯泉属于极其珍贵的低钠淡矿泉。一般来说，普通矿泉水的钠含量比较高，口感较为咸涩。而低钠淡矿泉则不同，它满足矿泉水标准，但钠含量特别低，其他常量元素含量相对均衡，因此喝起来特别清冽甘醇，带有松软冰雪的味道，散发着宛如森林中第一场雪的气息。

只有钠含量小于20mg/L的矿泉水才能称作"低钠矿泉"，国内绝大部分矿泉水不符合这一特征。世界上满足这种特征的矿泉水亦十分稀有，一般都会用来开发顶级瓶装水。如图5-3所示。

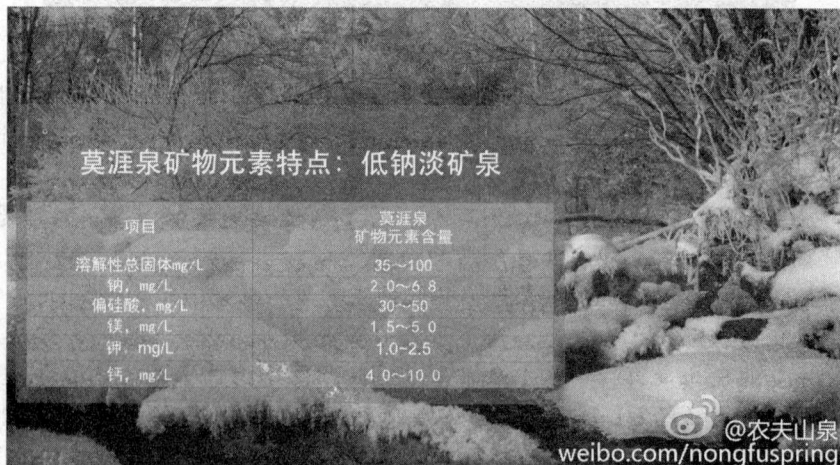

莫涯泉矿物元素特点：低钠淡矿泉

项目	莫涯泉 矿物元素含量
溶解性总固体 mg/L	35～100
钠，mg/L	2.0～6.8
偏硅酸，mg/L	30～50
镁，mg/L	1.5～5.0
钾，mg/L	1.0～2.5
钙，mg/L	4.0～10.0

图 5-3　莫涯泉矿物元素特点

莫涯泉周边森林属于针阔混交林，森林中繁衍生息约1 500种动物和 2 800 种植物，这里是全中国森林生态系统最健康的地区。如图 5-4 所示。

图 5-4 莫涯泉周边森林

为了找寻顶级的矿泉水源，农夫山泉的水源勘探师方强历尽艰辛，进入长白山森林腹地 70 多次，考察了 30 多个水源，均无收获。就在他心灰意冷的时候，偶遇了一个老猎人，告诉他抚松露水河东北有个非常不错的水源。所以，与其说我们找到了长白山，不如说是长白山选择了我们。

高端玻璃瓶水

新品发布会首先发布的是玻璃瓶高端水。

新品发布会介绍，这款产品的包装设计历时 3 年，共邀请了 3 个国家 5 家设计事务所进行创作，一共经历了 50 余稿、300 多个设计。

其实早在 2012 年 6 月，农夫山泉已经收到了中意的设计稿，但当时的制瓶和印刷工艺难以将其完全付诸现实。农夫山泉不愿降低要求，于是又寻觅新的设计公司。但经过 2 年的比较，农夫山泉最终觉得放弃原先方案太可惜，于是重新回归，并重新设计瓶型，远赴欧洲寻觅玻璃生产商，解决了工业化问题。

新品发布会介绍，该款产品包装一共有 8 种样式，瓶身主图案选择了长白山特有的物种，如东北虎、中华秋沙鸭、红松，图案边写有诸如"长白山已知国家重点保护动物 58 种，东北虎属于国家一级保护动物"等文字说明，透露出浓浓的生态和人文关怀气息。如图 5-5 所示。

图 5 - 5　高端玻璃瓶水

婴儿水

近年来，婴儿水产品在国外越来越多，已经成为科学育婴的必备产品。农夫山泉本次发布会也着重介绍了其最新研发的婴儿水，在此之前，国内还没有专门针对婴幼儿直接饮用和调制配方食品的瓶装水产品。与一般饮用水不同，婴儿水在矿物元素含量和微生物控制上的要求更为严格。通常，矿物元素过高，或没有矿物元素的饮用水都不适合婴幼儿。此外，婴儿水还有商业无菌的要求，国内此前的所有瓶装水都未将之列为指标。2003 年，世界卫生组织在日内瓦就饮用水中的营养召开了专题会议，并公开发表了论文《饮用水中的营养矿物质对婴幼儿营养的影响》。论文指出，婴幼儿更容易受到高矿物盐摄入的影响，因此提出适合婴幼儿的饮用水钠含量应不高于 20mg/L，硫酸盐含量应不高于 200mg/L。瑞士儿科学会、英国卫生局、保加利亚儿科医院、法国食品卫生安全署等机构也对婴幼儿饮用水的矿物盐含量提出了推荐限值。莫涯泉 2 号泉的主要矿物元素含量完全符合国际专业机构的建议值，矿物盐含量比较适中，尤其适于生产适合婴幼儿饮用的瓶装水。如表 5 - 4 所示。

表 5 - 4　莫涯泉 2 号泉矿物元素含量与专业机构推荐值比较情况

项目	莫涯泉2号矿物元素含量	国际专业机构建议
溶解性总固体，mg/L	20～100	≤100 （保加利亚专家）
钙，mg/L	4.0～20.0	≤200 （瑞士儿科学会）
钠，mg/L	0.8～20.0	≤20 （德国儿科学会）
镁，mg/L	0.5～10.0	≤40 （瑞士儿科学会）
硫酸盐，mg/L	≤50	≤140 （法国食品卫生安全署）
氟，mg/L	≤0.5	≤0.5 （法国食品卫生安全署）

莫涯泉2号泉主要矿物元素含量完全符合国际专业机构建议值

法国食品卫生安全署已经针对矿泉水用于婴幼儿饮用出台了标准，对钙、镁、硫酸盐都有了明确的规定。如图 5-6 所示。

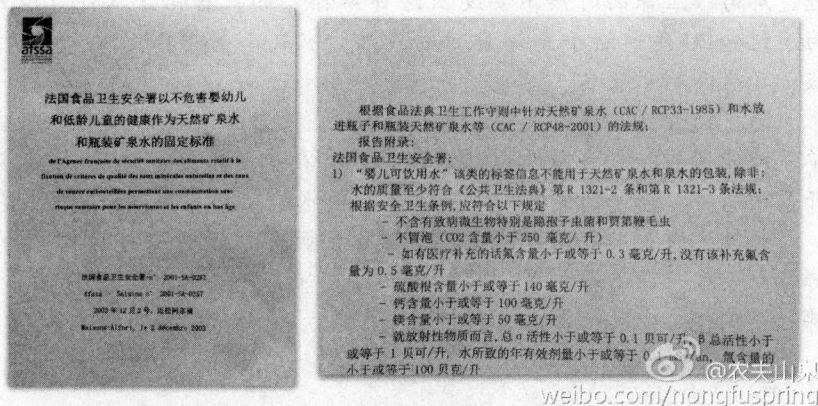

图 5-6　法国食品卫生安全署针对天然矿泉水用于婴儿水饮用时给出的意见

为了做到无菌，农夫山泉抚松工厂引进了世界顶级的无菌生产线。

此外，农夫山泉还制定了非常严格的饮用天然水（适合婴幼儿饮用）企业标准，并报吉林省卫生和计划生育委员会备案。

该标准共 43 项指标，远远比国家相关标准严格，并对微生物相关指标做了严格的规定。

图 5-7 就是农夫山泉饮用天然水（适合婴幼儿饮用）的产品图：

图 5-7　农夫山泉饮用天然水（适合婴幼儿饮用）产品图

学生矿泉水

20 年前，农夫山泉推出了运动盖包装，受到了孩子们的热烈欢迎，那句"上课的时候不要发出这种声音"的广告语令人印象深刻。为了纪念20年前这个充满童趣的产品，农夫山泉推出了运动盖升级版：学生天然矿泉水。

为了让青少年获得更好的消费体验，农夫山泉设计了一个瓶盖，单手就能开关。瓶盖内设专利阀门，只有在受压情况下才会开启。在开盖状态下，普通的侧翻、倒置都不会使水流出，非常适合孩子使用。

此外，农夫山泉还邀请了英国著名插画师画了一组极富想象力的标签，表现长白山春、夏、秋、冬四个季节，整个设计充满童真，仿佛孩子们想象中的长白山自然世界。如图5-8所示。

图 5-8　学生矿泉水

工厂设计和建筑

为了将这方好水运送出去，农夫山泉选择在水源地建厂，只有如此才能最好地保证水质。但是农夫山泉在森林中建厂却要面对各种意想不到的挑战，付出巨大的成本。

我们首先面临的问题，就是如何让建筑与周围的环境相和谐。我们邀请了老朋友——美国杰出的设计师约翰（John）来完成这一工作。John 已经为农夫山泉设计了 10 余座工厂。他出色地完成了这个任务，为我们设计了一座壮观而和谐的建筑。如图5-9、图5-10所示。

图5-9 抚松工厂

通常建设一个工厂只需要1~2年，但是农夫山泉抚松工厂的建设用了近5年时间。这一切都是为了品质。

图5-10 抚松工厂

我们感恩为此付出巨大努力的施工人员。

水源保护

为了更好地保护水源，我们专门邀请了在森林环保领域有着丰富经验的挪威奥斯陆建筑学院教授奥拉夫（Olav），请他设计一条环保走道和出水口保护房。如此，参观者进入森林时，就不会踩到草木。如

图 5 - 11 所示。

图 5 - 11　水源保护

　　Olav 的设计理念是"做森林的过客"。他创造性地采用了化零为整的设计理念，用可拆卸的基建拼接成一条悬空的走道。确定走道桩基之前，工作人员必须先探明地下是否有树根，如果有，则须绕开。如图 5 - 12 所示。

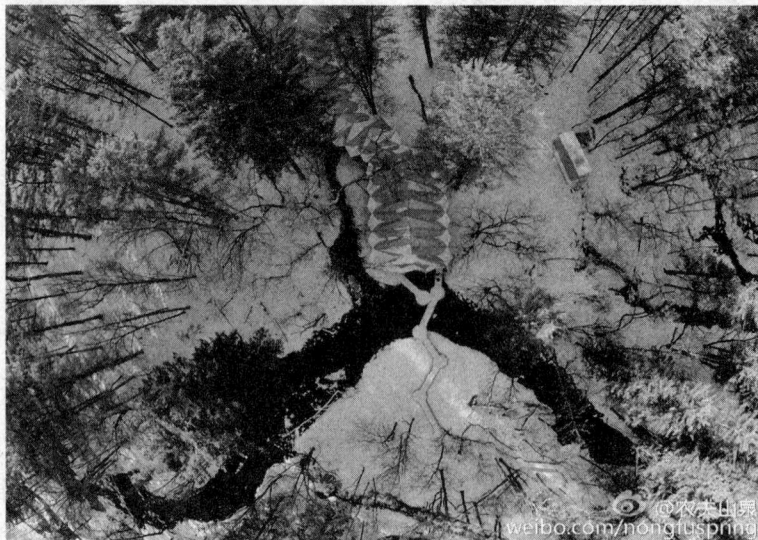

图 5 - 12　工作人员探索地下情况

发布会的最后，农夫山泉董事长钟睒睒向与会的所有人员宣布，2015 年，农夫山泉八大水源地的工厂将向公众开放，欢迎所有人前来农夫山泉看水源，看工厂。

（资料来源：农夫山泉官方微博，《新品发布会全记录》，2015.02.02）

练习题：

农夫山泉是如何根据公众的心理特征开展公关活动的？

第 六 章

公众的心理定势

公众的心理定势是研究公众心理的另一重要内容。它揭示的是公众在对象相同或相似的情境中，所表现出来的共同的心理特点及其规律性。

心理定势是一种普遍的、常见的心理现象，它全面地影响和推动人的行为，对人的行为活动具有一定导向作用。在公关实践活动中，为了有针对性地开展公关工作，使公关活动有良好效果，就必须研究公众心理定势。

第一节 公众心理定势概述

案例：

前些年，杭州市有几家商店曾推出了像卖金鱼那样出售石英手表的广告促销新招，即将手表放在装满水的鱼缸里，让顾客亲眼看见表在水中正常运转的情景，深受消费者的欢迎。

一位青年顾客在某店钟表柜台选中一只手表后，要求试一试。营业员热情地接过表投在店中央的金鱼缸里，15分钟后捞出手表，秒针仍在正常地走动，获得了这位顾客的连声称赞。有的顾客甚至指定要购买已浸泡在缸中数天的手表。"在金鱼缸内浸泡手表"，将产品关键内在质量毫无遮掩地展示在消费者面前，这一招赢得了消费者的信任，吸引了更多的消费者。据悉，采用这种方式促销后，石英手表每天的销量比原来增加六倍左右。

此案例中的商家之所以在石英表销售中取得佳绩，就是利用了公众的心理定势。因为大家都知道手表怕水，如果其在水里浸泡还能正常运转，那么表的质量一定可靠。

一、什么是公众心理定势

心理定势也叫心向、定向趋势或固定模式，是指由一定心理活动所形成的准备状态，对以后的感知、记忆、思维等心理活动和行为将起正向或反向的推动作用。公众的心理定势，是指在一定社会条件下，人与环境相互作用而出现的公众对某一对象的共同心理状态与一般的行为倾向。

日常生活中，一个人对某人产生好感，就可能认为他一切都好，也可能对其缺点和错误视而不见、听而不闻；当看到一个笑模样、胖乎乎的人，就可能认为他是一个厚道、宽容的人，因为人们总认为心宽才能体胖。这些都是人的心理定势在起作用。这种心理定势对人的心理活动的影响既有积极的促进作用，也有消极的干扰作用。前者有助于认知思维活动迅速、敏捷而有效地进行；后者则相反，它使创造性思维活动受到限制，难以突破旧框框，或使思维僵化缺乏灵活性，甚至造成认知的歪曲。

公众的心理定势不是先天就有的，形成心理定势的心理因素有两类：一类是刚刚发生过的感知经验，这些经验很快整合为一种心理准备状态，对随之而来的知觉活动产生影响，制约着知觉的程度和方向；另一类是在较长时间内起动力作用的一些心理因素，如需要、情绪、价值观以及已养成的习惯、行为方式和个性倾向等，都可构成某种心理定势，它将不自觉地，甚至无意识地对人的活动发生影响。

二、公众心理定势的分类

在普通心理学中，心理定势主要是指个体的心理定势，研究的范围也主要局限于社会认知方面。实际上，心理定势不仅仅是个体的心理现象，群体也具有心理定势；心理定势不仅表现在社会认知方面，而且还表现在认知、情感、意志、行为等一切方面。公关心理学研究的心理定势包括以下三类：

（一）个体心理定势

个体的心理定势也就是普通心理学中研究的心理定势。个体的心理定势是在具体事件中表现出来的、综合反映当事人心理素质的心理定势，其特点是易受暗示、情感性强，理智往往被情感所抑制。常见的个体的心理定势主要包括首次效应、晕轮效应、经验效应和移情效应等。

（二）群体心理定势

所谓群体心理定势，是指一定范围内人群积淀深厚、作用广泛的心理定势。人数众多、根深蒂固、作用广泛是其基本特点。群体的心理定势具有更大的潜在性、固着性和综合性，具有更大的社会意义。在群体心理定势的作用下，一定群体的人就会形成共同的认识倾向、情感倾向和行为倾向。群体的心理定势主要包括社会印象心理、民族文化心理和地域文化心理。

（三）流行心理定势

这类心理定势的特点是在内容上、指向上具有较强的可变性，往往一哄而起、风靡一时或轰动一时，但又很快销声匿迹、无影无踪。时尚、流言、骚乱等都是典型的流行心理定势的表现，它们都在一定的时间范围内影响一定范围的人群。流行心理定势虽然是一时性的，但"流行"本身却有其驱动心理活动和行为活动的冲击力。它在被感染的人群中是一种心理准备状态，而且会反复出现，因而它也是一种心理定势。

三、公众心理定势的特性

（一）潜伏性

定势作为一种内在的心理倾向，它潜伏在公众心中，是外界环境与公众行为之间的中介环节。心理定势在其表现出来之前是看不见的，它有一个酝酿的过程，只有达到一定的程度之后，在外界因素的刺激下才会突然表现出来。例如，一些较大规模的抢购行为出现之前，我们是看不见这种心理倾向的。

（二）自发性

定势的自发性也就是不自觉性。定势是人们对特定情境的适应性反应，是公众经过相互作用自发产生的，其中公众的无意识心理占有重要的地位，起着举足轻重的作用。在心理定势形成的过程中，人们一般并未意识到，但当心理定势形成后就一定会在人们的活动中反映出来。例如，当名牌商品在市场上流行走俏时，很多人都趋之若鹜，愿花高价购买，形成一种穿名牌、用名牌的时尚。而这种心理定势在形成初期，人们并未意识到它的出现，一旦定势形成，便开始制约人们的行为。定势的自发性有时表现为一种盲目性，即在无计划、无目的、无意识和无准备的状态下表现出的心理倾向和行为。

（三）动力性

心理定势一经形成并成为公众的内在心理倾向之后，便具有某种动力的性质，表现为激发人的行为的一种强烈的主动精神。定势的这种特性类似于物理学中的"惯性运动"，它让人们有一种不可遏制地去从事某种活动的内在冲动。例如，当街上流行的某种服装式样成为一种时尚时，它就会很快在大众心目中形成一种定势，使人们在从众心理的驱使下去追赶时尚。心理定势的这种动力性由于带有一点盲目性，因而有时会导致人们做出非理智的行为，造成不必要的失误。

（四）稳定性

公众心理定势是公众社会实践活动的产物，一旦形成以后，就具有一定的稳定性。这种稳定性主要表现在：公众心理定势形成以后，在人的心理活动中占有一定的位置，不会轻易地消失。例如，当大众形成了对某一名牌产品的心理定势后，就会对这一产品给予高度的信任，而不会轻易改变态度。

（五）可变性

公众心理定势并非是固定不变的，当它受到情境特征、近期经验和时代潮流的影响后会发生变化。心理定势的变化性主要表现为它会受外界环境因素所左右，旧的定势总是会被新的定势所取代。心理定势的稳定性一般都是相对的。在定势形成之后的一段时间内，它是基本稳定的。但是，当外界环境发生变比之后，公众的心理定势也会随之发生改变，进而形成新的心理定势。例如，在市场经济中，公众对某种商品的抢购、对某种服装式样的热衷就是明证。因此，在进行公关活动时，要注意这一特性，根据其变化规律，制定相应的公关策略。

（六）感染性

感染是人们感情的传递与交融。公众的心理定势一旦形成，往往会使很多人在情感方面受感染，发生连续反应，从而形成一种无形的力量，使更多的人被卷入其中。例如，有某一消息传来，大家都感到吃惊，于是许多人不管真假，很快地一传十、十传百……心理上的感染性，是公众心理定势的一个显著特点。

（七）整体性

公众心理定势，不是由心理过程的某一方面构成的，而是由整个心理活动过程的诸多因素所组成。这主要包括认识过程的社会知觉因素、思维因素、想象因素；情感过程的理智因素、情绪因素；意志过程的目的性等因素。这些因素的有机结合，就构成了特定的公众心理定势。

四、公众心理定势与公关

承认公众心理定势的存在，并不是说公关传播只能一味地顺从和迁就公众的价值观念、道德标准和趣味倾向，一味地迁就其一时的需求和情绪。公关传播还担负着改变公众态度、说服公众的任务。因此，对公众心理定势的迎合和利用只能是战术性的，其目的是更好地实现与公众的沟通。

在实际公关活动中，要针对个体心理定势、群体心理定势和流行心理定势的特点，分别采用不同的公关策略与技巧。对于个体的心理定势应予以理解，并给予相应的沟通渠道和服务，使之采取与公关工作相互合作的行为和态度；对于群体的心理定势要注意社会舆论的导向、文化氛围的建设，以影响整体的心理效应；对公众的流行心理定势，要针对流行的内容予以充分的预测和估计，同时还要有应变的思想准备和必要的物质准备，以此来满足公众追逐流行的需求，进而引导流行趋势，利于公关目的的实现。

第二节　个体心理定势

公众个体心理定势是个体在长期生活中形成的，通过具体事件表现出来的一种稳固的心理状态和心理活动方式。公众个体心理定势主要表现在以下几方面：

一、首因效应

首因效应或第一印象，是指首次接触某一对象而留下深刻的、难以改变的印象，并对以后的认知有着重要的影响。这种印象带有明显的非理性特征，但却会在事物的认知方面发挥明显的、甚至是举足轻重的作用，由此而形成难以逆转的心理定势。在社会活动中，首因效应有着先入为主的作用，给人们戴上"有色眼镜"，使人有意或无意地把以后的印象同第一印象相联系，把以后的印象作为第一印象的补充。第一印象良好，以后的不良印象相对来说就不那么使人反感；第一印象不良，以后的良好印象也会相形失色，不那么令人赏心悦目，而要改变这种状态，需做出很大努力。

S. E. 阿希是最早进行有关首因效应对认知影响的社会心理学家。阿希早在 1946 年就以大学生为研究对象做过一个实验。他让两组大学生评定对一个人的总的印象。对第一组的大学生，他告之这个人的特点是"聪慧、勤奋、冲动、爱批评人、固执、妒忌"。很显然，这六个特征的排列顺序是从肯定到否定；对第二组大学生，阿希所用的仍然是这六个特征，但排列顺序正好相反，是从否定到肯定。研究结果发现，大学生对被评价者所形成的印象高度受到特征呈现顺序的影响。先接受了肯定信息的第一组大学生，对被评价者的印象远远优于先接受了否定信息的第二组。这意味着，最初印象有着高度的稳定性，后继信息甚至不能使其发生根本性的改变。

心理学家卢钦斯 1957 年运用文字描述材料所做的研究，也验证了首因效应的存在。他用两段文字材料描绘一个叫吉姆的学生。一段将吉姆描绘成一个友好、外向、乐于交往、快乐的人，说"吉姆去买文具，与两个朋友一起边走边晒太阳。他走进一家文具店，店里挤满了人，他一面等待店员招呼，一面与一个熟人谈话……"。

另一段文字则将吉姆描述成呆板、害羞和内向的人，说吉姆"放学后，独自一人离校，在阳光明媚的马路上，他走在有树荫的一边……"。

陆钦斯的研究发现，只看外向段描述的被试，绝大多数将吉姆看成了友好、外向的人；只看内向段描述的被试，绝大多数将吉姆看成了沉默、内向的人；而当两个段落一起呈现时，多数被试对于吉姆的印象只是根据先出现的第一段材料，无论将哪段材料放在前面都是如此，第二段材料所产生的影响很小。

对于是什么引起了首因效应，虽然有一些争论，但许多实验研究表明，当我们试图形成对某人的第一印象时，我们对最先的信息很注意，但却很少注意那些后来的信息。

由于第一印象难免以偏概全，妨碍人们对于事物的准确感知。所以，公关人员必须认清公众的这种心理定势，在第一次与公众接触时，就应努力塑造企业和个人的美好形象，避免因工作疏忽而影响公众对组织和公关人员的感知。比如，对于餐饮业来说，预订与迎宾服务是顾客与餐饮企业最早发生"接触"的服务环节，这两项服务的好坏对于顾客看待后续服务起着重要作用。在预订服务中，店客双方虽然往往采用电话、网络等间接接触方式，但却要求预订服务人员不仅要具备全面、熟练的业务知识，以满足客人信息咨询的需求，同时还要有认真、敬业的态度，确保预订资讯的准确性、及时性，并注意在接听电话、发送电子邮件时的礼貌，给客户留下良好印象。迎宾引座是顾客与服务人员发生直接接触的首个环节，应安排领班或经验丰富的迎宾人员担当其事。对于初次光临的客人，迎宾员应立即趋前以恳切诚挚的态度去接触，消除客人的陌生感，使其感到自己受到了尊重与欢迎。但是，在公关活动中，我们还应该认识到良好的第一印象并不能一直保留下来，必须有与之相应的一系列的服务措施，来强化和维护给公众留下的良好的第一印象。有的产品在刚面市的时候，非常注重产品质量和服务质量，给公众留下了良好的第一印象。然而当它在公众心目中占据一定地位后，却开始忽视产品质量，这就无疑损害了公众的利益，最终无法避免被市场淘汰的命运。许多名牌产品的衰落就是最具说服力的证据。

二、近因效应

近因效应指某一对象的最近的印象对人的认知的重要影响。印象形成中的近因效应，最早是由卢钦斯 1957 年在《降低第一印象影响的实验尝试》一文中提出的。在该文中，他以另一种方式重复了前面提到的那个经典实验。具体的做法是：在让被试阅读有关吉姆性格的两段描写文字之间，有一时间间隔。即先阅读一段后，让被试做数学题或听历史故事，再读第二段。实验结果与前述实验正好相反，这时对被试进行的吉姆性格的评价起决定作用的已不是先阅读的那段材料，而恰恰是后阅读的那段材料。

在社会知觉中既存在首因效应，又存在近因效应，那么，如何解释这一似乎矛盾的现象呢？换言之，究竟在何种情况下首因效应起作用，何种情况下近因效应起作用呢？

社会心理学家对此进行了多种解释。具体说来有这样几种看法：①卢钦斯认为，在关于某人的两种信息连续被人感知时，人们总倾向于相信前一种信息，并对其印象较深，即此时起作用的是首因效应；而在关于某人的两种信息相隔一段时间被人感知时，起作用的则是近因效应。②也有人指出，认知者在与陌生人交往时，首因效应起较大作用，而认知者与熟人交往时，近因效应则起较大作用。③怀斯纳则认为，首因效应和近因效应究竟何者起作用，取决于认知主体的价值选择和价值评价。他在 1960 年的一项实验中，使用了两套刺激语做实验，一套是前述阿希实验的 7 种人格修饰语，另一套是测验被试的选择能力和比较能力的测验表。让被试对两套刺激语进行评价，然后计算被试对人物人格修饰语的评价值和每对测验表中各项内容的评价值之间的关系。结果发现，被试对人物性格特点的评价取决于对测验表各项内容的评价，即被试究竟喜欢哪一种人格特点取决于他们的价值观念。

在公关活动中，应充分重视近因效应。当给人的第一印象不好时，并不是不可救药，只要不断努力，以诚相待，仍然可以扭转局面；当给人的第一印象很好时，也不要沾沾自喜，因为任何有损公众的行为都会让以前的公关宣传前功尽弃。

三、晕轮效应

晕轮效应又称光环效应，它是指当认知者对认知对象的某种特征形成好或坏的印象之后，人们还倾向于据此推论其他方面的特征。这就像刮风天气之前月亮周围的大圆环（即月晕或称晕轮）是月亮光的扩大化或泛化一样，故称之为"晕轮效应"。

较早对晕轮效应进行实验研究的是著名社会心理学家凯利。在 1950 年做的一次实验中，他告诉学生，教经济学的教授有事要做，故暂请一位研究生代课。他对两组学生介绍说，该研究生是个既好学又有教学经验和判断能力的人，并对其中一组学生说，此人为人热情，又对另一组学生说，此人比较冷漠。介绍了代课的研究生的情况之后，凯利让这位代课的研究生在两个组分别主持了一次 20 分钟的课堂讨论，然后，再让学生陈述对他的印象。实验结果发现：①两个组的学生对代课教师的印象大相径庭：一组认为老师有同情心、体贴人、有社会能力、富有幽默感等；另一组却认为老师严厉、武断。这表明，两个组的学生对老师的印象都夹有自己的推断成分在内，或由热情的特点推断出一系列优点，或由冷漠的特点推出一系列缺点。②两个组的学生对老师的印象进一步影响到他们的发言行为：印象好的那组积极发言者达 56%，而印象差的那组积极发言者只有 32%。

许多社会心理学家都对晕轮效应的存在及一般规律进行过许多有趣的研究。苏联学者博达列夫在一次实验中，曾向两组大学生分别出示同一个人的照片。在出示照片前，实验者向第一组被试说，照片上的人是一个恶贯满盈的罪犯；而向第二组被试说，此人是一个大科学家。然后让两组被试对照片上的人进行描述。第一组的评价是：深陷的眼窝，证明了他内心的仇恨；突出的下巴，意味着他将沿罪恶道路走到底的决心。第二组的评价则是：深陷的双眼，表示了他的思想深度；突出的下巴，体现了他在认知道路上克服困难的意志力。博达列夫的研究证实，人们在日常生活中常常有根据一个人的面容来推断其心理特征的倾向（参见安德烈耶娃. 社会心理学［M］. 天津：南开大学出版社，1984：130.）。

晕轮效应实际上就是个人主观推断的泛化、扩张和定型的结果。在对人的认知中，由于晕轮效应，一个人的优点一旦变为光环被夸大，其缺点也就隐退到光环背后被遮挡住了。

晕轮效应是一种以偏概全的主观心理臆测，其错误在于：第一，它容易抓住事物的个别特征，习惯性地以个别推及一般，就像盲人摸象一样，以点代面；第二，它把并无内在联系的一些个性或外貌特征联系在一起，断言有这种特征必然会有另一种特征；第三，它说好就全都肯定，说坏就全部否定，这是一种受主观偏见支配的绝对化倾向。

补充材料6-1：

百圆裤业：服务激发晕轮效应

百圆裤业有限公司从1995年起步。1998年走上特许经营之路，历经八年时间，时至今日，已拥有了六百多家特许加盟店，发展速度逐年递增，销售收入连续两年突破亿元大关。

百圆裤业的服务对象是大众消费者，多年来之所以能站稳脚跟并飞速发展，服务起到了关键性的作用。在百圆裤业全国六百多家专卖店里，步入任何一家店堂，墙上都有这样一句温馨的话："在百圆裤业，您购买时只需要试试裤子，然后喝点水，休息一下，其余的事让我们来做。"公司创立伊始就率先提出了"无障碍退换货、终身免费熨烫、撩边"的服务项目和服务理念。多年来，百圆裤业是这样承诺的，也是这样去做的。曾经在河南就发生过这样的一件事情：百圆裤业河南新郑分店开业当天，有一位大娘拿着10条裤子进了店，她小心翼翼地问道："我的裤子不是在这里买的，可以给我免费撩边、熨烫吗？"店员热情地接过裤子，微笑着说："大娘，不管您是在哪里买的裤子，都可以在本店免费熨烫、撩边，您坐在这里喝点水，休息一下，我们马上就开始做。"店员麻利地撩好边并将裤子熨烫好、包装后交到大娘手里，大娘握住店员的手不放，激动地说："你们的服务真是没得说!"从这以后，这位大娘成了百圆裤业忠实的消费者，而且还带动了她周围相当多的人成了忠实消费者，这就是晕轮效应的典型案例。百圆裤业的服务是让顾客产生晕轮效应的核心力量，百圆裤业依托良好的口碑，拥有众多忠实的消费者。

晕轮效应是由于对事物的部分特征印象深刻，这部分印象就会泛化为全部印象，所以带有强烈的主观色彩，常常是一叶障目，只见树木不见森林。因此在公关活动中，公关主体应该充分注意重视这种效应，一方面要从小处着手，给公众以深刻的、美好的印象，然后利用晕轮效应达到公关的目的和要求；另一方面，要避免因为自身某方面的缺点导致对整个组织的消极影响。

四、权威效应

美国心理学家曾经做过一个实验：在给某大学心理学系的学生们讲课时，向学生介绍一位从外校请来的德语教师，说这位德语教师是从德国来的著名化学家。试验中这位"化学家"煞有介事拿出了一个装有蒸馏水的瓶子，说这是他新发现的一种化学物质，有些气味，请在座的学生闻到气味时就举手，结果多数学生都举起了手。对于本来没有气味的蒸馏水，为什么多数学生都认为有气味而举手呢?

这是因为有一种普遍存在的社会心理现象——权威效应。所谓权威效应，就是指说话的人如果地位高，有威信，受人敬重，则所说的话容易引起别人重视，并相信其正确性，即"人微言轻、人贵言重"。在现实生活中，利用"权威效应"的例子很多，做广告时请权威人物赞誉某种产品，在辩论说理时引用权威人物的话作为论据等。

权威效应的普遍存在，首先是由于人们有"安全心理"，即人们总认为权威人物往往是正确的楷模，服从他们会使自己具备安全感，增加不会出错的"保险系数"；其次是由于人们有"赞许心理"，即人们总认为权威人物的要求往往和社会规范相一致，按照权威人物的要求去做，会得到各方面的赞许和奖励。

在公关活动中，利用权威效应，能够达到引导或改变对方的态度和行为的目的。如派克公司的一则广告，在这方面对我们颇具启发意义。广告是三张著名的照片：其一，美国艾森豪威尔将军满面笑容地手持"派克"金笔，这是他作为战胜国的代表正用派克笔签字的镜头。时间：1945年5月7日，德国法西斯战败投降；地点：德国。其二，美国麦克阿瑟将军正用"派克51型"笔在日本投降书上签字，众将环立其后，麦克阿瑟神情严肃。时间：1945年9月2日；地点：密苏里号战舰甲板上。其三，美国副国务卿克里斯多夫在签署文件：伊朗释放52名美国人质。他用的也是派克笔。刊登这三张照片，两页广告文字，用通栏大标题：The pen is mightier than sword and some pens are mightier than others。在这些英文表述中，前面的 the pen 有"文治"之意（原意为"笔"，所以也可以一语双关地暗喻为派克笔），意为文明击败黩武，文字力量胜过刀剑。后面"有些笔"指的是派克笔。全文为"文治强于武攻，有些笔比其他笔更强些"，就把这些具有历史意义的照片、著名人物与现时的派克笔广告巧妙地联系在一起，而广告词又如此含蓄、深刻，整个作品颇具历史感，使人产生联想，因此具有较强的宣传效果。

补充材料6-2：

从2003年年初开始，统一润滑油的"品牌突围"策略开始执行，在行业内第一个投放电视广告，并投放在中央电视台黄金时段。2003年春天，伊拉克战争爆发，统一又迅速行动起来，"多一些润滑，少一些摩擦"的广告语一时广为流传，品牌与市场效果直线上升。统一润滑油，在2006年度央视黄金资源的广告招标中，共中标1.0984亿元，占预计销售额的2.5%~3.5%，比2005年4%的占比略有下降，但是广告投入的绝对数额比去年增加不少。

统一润滑油为什么要增加这么多的投入在中央电视台的广告上？总经理李嘉在招标结束后，回顾2005年的广告效益时算了一笔账：比2004年增加47%的销售额！记得投放"多一些润滑，少一些摩擦"广告的2003年，当年的销量额同比增长90%，全国经销商数量同比增加37%，盲点市场同比降低18%，高端产品增长150%，并进而带动另两大企业昆仑和长城参与润滑油市场的广告角逐，使润滑油市场火了起来，统一的做法可谓功不可没。

尝到甜头的统一在央视的广告投入逐年增加。从统一润滑油在广告投入上的逐年攀升便可看出，总经理李嘉对央视的情感依然很深。他坦言："在树立品牌形象和企业地位方面，中央电视台具有省级卫视和其他地方台所无法取代的权威作用。通过在央视投放广告，统一确立了企业产品的高端定位，经过两年的投放，统一的低端产品比例从40%以上下降到目前的5%。在央视投放广告，对于企业的全国性招商、维护股东关系、区域品牌开拓全国市场等方面，仍然有着不可替代的优势。"

五、移情效应

案例：

江苏省无锡太湖针织制衣总厂，是一家乡镇企业，经过近十年的努力，他们生产的"红豆牌"针织衣畅销日本、欧美、中东、东南亚及中国港澳台地区。1991年他们的销售额已突破亿元大关。有人向他们请教成功的奥秘何在，他们竟首推那小小的"红豆牌"商标。

这商标取自唐代大诗人王维的名作："红豆生南国，春来发几枝，愿君多采撷，此物最相思。""红豆"，这名取得好，颇有文化寓意！它能勾起人们的相思之情。年轻的朋友愿用它馈赠情侣，表达爱慕之意；海外华人更乐意于欣然解囊，寄托思乡之情；对中国古文化十分向往的日本人，由于熟悉王维的这一绝句而爱屋及乌，对之格外青睐……试想，这"红豆衫"能不走俏吗？

爱屋及乌也就是心理学上所说的移情效应。

移情效应是指把对某一对象的情感迁移到与该对象相关的人或事物上来的心理现象。移情效应由三个方面的内容组成：人情相移效应，是指以人为情感对象而迁移到相关事物的效应；物情相移效应，是指以物为情感对象而迁移到相关事物的效应；事情相移效应，是指以某一事件为感情对象而迁移到相关事物的效应。

生活中，许多厂家请名人做广告、请名人做形象代言人等，就是想利用移情效应。例如，2006年3月在成都举行的一年一度春季全国糖酒交易会上，紫林醋业斥资数百万元与国内知名影星徐帆签约，并请徐帆现身糖酒商品交易展厅为其产品助阵。厂家利用移情效应，就是投公众所好，请公众所喜欢的明星来代言某个产品，使得那些因喜欢这个明星的人而喜欢他们的产品。所以，现在的厂家宁愿花很多钱请那些受到大家喜欢的明星来打广告就是这个原因。

移情效应的效果如何与合适的代言人有很大的关系。选择代言人有五大参考要素：其一，明星要有与品牌相称的知名度，如全国性品牌选择的代言明星一般是在全国有影响力的明星，体育产品选择的代言明星一般是体育明星；其二，明星的个人特质要与品牌特质相称，如商务通选择濮存昕；其三，明星不能有代言过与品牌有冲突的其他产品，如企业不应选择一个代言过其竞争对手产品的明星代言；其四，明星形象要正面，不能有负面报道，一个人气大部分来自绯闻和负面报道的明星，企业应该敬而远之；其五，明星应具有发展的潜力，企业要选择那些具有发展潜力的名人。

补充材料6-3：

新飞签约黄磊，传递品牌新内涵

从《妈妈咪呀》到《爸爸去哪儿》，再到《非诚勿扰》嘉宾，影星黄磊的"居家必备"暖男形象风靡全国。对于一直致力于冰箱技术升级改造的新飞电器来说，温暖、可靠是最突出的品牌个性。新飞可以说是家电行业的"暖男"——不张扬，不浮夸，稳健务实，给予消费者最贴心的呵护。

谈及签约黄磊，新飞电器相关负责人说，"在《爸爸去哪儿》中，拥有一手好厨艺的黄磊，在家庭中的角色就是一把撑起全家的保护伞，赢得了超高人气，从而成为公认的国民暖男。新飞电器也正是发现了这一契合点力邀黄磊作为新飞品牌代言人。"

黄磊"暖心、贴心、安心"的暖男特质，正是新飞"专业、体贴、可靠"的品牌个性的解码与对标。事实上，签约暖男，新飞传递的不仅仅是产品的"暖心"特征，更重要的是新飞品牌对消费者生活方式上的温暖。

同时在公关活动中，利用移情效应也要讲道德、讲效果。在诸如减肥、美容、保健等产品的电视广告片中，从来都不乏明星面孔，有的产品甚至花大价钱请来多位港台和内地明星大腕谈自己的使用效果和感激之情。但名人的夸大其词、不负责任，不仅损坏了自身的形象，也让公关活动的效果大打折扣。

六、经验效应

经验效应指个体凭借以往的经验进行认识、判断、决策、行动的心理活动方式。经验效应产生的心理基础是人们认识的连续性和心理惯性。人们总是基于现有的认识、经验来对外界做出反应，将以往的经验、经历是当前思考和行动的基础。这些经验和经历就不可避免地被带入新的认识过程中，从而导致经验的产生。

在认识一些不太熟悉的人或事时，由于其给予的信息较少，缺乏必要的线索，人们就可根据经验来对之进行推理和归类，从而迅速做出反应判断。例如，人们购物总是选择大型超市或大商场，认为质量可靠、价格公道、品种齐全；到医院看病总是找老医生，在这种时候，经验是一笔财富。然而很多时候，经验也是一种包袱，尤其是不顾时间、地点套用经验，会导致一些失误。如有的人信任大品牌，殊不知，个别的大品牌也有劣货、次货、假货等，价格也不一定公道；包装好的商品不一定就好。因此，消费者既不要迷信经验，也不要一概否认经验。

由于经验效应的广泛存在，因而在公关活动中注重经验效应是十分重要的。它有对公关有利的一面，也有不利的一面，最重要的是要认真地调查研究，客观地把握公众对公关活动、对本组织等有关方面的看法，并有针对性地开展公关工作。一方面，如果公众对本企业、本组织有好感，持信任态度，则可充分利用这种先前的认识、经验来巩固自己组织在公众中的良好形象。另一方面，如果印象不佳，或持有某种不良评价、消极影响，则应设法改变公众的经验模式。组织应该用危机性公关手段重塑形象，如在公益性公关活动中淡化、隐去商业成分；强调本公关活动与其他组织的公关活动或本组织先前的公关活动的不同之处；突出本组织目前的发展态势和良好信誉。因此，要达到公共关系活动的预期目的，不仅要有良好的主观愿望，还应重视分析公众的经验效应。

第三节　群体心理定势

群体心理定势一般反映不同地区、不同民族、不同国家由于文化背景不同而产生的不同习惯心理和思维认知模式。主要包括以下几方面：

一、社会刻板印象

（一）什么是社会刻板印象

社会刻板印象就是指人们对某社会群体或事物所形成的一种共同的、概括的、固定的看法。一般说来，生活在同一地域或同一社会文化背景中的人，总会表现出许多心理与行为方面的相似性。如同一民族和国家的人有大致相同的风俗习惯、性格特征和行为方式；职业、年龄、性别、倾向、信仰一样的人，在思想、观念、态度和行为等方面也较为接近。这些相似的人格特点被概括地反映到人们的认知当中，并被固定化，便产生了社会刻板印象。

人们的社会刻板印象一般是经过两条途径形成的：其一是直接与某些人或某个群体接触，然后将某些人格特点加以概括化和固定化；其二是依据间接的资料形成的，即通过他人的介绍、大众传播媒介的描述而获得的。在现实生活中，大多数社会刻板印象是通过后一条途径形成的。

（二）社会刻板印象的特性

1. 社会刻板印象的类别性

社会刻板印象不是对某一个人或某一事物的印象，而是对某类人或某类事物的印象。各类人或各类事物，总有自己共同的特性，认识这种特性不仅有助于区别某类别的事物与其他类别的事物，而且有助于迅速认识这一类型中的个体。

2. 社会刻板印象的共识性

社会刻板印象不是个人特有的看法和印象，它是一部分成员的共识。这种共识虽然也会不可避免地发生错误，但它相对于个人的观点来说，正确的概率要大得多。个人虽可以发表自己的见解，但却不能强制他人接受自己的观点。一般而言，个人在多数情况下，也只能按照多数人的看法行事。

3. 社会刻板印象的依据性

不论是什么样的社会刻板印象，多少都有一定的依据，这种依据有的是亲身体验的，有的是通过传媒获得的。尽管这种依据中也有虚假的成分，但毕竟不是无中生有的。

4. 社会刻板印象的呆板性

社会刻板印象是固定而笼统的看法，是呆板而没有变通的印象（尽管在事实上它往往是评价同类个体现象的依据），所以有着很大的局限性。

性别角色刻板印象是社会生活中为人们广泛接受的对男性和女性的固定看法。比如，人们普遍认为男性是有抱负的、有独立精神的、富有竞争力的，而女性则是依赖性强的、温柔的、软弱的。1968年，美国心理学家罗森克兰兹等人发现，即使是那些自诩为思想民主的男女大学生也都认为男女之间存在而且应该存在心理差异。他们对男性和女性分别赋予了不同的期望特征，见表6-1。

表6-1   男女大学生对两性角色赋予了不同的期望特征

男性特征		女性特征
攻击性强	善于经营	喜欢聊天
独立性强	直率	做事得体、分寸感强
情绪稳定	谙于事理	贤淑温柔
客观性强	感情不易受打击	敏感
不易受外界影响	冒险精神强	虔诚笃信
支配感强	果敢	陶醉于自己的容貌
爱好数学和科学	从不哭哭闹闹	居室整洁
临危不惧	往往以领导者自居	文静
竞争力强	能够区分理智与情感	有强烈的安全需要
逻辑性强	抱负宏大	欣赏艺术和文学
无依赖感	不因相貌而自负或自卑	善于表达、脉脉温情

（资料来源：海登，罗森伯格. 妇女心理学 [M]. 昆明：云南人民出版社，1984：127.）

5. 社会刻板印象的共通性

（1）一个人的类别特征越明显，与此类别相联系的刻板印象越易浮现在脑海中。如一个女人的长相越甜美，穿着越女性化，人们越容易认为她是具有女性特征的人。

（2）对待匿名的、可互换的群体成员易用刻板印象知觉他们，从而忽略了个人独有的特征。

（3）当时间紧迫，需快速对他人做出判断时，易使用刻板印象。

（4）当获得的信息很复杂，不易加工分析时易使用刻板印象。

（5）当人们处于极端的情绪状态时易使用刻板印象。

（6）当人们意识到对个体的判断重要，人们也许会进一步收集有关个体的信息，而不是只用有关群体的刻板印象来认识个体。

（三）社会刻板印象与公关

社会刻板印象对人们的社会认知会产生积极和消极两方面的影响。从积极方面来看，刻板印象本身包含了一定的合理的、真实的成分，或多或少反映了认知对象的若干实际状况，因此，刻板印象有助于简化人们的认识过程，为人们迅速适应社会生活环境提供一定的便利。从消极方面来看，由于刻板印象一经形成便具有较强的稳定性，很难随现实的变化而发生变化，因此，它往往会阻碍人们接受新事物。

既然社会刻板印象对社会认知有积极与消极两方面的影响，所以在公关活动中要充分重视社会刻板印象。一方面要利用刻板印象作为我们认识客观事物的手段和工具，顺应人们的认识规律；另一方面，要看到刻板印象的消极作用，避免由此产生的不利影响。通过深入地、长期地、一对一地与公众进行交往，这样既可以克服对公众群体的刻板印象，同时还可以改变公众对组织的刻板印象，从而更有利于组织与公众的正常交往与沟通，实现公关目的。

二、区域文化心理

案例：

可口可乐公司这几年在企业形象上，通过公关活动与广告互相配合，做出了真正的本土化的品牌运作：2002年公司在中国市场推出泥娃娃"阿福"的新形象。阿福邀请小朋友们一起剪纸、喝可乐，伴着"龙腾吉祥到，马跃欢乐多"的对联展开共迎新春。之后，可口可乐一直沿用阿福的形象，2003年推出"剪纸篇"，2004年推出"滑雪篇"，2005年则推出"金鸡舞新春"篇，让浓浓的中国味和"阿福"的形象深深地刻在了中国消费者心中。

可口可乐在全球第一个提出"Think local, Act local"的本土化思想，并在世界各地真正走上了有特色的本土化之路。春节是中国人最重视的节日与风俗，如果能够融入这一中国的传统文化，不仅可以在春节期间使饮料的销售量大增，更是实施品牌本土化的一个绝好契机。所以，可口可乐决定淡化可口可乐的美国情结和美国式的沟通方式，更关注如何适应中国的传统文化。通过调查发现，身穿红色小肚兜、头上有一小撮头发的小阿福形象是消费者喜爱和最受欢迎的农历新年吉祥物之一，完全符合可口可乐的"Think local, Act local"战略。于是，可口可乐在2002年至2005年春节，连续四年结合中国几千年以来形成的民俗风情和民族习性，分别推出了小阿福、小阿娇拜年系列品牌活动——这些具有强烈中国民族色彩的公关活动与广告把可口可乐与中国传统春节中的民俗文化元素（如鞭炮、春联、十二生肖等）结合起来，以层层递进的主题公关与促销活动，传递了中国人传统的价值观念——新春如意，合家团聚，实现了国际化与本土民俗的完美结合。

在此案例中，可口可乐正是利用了区域文化心理，达到了公关目的。

（一）什么是区域文化心理

在不同的区域，由于自然情况不同，政治、经济、历史等情况不同，因而形成不同的区域文化。这种区域文化反映在人们的心理活动中，就是区域文化心理。研究区域文化心理，有助于组织在改革开放的条件下更广泛、更有效地与不同国家、不同地区的人民进行交往。

　　曾经有一家美国公司为了表示对环境的关注和友好，作为形象宣传，将绿色棒球帽作为礼品分发给消费者，这一做法在美国促销时颇有成效。但这家公司以同样的方式在台湾促销时，却遭遇了失败。因为对中国人来说，带绿色的帽子意味着妻子对丈夫的不忠。所以，对不同区域文化的禁忌保持足够的敏感性并相应地调整广告策略，对区域营销至关重要。

　　补充材料 6-4：

　　中国西部的帕米尔高原矗立于欧亚大陆的中心，向四面八方辐射出多座山脉像拱起的脊梁，支撑着这块地球上最大的陆地。中国西部较为显著的特征就是高原和山地众多，且大都处于干旱、半干旱或荒漠、半荒漠的自然状态中，属于典型的"高地"环境。西部有着绵延的待开发的荒原地带，它们以一种几乎是原始的、亘古不变的姿态感受着大自然的暴烈、粗犷与雄奇。恶劣的生态和艰难的生存条件，对人的精神系统又构成一种"另类"的营养，世世代代在险恶的自然环境和灾害中搏斗，使西部人在多舛的命运中锻造了坚韧的性格。这种性格，有时表现为含蓄内敛，有时表现为达观自信，且都闪射出凝重的忧患意识的光彩，它促使西部人确认自己的社会责任。个人力量在大自然面前显出的微不足道，使群体力量成为维持生存的支柱，使人们互助互爱的需求更为迫切，内向的团队凝聚精神成为传统。

　　与大自然更密切更深刻的直接交流，又使西部人对大自然的各种精神内涵有着更强的领悟和感应能力。大自然对人精神上的直接启迪，又铸就了西部社会心理的纯洁质朴，以致多情重义、古道热肠、坦诚率真，伦理重于功利、道德超越历史，成为西部文化心理的一大特色。凡此种种，也养成了西部人浓重的社区意识、地域意识和宗教法律意识。这种心理意识使西部人的观念文化和自然经济、农耕文化相适应，促成了西部人安分知足、注重经验、依恋权威、重土思家、怕冒风险等观念特质。这种心理意识和观念文化在计划经济的条件下，曾得以充分地张扬，但在当下现代化的经济大潮中则显得相去甚远。西部很多地区的经济活动至今还主要依赖于农业，农民对土地的依附感格外强烈，农耕文化的延续力和生命力更强。

　　[资料来源：赵学勇，王贵禄. 地域文化与西部小说 [J]. 陕西师范大学学报：哲学社会科学版，2007（9）.]

（二）区域文化心理的特性

1. 区域文化心理的潜在性

区域文化心理是某一区域文化环境长期对人发生作用的结果。由于它形成的渐进性及其内在的积累性，所以使得区域文化心理对人的行为不具有显著的导向作用，但它却以潜在的方式，对人发生持久的作用。

2. 区域文化心理的稳定性

区域文化心理一旦形成，就会不自觉地、固执地影响着人们的以后的心理和行为。比如人们眷恋故土的区域文化心理，就是我国传统区域文化的积淀，不论家有多穷，总是舍不得远离家乡。正如俗话所说："金窝，银窝，不如自己的土窝"。

3. 区域文化心理的综合性

区域文化心理的形成，不是一两种因素作用的结果，而是多种因素综合作用的结果。这既包括大的环境因素，如政治、经济、文化等因素，也包括小的环境因素，如风俗习惯、语言习惯等。因此，区域文化心理是某一区域综合因素的折射，对这一区域人们的行为起着无形的影响作用。比如，Golden lion 领带最初在香港上市的时候，取了一个中文名字"金狮"，尽管广告投入很多，但营销效果却很糟糕。营销者一开始百思不得其解，在一次偶然的考察活动中，他们发现粤语中"金狮"读起来不是非常吉利，而香港人是特别讲究"吉利"的，比如特别喜欢数字"8"等。经过一番市场调研之后，最终Golden lion 把中文名称改成了"金利来"，意味着黄金和利润滚滚而来，因此在香港市场的销售立刻火了起来。

4. 区域文化心理的可变性

随着现代社会的发展与交往，区域文化心理又具有强烈的可变性，我国许多的春节习俗，如煮腊八粥、扫尘送灶、置办年货、书贴春联、剪贴窗花、张贴年画、敬祭祖先、吃年夜饭、除夕守岁、燃放爆竹、送压岁钱、新春贺年、送穷迎富、元宵灯会等民俗文化活动，现在的很多年轻人不太知道。2005 年年初，年俗专家陈竟教授曾在某城市发起举办"2005 年华夏年俗文化活动月"，邀请一些酒店参与举办"送灶节"活动，有位专做中餐的大酒店的年轻经理竟问道："送哪个姓赵的？"还有一个专做中餐饮食生意的老板也不知"灶王爷"，这实在是笑话。又如，南京有家媒体曾报道有位教育工作者问十多岁的小孩子：春节有什么习俗？绝大多数孩子回答不出。这些事例都充分说明了区域文化心理具有一定的可变性。

（三）区域文化心理与公关

以区域文化心理因为它的潜在性、稳定性、综合性，就决定了它会不自觉地、固执地影响着人们的心理和行为，这就要求组织在进行公关活动时，一方面不能忽视地域文化心理，要入乡随俗、入乡问俗。随着国内经济的飞速发展，在大力提倡与国际接轨的今天，在国内产品冲击全球市场的大潮中，不时出现让人顿足的"意外事故"。如我国的"蓝天"牌牙膏出口到美国，其译名"Blue Sky"，含义为"企业收不回来的债券"，销售就无疑成了问题。还有"紫罗兰"男衬衣，"紫罗兰"英语俗指"没有阳刚气的男子"，作为男士衬衣自然不会受到欢迎。

另一方面，组织要根据地域文化的特点有的放矢地开展公关活动。如东风雪铁龙为了深入挖掘现有产品的内在品质和优势，结合中国的"龙"文化心理，组织了一系列与"龙"有关的活动："龙行天下"富康体验之旅、"龙腾天下"爱丽舍中华民居行和"龙腾天下"梦想之旅等活动。通过创新的营销推广方式，让消费者深入体验产品内在的优秀品质，更好地了解了东风雪铁龙的品牌文化和优势。

三、民族文化心理

案例：

民族文化心理往往制约人们的消费观念，同时也影响着一个广告的成功与否。越是民族的就越是世界的，也就越是有生命力的。例如，在长虹系列产品中，有一款电视系列称"红太阳一族"，将红太阳作为产品的名称既有文学色彩更有民族亲情。长虹一句广告语"太阳最红、长虹最新"暗示太阳每天都是新的，长虹人孜孜以求，充满生机和活力；同时，表达了长虹人在竞争中进取，创造中国人的世界名牌的愿望。"长虹产业报国、以民族昌盛为己任"这一充满分量的广告词，既表达了长虹人对消费者的充分信任，同时又表达了自己对于承担责任，挑起振兴民族经济重担的信心。又如，长虹还有一款电视机叫"红双喜"，同样表达了民族化的亲和力，充分考虑国内消费者喜欢吉祥、吉庆、红红火火的心理。只要观众打开电视，屏幕上立即就显示出四个红灯笼："福""禄""寿""喜"，还展现出"福如东海""寿比南山""恭贺新禧"衬以柔和雅致的蓝背景，突出喜庆色调，给人以开机见喜、处处见喜的新感受。"福禄寿喜"这四个字可以说是中华民族特有的心理及人们的普遍追求，而火一样的红色则象征热情奔放、象征长虹对国家人民的忠诚，把挚爱洒向人间。

在广告创意中，如果能够把民族文化心理与产品特征有机地结合起来，就可以唤起和强化公众的爱国之情与民族美德，诱发其产生购买动机。

（一）什么是民族文化心理

民族文化心理是指某一民族表现在共同文化上的共同心理倾向。世界上各个民族都有自己的历史进程、社会形态、居住地域（地理环境），也都创造出了各自的物质文化与精神文化。各个民族的物质文化和精神文化都各有其特点。例如，东方的信仰和西方的信仰不一样；我国的传统建筑与欧洲、拉美等地的建筑也不一样，至于各个民族的语言文字的差别，文学艺术风格的不同，那就更显著了。每个民族的成员，都免不了要经常看到、听到、接触到这些客观存在的特点。因此，这些特点必然要反映到人们的思想感情中，从而逐渐形成民族文化心理。

民族文化心理主要包括民族意识、民族感情和民族习惯。民族意识是对本民族及其民族文化特点的认同，它是民族文化心理的基础；民族感情是对本民族及其民族文化特点的一种热爱和依恋，它是民族凝聚力的核心，是在民族意识的基础上产生的；民族习惯是民族文化传统的延伸，是在民族意识与民族感情基础上形成的一种稳定的生活方式，是民族心理的直接表现，它和民族语言等一起构成民族文化的特色。民族文化心理的三个组成部分是相互贯通、缺一不可的，其中民族习惯最具有代表性。民族习惯被同化，意味着民族特有的文化心理的丧失，所以每个民族总是极力地维护本民族的习惯。而我们常说的尊重各民族主要是尊重其习惯。由此可见，民族心理就是一个民族的社会经济、历史发展、生产与生活方式以及地理环境的特点在该民族精神面貌上的反映，是一种客观存在的精神状态。它通过社会文化、精神生活的各个方面来表现出一个民族的爱好、兴趣、传统、气质、性格和能力等特征。

（二）民族文化心理与公关

民族文化心理是群体心理定势中最敏感、最强大的一种心理定势。这就决定了组织在开展公关活动时，首先要了解公众的民族文化心理，并在把握其性质的基础上，予以充分的理解和尊重，提供相应的服务，这也是实现与公众沟通的有效手段。如果侵犯和伤害了民族文化和民族情感，公关活动就会以失败而告终。

当然，公关活动在努力追寻民族特色的同时，还要与当今的社会生产、现代科技、精神风貌、生活方式、价值观念巧妙地融为一体，依据社会思想、观念变革所引起的心理、价值取向的变化，不断充实丰富公共关系的内容，美化其形式，从而增强与扩大组织形象的吸引力和影响力。

补充材料 6-5：

传统中国文化因深受儒家思想中"礼"的影响，在抒发情感上，包括对爱情均比较内敛含蓄。中国式的"浪漫"不似西方激情澎湃、荡气回肠，中国人喜欢爱情、婚姻的大团圆结局，更注重细水长流般淡泊隽永的情感。这或许就是"百年润发"这则具有中国特色的经典广告如此震撼人心的奥秘吧！画面中：在火车站这样一个演绎聚散离合之地，失散多年的恋人不期而遇，相视无言中响起悠长的京剧曲调："相爱永不渝，忘不了你"……他们的爱表现出东方人的温情含蓄和忠贞不渝。

广告以世纪末特有的怀旧思绪为主调，将广告的商业性与中国传统文化完美结合，在瞬间便引起了多数人的心理认同。

第四节　流行心理定势

案例：

2005年4月中旬，湖南卫视"先下手为强"，抢先拿下了《大长今》的内地播映权和音像版权，更何况是独家的播映权和音像版权。随后湖南卫视紧锣密鼓地开始进行广告招商、专心炒作，以吸引商家和观众。在此过程中，它成功借助"超女"的人气提升了观众对《大长今》的期待。而在电视剧播到一半的时候，又通过不停地透露信息、组织活动、邀请演员"韩尚宫"——梁美京到长沙举办影迷见面会等形式，有效地提升了长时段电视剧的吸引力，被拖沓、冗长的电视剧弄得有点失去耐心的观众又开始提起了精神。在湖南卫视的有力推广下，《大长今》的收视率节节上升，实现了经济效益与社会效益的统一。

在此过程中，湖南卫视借助各种方式，成功地将大众的眼球聚集在了电视剧上。借助"超女"的风潮，细心的观众一定发现了，在"超级女声"最后几场的演出中，排位前几名的歌手开始唱起了一首很多观众未曾听到过的歌，这就是《大长今》的主题歌；邀请全国著名网络媒体对电视剧不停地发布新闻，提出"韩国电视连续剧为何一直都比较吸引人"等观点，引起网友热议；还特邀唱《大长今》粤语版的陈慧琳到长沙做"音乐不断"节目，整个节目中都用《大长今》的剧情内容、歌曲穿插……湖南卫视把《大长今》电视剧的播出，演绎成了一场热闹的社会舆论话题，甚至是一种文化现象。而将电视剧与"超女"等娱乐节目和活动相结合，更是极大地提升了电视剧的影响力，在影视公关领域开创了全新的推广模式。

在此案例中，湖南卫视成功的关键就在于制造时尚、引导时尚、利用时尚。

一、时尚、时尚心理与公关

（一）什么是时尚、时尚心理

社会心理学认为，时尚是在大众内部产生的一种非常规的行为方式的流行现象。具体地说，时尚是指一个时期内相当多的人在较短的时间内对特定的趣味、语言、思想和行为等各种模型或标本的随从和追求。

时尚的生活方式由少数人引起，经过人们的相互影响，感染和模仿，为多数人迅速接受。对于这一概念，可以从几个方面来理解：第一，时尚总是和一定对象相联系的，其对象就是有关事物的规格和样式。如房子的外形、服饰的质地和款式、歌曲的旋律和演唱风格、发型以及言行举止等；第二，时尚表现为对一定规格和样式的认可、模仿和追求，即通常所说的入时、应景等；第三，时尚是众多的人相互影响，并在相当大的范围内普及流行的现象，因此又称为潮流；第四，时尚是一种时效性极强的现象，犹如一阵风、一股潮，因此常以"新潮""风行一时"来形容。

时尚心理是追求时尚的心理定势。从心理学的角度来看，时尚就是时尚心理的表现形式，时尚心理就是时尚表现的心理定势。

（二）时尚的心理分析

对时尚的心理机制做出较为系统、完整的解释的，是美国社会心理学家扬（K. Young）。他发现，尽管舒适与方便常常是人们选择一种服装或行为方式的理由，但它们绝不是左右时尚变化的最终原因。促使人们追求时尚的原因与其说是外在的、实用的，不如说是内在的、心理的。因此，他对时尚的心理动机做出了下述基本解释：第一，人们所以追求时尚，是因为时尚在心理上为人们实现"那些在生活中未能实现的愿望"提供了补偿的机会；第二，追求时尚的愿望与想得到社会承认的利己主义愿望有着极大的联系，这种试图引起他人注意的愿望源于幼儿时的"表现欲"；第三，时尚对人们来说具有补偿自卑感的功能，如身着最新潮的服装时，会产生一种胜过他人的优越感；第四，追求时尚，即将社会上引人入胜的事物或行为归己所有，能够实现人们自我扩张的愿望。

我国学者周晓虹则这样解释：从短暂的相对的满足，到永久的绝对的不满足，这是时尚即人们通常所称的'流行'现象变动不羁的心理之源。但构成这从满足到不满足的心理变化基础的，与其说是人类的求新、求异的本能，不如说是在时尚的领潮者与赶潮者之间展开的"双边运动"或称心理互动。在社会生活中，人们追逐时尚的心理是由这样一对互为矛盾的动机构成的，即人们既要求同于胜过己者，又要树异于不如己者。正是这对互为矛盾的心理动机，使得人们在社会生活中互相模仿、互相追逐、互相竞争，使得时尚的钟摆永无停息之日。他还把人们追求时尚的心理动机归结为两类——树异于人和求同于人。具体说来，社会上层或想成为社会上层的人要树异于不如己者，所以他们往往是最先尝试尚未有人尝试的新事物的领潮者；而社会下层或不甘再为社会下层的人则要求同于胜过己者，所以他们往往是想方设法成为赶潮者。

通过总结以上诸多解释，我们可以把时尚的心理动机归结为以下几个方面：

1. 标新立异

标新是表示与以往不同、与历史不同，具有强烈的时代感。这种心理常为青年人所有，他们总想表述自己对生活的理解，显示自己在社会中的特殊地位，因此总想创新、标新，以区别于老年人，区别于过去的历史。由于年龄和经验的关系，他们还不能涉足对社会影响较大的政治领域，因此就不断地改变自己的生活方式，力所能及地显示这种区别。许多人喜欢别出心裁的打扮，实际上就是自觉或不自觉地追求新奇，以达到自我显示，引起他人的注意，满足心理上的需要。

人们的求新欲望与流行的新奇性、短暂性有关。人们即使生活上自由自在，精神生活与物质生活十分满足，但若长期处于没有任何变化的社会情境中，总会逐渐感到厌倦，甚至不堪忍受，终于会产生摆脱陈旧生活模式的欲望，追赶一种新的生活方式，用不断变化的新的面目满足其求新欲望。

立异是个体想表示与其他个体的不同，在生活方式上的创新，这是青年人好胜心强在时尚方面的表现。一些青年人举办婚礼为了显示自己非同一般，花多少钱也在所不惜，因此，在婚事操办上越办越新奇。海底婚礼之所以是许多年轻人愿意选择的新异的婚礼形式，是因为海底婚礼抛开了传统的婚纱、礼服，新婚夫妇身着彩色潜水服，在潜水教练的帮助下，迎着海浪潜入海底世界，将神奇的海底景观尽收眼底。鱼儿是他们婚礼上的嘉宾，海龟是他们的唱诗班，这种感觉真的很奇妙。

2. 模仿与从众

对于大多数人来说，都是要努力去适应周围环境的，以保持心理上的平衡。保持心理平衡，可供选择的简便而又可靠的方法，便是模仿社会上流行的东西，如周围人们的服装、发式、行为、言语等，以适应环境。人们在追求与模仿流行事物时，心理上会产生一种安全感，既然这么多人都这样做，一定是合乎时宜的，一定是正确的，自己与他们一样，也不会错。

其实，模仿不仅是一种时尚得以普及的手段，也是其最终走向消亡的克星。换句话说，一种新的行为方式没有模仿就不能普及开来，就不能成为一种时尚；但一种时尚最终也会在普遍的模仿中失去其赖以立足的新颖性，失去它成为人仿效的全部理由，这的确是一种矛盾现象。一方面，人们追逐时尚是为了树异于人，为了显示自己与众不同的个性；另一方面，人们追逐时尚又是为了求同于人。而在这过程中，时尚所具有的标准化特征又限制了个性，使它变成刻板的公式。

时尚一旦形成，对社会成员就会产生一定的压力，迫使人们以群体和社会的规定作为自己行为的准则，最后使社会成员从内心到行为与群体和社会相一致，形成从众心理。这种从众心理是在大众的暗示、感染的影响下，通过模仿表现出来的，这是时尚最重要的心理基础。另外，对那些被动的赶潮者来说，他们追逐时尚可能更多的是受着从众而不是模仿心理的支配。

3. 自我防御与自我显示

有些人认为自己社会地位不高，承受着种种束缚，希望改变现状，以避免受到心理上的伤害与压抑。他们往往认为，追求某种潮流便可实现自我防御与自我显示。于是，他们或者是为了发泄自己被压抑的感情而追逐流行，或者是为了克服自己的自卑感而采用华丽的流行服饰。例如，美国黑人为追求社会地位，他们特别喜欢最新潮的、奇特的服装；又如，有些经济条件不宽裕的青年，他们结婚时特别讲排场、摆阔气。这些都是自我防御和自我显示的例证。

（三）时尚的流行领域、地域特点、年龄特点与公关

从时尚的流行领域来看，美国社会心理学家曾对 170 位各类职业的人的进行长达 10 年的调查，列出了 1914—1923 年美国社会时尚最为流行的七大领域及其频数：女子服饰（72.2%）、男子服饰（10.8%）、消遣和娱乐（5.7%）、俚语（3.6%）、汽车（3.1%）、建筑（2.0%）、教育和文化（1.7%）。

同半个多世纪前相比，现代社会生活方式的丰富多彩极大地拓展了时尚的流行领域。1993 年 10 月，为了了解现代中国社会的时尚流行及中国公众的时尚意识，周晓虹教授在南京市进行了"社会时尚的流行与演变"调查。其结果如表 6-2 所示：

表 6-2 　　　　　时尚的流行领域及其频数表

时尚现象	总人数		男性		女性	
	人数	百分比	人数	百分比	人数	百分比
服饰	158	39.1	77	35.3	81	43.5
发型	5	1.2	3	1.4	2	1.1
鞋	5	1.2	3	1.4	2	1.1
流行音乐	74	18.3	34	15.6	40	21.5
流星语	9	2.2	5	2.3	4	2.2
流行色	4	1	2	0.9	2	1.1
纸牌、麻将	33	8.2	24	11	9	4.8
体育	11	2.7	9	4.1	2	1.1
跳舞等娱乐活动	15	3.7	8	3.7	7	3.8
书刊	17	4.2	8	3.7	9	4.8
人生观、思潮	58	14.4	31	15.6	24	12.9
其他	15	3.7	11	5	4	2.1
总计	404	100	215	100	186	100

资料来源：周晓虹：《社会时尚的理论探讨》，载《浙江学刊》，1995 年第 3 期。

从时尚的流行年龄阶段来看，青少年是时尚是追随群体。由于青少年时期是好奇心与求知欲最旺盛的时期，事事都想尝试和体验，希望得到人们的称赞、重视。因此，青少年总是追求时髦，成为时尚的追随者和推动者。

从时尚的流行地域上看，都市的时尚必然先于农村，中心城市的时尚必然优于边远城市。繁华都市的范围愈大，人口愈多，工商业愈发达，宣传功能愈强大，人们的思想也愈加开放，时尚事物的流行速度也更快；而中小城镇和农村由于外界输入信息较少，流行的变换形式也较少，那些早被大城市淘汰的过时货，往往在小城镇还要流行一阵子。

补充材料6-6：

全聚德推出手机在线订餐服务

"中国餐饮第一股"全聚德推出了App订餐服务。昨日，北京商报记者登录全聚德集团官网发现，"手机在线订餐App下载"图标出现在醒目位置。相关负责人介绍，为满足消费者集中预订年夜饭的需求，集团近日推出了手机在线订餐服务。

打开全聚德官网上"手机在线订餐App下载"链接，会出现安卓和iOS两个系统二维码，消费者扫描安卓或iOS版本的二维码进入下载界面，进行App客户端软件安装包的下载并安装，在手机上生成"全聚德App"应用的快捷方式，可实现手机订桌、预订菜品、顾客点评、地图导航等多种功能，及时享受各店的优惠活动，拥有更多的订餐服务选择。

据悉，"全聚德App客户端"是依托全聚德在线服务平台的互联网服务，将包括全聚德、仿膳、丰泽园和四川饭店所属25家直营餐饮门店的餐位、菜品资源在线上提供给消费者，便于利用移动互联网技术实现手机端的订桌、点餐、点评、导航等实用功能。

全聚德App网上订餐服务的推出，是老字号品牌使用现代电子营销手段开拓市场业务的新尝试，对消费者应用互联网电商平台进行消费的培养、老字号品牌的推广和企业发展有着深远的影响，是老字号餐饮企业在新的市场形势下转型升级的又一举措。

（资料来源：北京商报，2015.01.27）

对于组织的公关人员来说，一方面，了解时尚的规律，是为了更好地顺应公众的心理欲求，从而也达到组织本身发展的目的。另一方面，公关人员应从理论和实践的角度预测流行，制造时尚和引导时尚。组织应该在不同层次的人群中，善于推波助澜，出奇制胜，使企业的产品和信誉成为人们追求和崇尚的时尚。例如，李维斯牛仔裤广告就以制造黑色代表流行的理念。牛仔裤的正统颜色无疑是蓝色，但是李维斯却推出了黑色牛仔裤。在一家歌舞厅门口，告示称凡是穿蓝色牛仔裤的人不得入内，而一个帅气的小伙子却因为身穿黑色牛仔裤而备受歌舞厅的欢迎。这是李维斯黑色牛仔裤的广告宣传内容。也就是说，当消费者信服广告所宣传的产品就是时尚的代名词时，其实就已经被说服，并且愿意为时尚付费了。

二、流言

（一）什么是流言

流言是从非正式渠道传出，在社会上迅速传播的消息。这种传播一般是口头的，内容不一定真实、可靠。流言可以使本来被关注的问题更加被关心，使本来不被关注的问题成为关注的焦点，所以它具有煽动性。

流言具有以下的特点：

（1）流言的基础是不确切的信息。绝大部分流言都是建立在这个基础上的。因此，流言常常受到人们强烈的贬抑。但在有些情况下，被称之为流言的东西也可能是真的，只是未经证实而已。

（2）流言背后有一定真实的原型。现代许多流言的产生是有一定的真实原型的，在传播过程中被有意无意地增补、删改，最终变得面目全非。由于流言一般很难有明确的信息的最初发布者，又没有比较规范的传播途径，因此很容易造成信息的失真。

（3）流言内容涉及的是公众日常关注人物的事。某些涉及公众人物的事，或者有些稀奇古怪的事都容易成为人们注意的中心，对这些事情的议论自然也就会增多，因而流言容易滋生。

（4）流言开始容易停止难。由于种种心理因素和社会因素，流言不仅在传播速度上非常快，而且在传播范围上也非常广。流言一旦传播开来其影响就很难彻底消除。有些流言往往会经历一种反复出现与消失的过程，只要形成它的社会环境因素没有改变，"辟谣"就难以最后成功。另外，人们往往会对"辟谣"形成一种"逆反心理"，在某些情况下，越是辟谣，相信和传播流言的人就越多。

（5）流言既是一种信息的传播过程，同时也是这一过程的产物。

某种信息一旦进入大众流通渠道，它就会经过信息持有者的编码、解释、传递直到输送到其他信息接受者那里；随后又经这些信息接受者的译码、加工、解释之后再传递到其他人那里。这样就形成了一个循环往复、连续不断的信息传递链条。在这个传播过程中，由于某种信息被不断地加工、改造、补充、丰富，流言也就会不断地滋生、助长。社会心理学家曾经认真研究过流言与谣言在分散的社会大众中传播的具体过程。他们发现，流言与谣言是一种自发性的、扩张性的社会心理现象，随着一传十、十传百，其内容就会越传越失真。

（二）流言的产生的因素

补充材料6-7：

当代大学生面临网络流言滋生和加速蔓延的环境，往往自觉或不自觉地参与到网络流言的传播过程中。网络流言在大学生中的传播路径为：大学生的"媒介化生存"和技术优势造就了接触网络流言的多元渠道，"对话"和"关注"是大学生获取网络流言的主要方式，大学生对网络流言内容的兴趣点取决于话题的公共性和相关性，线上线下关联互动构成大学生网络流言传播的主要模式，以"转发"为主要表征的传播行为背后隐藏着态度的多种可能。社会参与意识强烈与公民责任缺失的矛盾、独立思辨能力与盲目从众心理的博弈、理性诉求表达与感性应激心态的交织是大学生参与网络流言传播的内在动因。

［资料来源：孙琦琰. 网络流言在大学生中的传播路径及应对策略［J］. 思想理论教育，2015（1）.］

1. 流言产生的客观因素

（1）社会事变。流言总是发生在和人们生活有重大关系的问题上，奥尔波特指出流言的产生在以下两种社会情境下最易出现：

一是社会发生事变之前，最易产生流言。这是因为社会事变之前，社会的固有秩序开始紊乱，社会组织日趋松懈，制度纲纪职能低下，人们凭直觉感到社会将发生重大事件，所以对社会现状和未来做出种种猜测，议论纷纷，以讹传讹，流言四起。

二是社会重大事变过程中，流言最盛。例如，在战争、变革或自然灾害时期，人心惶惶，最容易产生流言；调整物价时，只要社会上流传说某某物品要涨价，几天之内，该物品就会被抢购一空；在整顿乡镇企业的精神下达后，不少人又认为要限制乡镇企业的发展。总之，有关国计民生的事都会被人们当作敏感话题，从而引发出种种流言。

（2）个体的显要地位。在社会上无足轻重、不引人注目的人，不会引起流言。一个人一旦成为某群体内的著名人物，居于显要的地位，关于他的流言就会多起来。当然此类流言有好的，也有坏的。社会上的关于个人方面的流言，大多数都是娱乐圈内的，因为他们是人们共知的对象，常常成为议论的中心，所以，他们的工作和生活最易成为流言的内容。

一般地讲，流言都是言过其实的，好意的内容少，而攻击性的内容多，即使是好意的，也不可信。

（3）信息缺乏。流言产生的另一个重要的客观因素是信息缺乏，大众传播渠道不畅。正常的信息渠道受到阻碍时，或缺乏信息、信息不清时，个人可能会依据猜测、想象，对事物做出自己的解释，这就难免会产生流言。尤其是在有关某一重要事件的信息缺乏的情况下，人们急于了解真相，得出结论，于是，那些街谈巷议、毫无根据的断言、"小道消息"就会乘虚而入，填补由于情况不明造成的空白。从这个意义上说，流言能迎合不明真相的人的心理需求。问题越是严重或具挑战性，同时有关信息越是匮乏，流言也就越容易急剧发生和蔓延。

2. 流言产生的主观因素

流言的产生除客观原因外，还与个体的主观因素有关，即由于某些人类固有的心理基础——人们在观察、记忆、理解等方面的不足或偏差，由此造成信息传播过程中的遗漏、颠倒、增补等现象。有时还出于一些人喜欢自圆其说，即人们往往有这样的倾向——希望自己的话在别人听来是真实的、合理的。为了达到这个目的，发言者便可能有意无意地增补、删改事实，最后终成流言蜚语。具体而言，主要表现在：

（1）观察不详尽。人们对任何事物的观察，即使集中注意力，也难免有所疏忽，将这种观察结果传播给他人，就可能成为滋生流言的温床。

（2）遗忘。人们不可能记住所接受的一切信息，总会有遗忘。随着时间的推移，遗忘的内容会增多，如若不反复记忆，根据遗忘的一般规律，几周后就所剩无几了。人们在传播信息过程中的遗忘，也是信息失真的一个重要原因，而且，遗忘还可能会导致信息要素的颠倒和张冠李戴。

（3）个体认知上的偏差。在与他人的交往过程中，人们可能对对方的某些含糊的、曲解之言词，凭自己的经验来理解，自圆其说，致使外界信息失真、失实、遗漏。再加上受自己愿望、恐惧、忧虑、怨愤等情绪的作用，所以当个体把自己耳闻目睹的事件转告他人时，就有可能不知不觉地对信息进行了歪曲。于是无根据的流言也就随之而起。

此外，还有些个体为了耸人听闻，往往夸大其词；或者是为了附会以往的某种传说、民间的某种愿望以及为了满足某种因果关系，发言者也可能会无中生有地制造流言。

综上所述，客观的社会环境，加上人们对于某些问题的关注和对事实真相的不明，是流言传播的基本条件。

（三）流言传播的影响

流言一经产生，传播一般都较为迅速，一传十、十传百之后面目全非，而且会越来越离奇、荒诞，甚至演变为一种精神上的传染。因此，流言对个人和社会都会产生消极的影响。

1. 流言对个人心理、行为的影响

流言形成并广为传播之后，就会成为一种社会心理环境，人们处于这样的环境之中，自然而然会受到影响。每当听到流言，特别是被许多人相互传播的流言，都有人会信以为真。由于周围屡次出现相同的情形，因而在这一情境中的人们往往容易听信流言。

2. 流言对社会、对群体的影响

由于群体中人与人之间相互接触，使流言不断变化，就会进一步增强它的力量。尤其是有关社会稳定方面的流言被散布时，往往会引起人们强烈的情绪反响，甚至对社会造成危害。

（四）如何反击流言

补充材料6-8：

微博改变舆情危机应对格局

人民网舆情监测室发布的《2010年中国互联网舆情分析报告》中指出，微博话题也从日常琐事转向社会事件，逐渐发展成为介入公共事务的新媒体，改变了传统网络舆论格局的力量对比。微博客成为网民收发信息的首选载体之一，其涉及领域已渗透到网民社会生活的各个层面，无论是在重大事件、防灾救灾，还是公民权益、社会救助等各个领域，往往也对事件的发展产生重大的影响和起到推动作用。微博客带来的更大社会震动，在于实现了对突发事件的"现场直播"，通过手机等无线终端，每个人都可以轻而易举地成为信息发布者。在微博的应用中，人民网舆情监测室提出如下建议：

（1）设立企业账户。无论你是什么行业的，只要你关注自己的品牌，就必须有企业账户，作为微博这个无边界媒体上的一个正式渠道，代表公司行使言权；

（2）参与行业圈子，并建立专业领域的人脉，以帮助树立正面形象，并更快地拓展信息源，及时了解与企业相关的信息；

（3）遇到问题，及时反馈。微博上是非较多，遇到非议也很正常，不用太较真，但一定要及时反应，有则改之，无则加勉，在微博时代，不再是人微言轻了。危机公关，就是要把对品牌不利的东西变成对品牌有利的东西；

（4）与企业声誉相关的重要信息，要主动发布，避免口舌误传。

（资料来源：人民网，2011.01.13）

流言的本质决定了它的作用必定是弊大于利。其实流言是完全可以制止的，因为它缺乏事实依据。怎样反击流言，可以做以下思考：

1. 流言止于透明

透明包括政府工作的透明、媒体的透明、群体的透明和个体的透明。在2003年抗击"非典"的过程中，起初流言不断，后来，媒体每天公布全国防治非典的疫情，许多流言也就销声匿迹了。这种透明能正本清源，使大家增强信心。

2. 流言止于法治

流言往往是社会挤压的非体制产物，但这并不是说，社会权威机构对流言就听之任之。权威机构应追查流言的源头，对恶意传播者予以惩治。当然，辨别流言性质一定要体现理性，要把流言的一般传播与恶意制造和传播区分开来。

3. 流言止于科学

古人云："流言止于智者"。"智"，就是理性，就是科学。科学知识、科学精神、科学思想和科学方法是对付流言的有效武器。一般来讲，愚昧与流言的传播是内在地联系在一起的。

4. 流言止于"釜底抽薪"

所谓"釜底抽薪"就是要研究、解决流言所涉及的具体问题。流言风起是现象，其根源在于社会内部有产生流言的土壤。

5. 人们处在恐惧不安和焦虑状态时，流言易于发生、易于传播

心理的失衡状态归根结底是社会失衡的反映，因此，要从根本上消除流言产生的基础与种种动因，首先要保持社会的安定和民主渠道的畅通，并且应该用各种方法提高公众的成熟度和抗干扰能力。对具体的社会组织来说，要避免流言的伤害，首先应该完善自身的运作机制，尊重公众利益，与公众保持密切的沟通。可以说，那些易成为传闻对象的组织，在一定程度上都是未能与公众建立良好的公共关系的组织。因此，制止流言的最根本所在，还是一个社会或一个组织的自身内在素质的提高。

补充材料6-9：

流言产生和消逝的机理

流言不是个人智力游戏的结果，而是群体议论和传播的结果，同时也是社会生活中常见的与传播有关的一种集群行为方式。

这次抢购碘盐的事件，属于同一类流言的循环再现。在2003年我国非典疫情的传闻之下抢购板蓝根，后来几年里发生禽流感、猪流感、大地震、泥石流，以及香蕉致癌、松花江水污染、"柑蛆"事件等公共危机事件中，都存在不同程度的抢购（或拒购）相关商品的风潮。这是公众对危机的应急反应，不论怎样防备，以后还会发生，只是在有所防备的情况下，流言爆发的程度可能轻些、地域狭小些，但难以完全避免。企业企图通过控制传媒来封锁信息或只强调某一方面的信息，基本是徒劳的。抓几个传谣的人充当替罪羊或把事情归罪为游资炒作，是舍本逐末。在这类事件中，其实没有真正的信息源和阴谋实施者。

某些谎言为何不断变异重现

随着城市化进程的加快，人口膨胀、流动增加、技术发展和全球化等因素，世界进入了风险社会时期：突发性公共危机事件、群体性冲突事件、恐怖袭击、技术性灾难事件出现的频率增大。一旦人们新获取的信息（例如这次的日本核辐射）与原有的经验（例如2003年非典疫情下的抢购等）相联系，从而进行判断和采取行动，就会流言四起，随后发生抢购或拒购，这是由于眼下的事情与人们的记忆结构和社会认知心理相关联。这是社会一体化的焦虑表现之一。处于紧张、焦虑状态中的个人心理承受能力往往很差，对相关信息很敏感，在一时无法从权威渠道获知对事件的解释时（或假冒权威信息出现），便

极有可能受到群体压力的暗示和感染，相信并进而传播流言。

现实生活中我们经常可以看到这样的例子：一则若干年前曾盛行一时，将人心搅动得不得安宁的流言在经过长久的"休眠"之后，在某种外来因素激发下又"新瓶装旧酒"般地变异为另一番模样粉墨登场……

当人们获知了一条新信息时，会把这部分信息和认知结构中属于同一主题的其他信息联系在一起，形成一个同类的认知结构。当同一主题结构中某个信息被提起或者唤醒时，其他的关联信息也会被唤醒。这便意味着，尽管流言可能消失或被否定，它的"印象"会残留为记忆的一部分；一旦相关主题再次被激发，流言造成的这部分印象会和其他相关信息一起，成为判断新情况的依据。只要流言曾经传播开来过，就很难在人们的记忆中抹去。人们在认知框架中接受了流言对原有主题的改变，所以会有意无意地受到流言的影响而采取行动，而行动又使得流言在人们头脑中更加根深蒂固。长此以往，循环往复，从而某些流言不断地变异重现。例如艾滋病扎针的流言从美国传到中国，在中国各地多次重复出现同类的谣言。

媒体自身具有"自净化"功能

这次抢购碘盐的事件中，消息来源之一是假冒的BBC，这是流言得以迅速传播的原因之一。流言在传播过程中引用具有权威性的消息源或强调"每个人"已经如何，或传播给你的人是较为熟悉的人，这就会产生一种权威归属、全体归属、亲近归属的心理，导致公众产生恐慌。当年数次发生在我国不同地区的"香蕉致癌"流言，就与信息传播中的归属心理有关。虽然后来"香蕉致癌"的流言被戳穿，但香蕉与"癌症"的联系却长存于人们的头脑中。这次抢购碘盐的事件虽然很快平息，但"辐射"与"碘"的联系，在以后的什么时候肯定还会重复出现。

这次事件中我国的大众传媒基本没有炒作流言，至少多数报纸版面处理得不错，并在传统媒体力所能及的时效内做到了及时辟谣。主要不是传统媒体，而是新媒体（例如微博）自身的净化作用（理性战胜非理性）最终抑制了谣言的继续蔓延，使得抢盐现象持续不到一天，就变成了被嘲笑的事情。

这一事件让我们认识到，我们应该以开放的眼光看待微博，它既可能比传统媒体更为迅速地传播流言，但也正是微博，成为迅速制止流言传播的最有力的渠道。因为在微博这个渠道上呈现的是一种意见多元的状态，这种状态有可能使得健康的意见通过观点的交锋而战胜非理性的意见，在学理上这是一种信息载体的"自净化"现象。而我国控制信息传播的部门，习惯于以舆论一律的标准来防范各种不喜欢的观点。其实，意见多元本身是最安全的和谐状态，希冀只有一种意见存在和流通，反而意味着潜在很大的不安全因素。

危机应对需把握的度

当然，这要对舆情有一种把握。一般情况下，如果持某种健康观点的人在一定范围内占据接近三分之二的份额，这就已经是可以控制全局的量了，不要追求九成以上的人都说你希望听到的话，那是不可能的，即使出现也存在自我欺骗的假象。另外，如果某种你不喜欢的观点在一定范围内不到总体的三分之一，这种意见的存在对于当权者来说是安全的，没有必要非得剿灭它。只是在超过三分之一的时候，才需要予以注意了。这是运筹学的道理，但管理信息的官员们目前主要是凭经验和按照上级要求来办事，于是，一些事情做得形式上异口同声，颇为成功，其实已经把事情办得非常糟糕。

危机传播理论有成套可以借鉴的程序。只是我们在某些方面没有贯彻好而已，特别是信息公开的原则；其次是传媒要在危机事件的关键时刻及时履行监测环境的基本职责，告知哪里可以避难，哪里有食物和水，哪里能够提供帮助等。

（资料来源：人民网，2011.04.25）

三、骚乱

案例：

1. **球迷骚乱**

1985 年，利物浦队和尤文图斯队比赛时，发生了球迷骚乱，导致 39 人丧生，欧洲足联禁止英格兰足球俱乐部参赛直到 1990 年；瑞典球迷在 1970 年一次比赛时冲进球场，捣毁记分牌，并和警察搏斗；巴西球迷在 1990 年的 6 个月时间里就有 8 人被枪击身亡，其中包括一位足球俱乐部主任；1974 年美国棒球联赛发生的球迷骚乱导致克利夫兰印第安队被得克萨斯州棒联罚款；1990 年庆祝底特律队在 NBA 篮球联赛中获胜导致球迷异常骚乱，造成 7 人死亡……

2. **印尼骚乱**

据印尼全国人权委员会和人道志愿者组织公布的材料，1998 年 5

月13日至15日在雅加达发生的骚乱中，约有1 200人丧生，5 000多间房屋和商店被抢劫和烧毁。此外，5月13日至7月3日期间，有168名妇女遭到强奸，其中20人死亡。

从以上案例中，我们可以看到骚乱带来的危害。在公关活动中，公关人员必须要了解骚乱，从而避免骚乱对组织带来的消极影响。

（一）骚乱及其特点

骚乱是在某一特定场合或局部范围发生的扰乱和冲击社会正常秩序的群体行为，是公众在非正常状态或危机下的一种行为方式。

骚乱具有以下特征：

（1）突发性。这是指骚乱一般没有事先充分准备和酝酿的过程，常常突然发生，难以预见。骚乱是无计划、无组织的群体行动，是一群人对某种刺激的过敏反应。骚乱中可能有为首者，但为首者和随从者的关系一般不是事先确定的领导和被领导的关系；而且在骚乱中谁来带头也是不确定的，往往谁的言行举止最激烈谁就是"头儿"。这种由人振臂而起的骚乱具有突发性，因而很难预防。

（2）发泄性。骚乱一般是丧失理智的冲动行为，是一种盲目的情感发泄，是一种狂热状态。骚乱的参与者常常以狂呼乱叫、吹口哨、踩脚、推挤、砸瓶子等表现自己的情绪，骚乱现场周围的人或物都可能成为他们的发泄对象。

（3）交互感染性。这是指骚乱中的人群会成为一个临时性的群体，情感和言行会相互感染和模仿。骚乱使参与者"忘记"自己是独立的个体，只感受到群体的力量，往往做出自己在单独情境下不敢做或不会做的事情。

（4）破坏性。这是指骚乱冲击或扰乱正常秩序，常常引起围观、起哄，使事态进一步扩大和恶化，严重的会造成财产损失和人员伤亡。

（5）短暂性。这是指骚乱靠的是激情的一时支持，即使没有强有力的外部力量压制，也会自行停止。骚乱参与者一般靠激情支持，激情的特点是时间短、爆发猛烈、消失得也快；而且骚乱依靠的激情是群体的激情，群体的激情比个体的激情更容易消退，所以骚乱总是一时性的。当然骚乱如果被人利用，有可能演变为有目的、有组织、有领导的闹事和进一步扩大为政治性的动乱，这就该另当别论。

（二）骚乱与公关策略

骚乱属于扰乱社会秩序的行为，具有破坏性。所以，各级政府部门和各类组织，要了解骚乱的特点，掌握骚乱发生、发展的规律，做好骚乱的预防和平息工作。具体地说，可以从以下几个方面入手：

（1）在组织大型集会、大型活动时，要对可能发生的骚乱引起足够的重视，事先做好周密的计划，并做好安全和保卫工作。

（2）建立健全的组织与公众的沟通渠道，广泛倾听公众的意见和要求，并通过信息反馈，及时化解公众的积怨，防患于未然。

（3）当有紧急情况发生时，要有应急措施，要及时做好解释和说服工作，化解矛盾，取得公众的支持，缓解公众的恐慌和对立情绪。

（4）当骚乱发生时，应迅速控制和制止少数人的过激行为，防止骚乱的扩散与传染，遏制事态的进一步扩大。

课后思考练习：

一、超市奇遇

上海建筑材料工业学院的蔡林根先生同妻子来到美国纽约。一次，他们到一家超级商场购物。货架上商品丰富，琳琅满目，蔡先生的妻子推着采购车，一边走一边浏览货架上的商品，一不小心，采购车碰到了货架，货架摇晃了一下，两瓶茅台酒掉落下来，酒瓶摔碎了，酒液四溅。他们大惊失色，连声说道："糟了！糟了！唉，赔款吧！"蔡先生忙去找售货小姐说明情况，表示道歉，并称愿意赔偿。

谁知，那位售货小姐问明缘由后，却反而连声说："对不起，非常对不起！由于我没能照顾好先生和夫人，让你们受惊了！"她随即打电话向经理汇报此事。不一会儿，一位四十多岁的经理，满面笑容地向他们走来，谦恭地说："我已从闭路电视上看到刚才发生的一切，我的职员没有将货架放稳，令两位受惊了，责任在我。"他看到蔡先生的裤腿上还残留着点点酒渍，立即掏出手帕替他擦拭。接着，他又陪着蔡先生夫妻选购货物。

蔡先生夫妻俩看到店家不仅没有要他们赔偿，而且还反过来向他们道歉，很受感动，他们倾其囊中所有，买了一小车货物。后来，他们还多次光顾这家超级商场。

练习题：

本案例与哪些心理定势有关？这个案例中售货小姐和经理的做法对你有什么启示？

二、庄吉：从胆量到智慧

20 个世纪 90 年代中期，温州商品曾一度与假冒伪劣产品划等号，1995 年，全国服装行业百强评比，温州服装业竟然无一家企业上榜。温州服装界开始反思，很多业内有识之士再也坐不住了，开始寻找出路。庄吉集团就是在这一历史背景下诞生。

当时温州许多服装企业的产品不敢亮明产地，而庄吉集团从成立那天起，就确立了为温州服装正名的经营理念。所以，他们走得很坚决，当然也很艰难。

当时那样的背景，庄吉既然选择正面对待，其实就是背水一战，就必须要有勇气、有胆识、要果断。就好比一个人已经病入膏肓，是该下猛药的时候了。

庄吉集团成立后，大胆果断地推出了三大举措：

第一，品牌升位。现在的"庄吉"其实是沿用了以前的商标，但最初"庄吉"两个字只是一个没有意义的词组。庄吉集团成立后第一件事就是给"庄吉"品牌赋予真正的含义——"庄重一身，吉祥一生"。别看这只是一个简单的"广告语"，但它确定了庄吉的品牌定位。随后，庄吉重新进行了商标设计，改进视觉形象，从此，一个崭新的"庄吉"品牌开始诞生。

第二，给产品重新定位。庄吉西服原来是以中档、批发加工为主，而当时温州市 90% 以上的西服企业都是这种状况。鉴于这种情况，庄吉毅然转向，瞄准温州服装业的最高点，彻底放弃原已打下的"天下"，走向高档西服、连锁专卖的经营模式。

现在看来，这一步棋是走对了。然而，当时走这一步其实是有很大风险的，因为做高档服装是需要高投入，需要新厂房和新设备。

第三，电脑带刀同步缝纫机、自动缩绒机、意大利成套整烫设备……一批批世界先进生产设备和生产线需要引进来。1998 年下半年，占地 100 亩（1 亩≈666.67 平方米）的现代化工业园区试投产……

当时整个温州的服装市场正走向萧条，庄吉这样的大投入、大规模，是否"太冒险"？

庄吉这样做自然有他们的道理：面对市场大环境不佳，别人都在设备改造、技术改造方面停顿不前时，市场肯定会有"空挡"，这就需要经营者有超越常规思维的胆识。

重新调整产品策略后，庄吉不得不作出一个更为艰难的抉择，那就是抛弃原有的老客户、老营销网络。这一步的确走得很难，但是要想实现自己的目标，就必须义无反顾地执行自己制定的策略和思路。

这些举措当时在同行看来都是不可理解的，可令他们更加不能理解的是，等产品调整到位以后，庄吉又推出了具有颠覆性的举措——经营商"零风险"。

生产企业不承担流通领域的风险，这早已是一条定律。而庄吉却承诺，只要经营商按公司要求去统一经营，不管产品属于换季，还是卖不出去，公司都给予100%退货，经营商承担"零风险"。

当年，庄吉参加了在北京举办的国际服装博览会，展示"庄吉"品牌新产品，面向全国招商，并一炮打响。全国各地有70多家代理商加入，一下子将新"庄吉"形象在全国市场展示出来。

庄吉步步为营，环环相扣，完成了庄吉服饰从产品经营到品牌营销的质的飞跃。庄吉很快走进温州服装企业界的"第一舰队"，并成为领头羊企业。

庄吉还尝试各种创新，包括同类产品的创新和多元化的品牌延伸。"99新概念西服""非黏合衬西服""短袖清凉西服"，庄吉西服总在不断推陈出新，追赶西服行业最新潮流。

在庄吉西服迈开一步步创新之路的同时，庄吉品牌也开始渗透相关的服饰行业，如今庄吉已在衬衫、领带、时装、皮鞋、皮件等领域大显身手。今天的庄吉可以说是处在了发展的旺盛时期。

（资料来源：http：//www.51dh.net/magazine/article/1004-759X/2004/10/49641.html）

练习题：

1. 为什么温州企业当时不敢亮明产品产地？
2. 庄吉是如何树立自身的健康形象，实现企业腾飞的？

第 七 章

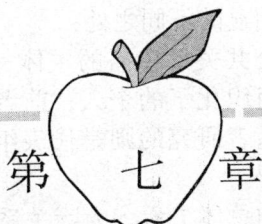

公共关系传播心理与实务

　　组织与公众的沟通，在很大程度上依靠信息传播，而组织与公众之间的误解，也往往是由于信息不畅造成的。因此，一个社会组织不但要有明确的目标、符合公众利益的政策和措施，还要充分利用传播手段开展公关活动，赢得公众的好感和舆论的支持，获得良好的经济效益和社会效益。

第一节　公共关系传播概述

　　公共关系传播，是信息交流的过程，也是社会组织开展公共关系工作的重要手段。离开了传播，公众无从了解组织，组织也无从了解公众。如果我们把社会组织看作公共关系工作的主体，把公众看作公共关系工作的客体，传播就是二者之间相互联系的纽带和桥梁。

一、公共关系传播的概念

　　为了弄清楚公共关系传播的基本内涵，有必要将它与含义相近的几个概念进行比较，找出它们的"同中之异"。

　　（一）人际传播与公共关系传播

　　人际传播泛指人与人之间的相互接触与彼此往来。它与公共关系传播有许多共同点：两者都属于社会范畴、都是能动的交流行为、都是以人为主体的活动过程、并具有相互作用的功能，而且，人际传播可以作为公共关系传播的辅助手段。

但是，它们也有着明显的不同之处：

首先，人际传播和公共关系传播的主体——人的含义不同。前者指单个的个人，后者指组织化了的个人；前者研究的是人与人之间的交往及信息交流活动，后者研究的则是代表组织的个人有目的、有计划地传递组织信息的过程。

其次，从社会关系的总体上看，人际关系是一种较低层次的社会关系，而公共关系则是从社会群体或组织的基础上建立起来的一种较高层次的社会关系。与此相适应，它们所采用的传播手段各不相同。人际传播手段一般比较简单，而公共关系传播手段相对复杂一些。

再次，人际传播的对象可以是一群人，也可以是一个人，而公共关系的传播对象则是与组织有着某种特定联系的群体。

（二）公共关系传播与大众传播的区别

大众传播是专业化群体通过各种技术手段向为数众多的读者、听众、观众传递信息的过程。它具有公共关系传播的一般特性，是公共关系传播的组成部分。但是，它们之间又有着明显的区别：

首先，大众传播的主体是以传播信息为职业的团体或个人；公共关系传播的主体则是一般的社会组织，是代表组织行使传播职能的公共关系机构或公共关系人员。

其次，大众传播的内容是由职业传播者根据新闻价值规律采编的、需要告知公众的信息；公共关系传播的则是由组织部门行使传播职能的人，根据公共关系计划编制的对组织有利的信息。

再次，大众传播的渠道一般不会由感官和简单的表达工具组成，而是一种包括大规模的、以先进技术为基础的分发设备和分发系统。因此，专门的信息传播机构既需要充足的资金、设备，又需要大量的专业化人才。公共关系传播则不受技术水平和专业化政府的限制，它的制作过程也相对简单一些。

最后，大众传播的流程在很大程度上说是单向的，因为它的主导者始终是传播者，受传者既不确知，也不稳定，很难取得直接的反馈；而公共关系的传播对象是可知的和相对稳定的，它的传播过程具有明显的双向性特点。具体表现在：组织通过信息传播将自己的目标、政策和具体措施告诉公众，公众则通过被调查或主动汇报两种方式把自己的要求、意见和建议告诉组织。与大众传播相比，公共关系传播能够更加及时、有效地取得反馈。

（三）公共关系传播

以上我们将公共关系传播同其含义相近的概念进行了比较。那么公共关系传播的基本内涵是什么呢？

公共关系传播是一种有组织、有计划、有一定规模的信息交流活动。它的目的是沟通传播者与公众之间的信息联系，使组织在公众中树立良好的形象。

公共关系传播可以利用的媒介很多，但是在当今社会，要想与公众取得广泛的信息交流，最有利的手段莫过于大众传播媒介了。这是由大众传播媒介本身的特点决定的。首先，它具有普遍性的特点。大众传播媒介，无论是报纸、广播还是电视，几乎家家必备，人人必听、必看，影响面非常广，可以满足不同职业、不同年龄、不同文化程度的受众的需要。因此，借助于大众传播媒介，能够达到与理想的传播对象接近的目的。其次，它具有迅速、及时的特点。由于科学技术的发展以及交通、通信条件的改善，今天的大众传播媒介能够以最快的速度向公众传递信息。在这方面，电子传媒的作用更加明显。因此，只有借助于大众传播媒介，信息传播才能不失时效。

公共关系传播的客体是公众。公众一般由两部分组成，一部分是组织内部公众，另一部分是同组织有着某种特定联系的外部公众。公共关系传播的一个重要任务，就是影响公众，改变他们的态度，引起与组织期望相应的行为。

至此，我们可以为公共关系传播下一个定义了。

公共关系传播是组织通过报纸、广播、电视等大众传播媒介，辅之以人际传播的手段，向其内部及外部公众传递有关组织各方面信息的过程。

这个定义至少包括三方面的内容：

第一，公共关系传播的主体是组织，不是专门的信息传播机构；

第二，公共关系传播的客体由两部分组成，一部分是组织内部公众，另一部分是组织外部公众；

第三，公共关系传播以大众传播媒介作为主要手段，以人际传播作为辅助手段。

二、公共关系传播的基本要素

1948 年，美国著名的政治学家哈罗德·拉斯韦尔补充提出了传播过程五因素即所谓 5W 的公式：谁（who）、说什么（says what）、通过什么渠道（in what channel）、对谁（to whom）、取得什么效果（with what effects）。这个公式描述的虽然是单向传播现象，却为我们提供了一个分析传播过程的简易的模式。因为其中包含了构成传播的基本要素：传播者、传播内容、传播渠道、受传者和传播效果。

公共关系传播是组织运用传播手段向公众传递信息的过程，它经历了由传播者到受传者的全过程，因此，也应当包含传播过程的五个要素。

对哈罗德·拉斯韦尔的传播五要素稍加改变，就形成了公共关系传播的基本要素：公共关系传播者、公共关系传播内容、公共关系传播渠道、目标公众以及公共关系传播效果。

（一）公共关系传播者

公共关系传播者是公共关系的主体，因为它是构成传播过程的主导因素。在协调公众关系、改善周围环境的过程中，在树立自身形象、提高信誉的过程中，在沟通内外联系、谋求支持与合作的过程中，公共关系传播者居于主动地位，起着控制者与组织者的作用。它的任务是将外部的信息传达给组织内部公众，将有关组织的信息发布出去，传递到目标公众那里。

（二）公共关系传播内容

公共关系传播内容是指传播者发出的有关组织的所有信息。它大体上可以分为如下两类：

一类是告知性内容：向公众介绍有关组织的情况、组织的目标、宗旨、方针、经营思想、产品和服务质量等等。

在信息传播过程中，告知性内容往往以动态消息或是专题报道的形式出现。前者是关于组织新近发生的某一事件的基本事实的描述，通常包括五个"W"，比如关于商店开业、展览会闭幕、新产品问世、超额完成产值等情况的报道；后者是对事件全景或某一侧面进行的放大式描述，它不但包含五个"W"，而且包括对基本事实具体情节的勾勒。例如，介绍新产品的设计过程、制作工艺、用途、专家鉴定情况等等。

另一类是劝导性的内容：即号召公众响应一项决议，呼吁公众参与一项社会公益活动，或者劝说人们购买某一品牌的商品。在利用大众传媒进行宣传的过程中，政党、政府及其他非营利性组织发布的劝导性的内容，往往以社论、评论、倡议书的形式出现，而营利性组织发布的此类内容，则多以商业广告的形式出现。

（三）公共关系传播渠道

所谓传播渠道，是指信息流通的载体，也称媒介或工具。人们通常把用于传播的工具统称为传播媒介，而把公共关系活动中使用的传播媒介，称之为公共关系媒介。可供公共人员利用的传播媒介有两种：一种是大众传播媒介，一种是人际传播手段。我们也可以把公共关系媒介分为基本媒介和综合媒介两种。所谓基本媒介，主要包括人与人之间的传播、广播、电视、印刷品、摄影作品、电影等；综合媒介则包括与新闻界的联络、特别节目、展览、会议等。显然，所谓综合媒介是各种基本媒介的集大成。

（四）目标公众

目标公众是指那些与组织有着某种利益关系的特定公众。它们是大众传播受传者中的一部分，是组织意欲影响的重点对象。这类公众的特点是：

（1）目标公众是有一定范围的、是具体的、可知的、也是相对稳定的，即每个组织都有自己的特定公众。

（2）公众是复杂的。尽管某些个人由于某种共同性构成了某一组织的公众，但他们之间还是有着明显的差异。

（3）公众趋向集合。组织与公众之间的利益关系变得突出时，原来松散的公众集合体就会趋于集中，显示出它特有的集体力量。

（4）公众是变化的。组织与公众之间的利益关系结束了，这一类公众就不复为该组织的公众。

（五）公共关系传播效果

公共关系传播效果，是指目标公众对信息传播的反应，也是公共关系人员对传播对象的影响程度。

三、传播过程阶段分析

（一）传播过程

温德尔·约翰逊（Johnson）曾经从心理学观点将传播过程描绘为：

（1）某一事件发生了……

（2）这一事件刺激 A 先生的眼、耳朵或其他感觉器官，造成……

（3）神经搏动到达 A 先生的大脑，又到他的肌肉和腺体，这样就产生了紧张及未有语言之前的"感觉"等；

（4）然后，A 先生开始按照他惯用的语言把这些感觉变成字句；

（5）通过声波和光波，A 先生对 B 先生讲话；

（6）B 先生的眼和耳分别受到声波和光波的刺激，结果……

（7）神经搏动到达 B 先生的大脑，又从大脑到他的肌肉和腺体，产生紧张（张力）、未讲话之前的"感觉"等等；

（8）接着 B 先生开始按照他惯用的语言表达方式把这些感觉变成字句，并且从"他考虑过的"所有字句中"选择"，或者抽象出某些意思，并以某种方式安排这些字词。然后 B 先生开始讲话，或做出行动，从而刺激了 A 先生——或其他人——这样，传播过程就继续进行下去……

若将约翰逊的描绘更简略一些，传播作为传播者与受传者之间的信息互动的过程，至少应包含以下几个阶段：

1. 编码阶段

编码是将目的、意图或者意义转换成符号或代码，即把需要传递的信息内容转换成一定的适合传递的符号形式。简单地说，编码实际上就是一个使事物符号化的过程。

2. 媒体传输阶段

将经过编码的信息内容，选用一定的传播通道和媒体传递出去，是整个传播过程中核心的一个环节。通过它，传播者与受传者之间才得以实现信息的分享、意见的交流及思想感情的沟通。

3. 解码阶段

解码即接收和解释信息的过程，是指受传者将接收到的符号翻译为所能表达的思想内容，使之完全或基本还原为本来的信息内容的过程。解码是编码的逆过程。

由于意义在很大程度上存在于人的主观理解之中，同个人的许多主观心理因素有关，就使得每个人都有自己独特的"意义体系"。它同众所周知的符号所具有的多义性一起，导致千差万别的受传者对同一符号做出各不相同的甚至是截然相反的解释。这一现象的出现，常使传播者本来想传递的意义被歪曲或误解，即受传者理解的意义不同于传播者所传的意义，这对传播目的的实现是很不利的。没有一个传播者能够假设一则信息可以对所有受传者都具有自己所希望的意义，或者他甚至不能指望一则信息能对所有受传者具有同样的意义。

4. 反馈阶段

受传者对传播者所发出的信息的反应就构成了对传播者的反馈。由于反馈可以起到修正偏差的作用，因此它使人类传播过程成为一个可以调节、控制的过程。对于改进和提高传播效果而言，反馈具有极其重要的作用。

（二）传播过程的实质

所有形式不同的传播活动从本质上看，都是传播过程参与者借助信息这一中介实现的彼此之间的心理互动，而传播者和受传者正是据此来实现心理和行为上的相互作用和相互影响。

传受双方的心理互动一方面表现为传播者对受传者心理的影响，另一方面也表现为受传者对传播者心理的影响。

受传者通过把信息同自己的参考框架相结合，借助种种错综复杂的心理过程对信息进行对照、比较、思考、评价，最终产生观念、态度或行为上的变化。尽管这种变化可能同传播者的预期相一致，也可能不一致，但总是会在受传者的心理上留下一定的印记，决不会像"什么事都没有发生过"一样。

受传者对传播内容的接受、理解、疑惑或无动于衷等都将成为反馈信息，并通过各种反馈渠道，有意无意地对传播者产生影响。作为反馈的结果，传播者可能会调整自己的传播目的和预期，可能会重新组织传播内容，可能会改进传播的手段和技巧，可能会更多地考虑受传者的愿望，甚至可能会对自己原有的观念、态度和行为产生怀疑和动摇。

理想的互动称为彼此相倚型互动，其特征是互动双方既根据自己带入互动情境的计划、也根据对方的所作所为来做出反应。只有当传播过程中传受双方的心理互动是彼此相倚型的互动时，即传受双方既强调自己计划的影响、也强调对别人的反应时，传播才能收到最明显的效果。因为人类的互动需要行为的相互协调和互补的期望，也不应离开自己的目的和动机。

四、公共关系传播方式与功能

企业的公共关系传播沟通是多层次、立体化的。在现代信息社会，传播媒介和沟通技术的发展，完全突破了传统的沟通障碍，使企业和消费公众之间有可能通过多层次、多元化的沟通缩短相互之间的社会距离。我们大致可以将传播方式划分为四个层次：

1. 大众传播的形象推广功能

大众传播主要是指通过报纸、杂志、广播、电视等大众传播媒介，向人数众多、范围广泛的人们公开地定期传递信息的过程。大众传播具有受众面广、传播速度快等优点。大众传媒可以将企业的经营决策告知消费公众，增进消费公众对企业的了解，加强和消费公众的沟通，提高企业的美誉度；企业通过对大众传播的监测，可以搜集大众舆论对自身形象的反映，不断改进和调整自己的决策和行为，完善企业形象。

运用大众传播不仅具有对外宣传的功能，也具有对内沟通的功能。企业的许多市场政策，通过大众传播迅速地为消费公众所了解，较快地形成社会共识，从而较快地产生政策效益。如果政策在消费公众中有争议，可以在大众传媒上开辟讨论专栏，让消费公众充分地发表意见，达到与消费公众沟通的目的。

2. 消费公众传播的形象塑造功能

消费公众传播是一种"公开的说话"，它既可能是一个人、也可能是几个人作为传播者，在特定的环境中与面临共同问题的社会群体进行的面对面交流。

面临共同问题的社会群体即消费公众。消费公众的传播是一种发生在诸如大礼堂、演讲厅、展览馆、露天广场等公开场合的传播行为，传播的时间、地点一般都事先进行了计划安排，传播的过程具有明确的行为标准和进行程序。因此，消费公众传播是一种社会性很强的传播活动。可以适当地组织消费公众传播活动，安排有关企业及部门领导与消费公众见面，既让消费公众有面对面了解、咨询的机会，亦使企业有面对面交流、引导的机会，从而实现企业与消费公众之间公开化的双向沟通。

尤其是当国家或某一地区出现事故或遇到危机时，企业应该懂得利用消费公众传播这个重要的传播媒介来宣传自身所采取的措施，这对于树立企业在消费公众中的形象具有良好的作用。

3. 组织传播的形象管理功能

组织传播即组织内部成员之间、组织与群体之间开展的信息交流活动。组织传播具有明显的目的性和可控性。什么时候、什么人对什么人发出什么信息，都有其目的性，都有相当严格的规定。这种情况下，组织传播中发出的信息具有某种程度的正规性和权威性，因而有针对性强、信任度高的特点。

把公共关系作为一种有效的管理方法加以应用，也是由于现代科技的发展为其创造了条件。在以前，因为传播手段的落后和时空的限制，企业的市场政策难以建立在互相沟通的基础上。现在，先进的传播设备和强大的传播媒介，可使广大的消费公众加深对企业各项市场措施的理解，帮助企业树立良好的形象。在这方面，应不断健全与完善企业的新闻发布制度，提高企业的透明度，满足消费公众的知情权。这是现代企业形象的一个重要标志。

4. 人际传播的形象渗透功能

人际传播主要是通过人与人之间的接触、交往来传递信息，沟通感情，以争取理解、获得好感。在这方面，除了做好日常的交际工作和礼宾工作之外，需要特别强调企业高层决策者与中层管理者对待消费公众的服务态度。在一般消费公众的心目中，企业高层决策者是企业形象的缩影，他们的言行不仅代表个人，而且代表企业。因此，企业高层决策者应该具备现代的形象意识和形象素质，要在生理形象、心理形象、行为形象、语言形象、职务形象、休闲形象等方面具备自己的独特魅力。

此外，每一个企业员工也都是企业形象的生动载体。抽象的企业形象在企业员工的日常工作中都具体化了，工作人员热情有礼会赢得消费公众对企业的好感，工作人员作风不正则会损害企业在消费公众中的声誉。消费公众对企业的评价不会停留在"张三""李四""王五"的个体上，而会延及整个企业。因此，应该对企业的员工进行广泛的形象教育，使全体员工都成为现代企业形象中最优秀的社会群体。

五、大众传播媒介的比较

在大众传播媒介中，信息传播方式是多样化的。除了传统的纸媒体传播方式以外，还有广播、电视、电子出版物、网络传播等传播方式。分析和比较不同传播媒介的特点，将有助于我们提高对不同传播媒介的认识。

（一）纸媒体传播的特点

纸媒体传播就是以纸张作为传播载体，通过印刷、发行来实现传播，因而，纸媒体传播依赖于印刷技术并伴随着印刷技术的发展而发展。尽管其他传播方式形式多样、发展迅速，但由于纸媒体传播方式有着上千年的发展历史，人们对于它有着广泛的认同；同时纸媒体所独有的随意、舒适和简单的特性是其他传播方式所不具备的。因此，在各种传播方式中，纸媒体传播方式仍然占据着主导地位。相对于其他的传播方式，纸媒体传播方式具有以下几个方面的优点：

（1）良好的阅读性。纸媒体适合于人们的阅读习惯，相对于人眼具有较适宜的亮度和对比度。

（2）浏览的随意性。纸媒体在阅读时不需要借助于其他的辅助工具，所以它不受时间、地点等的限制。

（3）价格的低廉性。纸媒体由于不需要借助其他的辅助阅读工具而直接阅读，并且材质低廉，所以它是最为廉价的大众传播方式。

（4）不可替代的物质性。虽然像新闻、电视节目等信息可以通过电视、网络等方式更快捷、更广泛地进行传播，但是诸如商品包装、美术作品等、纸媒体不但要承载各类信息，还必须作为商品的载体，因而具有不可替代的物质性。

纸媒体传播也存在着一些不足，这主要表现为以纸张为传播载体的图文信息，其表现的形式和空间均较为有限。同时，人们对于信息的接受也主要以视觉为主，难以涉及其他感觉器官，并且纸媒体传播由于受到其物质性和所依赖的印刷技术的限制，其传播范围受到了一定的限制，时效性也相对差一些。

（二）可视听媒体的传播

可视听媒体主要包括广播、电视和电子出版物等，它们或借助于通信设备，或以磁盘、光盘为载体，以各种电子设备作为辅助工具来实现传播。广播以其生动而富有感染的话语打动了千百万听众，电视则以声像合一的画面吸引了无数观众，而电子出版物更是以其互动性使人有如临其境之感。虽然这几种传播媒体间有差别，但它们与纸媒体传播相比，均具有以下特点：

（1）传播的容量大。一张蓝光 DVD 的容量可达 30G，而现在硬盘的存储量已经达到了几百 G 甚至更高，这都是纸媒体所无法比拟的。

（2）具有文字、图像和声音综合传播的能力。可视听媒体在传播中，能把文字、图像和声音多种信息有机地结合起来，有效调动人们的多个感觉器官，从而创造出一个动态的、立体的传播效果。

（3）一定的交互性。人们借助于现代通信技术和计算机技术，可以实现异地对话、人机对话，从而在一定程度上实现了人们的即时交流。伴随着电子技术的发展而发展的可视听传播，使人类进入了一个全新的、前所未有的信息社会。

虽然可视听媒体在某些方面比纸媒体前进了一步。但同样也存在着不足：

（1）受传播时段和传播内容的限制。无论是广播，还是电视，当你要浏览某些内容时，你必须受到相应时段的限制，并且所浏览的内容往往不具有重复性。

（2）受传播工具和传播载体的限制。无论是广播、电视的收听和收看，还是计算机的使用，都必须有相应的辅助工具或手段，否则无法实现信息的传播。

（三）网络传播的特点

网络传播是指通过计算机网络进行人类信息（包括新闻、知识等信息）传播的活动。在网络中传播的信息，以数字形式存储在光、磁等存储介质上，通过计算机网络高速传播，并使用计算机或类似设备进行阅读。网络传播集中体现了新经济时代的特点，与上述两种传播方式相比，其特点是非常鲜明的：

（1）它突破了传统媒体在时间、时段和版面上的限制，传播及时，更新速度快，信息量大，兼容性强。

（2）它是一种多媒体传播。可以将文字、声音、图片、图像等传播符号和手段有机结合起来，因而网络媒体可以融合报纸、广播、电视三大传统媒体上的内容集中加以表现。

（3）网络传播具有全球性，可以将影响力扩大到国际范围。

（4）网络传播的双向交互性使受众产生强烈的意见互动，并减少其抵触心理。

网络传播方式虽然具有较突出的优势，并且发展迅猛，但也存在一些缺陷：

（1）受传播工具的限制。由于网络传播必须依赖于网络，并以计算机为终端，因而信息获取必然受到传播工具的限制。就目前而言，网络的基础建设仍处于初级阶段，要达到较完善的程度是要经历一个长期建设和发展过程。

（2）受众面受到限制。由于网络传播必须采用计算机作为浏览工具，而计算机的应用又受到受教育程度、国家的发展状况、文化背景等诸多条件的制约，这些都在一定程度上影响了受众范围。

（3）采编能力。大部分网站无独立的采编队伍，其信息的来源主要依赖于其他的传播媒介，因而缺乏独立性、新颖性和权威性。

（4）可阅读性差。由于计算机屏幕亮度较高，并时常伴有闪烁及亮度的变化，阅读时的舒适感不好，易于疲劳。

通过上述比较和分析，不难看出，虽然上述几种传播方式出现于不同的时代，但都有自己的特点和不足。一种传播方式很难完全取代另一种方式，并且由于科学技术的发展，各种传播方式间相互渗透、互为补充、共同发展、共同繁荣，必然是今后传播媒介发展的主要方向。

第二节　受传者心理分析

公关传播活动是具有一定目的性的，传播者总是期望自己的传播行为能够达到预期的意图或目标，产生良好的传播效果。传播效果的产生始终离不开一个重要的传播因素——受传者，即传播活动的对象。受传者是接受信息的认识主体，是具有反作用于信息的能动者。受传者心理是其自身态度改变的内因，而来自于传播者的特点和传播者在信息传播中所采用的策略方法，则属于受传者心理改变的外部力量。外因只有通过内因才起作用，所以需要重点研究受传者心理及其特点，以增强信息传播效果。

一、有关受传者的理论

在传播过程中受传者并不是被动、机械地接受传播的，对此，西方传播学者进行了一系列的研究，提出了各种不同的观点。美国著名传播学研究者梅尔文·德福勒在其《大众传播理论》（1975）一书中把关于受传者的理论归结为 4 种：①个人差异论；②社会范畴论；③社会关系论；④文化规范论。1967 年巴伦又提出了社会参与论。这5 种受传者理论从各不相同的侧面给受传者画了一张张侧面像，把它们结合在一起，就能对受传者产生一个立体的整体印象。

（一）个人差异论

个人差异论以行为主义心理学为基础，关注同个体受传者有关的变量，认为世界上根本不存在一成不变、整齐划一的大众传播的接受对象，受传者之间普遍存在的个体差异决定了他们对信息有不同的接受和理解，进而就有不同的态度和行为。这一理论使人们认识到，受传者是有着鲜明个性和一定主见的传播主体。传播媒介的信息符合受传者的兴趣、态度、信仰，便容易得到他们的注意与理解；反之，这些信息就可能被回避、歪曲或忘记。于是，有效劝服的关键就在于改善受传者个人内部的心理结构。

德福勒在《大众传播理论》中将这种广泛而普遍存在的个体差异分为 5 种：①人们各自的心理构成是千差万别的；②人们的先天禀赋和后天习性各不相同；③一个人的心理结构之所以不同于其他人，是由于人们所处的环境不同，以及自身在认识客观环境时所获得的立场、价值观念和信仰的不同所造成的；④个性的千差万别来源于人们在认识客观事物时所处的不同的社会环境；⑤通过学习而形成的素质不同。

（二）社会范畴论（社会分类论）

这一理论是通过对个体差异论进行修正与扩展而最终形成的。它以社会学为基础，着重强调人的社会群体特性的差异。它承认受传者具有各不相同的个性，但进一步看到这些各不相同的受传者在性别、年龄、文化程度、社会地位、兴趣爱好、价值观、甚至信仰等方面总会有大体相同的特点，汇总起来就形成了社会群体范畴。属于同一社会群体范畴中的成员对于大众媒介的信息会做出大体相同的反应。于是，大众媒介可以针对不同社会群体的特点去选择和制作信息，把节目或内容安排得更具特色，更有吸引力。

（三）社会关系论

社会关系论主要着眼于受传者参加的组织或团体的压力、合力对受传者本人接收信息的影响，强调群体关系在传播活动中的作用。媒介传播的任何信息，都将受到个人的生活圈的抵制或过滤，很少畅通无阻。如果传播媒介的信息与团体的意见相左，或有损于团体的利益，团体中的坚定分子必将首先起来抵抗传播，或攻击媒介，其余的人则可能采取回避或歪曲传播的方式，以削弱媒介的力量和作用。即使有少数人对团体持否定态度，他们虽然或许会在心底里认同与团体意见相反的观点，但不敢把它公开化，不敢公然与自己所在的团体中的大多数人作对，明目张胆地去接收对团体有害的或团体认为不好的信息。可见，团体的压力和合力对个体接收信息的态度、行为的影响是很大的。

（四）文化规范论

文化规范论认为，大众传播媒介通过有选择地、反复地提供一贯的信息，使受传者体会或知道什么是社会上所赞同或认可的规范、信仰和价值观，就可以形成一种道德的文化的规范力量，并使之成为人们认识事物的一种"参考框架"。人们在传播媒介长期的潜移默化的影响下，将不知不觉地依据媒介逐步提供的"参考框架"来认识和解释社会现象与事实，阐明自己的观点和主张，即受传者如何处理媒介信息与媒介传播的文化规范有着直接的关系。

（五）社会参与论

普通群众和群众团体应该既是信息传播中的受传者，也是信息传播中的传播者，他有权利用大众传媒来反映自己的处境、发表自己的见解或看法。大众传媒应当成为公众的讲坛。有关受传者的社会参与论逐渐地得到了国际社会的承认，联合国国际交流问题研究委员会就曾经在 1980 年编写的《多种声音，一个世界》中强调："大众传媒的负责人应该鼓励他们的读者、听众和观众在信息传播中发挥更积极的作用，办法是用更多的报纸篇幅和更多的广播时间，供公众或有组织的社会集团的个别成员发表意见和看法。"

二、受传者的选择性心理

受传者在接受信息的过程中具有自身的能动性，他们原有的态度趋向、观点和兴趣导致受传者对传播的信息是有选择的，这就是受传者的选择性心理。受传者的选择性心理主要包括选择性注意、选择性理解、选择性记忆。

（一）选择性注意

1. 选择性注意的特征

人们在接收信息时，总是不由自主地、自动地把那些与自己毫不相干的信息排除在自己的注意范围之外，同时也会主动地回避那些与自己固有观念相悖的或自己不感兴趣的信息，只注意那些与自己固有观念一致的，以及自己需要和关心的或者对自己有用的信息。

2. 影响选择性注意的因素

影响受传者选择性注意的因素主要有：①受传者原先的态度和立场。人们出于认知的和谐和自我确认的需要，总是更乐于注意那些支持其态度和立场的信息，因为这些信息有助于其认知的和谐和自我确认。当然，对相反的信息则会加以排斥和回避。②信息内容同受传者的接近程度如何，即信息内容是否同受传者有关，是否会对受传者产生影响。如有关儿童保健和教育的信息内容对家有处于儿童期的孩子的母亲来讲，就比未婚妇女或虽然已婚但没有孩子的妇女更为接近；有关上海最近五年的建设规划对于上海人而言，就比东北人更为接近。而信息内容同受传者越是接近，就越有可能成为受传者选择性注意的内容。

3. 提高信息的竞争力

受传者对信息内容的选择性注意是客观的存在，但并不表明传播者对此就只能束手无策。实践证明，只要传播者采取各种有助于提高信息竞争力的方法，就可以增强自己的传播内容吸引受传者注意的能力。如不断强化和更新传播的内容、改进和变换传播的形式、揭示传播内容同受传者的需要和生活的关系、利用内容本身的矛盾性质等，以及采用吸引人们无意注意的各种有效手段。

（二）选择性理解

1. 什么是选择性理解

选择性理解意味着不同的人以不同的方式对同样的信息做出的解释和反应。通常，人总是依照某些经验来接受和理解传播内容，或根据自己已有的观念来理解信息，对那些与自己原有观念相反的内容则加以排斥或曲解，使它符合自己已有的观念和立场。

2. 影响选择性理解的因素

（1）受传者的需要和动机

有时受传者之所以对信息做出自己的理解，就是在某种动机推动下试图满足自己的某一种或某几种需要。理解的目的往往是想通过理解得到某些东西。美国学者麦克莱勒和阿特金森（McClelland, Atkinson, 1948）的实验表明了对于一些似乎隐约可见的东西，处于高度饥饿状态的被试把它们理解成同食物有关的东西的概率很高，而不太饥饿的被试则较少地把它们理解成同食物有关的东西。可见，只有外界刺激与内在需要相一致时，外界刺激才能起作用，也才能被受传者注意和理解；否则，就可能被回避或歪曲。

（2）受传者原有的态度

受传者原有的态度或立场也是导致选择性理解的一个极为重要的因素。美国犹太人委员会有志于研究讽刺在减少偏见方面的效果，库珀和雅霍达（Eunice Cooper, Marie Jahoda）为了研究反偏见的漫画在减少偏见方面的效果，塑造了一个夸张的漫画形象"比戈特先生"（Mr. Biggott），令他在规定情境下有意显示出偏见的可笑。例如，其中有一幅漫画：比戈特先生躺在医院的病床上已经奄奄一息，可他还在对医生说："万一我必须输血的话，医生，你要保证给我输第六代美国人的蓝血（blue, sixth–generation American blood）！"漫画的意图是让观众看见偏见的可笑并减少自己所持的偏见。可是大约有三分之二的被试误解了漫画的意图，说漫画的目的在于使偏见合理化，因为漫画表明别人也有偏见，所以自己有偏见就不足为怪了；而原本不太有偏见的人多能理解漫画的意图。可见，无论有无偏见的人从漫画中看到的都是能够稳定和加强他们原有态度的因素。

（3）受传者的情绪状态

卢奔和卢卡斯（Leuba, Lucas, 1945）利用催眠术将被试引领进入不同的情形状态后，给他们看一张一群年轻人在一片沼泽地里挖掘的图片，发现由于个人所处的心境不同对图片的描述有极大的差异。同一个被试处于愉快心境时对图片的描述是："看起来很有意思：唤起了我对夏天的记忆。这就是生活的目的：在野外锻炼——挖掘泥土、种植、看着它们成长。"而当他处于批评性心境时则描述为："相当可怕的地方。对处于这种年龄的孩子来说应该做一些更有益的事情，而不是在这种地方进行挖掘，这样做不仅不干净、肮脏，而且毫无益处。"在被引领进入焦虑心境时，则对同一幅图片的描述为："他们会弄伤自己，应该有大人在旁看护以防事故。我真想知道水有多深。"

（4）受传者的个性特点

受传者的个性特点也会对人的理解能力产生影响。有一个故事说一位父亲有两个儿子，一个儿子非常乐观，另一个儿子极端悲观。父亲觉得过于乐观或过于悲观都不好，于是，父亲在一间房间里堆满了马粪，让乐观的儿子在里面待一天；在另一间房间里堆满了各种各样吸引人的玩具，让悲观的儿子在里面待一天。到了这一天的晚些时候，父亲进到堆满马粪的房间，看见乐观的儿子正喜气洋洋、挥汗如雨地刨着马粪，丝毫没有沮丧或悲伤，他告诉父亲在马粪的下面肯定藏着好东西。父亲又到另一间房间，发现悲观的儿子坐在玩具堆前伤心地哭着，儿子告诉父亲他担心这些好玩的玩具会被弄坏。

选择性理解的存在，使得在实际的信息传播过程中，编码和解码两个过程并不对称，所受的信息常常并不等于所传的信息，二者可能相去甚远甚至相反。传播者在组织传播活动时应该充分考虑受传者的选择性理解，控制和引导传播内容，尽量减少和消除受传者对传播内容可能产生的歪曲，提高传播的质量。

（三）选择性记忆

1. 什么是选择性记忆

选择性记忆是指对信息的记忆受到需要、态度及其他心理因素的影响，从而使记忆的结果常常表现为对记忆信息的某一部分印象很深，或只记忆其中对自己有利的部分，或只记住自己愿意记住的部分，而忽略其余部分。

2. 如何增强受传者对重要内容的记忆

通过运用以下这些方法，可以对受传者的选择性记忆施加影响，使他们更好地记住与传播主题相关的内容。

（1）创造良好的记忆环境，如接受信息的场所与休息、娱乐的场所分开，对环境加以布置使受传者不受其他信息干扰和刺激。

（2）重视受传者的最初和最后印象。

（3）组织座谈讨论。

（4）进行必要的奖惩（大棒加胡萝卜）。

三、受传者的心理效应

传播活动所针对的对象并不是孤立的，受传者作为社会群体的一员，它具有鲜明的群体性和社会性。传播者在考虑传播的效果时，不应该忽视受传者的群体心理特征及其产生的心理效应。所谓心理效应，是指传播活动中的一些心理现象对传播过程和传播效果的影响。

（一）威信效应

这里指传播者个人或群体的权威性、可信性对受传者的心理作用以及由此产生的对传播效果的影响。传播者是大众传媒中的信息采集者、制作者、把关者，社会对传播者具有一种与此种身份相联系的期待。受传者接受信息，总要求所接受的信息是真实的，而不是虚假的，是可靠的，而不是虚无的。对信息本身的验证固然是一个重要方法，而对传播者形象的审视也是一个重要途径。受传者接受信息时，总要了解一下，信息是谁发布的，来源可靠吗？如果答案是否定的，就很可能拒绝视听，即使视听，也会抱怀疑的态度去看待信息的内容。在此种情况下，信息传播很难收到积极的效果。西方传播学者曾经提出一个"睡眠者效果"说，即认为如果告诉受传者一种意见是由一个他不信任的人提出来的，效果会很差。过了一段时间当受传者已忘记了意见的来源而只记住意见本身时，传播就会出现反弹，效果有所提高。如果再提醒受传者这个意见是谁提出的，效果又会随之降低。因此，西方有的传播学者提出，要改变一个人的看法，最好改变他对传播者的看法。应该说这是有道理的。传播学研究认为，传播者或信息来源的可信度越高，其说服的效果就越大；可信度越低，传播的说服性效果越小。可信性通常包括两个要素：其一是传播者的道德信誉，如是否诚实、客观、公正等品格条件。名记者、名节目主持人之所以可贵，不仅在于其有深邃的观察力、敏捷的文思、生动的表现力，而且更在于他在广大受传者心目中享有很高的声誉。在我国市场经济大潮中，有的记者、节目主持人为金钱所诱惑，或搞"有偿新闻"，或"走穴"要高价，或做不实广告，以致受到受传者的批评或冷落，这种教训是很值得人深思的。其二是传播者的传播内容的权威性，即传播者在他传播的内容的范围内，具有一种为受传者信服的力量和威信。这种权威性无疑等于增加了内容的真实性和可信度。

在传播活动中，受传者威信效应的产生主要取决于信源在受传者心目中的威望和地位，且这种威望和地位是受传者授予的，受传者掌握着主动权。一旦受传者发现信源的可信度并不如心目中所期待的那么高时，此后，信源在受传者心目中的威望和地位就会大打折扣。毕竟，传播效果需由事实来说话。从长期的传播效果来说，最终起决定作用的还是传播内容本身的说服力。

（二）顺从、认同和内化效应

顺从、认同和内化效应，是指受传者态度改变的心理层次。

顺从，作为受传者群体中的个体接受信息时所采取的与大多数相一致的心理和行为的对策倾向，表现为外显行为上的一致，是出于一种趋利避害的动机。大众传播活动通常是在"一对多"的场合下进行的，在这种情况下，受传者群体中的多数意见会对成员中的个人意见或少数意见产生压力。个体往往因为害怕被孤立而被迫或潜移默化地服从多数意见，与群体达成一致。用荣格的集体无意识理论来解释，"少数服从多数，个人服从集体"，这种潜意识在很大程度上制约着现代人的心理活动。譬如对于一本书的评价，如果大多数人都说这本书好看，内容深刻，而个别人本来看不大懂却因为害怕被人认为没水准而被迫保持沉默或随声附和。在信息接收中，顺从效应一方面能够规范人们的接受行为模式，趋向于群体一致；另一方面又通常会导致个性的压抑，影响个人独创性的发挥。

认同，即受传者对大众传播内容保持一致，这种一致并非只是表现在外显行为上，而是在心理上与传播内容产生了一种不可分的整体感觉。认同与顺从相比，是较高的心理层次。认同主要不是受趋利避害动机的驱使，而是受传播内容的吸引，被传播内容所感动，因而愿意与传播内容保持一致。比如，传媒发表某人对某事的看法，受传者因为对此人一向尊敬，钦佩他的学识，所以就对他的看法表示认同。这种认同并非是为了趋利避害，而是为他所钦佩的人所吸引，愿意在态度上与他保持一致。

内化，是把传播内容纳入自己的思想体系中，把传播的观点和情感作为自己的观点和情感的一部分。内化与认同不完全相同：其一，认同更多的是出于情感上的原因；而内化则更多出于理智上的考虑。其二，认同往往与传播者有更密切的联系，因此，如果对传播者的态度改变了，对传播内容的态度也会随之改变；而内化则是新态度已成为自己态度结构中的一部分，即使对传播者的态度改变了，新态度也不会受其影响。因此，内化与认同相比，更深地扎根于心理结构中，是最持久、最牢固的态度改变。

以受传者态度改变的心理层次而论，大众传媒应当期望自己的传播能内化为受传者自身心理结构的一部分，这无疑是十分必要和正确的。但是大众传媒不能因此轻视受传者改变态度的顺从与认同形式，因为要求受传者具有不同的反应，而又要收到同样的传播效果是不现实的。受传者对传播的顺从和认同，也是传播效果的重要组成部分。受传者顺从、认同有益的传播，对于建立一个既有大方向又生动活泼的社会是有意义的。当然，顺从、认同与内化之间也并非截然分开的，当受传者对传播内容抱顺从与认同的态度时，就可能愿意进一步去接近相关的内容，这就为传播内容的内化创造了条件。受传者在顺从与认同中如果不断体验到态度改变的积极意义，更有可能使态度的改变进一步向内化转化。

（三）逆反效应

这是指受传者由于受某种既定立场、思维定势的影响，在接触、接受传播过程中产生的与传播者的传播意图相反的心理倾向。

大众传播中逆反心态大致表现为以下几种情况：

一是评价逆反，即受众对传播的事实判断或价值判断与传播者所持的判断截然相反。传播者持正面态度而受众却持反面态度；传播者将真正的新闻进行传播，受众却当作虚假的新闻加以否定或排斥；传播者宣扬的正面形象，受众却偏持反面的评价；等等。

二是情感逆反，即传播者在过程中所蕴涵和表现的情绪或情感，不仅未被受众所接受，反而激起受众的反感。比如，传播者喜欢的，受众厌恶，传播者褒扬的，而受众却排斥。

三是行为逆反。即传播者企盼受众采取某一种行为，受众却反其道而行之。比如，传播者劝说受众不要阅读某种书刊，而传播的结果竟是刺激受众千方百计地去阅读此种书刊。

致使受传者产生逆反心理的原因是多方面的，包括受传者因素和传者因素。从受传者方面的原因来看：

第一，是对传播的怀疑、不信任。传播内容失实、虚夸、片面或极端，受传者感到传播内容的描述与实际生活本身不相符合，因而对传媒的其他内容，即使是真实、全面的内容也不信任；还有传播方式不当，即我们常采用的一种"反面文章正面做"的传播方式。比如对于一些灾难、事故不是去报道灾难、事故的实际情况，给社会或当事人造成的不幸和损失，灾难、事故所产生的原因等，而往往将主要篇幅用来报道对灾难、事故发生后，组织或个人与之抗争的英勇行为。应该说此种传播方式并非完全不可取，正面宣传人物的英勇行为，可能使受传者获得精神上、道德上的启迪和鼓舞，产生积极的传播效果。但是经常采用此种传播方式，也可能产生另一种负面效应，受传者不仅会因不了解关于灾难、事故本身的实际状况感到不满，而且还会由此诱发逆反心理，使其对于正面的报道也持消极的视听态度。更有甚者，可能形成受传者"正面文章反面看"的逆反心态，这对于受传者接受正面报道无疑是一种巨大的心理障碍。

第二，是对传播的反感。受传者有一种心理倾向，即对传播内容的评价与对传播者的评价保持平衡，如不喜欢甚至厌恶传播者，就会持否定态度。如果传播者在传播态度或者在所传播的内容中，缺乏公正、平等、客观的态度，说理简单化，不仅会削弱传播的说服力和感染力，而且还会诱发受传者的逆反心理。这些是受传者本身所持有的思维定势。对此，传播者如果利用得好，就会产生积极的效果；利用不好，则可能会产生负面效果。对消极的心理定势，传播者应该好好引导，使其向积极的方面发展。

第三，是受传者的好奇心太强，有时也会导致逆反心理。当大众传媒对某一事物越是表示否定时，受传者对之了解的愿望反而会越加强烈。某一作品本来不被人所注意，但在大众传媒对其进行批判后，此作品反而会一时成为人们注意的对象。越禁越热，这种似乎反常的"禁果效应"往往是源于好奇心的逆反心理而产生的。大众传媒对于具有新闻价值的事件保持传播沉默时，受传者对它的注意程度反而会增加，这就赋予了事件一种神秘色彩和某种诱惑力，使受传者产生探究它、注意它的欲望。"大道不传，小道传"的现象的产生，往往就与受传者的这种心理有关。

一般说来，就很多情况来看，受传者逆反心理的形成是大众传媒传播不当所造成的，逆反效应通常是传播中的一种失误，应该尽力加以避免。传播要力求真实全面，防止过度传播，同时要给受传者必要的选择空间。传播者必须有强烈的受传者意识，把受传者当作服务的对象，逐渐消除受传者的逆反心理，把逆反心理变为顺从心理，沟通受传者的感情，增强受传者心理的亲近感，尽可能选准受传者心理的共振点。唯有如此，才能在受传者中产生预期的传播效果，达到传播者的目的。

第三节　传播效果的提高

在传播学领域，传播效果具有双重含义：一是指传播行为在受传者身上引起的心理、态度和行为的变化，这意味着传播活动在多大程度上实现了传播者的意图或目的；二是指大众传播媒介的活动对受传者和社会所产生的一切影响与结果的总体，不论这些影响有意无意、直接间接或显在潜在。

一、传播效果的层次性

传播效果包括认知层面、情感层面、态度层面和行为层面。从认知到态度再到行为，是一个效果累积、深化和扩大的过程。

1. 认知层次的传播效果

认知层次的传播效果又称环境认知效果。它仅仅形成于受众的感知层面，为了帮助公众了解有关组织的信息，甚至与组织没有直接关系的信息，以直接或间接地提高组织的知名度与美誉度。衡量它的尺度通常用受众对传播内容的"知晓度"来表示。这一层次是公关传播效果的最低层次，也是最基础的。

2. 情感层次的传播效果

它不仅作用于受众的感知觉，还进一步影响情感，引起公众的情感共鸣，增加对组织的好感，拉近公众与组织的心理距离。衡量它的尺度可以用公众对组织的好感度、亲近度来判断。

3. 态度层次的传播效果

组织通过公关传播，促使公众对组织的看法、印象发生变化，朝向组织所期望的方向发展（包括增加对组织原有的好印象和改变原有的不良影响）。态度的公众的行为倾向，对人的言行有较强的支配作用，它是衡量公关传播效果的重要指标。衡量标准主要是看公众接受传播信息前后态度的变化程度，往组织所期望的方向改变越多，态度层次的效果就越好。

4. 行为层次的传播效果

行为层次的传播效果又称社会行为示范效果。组织通过传播活动，导致受众在行动上的变化符合组织的期望。评定效果主要是观察公众的实际行动。

二、传播效果主要理论

传播效果是传播学研究的重点，为了实现传播效果，从 20 世纪 30 年代起，传播学研究者和传播学家就对传播效果问题进行了深入细致地研究，创造了许多有价值的或者在一个时期起着重要作用的传播效果理论。按国内有关学者对传播效果研究历程的认识，主要有以下 5 种理论：

1. 超强效果论

超强效果论，即枪弹论、同一效果论、魔弹论、皮下注射论。这一理论将受众看作完全被动的实体，将大众传播过程中发生的情况比作靶场上发生的情况，认为只要信息"命中目标"（受众）或"注入"受众脑中，它就会产生传播者预期的效果。

2. 有限效果论（亦可称为最低效果法则）

有限效果论强有力地动摇和驳倒了"魔弹论"（这一理论无视受众力量和作用将受众当作被动的"靶子"）。其核心思想是：传媒并非万能的，而是在多种制约因素的互动关系里产生相当有限的效果。同时，它对大众传播过程中涉及的一系列复杂关系和中介因素进行了探讨。

3. 适度效果论

它既不同意大众传播媒介威力无比的观点，又不同意用受众的固执态度来否定大众传播媒介的效果。如果说"魔弹论"否定了受众的主动性与选择性，"有限效果论"忽视传媒的劝服效果，过分重视受众态度的固执性，那么"适度效果论"则认为在传受双方的互动关系中，由于所处境遇不同，传授者的主动性与选择性也就千差万别；传媒的劝服效果和受众态度、思想、信仰和行为等方面相关，不可绝对而论。

4. 强大效果论

它是在适度效果论基础上发展起来的，与早期的媒介威力不相同，它从受众出发探讨媒介间接的、潜在的、长期的影响，同时将传播过程置于整个社会政治经济环境中进行多元化的宏观分析。有学者认为，强大效果论是适度效果论的存在方式之一。其重要原则是：在一定的社会、历史、文化境况中，如果能顺应事态的客观发展和公众普遍的内在需求；如果能抓住时机，控制局面，引导受众的感知、认识、情绪和行为；如果能根据传播理论的原则，谨慎地筹划节目和传播活动，确立明确的传播目标，妥善重复有关信息，那么，传播就可以产生强大的效果。

5. 谈判效果论

它是指在传受双方互动的意象建构过程中，传播产生的效果。该理论揭示：大众传播的内容不仅是传者所传导的内容，而且还要受到受众的深刻影响，传受双方在批评与批判中积极建构大众传播内容的意义系统；大众传播的效果取决于传受双方在具体的社会、历史、文化环境内的批评与批判关系。

三、传播效果的提高

随着传播效果研究的深入，人们逐渐认识到传播是一个系统，必须用系统的观点才能全面地、准确地把握传播效果，才能真正发挥传播的作用。

企业的传播活动是一项典型的说服性工作。以下将从传播的四个核心因素来分析如何提高传播效果。

（一）慎重选择信息传递者

传递者对消费者态度改变有着重要的影响，以其自身的信息源特征影响着说服效果。一般来说，影响说服效果的信息源特征主要有四个，即传递者的权威性、可靠性、外表的吸引力和受众对传递者的喜爱程度。

由专家、权威传递信息，可以增强信息的可信度和影响力。一种新药的评价如果是出自一位名医之口，显然会较普通人的评价更具有说服力。在报刊、电台上，经常请有关专家、学者宣布某项研究成果或信息，目的就是为了增加信息的可信度和影响力。

借助第三方或对手传递信息，进行沟通劝服，可以让劝服对象感到客观公正。例如，再有名的权威专家如果是在为自己开的公司做宣传，人们对其评价的可信度就会存在疑问。很多消费者之所以对广告和推销员的说辞表示怀疑，原因也恰恰在于他们认为后者在宣传中难以做到客观公正。若借助新闻媒体、政府机关、民间团体、甚至是自己的竞争对手或消费者之口来宣传自己，商家或产品生产者就可以大大提高信息传播的可信度。

传递者相貌姣好、富有魅力，能引人注意、引起好感，便能增强说服效果；很多商业广告，用俊男靓女作为打动顾客的手段，就是运用的这一原理。但应注意有选择地使用，因为传递者的外表魅力的发挥要受制于其他因素，如信息源自身的特征。当产品是香水时，具有高吸引力的传达者能引发更多的购买意向；相反，当产品是咖啡时，不太具有吸引力的传达者能产生更好的影响效果。所有能增加信息接受者喜爱程度的因素都有利于改变态度，是因为人具有模仿自己喜爱对象的倾向，较容易接受喜爱者的观点。

（二）合理安排传播内容和传播方式

传播是指以一定的方式和内容安排把一种观点或见解传递给信息的接收者或目标靶（Target）。信息内容和传递方式是否合理，对能否有效地将信息传达给目标靶并使之发生态度改变具有十分重要的影响。在说服内容方面，当传递者发出的态度信息和消费者原有的态度出入较大时，信息传递所引起的不协调感会增强，消费者面临的改变态度的压力会变大。在这种情况下，差异和信息源的可信度同时作用，来影响消费者的态度改变，即信息接收者不一定以改变态度来消除不协调的压力，而可能以怀疑信息源的可信度或贬低信息源来求得不协调感的缓解，这时候可选取专家或权威组织机构的说明来增加信息的可信度。例如，一些日化用品，特别是牙膏和香皂类产品的营销，常伴有中华预防医学会的证明测试和推荐。在营销实践中，建议商家注意把商品本身所表达的理念与目标消费者之间的差距控制在一定的范围内。企业经营者可以通过一定的市场调查，如问卷调查等手段来获取消费者的信息，以及了解他们对某一事物所持的心理，了解目标消费群的接受程度，并将这些结果考虑进去，及时跟进，根据市场反应灵活调整策略。

在考虑说服方式时，对知识水平较高，非常确信自己的判断水平，不喜欢别人替自己做判断的消费群体，宜采用双面论述，给消费者一种客观、公正的感觉，可以降低或减少消费者对信息源的抵触情绪。但对判断力较差、知识面狭窄、依赖性较强的消费者，则采用单向式呈递信息的方式。这个层次的消费者喜欢听信别人的判断，自信心较差，宣传产品时应明确指出商品的优势，它给使用者能带来什么好处，直接劝说他们应该购买此物。

恐惧唤起是广告宣传中常常运用的一种说服手段。头皮屑带来的烦恼、蛀牙带来的严重后果、脚气患者的不安表情，无不是用恐惧诉求来劝说消费者。虽然恐惧诉求的有效性在其发展过程中说法不一，但是近些年来，恐惧诉求越来越多地被视为是有效的。人寿保险公司、防盗器具生产商、汽车制造商正日益增多地运用恐惧诉求，以唤起消费者对其产品的兴趣。对于人们生活中一些会产生恐惧心理的事物，广告不妨从唤醒做起，给予高度重视，也许会产生更好的劝说效果。

（三）了解组织的消费者

目标靶即信息接收者或企业试图说服的对象。说服对象对信息的接收并不是被动的，他们对于企业或信息传递者的说服有时很容易接受，有时则采取抵制态度，这在很大程度上取决于说服对象的特征。

如果消费者坚持某种信念，如在多种公开场合表明自己的立场与态度，或者根据这一信念采取了行动，出于维护自尊的需要，就很难改变其态度。因此，首先要了解消费者的喜好、需求，要从他们首肯的方面入手，尽量避免"不"字从消费者口中说出，应在消费者公开表态之前或舆论形成之前行动。

消费者对某一购买问题或关于某种想法的介入程度越深，他的信念和态度可能就越坚定。在购买电脑时，消费者可能要投入较多的时间、精力，从多个方面搜寻信息，然后对电脑功能、配置等形成一些目标要求。这些目标要求一经形成，就会相当牢固，要使之改变就比较困难。而在购买一般日用品的情形下，比如购买饮料，消费者在没有遇到原来熟悉的品牌时，可能就会选择售货员所推荐的某个品牌。高价位、高社会象征性的产品，消费者的介入程度都比较大。对于这类产品的宣传，应考虑让消费者主动发言，然后从其购买意愿中寻找机会，或者借助情感手段赢取消费者的心。

消费者的人格因素会对态度改变产生直接影响，如自尊心不太强者较自尊心强者更容易被说服。前者可能不太重视自己的看法，遇到压力时很容易放弃自己的意见；而后者往往很看重自己的观点与态度，在遇到他人的说服或攻击时，常会将其视为是对自身价值的挑战，所以不会轻易放弃自己的观点。

总之，在面对消费者尤其是单个消费者时，更要注意根据消费者的人格特征采取灵活的说服方式。

（四）不可忽视的情境因素

说服不是在说服者与被说服者之间孤立进行的，而是在一定的背景下进行的。这些背景条件以及情境因素对于说服是否能达到预期效果，成功改变消费者态度起着重要的作用。

预先警告对消费者有两种影响作用，一是抵制说服，一是促进其态度的转变。如果消费者对其原有信念不是十分信服，则预先警告就会减弱消费者抵制力，促进消费者态度的转变。例如，对于多种人体所需微量元素是否能同时补充属于医学研究方面的专业问题，大部分消费者可能都存在一定的疑惑。企业要为自己的产品宣传，最好以医学专家的口吻，用事实和实验结果告诉消费者：当人体需要一种以上的微量元素的补充时，最好分开补充，以免相互影响，互争受体。这时的预先警告就起到了促进消费者态度改变的作用。另外，个人利益的介入程度也是态度改变的影响因素。一般而言，个人利益牵扯较深的消费态度较难改变。竞争对手也是消费者，如果要让竞争对手改变对本企业产品的态度恐怕要比普通受众困难得多。因此，预先警告的对象应尽量选择个人利益牵扯较轻的消费者。

此外，在宣传过程中适当的信息重复和分心是很重要的。重复的真正意义是使人们获得一种熟悉感，从而更倾向于认同和选择。不过，只有适当的重复才可以增加人们的接受性；过分的重复将产生惯性，会使消费者由于厌倦而不再注意那些信息。所以，聪明的广告商总是以丰富、变化的广告画面与创意去重复强调同一主题，而很少以广告的反复播放来获得重复效果。可口可乐就是以独具风情的广告来打开不同国家市场的。

分心对态度转变的影响，实际上应视分心程度而定。适度的分心有助于态度的改变，过度的分心则会降低劝说效果，从而阻碍态度改变。如在广告的传播过程中，有计划、有目的地加入适当的"噪音"，农夫果园中"来自北纬40°的番茄汁"让人垂涎欲滴的露珠番茄图案；小护士佟晨洁清新可爱的形象；蒙牛酸酸乳深受青少年喜爱的"酸酸的，甜甜的"广告歌……这些元素在与主题商品紧密挂钩、步步跟随的前提下，能够不让受众集中精力去思考和组织反驳理由，劝说效果更好。由此，适度分心就有达到改变消费者态度的可能。

通过分析了解在信息传递全过程中，影响受传者改变的各种因素，有助于企业传播者从这些方面着手，系统地规划和制定相应传播策略，以收到良好的传播效果。

课后思考练习：

圣元乳业"致死门"

2012 年 1 月 11 日，媒体报道江西都昌县一龙凤胎一死一伤，疑因食用圣元优博而造成。消息一出，一石激起千层浪，将刚走出"激素门"的圣元乳业再次推向了舆论的风口浪尖。如何澄清事实，还原事件的本相，对于圣元乳业来讲，这又将是一个不可回避的也无法回避的问题……最终，事情的结果如圣元所愿，圣元乳业得以沉冤昭雪，成功地化解了此次危机。对圣元乳业此次危机事件处置过程的解读，也可以给我们很多企业很多的启示。

事件回放

2012 年 1 月 10 日死者去世后，家属找家家福超市和圣元奶粉经销商，事件开启。

2012 年 1 月 10 日死者家属将死者尸体摆放在超市门前停尸问责，圣元江西分公司主动向当地工商和公安部门报案，事件升级。

2012 年 1 月 11 日圣元营养食品有限公司、客服部人员、生产总监表态积极配合相关部门调查，公司统一向外界发布信息。

2012 年 1 月 12 日圣元发布《20111112BI1 批次出厂检验报告》，所有检验项目检测结果均为"合格"，国际董事长兼首席执行官（CEO）张亮表示，非常同情遭受了这一悲剧的家庭，与此同时，坚信这是与圣元产品无关的孤立事件，已决定不召回其任何产品。

2012 年 1 月 13 日第三方检测结果出炉，九江都昌县人民政府也对该事件发布公告，江西二套"都市现场"就事件采访了都昌县工商局秦局长，事情得以澄清。

危机公关的解读

此次圣元危机事件能够得到圆满结局，可以讲得益于在此危机事件的处理过程中，圣元乳业很好地把握了公共关系传播的规律，并积极运用到该事件的处理过程中，具体表现在以下几个方面：

（1）在该事件发生伊始，从 10 号死者家属将尸体摆放在超市门口的一幕开始。圣元江西分公司一方面主动向当地工商和公安部门报案，并配合派出所稳定家属情绪和配合当地工商部门进行产品的下架和封存工作；另一方面圣元公司对于家属小孩死亡表示非常痛惜，并称正等待检验结果，若是奶粉问题，绝对不会推卸责任，这种做法很好地运用了承担责任的原则，即对事件发生后就解决问题而解决问题，没有采取回避的态度，而是在对家属小孩死亡表示非常痛惜同时强调不回避责任的态度，避过了舆论的矛头指向。

（2）在事件进入调查的过程中，圣元乳业通过各种途径传递出一个声音，避免了说辞不统一而让媒体误解的误区。如在事发后的第二天，圣元营养食品有限公司生产总监穆喜森表示，该公司将会通过公关公司向外界统一发布信息，对此事不予置评；又如圣元营养食品有限公司称，目前所有关于该事件的最新进展都会在其官方网站公布。在此后对事件的进展情况的介绍，圣元很好地把握了这个关键点，使真诚沟通的原则得以尽显。

（3）对于任何一个危机事件的处理速度是解决问题的关键，即危机发生后，企业应首先控制事态，使其不扩大、不升级、不蔓延，在这一点上圣元乳业也做得恰如其分，从事件在媒体的曝光到事情的澄清，圣元乳业充分发挥了速度第一的原则。首先，从事件发生的11月7日算起到被媒体曝光的11月1日，可以讲在如此短的时间里圣元乳业能拿到检测结果，并通过相关媒体、政府官员和政府予以公示，为平息此事件提供了最有力的证据，也使圣元乳业由被动转为主动，其速度之快不言而喻。其次，在"狗咬人不是新闻，人咬狗才是新闻的"的年代里，往往都是"好事不出门，坏事传千里"。而对于此次圣元事件，笔者在百度进行了关于此次事件的搜索，发现对于此次事件的报道相对有限，尤其是一些知名的主流媒体采取了高度一致的克制，未出现过去先入为主的观念，这个一方面表示媒体的成熟，另一方面也很好地说明了圣元在问题出现后与核心媒体之间的沟通，使此事件没有被扩大化传播，将事件的影响限制在最小的范围，为事件的解决赢取了时间。

（4）过去很多企业在危机出现后，往往采取的方式或是自己为自己辩解，或是以企业一己之力为消费者澄清事实，或是只重视所谓的大媒体、大政府而忽略当地媒体、政府力量。在此次事件中圣元采取的方式却有所不同，一方面圣元始终声称自己的产品没有问题，并在2012年1月12日通过公司网站公布企业《20111112BI1批次出厂检验报告》，显示该批次奶粉根据 GB10765-2010 检测结果均为"合格"，另一方面圣元也积极借助外部权威主管部门或者机构力量作用来为自己验明正身。但是，与其他企业不同的是，在此次事件的解决中，圣元没有忽略当地媒体和当地政府的作用，而是积极依靠当地媒体和政府还原事件真相。在随后 13 日第三方检测结果出来后，圣元乳业先选择使用的是当地媒体江西二套《都市现场》播报采访都昌县工商局秦局长和九江都昌县人民政府对该事件发布公告两种形式，借助当地政府官员和当地政府在百姓心目中的公信力为自己澄清事实。可以讲圣元乳业对该事件的澄清依靠当地主要媒体、借助当地工商局局长的声明以及当地政府发布的公告的处理方式，一方面充分展现了圣元乳业充分发挥了权威证实的原则，另一方面，相比较其他企业只重视所谓的权威媒体而忽视当地媒体和政府的支持，圣元选择了更明智更有效的方式，圣元此举起到了事半功倍的效果，也为迅速平息此次事件起到了相当重要的作用。

（5）在此次事件的处理过程中圣元利用趋势原则，根据事态的变化，适时调整策略。如圣元在事情进展中发表声明称："我公司对同批次产品留样进行的自检完成，结果显示微生物指标全部符合国家标准。自此，加上 1 月 12 日公布的产品追溯核查结果，我公司完成了自身能够做的全部自查工作。事实再次说明九江都昌男婴死亡事件与公司产品没有关联。"尤其在事情事实澄清后，圣元及时在其官方网站公布称："九江都昌政府在江西电视新闻发布：权威检测结果已出，圣元奶粉合格，与孩子死因无关。"圣元还在一些其他相关媒体发表正面文章为自己证明和消除事态的后续影响，如：网易财经《工商部门为圣元正名、龙凤胎一死一伤事件与奶粉无关》、新华网《权威检测结果还圣元奶粉清白!》、新华报业网《圣元奶粉最新事件结果：质量才是硬道理》、新浪博客、大周网《圣元奶粉检测合格 婴儿死因与奶粉无关》等。

至此，圣元"致死门"事件画上一个圆满的句号。

（资料来源：佚名. 2012 年企业危机公关经典案例分析 [OL].[2015－04－15] http://wenku. baidu. com/view/5947186c561252d380eb6eb0. html.）

练习题：

1. 试分析圣元乳业危机公关的传播过程。
2. 试分析影响圣元乳业公关传播效果的因素。

第 八 章
利用社会影响改变公众心理

　　人作为社会的人，永远是同社会相联系的。任何一个个人，都是特定社会的一员，必定会受到社会其他成员及团体的影响。个人从一个自然的人成为社会的人的社会化过程，正是在社会影响的作用下实现的。社会影响是社会心理学的重要研究领域之一，许多社会心理学家对此进行了大量研究。本章在探讨社会影响规律的基础上，介绍在公关活动中恰当运用社会影响的方法。

　　补充材料 8 - 1：

　　美国"福特"汽车公司在世界汽车市场竞争激烈之时，想打入中国台湾市场，便与台湾的"六和"汽车制造厂合资，办了"福特六和"汽车制造公司，推出"cortina"牌轿车。他们首先遇到的广告问题是，这个牌名如何翻译。经过反复思索，他们认为该产品首先是面对青年人的，所以便译成了谐音的"跑天下"。为了扩大市场，需要进一步去做广告。该公司又调查了顾客心理，发现台湾人对本地车是不信任的，对美国车又怕耗油多。

　　如何打消顾客的疑虑而改变台湾公众的心理呢？广告策划人员调来了"cortina"在世界其他地方的销售额报表，发现已有240多万人买了这种车。看到这个报表，广告策划人员顿生灵感，就决定将广告词表达为："世界超过二百四十二万六千八百五十四名车主，已经为您试验过"，并且在广告上打出许许多多带笑的人像，以表示对使用该车的满意度。广告一宣传，效果极好，于是销售量直线上升。

　　此广告之所以能促进"cortina"销售量的大幅上涨，就是因为广告策划人巧妙地运用了社会影响的方法。

承认公众的心理倾向、心理特征与心理定势的存在，并不是说公关宣传只能一味地顺从和迁就公众的价值观念、道德标准和趣味倾向，一味地迁就其一时的需求和情绪。公关传播还担负着改变公众态度、说服公众的任务。因此，组织要善于利用各种社会影响来巩固、改变或发展公众的某些态度和行为。

第一节　他人在场

社会心理学的研究发现，在一个人从事某项活动的时候，如果有其他人在场，他就会感到有一种刺激。这种刺激会影响他的活动效果，在一些场合会促进社会活动的完成，在另一些场合却会干扰社会活动的完成。我们把这两种情况分别称为社会助长和社会阻抑，也常常合称为"他人在场"。

一、社会助长和社会阻抑

（一）什么叫社会助长

个人的活动由于他人同时参加或者在场旁观，从而活动效率得到提高，就叫作社会助长，或社会促进。

社会助长包括两种情况，一种是在同他人共同活动时活动效率得以提高，这叫共同活动效应；另一种是当他人在场旁观时活动效率得以提高，这叫观众效应。

有关社会助长最早的实验是由法国学者特里普莱特（N. Triplett）在 1898 年进行的。他发现一个人在同他人比赛骑自行车时，其成绩比他单独骑车的最好成绩还要好，平均提高 30%；两人成组缠线也比个人单独缠线效率高 5%。

奥尔波特（H. H. Allport）在 20 世纪 20 年代做了一项实验，要求被试完成难易程度不同的五种活动：从句子里抹掉元音字母、辨别图形、自由联想、计算乘法题、反驳古代哲学家的语录。结果，前四种活动都是在与他人共同工作时效率高，只有最后一项活动是个人单独工作时质量更高。

社会助长的现象在动物身上也可以见到。S. C. Chen 对蚂蚁在单独、成对和三个一群时挖掘沙土的数量做过比较，结果在后两种情况下，蚂蚁所挖的沙土是单独工作时的 3 倍。

（二）什么叫社会阻抑

他人在场旁观或共同活动并不总是导致个人活动效率的提高，相反，可能还会降低个人的活动效率。例如，一个演员在家里把台词背得滚瓜烂熟，可一上舞台，面对众多观众，却变得结结巴巴，甚至忘掉整段台词。皮森（J. Pessin, 1933）发现，有一个旁观者在场，能减低有关记忆工作的效率。同时，达施尔（J. F. Dashiell, 1930）提出，有观众在场时，简单的乘法运算会出现许多差错。这种由于他人在场或者同时参加从而降低个人活动效率的现象，叫作社会阻抑，或者叫社会干扰。

此外，还有一种社会惰化（social loafing）的现象，这是一种由于他人同时参加而使个人有意"偷懒"，从而降低个人人活动效率的现象。达施尔要求被试蒙上双眼，在"拔河机器"上拔河。结果发现，当被试觉察只有自己一个人拔时，平均用力 63 千克；而当 3 人一起拔时，平均每人用力 53.5 千克；8 人一起拔时，平均每人只用力 31 千克。

可见，由于他人的在场或参加，既可能出现助长作用，也可能出现社会阻抑、社会惰化的作用。这些不同的现象如何予以解释呢？在什么条件下会产生助长作用，在什么条件下又会产生阻抑呢？

二、对社会促进和社会阻抑的解释

社会心理学家从不同角度研究这个问题，提出各种各样的理论，做了许多有趣而又有说服力的实验，将这些实验和理论归纳起来，主要是从主体状态和客体条件两个方面进行了不同程度的探索。下面我们就根据这样一个基本原则，对造成和影响社会促进和社会阻抑的基本原因和因素作一个简单分析。

（一）优势反应强化说

对社会促进和社会抑制的科学解释，应当来源于 20 世纪 60 年代查荣克（R. B. Zajonc）的科学假说。1965 年，查荣克提出了优势反应强化说，总体上概述了社会影响的原理。

查荣克研究发现，有他人在场是产生社会促进作用还是社会干扰作用，取决于个体从事活动的性质。他由学习理论中的动机原则想到，一个人在动机很强烈的时候，他的优势反应能够很轻易地表现出来，而较弱的反应会受到抑制。所谓优势反应，是指那些已经学习和掌握得相当熟练，成为不假思索就可以表现出来的习惯动作。如果一个人从事的活动是相当熟练的，或者是很简单的机械性动作，则他人在场能使动机增强，活动更加出色。相反，如果他所从事的活动是正在学习的、不熟练的，或者需要费脑筋的，他人在场反而会产生干扰作用。查荣克的这一理论可以用下图表示：

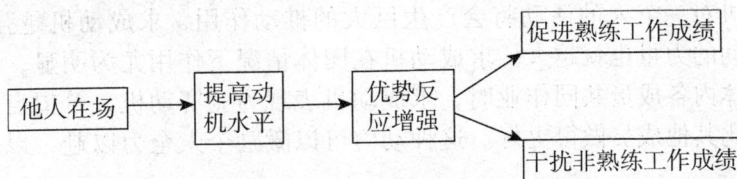

图 8-1　他人在场对人活动的影响过程

（二）具体因素说

还有学者把影响社会促进和社会抑制的因素分为六个方面：作业性质、个体特征、竞争、评价的自我知觉度、外界刺激的干扰、注意的分配和转移。

1. 作业性质

他人在场起促进作用还是抑制作用，取决于受影响者的作业性质。如果所从事的工作是简单的机械操作或手工操作，则有其他成员在场时，会使活动者工作得更出色；如果从事的是正在学习并需要一系列复杂的判断推理的思维活动，则其他成员的在场就会干扰其工作。这就揭示了社会促进和社会阻抑的外部原因之一——工作内容的难易。这一点与查荣克的优势反应强化说是一致的。

2. 个体特征

他人在场对儿童的活动影响比较大。儿童正处在迫切需要了解自己的时期，对外界有一种较强的依赖性，对他人的评价，反应十分敏感。同时，他们又希望充分地表现出自己的能力，获得他人的好评。而成年人的社会经验比较丰富，各方面的发展已趋稳定，在很多问题上都有自己的成熟看法，受外界的干扰相对较小。

性格、气质不同的人，受他人在场的影响也有所不同。内倾、顺应困难、独立性差、易受暗示的人对他人在场的反应更加强烈一些。这些人自信心和自主精神比较差，而很重视外界的评价，易受环境的左右。对他们来说，有他人在场往往会产生干扰。

3. 竞争

他人在场可能提高了多种动机，而不同的具体条件，可能会使某一种动机突出地提高起来。在一般情况下，被提高的动机包括竞争动机、社会赞誉动机、成就动机、归属动机等等。应当指出，这种动机的提高是个体几乎意识不到的，因此，它和有意的竞争、竞赛有着明显的区别。

人们都有一种求成动机，希望把自己的才能与潜力发挥出来。这种动机对一个人的活动将会产生巨大的推动作用，求成动机越强烈，其推动的力量也就越大。求成动机在团体情况下作用尤为明显，个人与团体内各成员共同作业时，求成动机表现为竞赛动机，希望自己的作业比其他成员做得更好。这种动力可以激励个人全力以赴，以获得好成绩。

一个人如果单独工作，没有他人在场，就不会想到或很少想到要得到他人的赞誉和表扬，成就感就不那么强烈；而他人在场就会产生被人评价的意识，强化这种动机，努力工作，希望得到他人对自己的肯定，从而产生社会促进作用。

但是，竞争的心理和被人评价的意识如果在外部条件作用下被过分的强化，就会分散人的注意力。处于这种主体状态的人如果面对的是较为熟悉的工作，工作程序已近乎一种习惯动作，达到"自动化"的水平，那么，注意力的暂时分散就不会破坏非常连贯的动作而产生致弱作用；而处于主体状态的人如果面对的是较为复杂的工作，那么，注意力稍微转移就会干扰本来就不熟悉的工作，以致产生阻抑作用。

4. 评价的自我知觉度

利布林（Libulin）和菲利浦（Philip）为考察人对评价的知觉度的关系做了一项实验。被试是 40 名女大学生。试验的第一阶段，所有被试在 5 分钟内抄写同一段瑞典散文，要求她们尽可能快和准确。第二阶段，同样的工作，其中一半人面对镜子而坐，可以看到自己工作，称为"带镜条件"；另一半人不面对镜子，称为"无镜条件"。第三阶段，对带镜条件的一半人（10 人）说，她们的操作将受到评价，以反映她们的智力水平，对另一半人（10 人）则事先说明，她们的操作不受评价；而对于"无镜条件"的被试，对其中一半人说她们的操作将受到评价，对另一半人则说，她们的操作不受评价。这样第三阶段的评价就出现了四种条件，即带镜高评价，带镜低评价，无镜高评价，无镜低评价。

实验结果表明，带镜高评价的被试由于自我知觉度很高，比带镜低评价条件下被试的工作成绩要差。无镜条件下的被试，无论是低评价的还是高评价的，比带镜无评价（第二阶段的 20 人）条件下的被试的工作成绩要差，出现的错误更多。这个结果说明，外部有无评价条件和活动者对这种评价的感知程度，是影响活动者行为的基本因素。但是，这两个因素的地位和作用是不同的，前者最终要通过活动者对它感知才能发挥作用。

因此，只要有他人在场，就可以提高活动者的动机水平，影响他的活动效率。但是，后来的研究发现，并非在任何条件下，他人在场都可以提高动机水平。要提高活动者的动机水平，其一，需要在场的他人对活动者的活动进行明确的评价；其二，需要活动者能够对于这种评价有适度的认知。

不仅如此，在这一过程中，还应注意两点：

第一，要予以明确的评价。社会促进或社会阻抑不是简单的取决于他人在场，而是依赖于被试知觉到他的操作正在被别人评价与否。不同的在场的他人，对于活动者操作的影响是不同的。当活动者对在场的他人了解甚少时，往往产生心理压力，而如果对这些人比较熟悉，则容易适应。对于青年人来讲，同龄异性在场，对其活动有显著影响，因为同龄异性的评价，往往有一种特殊的刺激作用。许多青年反映，有异性在场的时候，干起活来劲头大，心情格外好；也有些青年说，有异性在场，反而显得笨手笨脚，心里很紧张。可见，有异性在场，往往可以提高青年人表现自己，取得对方好感等多种动机，因为青年人总希望自己把工作做得更好一些，得到异性的较高评价。

第二，对于这种评价有适度的认知。仅有他人在场，仅有在场的他人予以评价，而没有活动者对这种评价的适度认识，还不能产生社会促进或社会阻抑效果。因为外因通过内因才能起作用。这里说的适度，主要是指活动者对他人评价的认知需要达到一定的强度。如果对于他人在场的意识度很低，则社会促进或社会阻抑的效果便不显著。另外，活动者对他人评价的认知程度太高，往往只会造成社会干扰的结果。

5. 外界刺激的干扰

在团体活动时，还会发生外界刺激的干扰作用。一般来说，他人的在场对个人活动也有不利的一面，即干扰活动者的注意。活动者的注意由于受到外来刺激的影响而分心，对其活动成绩就会起到抑制作用，尤其是活动的性质越复杂，他人的干扰作用越大。另外，还会发生个人自身机体变化的干扰。因为有人在场观察时，被观察者的汗腺分泌多、呼吸快、血压升高、心跳加快，这些生理变化都会成为干扰因素，从而影响了活动的效率。当然，个人的注意力受不受干扰，还视当时情境而定。在一些重大场合，他人在场并不会发生很大消极作用。另外，干扰作用的大小还会有个别差异，有些人求胜的情绪特别强烈，这种情绪本身对自己的注意也会发生强烈的干扰作用，从而影响了活动成绩。

此外，评价者的地位和态度也会对活动者发生不同程度的作用。内行、权威和领导者在场，对活动者操作的影响显著。

6. 注意的分配与转移

也有些社会心理学家从注意分配和转移的角度来解释社会促进和社会抑制现象。他们认为，从事生疏的或复杂的工作，必须把注意高度地集中在工作上，否则就会影响工作效率。他人在场，势必造成工作者注意的分散和转移，这样就影响了他工作的正常进行。这时，他可能非常想把工作干好一些，不使别人认为他无能。但是，恰恰就是这个"非常想"，使他分散了注意，反而干不好。从事简单熟练的工作，可以认为工作者已经形成了一定的习惯动作，有的几乎达到近似"自动化"的程度，注意的短时转移或部分分配到别处，不会影响动作的连贯性。

总之，对社会促进和社会抑制现象的解释，既不能只分析其客观条件，也不能过分注重人的心理因素，而应当具体地分析外部条件的不同情况和人的心理素质的差异，然后将二者结合起来，进行综合研究和具体分析，才能真正地对某一特定的社会促进和社会抑制现象做出科学地解释。不过，这一因素还必须和活动的性质结合起来。如果活动难度大而复杂，自己虽然怀有想获得他人"好"评价的动机，但这种动机越强烈，焦虑情绪也越大，心理上的干扰作用也越大，从而产生抑制作用。

三、他人在场与公关

对于内部公众而言，管理者与组织成员之间以及组织成员之间平时应该多接触多了解。这样的话，组织成员对他人在场就会适应，就不会因为社会阻抑带来生产效率的下降。

在组织内部要适时引入竞争机制，尤其是对于比较简单的工作。他人在场的竞争可以进一步激发成员求成动机，同时组织管理者要及时对成员的工作给予明确、公正的评价，而且还要让成员及时、全面、适度地了解组织对他的评价，从而促进生产效率的提高。而对于那些从事着复杂工作的成员来说，要给他们提供相对独立、安静的环境，避免他人在场带来的干扰。

第二节　从众

在日常生活中，从众现象随处可见，人们常说的入乡随俗、随大流等都属于从众行为。本节主要探讨从众这一常见的现象。

一、什么是从众

从众是个体在群体中常常会不知不觉地受到群体的压力，而在知觉、判断、信仰以及行为上，放弃自己的意见，转变原有的态度，表现出与群体中多数人一致的现象，这就是从众现象。

社会心理学家认为，从众行为是由于在群体一致性的压力下，个体寻求的一种试图解除自身与群体之间冲突、增强安全感的手段。

二、影响从众行为的因素

（一）群体规模

从众行为与群体规模密切相关。群体规模越大，赞成某一观点或采取某一行为的人数越多，则群体对个人的压力就越大，个人很容易采取从众态度；反之，群体规模小，个人感受到的心理压力较小，则容易产生抵制行为。一些社会心理学家所做的研究表明：人们的从众率是随群体人数的增加而上升的，但达到最高的从众率（中国社会心理学家实验约为40%）后，即使一致性的群体规模再扩大，也不再导致从众率的增加。

（二）群体的凝聚力程度

群体凝聚力是群体成员相互之间吸引的程度。群体凝聚力与群体成员认同于群体规范、标准及期望的程度成正相关。实验研究证实了这样的心理原则：如果群体的凝聚力比较高，各成员目标一致、活动协调、团结友爱，则群体对个体有较大的吸引力，个体也对群体存在着依恋性，其从众倾向就越强烈；相反，如果群体是一个松散的群体，群体内部四分五裂、矛盾重重，成员间意见分歧比较大，群体对个体的心理压力就难以形成，自然就较少有从众行为。阿希在实验时曾设置过这种环境：故意安排一个假被试，并做出不同于多数人的反应，这时，真被试的从众行为就减少了75%。因为，只要有一个人反对群体的错误意见，就会大大减轻被试的心理压力，使他坚定自己的判断，敢于和群体对立。

同时，群体之外的社会力量是否大力支持群体的意见，对于个体从众也有较大的影响。群体存在于一定的社会环境之中，和这种环境中的各种力量都有联系，如果群体的意见得到社会的大力支持，则个体难以与之对抗。

（三）个人在群体中的地位

个体在群体中的地位高低，对于个体是否从众有直接的关系。个人地位的高低可在群体结构中得到反映。居于较低地位的群体成员常常感到来自高地位者施加给他们的从众压力，往往愿意听从权威者的意见。高地位者之所以能影响低地位者，使之屈服于群体规范，乃是因为地位高的成员一般经验比较丰富，能力比较强，能够得到较多的信息，能够赢得地位低的成员的信任和依赖，其思想倾向能够较大地影响地位低的成员。这些因素综合在一起，使高地位者成为权威人物，而低地位者相对受人轻视，不得不表现出从众行为。

一个新进入某群体的成员，一般都有较强的从众表现，这是因为他要取得群体其他成员的好感，被他们所接纳；同时还在于他不了解这个群体及群体的规范。

（四）个性特征与性别差异

社会心理学家认为，个体的智力、自信心、自尊心以及社会赞誉需要等与从众行为密切相关。智力低下者接受信息能力较差，知道的事情比较少、思维灵活性不够、自信心较低，从而自尊程度也远不及自信心强的个体，因此易产生从众行为；而有较高社会赞誉需要的人，比较重视社会对他的评价，希望得到他人的好评，因此也容易表现出从众倾向。

人们通常认为，女性的从众倾向比男性要强烈。有学者做了一系列实验，发现女性的从众行为是28%，男性为15%，并且解释说是因为人类文化鼓励妇女温良顺服，鼓励男子独立自主。然而，20世纪70年代的一项研究对这一结论提出了质疑。研究者指出，过去的实验研究之所以得出女性比男性更容易从众的结论，是因为实验的材料大多为男性所熟悉而为女性所生疏的，后来选择了一些对男女均适用的材料重新实验，比如汽车、烹调、服装、教育儿童等等。结果表明，妇女和男子在各自不熟悉的材料上，都表现出较高的从众倾向；而在那些熟悉程度相仿的实验材料上，从众比例差不多相等。所以负责该项研究的有关人员说，从众行为在男女之间的差异是不存在的。

三、从众与公关

从众有两种不同的性质：一种是对规范压力的自觉遵从，即不丧失个性的合理从众；另一种盲目的、去个性的不合理从众。从众的两重性必然使其对社会和个人既产生了积极的影响也产生了消极的影响。

（一）利用从众的积极效应

从众的实质就是通过群体来影响和改变个人的观念和行为，增加群体行为的相似性和一致性。群体对其成员有吸引力，说明个体对群体有依附、有向心力。这样就可利用群体对个体进行正确的引导和感化，增强群体的凝聚力和工作效率。利用从众效应可以促进人们维护社会秩序和发扬良好的道德风尚，抵制不良的社会风气和消除不正确的思想观念。当社会上形成一种良好时尚时，就要进行大力宣传，造成一种社会舆论，利用群体对个体进行正确的引导和感化，使人们感到有一种无形压力，从而发生从众行为。例如，宣传爱护环境，节约能源，各部门都要加大宣传力度，形成一股舆论压力，让这种压力化为无形的能量，督促人们自觉去履行。

补充材料 8 - 2：

在社会风气日渐浮躁，读书逐渐边缘化的今天，央视广告中心将"读书"主题公益广告列为 2014 年重点项目，计划在 4 月 23 日"世界读书日"之际大力播出"读书"系列公益广告，倡导全民阅读意义更加重大。央视广告中心以公益广告为源头，同时推出相应的线上话题，在线下与新浪、搜狐、百度、当当网等展开相关的公益活动，发起一场声势浩大的全民读书活动，形成线上线下读书热，助推中国文化梦的实现。

广告邀请白岩松、张越、李潘、郎永淳、欧阳夏丹、月亮姐姐六位央视名嘴参与拍摄，以自己的真实感悟向观众传递"阅读"对于生活的意义，让观众领略阅读带来的美好，以主持人的影响力大力倡导全民阅读，使阅读成为时尚的生活方式。广告在画面设计上简约大气，在剪辑手法上灵动多变，为观众呈现耳目一新的视听感受。由央视广告中心策划制作的"读书"主题一系列公益广告拟于近期陆续在央视播出，逐步形成气势，形成品牌，形成话题，助力构建书香社会、文明中国。

在公关活动中还要认识到，因为从众表现为模仿，所以我们就要选择一些先进的、优秀的"参照物"，并且大力宣传号召人们向他学习，产生正面的从众效应。但要注意在宣传时切勿人为地拔高，不要搞假、大、空，否则使人产生逆反心理，结果会事与愿违。

"大宝"化妆品便是成功地利用从众这种社会影响达到了广告和宣传目的的。在它的宣传片中，利用影星、小学教师、工厂职工、摄影师、记者来说明和宣传"大宝"的好处，使公众产生了一种大家都在用我也要试试的想法，从而达到了广告宣传的目的。

（二）避免和消除从众的消极效应

1. 提高个体的认知能力

从众行为倾向于"舆论一致"，这种压力容易窒息成员的独创性，因为一个人如果不敢挣脱"与舆论一致"的束缚，而受其控制，便会人云亦云，埋没创见，创造力就难以发挥。所以，组织应当通过各种适当的手段和途径，努力提高个体的认知能力。一方面可以避免盲目的、无个性的消极从众给人带来的副作用，提高个体的创新意识，保持追求理想和真理的锋芒，获得接受挑战的机会和个性发展的空间；另一方面可以避免盲目的、无个性的消极从众给人带来的不加分析地跟随某种消极的社会风气或思潮，助长不正之风。

2. 消除因为从众而带来的隐患

组织内的个体如果被迫的从众行为过多，可能会成为大的事故隐患，一旦遇有合适条件，容易引起群体的极端行为，给组织和群体造成重大损失。另外，从众行为过多还可能导致组织内部风气的变坏。因此，要尽量避免大规模的群体集结，降低个体在群体中由于情绪互相感染、暗示和模仿而做出失去理智行为的可能性。在群体中出现不良的情绪时，各责任人应尽可能将聚集的人群分散开来，以免发生破坏性的群体活动。

第三节　暗示

案例：

国外有一家饮食店开张营业以后，由于资金不足，没有钱可做广告经费，经营收入越来越少，濒临关闭的边缘。出于无奈，店老板急中生智，想出一个办法，他专门让外卖端菜到顾客家里去的店员，拿着一个写有自己店名的空箱子，里面装着空碗，四处跑来跑去。经过了一段时间，附近的住户看到店员那么忙忙碌碌地跑来跑去，就问："哦？什么时候开设了这家餐馆呢？看他们这样忙碌地端来端去，生意可能不错，我们也去吃吃看。"这种假装忙碌的宣传方式，没花多少钱，却收到了很好的效果。没过多久，就有不少顾客来订菜，使得这家饮食店生意火了起来，营业额不断提高。与此同时，该店还不断地提高饭菜质量，增加品种，很快就扭亏为盈了。

此案例中的老板虽然没有大肆渲染他的饭菜是如何的好，但人们通过那些忙忙碌碌的店员，得到一个信息——这个饮食店的饭菜一定很好吃。这就是一个利用暗示这种社会影响而使经营取得成功的案例。

一、什么是暗示

暗示是指在无对抗的条件下，通过交往中的语言、手势、表情、行动或某种符号，用含蓄的、间接的方式发出一定的信息，使公众自然地接受所示意的观点、意见，或按所示意的方式进行活动。

发出暗示的人，有的是有意的，有的是无意的；而无论是有意的还是无意的，都会对人的心理和行为产生影响。

二、暗示的类别

按照暗示的性质可将暗示分为他人暗示、自我暗示和反暗示。

（一）他人暗示

暗示信息来自他人，称为他人暗示。他人暗示包含直接暗示与间接暗示。

1. 直接暗示

凡是暗示者将事物的意义直接提供于对方，使人们迅速而无怀疑地加以接受的，称为直接暗示。这种暗示不仅迅速，而且不容易产生对信息的误解。罗斯（E. A. Ross）曾经举过这样一个直接暗示的例子：有一位化学教授，把一个空玻璃瓶放到讲台上后对学生说，瓶子里装有有恶臭的气体，并且说，现在要测这种气体在空气中的传播速度。他接着对学生说，等我打开瓶盖后，谁闻到这种气味，请把手举起来。这位教授一边开瓶盖，一边看表，15秒钟后，前排的多数学生把手举了起来。1分钟后，有四分之三的学生都举了手。成语故事"望梅止渴"，也是一个直接暗示的绝妙例子。事实上，教授的空瓶子里没有臭气，然而仅靠语言的提示，就达到了影响他人心理和生理反应的目的。

2. 间接暗示

凡是暗示者将事物的意义间接地提供给人们，使其迅速并无怀疑地予以接受的，称为间接暗示。间接暗示往往不把事物的意义讲清楚，或者不显露自己的动机，使人们在言语之外、从事物本身了解其意义。间接暗示发出的刺激信息比较含蓄，不如直接暗示那么直截了当，因此有可能不被他人理解。然而一旦被人接受，产生的效果往往要大于直接暗示。本节刚开始的案例中的暗示就是间接暗示。比如，某商场门前排了一条长队，有很多过路人都会不自觉地过去看看，因为排队的行为暗示了该商场有商品值得买。

（二）自我暗示

自我暗示是依靠思想、语言，暗示者向自己发出刺激，以影响自己的情绪、情感、意志、认识的行为。和他人暗示一样，自我暗示也是一种十分普遍的现象。据说古时有位妇女曾误食一条小虫，于是自感身体不适而生病，多次求医都毫无效果。后来有个医生让她服药以吐泻，并告诉她小虫已经泻出。当她听说体内的小虫已经排出，病马上就痊愈了。这位妇女前后两个阶段的身体状况都是自我暗示的结果。

自我暗示可分为积极的自我暗示和消极的自我暗示：

1. 积极的自我暗示

积极的自我暗示，是用积极向上的思想、语言不断地提示自己，使悲观、沮丧的心情开朗起来，使恐惧不安的情绪镇定下来，使犹豫不决的态度坚定起来，使自己变得勇敢坚强，能够克服本来难以克服的困难。一个人的自信心其实就是自我暗示。当个人面临一项挑战性的新任务时，如果能看到自己的力量，并且有足够的勇气来承担这一任务，那么他一定能很好地完成任务。

2. 消极的自我暗示

消极的自我暗示则有很大的危害作用，它能使一个心理健康的人变得萎靡不振，疑神疑鬼，甚至使人颓废夭折。

自我暗示对个人的心理和生理有着重要的影响。在严重的消极的自我暗示下，一个人可以变得突然耳聋眼瞎，但其视力与听力的丧失并不是因为视神经和听神经受损，而仅仅是大脑中分管视觉与听觉的有关区域的功能受到扰乱，使相应的功能失调，神经细胞丧失了正常的工作能力，不能正常地摄取外界信息，当然也就不能对外界信息做出反应了。

（三）反暗示

反暗示是指暗示者发出刺激后，却引起了受暗示者性质相反的反应。暗示的结果是由受暗示者的个性特点所决定的，反暗示现象则正好表明具体个性对暗示的抵抗程度。

反暗示有两种：一种叫作有意的反暗示，另外一种叫作无意的反暗示。

1. 有意的反暗示

有意的反暗示即故意说反话以达到正面的效果。美国一家烟草公司为了在西欧一处海湾旅游区打开该公司"皇冠"牌香烟的销路，派了一名推销员去推销。他一再宣传这种香烟尼古丁含量低、烟味好，可公众始终以为这是自诩之词，因此收效甚微。该推销员苦思冥想，无计可施。一次，他在公共汽车上忘记熄掉燃着的香烟，被服务员禁止后猛抬头看到"禁止吸烟"的标语。于是他想出了一个绝妙主意，别出心裁地制作了多幅大型广告牌，上面写着"此地禁止抽烟"几个大字，并在下方又突出地书写一行"连皇冠牌香烟也不例外"。这一招大大吸引了顾客的兴趣，人们不禁发问：连皇冠牌也要禁止，倒要试一试它究竟有什么与众不同之处。最终使得皇冠牌香烟销售量激增。广告制造者达到了有意的反暗示的目的。

2. 无意的反暗示

无意的反暗示即有意进行正面暗示，却无意引起了相反的结果。大家熟悉的"此地无银三百两，隔壁王二未曾偷"的故事，就是无意反暗示的绝妙例子。在对暗示者缺乏敬意的时候，也容易引起无意反暗示的结果。例如，许多厂家在宣传自己的产品时常常把自己的产品吹得天花乱坠，这也容易给公众造成无意的反暗示作用。所以，厂家在宣传自己的产品时要恰如其分，不要夸大其词，以免受到无意的反暗示的作用。

三、影响暗示效果的因素

暗示效果的大小既受主观因素影响，又受客观因素影响。

（一）受暗示者的年龄与性别

年龄幼小、独立性差和身体衰弱者比较容易接受暗示。这些人独立自主的能力比较差，依赖性较强，较少分析和判断能力，对于别人的暗示，往往无条件地接受。心理变态的人也容易接受暗示，比如怀疑狂，对于他人的一点点暗示，都会引起强烈的反应。

从另一方面看，年龄越小则越有可能不会被暗示。因为年龄小，知识经验少，切身感受亦少，所以无法接受暗示，暗示效果也就无从产生。

暗示的效果表现出性别差异。美国学者勃朗（W. Brown）曾研究过暗示的性别差异，发现女子比男子更易接受暗示。许多社会心理学家指出，由于女子富有感情，当情绪高涨时最容易受外界影响，较易受暗示。另外，女子因受传统思想影响，往往对男子表示顺从，故较易受暗示。另一学者指出，若女子在社会上受到同样的待遇，参加同样的社会活动，具有同样的社会地位，则暗示效果的性别差异就会小得多。

（二）受暗示者的心理状态

人们在疲倦时易受暗示，而精神振作时则不然；人们对于毫无经验的事物易受暗示，而对于具有充分了解的事物则不然；人们对于嗜好的事物或习惯的行为易受暗示，反之则不然；意志坚强者或感情冷漠者均不易受暗示，而缺乏主见、随波逐流的人容易接受暗示者的影响。独立性很强的人往往具有反暗示性，反对顺从，反对压服，特别是当意识到或猜测到他人企图施以暗示影响的时候，更不会接受暗示，因此暗示者对其施加的影响就不起作用。

（三）暗示时的情境

人们是否接受暗示，往往与当时的情境有关。人在情况不明时，在困难和焦虑时，最容易接受暗示。因为人要顺利地开展活动，要寻找出路，要消除顾虑，便存在着对他人的较高的期望值，一旦得到他人暗示的刺激，就会出现如漂流在大海中突然抓到一块木板一样的反应，会牢牢地把它抓住。奥尔波特指出，人们往往屈服于多数人的意志。"当群众站起时，我们亦自然站起；当群众拍手时，我们亦随之拍手；当群众表示反对时，我们亦常不持异议。"

（四）暗示者的影响力

人们在社会生活中相互发生影响，但有人影响力很大，有人则很小。暗示者的地位越高，暗示的效果往往越好。一般说，职务较高、知识丰富、甚至年龄较大等都能构成高地位的因素。在被暗示者看来，这样的人更值得信赖和依靠，所以更有可能接受他的提示。

罗斯指出，凡是最有影响力的人，就是最有力量的人。罗斯提出9种影响力对应9个阶层，后有学者又补充一种，共有10种影响力（见表8-1）。

表8-1　　　　　　　　　　　暗示者的影响力

影响力	数量	年龄	体格	神圣	思想	地位	金钱	灵感	学问	门第
所属阶层	群众	老者	壮士	教士	哲学家	官员	资本家	先知先觉	专家学者	贵族世家

（资料来源：时蓉华. 现代社会心理学［M］. 上海：华东师范大学出版社，1994：440.）

上述10种情况都具有影响力时，暗示作用就大。生活中确有这样的情况，同样一句话，出于有社会地位的人，比普通人更有效果。我国有句谚语讲"人微言轻，人贵言重"，说的是人的地位不高、名声不响，则说话没有威望，不能引起别人的重视；如果声望高的、有地位的权威说话，就容易博得人们的相信。前者不易发生暗示作用，后者的暗示作用就大。

（五）暗示刺激的特点

暗示效果大小与暗示者出示的刺激特点有关。

一种刺激经过多次反复，更易发生效果。任何暗示刺激，其表现的范围愈广、区域愈大、分量愈多而又不断反复的，其暗示效果必然就大。

暗示刺激具有特殊性或具有新奇性都较易产生暗示作用。人们对于环境中的事物，总是注意其特殊的或新奇的方面，容易接受暗示。

四、暗示与公关

案例：

2005年5月23日，香港迪斯尼乐园选择在北京进行开园推广活动。仅隔两天，香港特区政府"财神爷"唐英年等高官又抵广州，为迪斯尼开业再作铺垫。迪斯尼公司的意图很明显：以香港为跳板，切入充满诱惑的以北京为主导的中国娱乐传媒市场。而香港特区政府借迪斯尼乐园振兴香港旅游业的迫切心态，也使之对此进行了有效的支持。

香港迪斯尼公园的开业充分借助了政府的力量，从政府支持、媒体宣传、事件推广工作方面都具有借鉴作用。而这只是迪斯尼公司战略的第一步，它采取的是迂回战术：从主题公园切入中国市场，通过吸引一部分内地游客到香港游玩，采取搭便车方式传输迪斯尼的娱乐文化。随着香港迪斯尼乐园的落地，随之而来的就是迪斯尼的电影、电视节目、报刊、网络到系列卡通衍生商品。正是借着这种"一鱼多吃"的商业模式，迪斯尼不断地充实着传媒帝国的根基，将其中国产业链融会贯通，布下它的"天罗地网"。

（资料来源：http：//news. a. com. cn/News/Infos/200512/28520338548. shtml）

暗示的关键是一个"暗"字。"暗"在这里是"不露声色""隐含"的意思。对于公关活动尤其是商业广告来说，"不露声色"会给消费者留有思考、选择的余地，表现出对消费者更多的尊重，较少引起消费者的心理抵触，更容易被消费者接受。

那么，公关人员如何在公关活动中更好地利用暗示这种社会影响来达到自己的公关目的呢？

结合上面的案例我们认为，在公关活动中注意以下几方面，才可以充分发挥暗示的作用。

1. 公关宣传要选择影响力大的暗示者，提高公关宣传的效果

为了推销商品，商家不惜重金聘请名演员、名运动员为他们做广告是很有道理的。这些广告宣传对人们发生了暗示作用，人们就会自愿去购买他们的商品，产生了所谓"名牌效应"，比如联通把姚明作为代言人，可口可乐选择刘翔……但明星代言的产品如果名不副实，欺骗公众，就会影响明星本人和产品在公众当中的地位。

2. 公关宣传要选择恰当的暗示时机

当公众在焦虑、困惑、困难时期，最容易接受暗示，所以当推出新产品时，要加大宣传的力度，消除公众的疑虑，为公众提供解决问题的途径与方法，让公众无意识地接受暗示。如台湾一家信托银行储蓄公司在创作宣传广告时，其业务经理向邻居偶然问道："你存钱干什么？"邻居回答："让孩子上学，省得将来再卖菜了！"受此启发，于是这位经理想出了这样一句宣传词："教育是留给孩子们最好的财富！"然后配上了这样一张照片：一个小学生背着书包，上方有一双

捧着学士帽的手。这则以宣传教育为意境的广告作品问世后，为正在犹豫是否应该储蓄的公众解决了问题，所以深深打动了储户的心，而且受到了社会的称赞。

3. 公关宣传要选择恰当的暗示对象

在开展公关宣传活动时，可以选择女性和青少年作为宣传对象，因为他们较容易接受暗示。如果选择独立性较强的男性作为暗示对象，可能收不到预期的效果，有时甚至会产生相反的效果。

4. 公关宣传要达到一定的强度

暗示一定要达到一定的强度才能被感知，所以公关宣传要加大力度。有些商业广告往往连续刊登，甚至终年不停，其他如标语、座右铭等，若能经常出示，总会发生暗示作用。刺激的反复持久若能从多方面发出，则其暗示效果更大。有些商业广告不仅反复刊登，而且同时刊登在多种报刊上，甚至同时在几个城市启动报刊广告，这样的暗示效果就会更理想。

第四节　模仿

模仿是一种常见的、普遍的社会现象，也是社会存在与发展的基本形式之一。

一、什么是模仿

模仿是在没有外界控制的条件下，个体受到他人行为的刺激影响，仿照他人的行为，使自己的行为与之相同或相似。模仿是普遍存在的一种社会现象，从个体对他人的无意识的动作模仿到衣、食、住、行，到对他人的风度、姿态、工作方法、生活方式的模仿，乃至于在整个社会生活方面，如风俗、习惯、礼节、时尚等，都存在着模仿现象。模仿的特点在于，它不是仅仅接受别人行为或群众心理状态的外部特点，而且个体也要对表现出的行为特点和范例进行复制。

模仿者模仿他人的行为，总是他自己所倾向、所希望达到的行为，最低限度是对自己无害的。模仿了这种行为，一般的能使自己适应环境，得到好处，或者能产生一种满足感。无论模仿者目的是否明确，被模仿的对象都是模仿者心中的楷模。

在模仿过程中，模仿者是主动的，在许多场合下是有意识的，自觉的，并且不受外界其他人的控制，即没有其他人强迫模仿者非要模仿某种行为不可。和模仿者比较，被模仿者一般是被动的、无意的，但是在某些场合也可能是主动的、有意的。

二、影响模仿的因素

（一）年龄因素

儿童和青少年的模仿性远远强于成年人。一方面，儿童的好奇心强，一些在成人看来是很平常的事情，他们感到很稀奇，可以引起模仿；另一方面，模仿是儿童在一定的年龄阶段掌握实际生活的基本形式。儿童和青少年时期是个体学习语言、行为和各种基本知识的主要时期，这个学习过程就包括了许多模仿的过程。而成年人见多识广，形成了自己比较固定的一套行为模式，模仿行为相应比儿童少。

（二）地位因素

在有意识模仿的时候，一般总是年纪小的人模仿年纪大的人，水平低的人模仿水平高的人，子女模仿父母，学生模仿教师，下级模仿上级。父母、教师、领导、权威有较多的知识和经验，按照他们的模式去活动，比较容易获得成功。另一方面，模仿这些人的行为，容易得到他们的好评，得到表扬和奖励，使模仿行为得到强化。

（三）类似特质

如果认为某人与自己在某一方面有相类似的人格特质或生理特点，而又略胜自己一筹，就容易将其作为模仿对象。斯塔兰德（Stotland）曾经做过一个实验，研究人际影响中相似特质的作用。有70个女大学生作为被试参加了实验。在实验第一阶段，被试分别被带到一个个隔开的小房间里去欣赏唱片。唱片共分为八组，每组有两支乐曲，主试要求每个被试必须从两支乐曲中选出自己所喜欢的一支。主试告诉被试之一的她说，根据实验要求，她和另外两个女学生组成一个小组，那两个女生也在隔壁的房间里选乐曲，三个人可以通过对讲机取得联系，彼此通知自己选择的结果。实际上，那两个人不是被试，而是主试的助手。在互相通知选择结果时，有一个助手总是等被试说完以后再说，而且总是故意和被试作同样的选择。这样做，使被试感到此人的音乐兴趣与自己相似。在实验的第二阶段，在同样的条件下，让被试从10组无意义的音节中选出自己比较喜欢的音节。但是在她选出之前，那两个助手总是抢先报出各自选择的结果。由于被试深受第一阶段选乐曲活动的影响，最终做出了和她特质相似者同样的选择。这一实验说明，在特质相似的人之间容易产生模仿。

三、模仿的心理分析

（一）好奇

在人类生活中，因好奇而模仿的现象十分普遍。人们看到一种新奇的行为，就会模仿着去做，以得到一种心理上的满足。尤其是儿童，看了一场电影，或看了一本小人书，就常常模仿令他们感兴趣的人物的行为。在这种因好奇而模仿的时候，模仿者不一定对行为的意义有清楚的了解，所以有可能模仿消极的、甚至是完全错误的行为。

（二）消除焦虑，适应环境

人在遇到困难的时候会感到焦虑，同时又会产生摆脱困难、消除焦虑的动机。如果某个人的行为能使人摆脱这种困难，他就会成为别人模仿的对象。有人曾经做过这样一个实验，先让一些人吃咸饼干，然后让他们到一个大厅里等待"实验"。大厅里有一饮水处，却挂着"请勿使用"的牌子。大家都感到非常渴，但是看到那个牌子后谁都没有去喝水。后来，一个假装被试的人跑去喝水，于是大部分人也都跟过去纷纷喝了起来。

（三）取得进步，获得认同

具有高尚的品德、渊博的学识、过人的能力的人，可以成为其他人敬慕的对象，他的性格、风度、生活方式和举止行为，也往往为敬慕者所模仿。这种模仿，是模仿者希望获得被模仿者那样的成就，成为被模仿者那样的人，而受到他人的称赞和认同的动机所驱使。

四、模仿与公关

模仿的作用，从社会角度看，既有积极的一面，又有消极的一面。因此，从组织团体和公共关系工作出发，需要做好以下两方面的工作：

（一）利用模仿，提高公众素质

由于模仿的对象具有榜样的力量，因此可以通过大众媒体或组织内的各种途径和方式，有针对性地宣扬和树立正面的典型，帮助和引导公众建立积极向上的世界观和人生观，规范公众的思想和行为，并从不同组织团体的实际需要出发，开展有针对性的宣传教育活动。

（二）利用模仿，达到经营目的

在对于外部公众而言，模仿和时尚有着密切的关系。组织可以根据影响模仿的特点和规律，寻找大众偶像和知名人物为企业和产品做广告，引导公众模仿心理与组织的经营目标向同一方向发展。1999年盛夏，《还珠格格》余波尚存，《还珠格格》（续集）再掀收视狂潮，"小燕子"赵薇由此一举成名。与此同时一举扬名荆楚大地的还有一个产品，那就是稀世宝纯天然硒矿泉水。稀世宝矿泉水在全国率先启用"小燕子"赵薇做形象大使。在"小燕子"形象的伴随下，稀世宝广告与《还珠格格》一起热播，频繁出现在荧屏上，掀起了一股看《还珠格格》，喝稀世宝矿泉水的热潮。

（二）有效控制模仿的消极作用

盲目的、非理性的、不健康的模仿，会污染社会环境、败坏社会风气，会对社会、组织和个体造成一定的危害。有一段时期，警匪片、武打片曾充斥文化市场，这种刺激性迎合了青少年的好奇心理。青少年由于人格尚未定型，思维批判性差，模仿性强，特别是对暴力文化中的黑道人物、犯罪方式、人物矛盾的暴力解决方式等感兴趣，因此喜欢进行有意或无意地模仿，以致酿成暴力犯罪行为。为此，各级教育、文化部门要重视暴力文化对青少年的危害，加强文化市场管理，净化文化环境，创造有利青少年成长的空间。

补充材料8-3：

近年来，媒体几次报道过有的地方学生喝奶"集体中毒"的事件，但技术检验又查不出奶制品中含有致病细菌。专家经过调查分析发现，所谓"中毒"多是因个别学生的"乳糖不耐症"而引发的"从众心理反应"。

某地一所小学发生了一起喝奶"中毒"事件，送到医院进行观察治疗的大多数学生，很快就消除了身体不适的感觉，医学采样化验也没查出病菌。这是为什么呢？有的同学反映，其他同学身体不舒服，老师问他是否肚子疼，他就不由自主地感觉身体不舒服了。对此，儿童心理专家解释说，这些孩子正处在心理学上所称的"危险期"，其心理倾向易被暗示而发生"从众行为"。他痛我也痛，模拟情景试验结果也表明了这一点。因此，在学校这一特殊环境里饮用牛奶，一旦个别孩子感到异常或不适，很有可能就会在群体中迅速发生心理上的连锁反应而使事态扩大。学校、老师、家长对待这样的事情应该沉着冷静，切莫造成多米诺骨牌式的恐慌。

［资料来源：何征. 莫让"从众心理"引起恐慌［N］. 家庭保健报，2004-11-02（012）.］

第五节 感染

案例：

以中国国际公共关系协会（CIPRA）常务副会长兼秘书长郑砚农为团长的中国公关业代表团一行15人，应国际公共关系协会（IPRA）邀请，专程前往土耳其参加2005年6月26日至28日在伊斯坦布尔举办的第16届世界公共关系大会暨IPRA 50周年庆典活动。

郑砚农常务副会长在大会专设的中国分会场代表中国公关业发表了题为"中国公关业发展状况"的主题演讲，并接受了与会者的提问和土耳其媒体的专访。安可顾问公司北京副总裁梁启春、嘉利公关顾问王世永分别代表在华国际公关公司和本土公关公司发表了演讲，中国代表团的演讲赢得了与会代表的热烈掌声。

最为精彩和激动人心的场面是2008北京世界公共关系大会会旗交接仪式。当地时间6月28日下午4：30，郑砚农常务副会长在大会上热情洋溢地介绍2008年北京大会的准备情况，欢迎各国代表届时能参加大会，了解中国历史悠久的文明和飞速发展的市场。2008北京世界公共关系大会宣传片《北京欢迎你》在沉着、激越的击鼓声中推出，向与会代表展示了中国博大精深的文明、开放活跃的市场、飞速发展的中国公关业，与会代表多次予以热烈掌声。当IPRA年度主席查尔斯·斯特莱敦先生从土耳其公共关系协会主席马尼索尔特女士手中接过IPRA会旗并转交给郑砚农常务副会长时，全场起立，雷鸣般的掌声响彻伊斯坦布尔希尔顿酒店国际会议中心会议厅，中国公关代表团全体成员热泪盈眶，欢呼雀跃！

中国代表团的2008北京大会推介活动在会议期间掀起了"中国风暴"，代表团成员的热情、诚意和专业精神深深打动了与会代表，给伊斯坦布尔2005年大会与会者留下了深刻印象。

这次交接仪式，是世界公共关系大会的交接，更是中国公关业自身的公关，是向全球公关业推广中国公关业、推广北京、甚至是推广中国的大好契机。中国代表团在会议上表现出来的专业能力、热忱态度和国际化风范，展现了一个文明古国和新兴的经济大国的公关人应有的素质，极大地感染了与会人员，为中国公关业走向全球进行了一次成功的公关。

一、什么是感染

感染是指通过言语、表情、动作以及其他方式引起他人相同或相似的感情共鸣，它是十分普遍的人际间情感的同化反应方式，是情感的传递和传染。

感染作为一种普遍的社会影响，具有以下特征：

第一，感染是在无压力的条件下产生。在发生感染的时候不能有强迫，如果有人强迫某人接受某种快乐情绪的感染，只会使这个人产生一种反感、讨厌或者惧怕的心理。这个时候，他怎么能接受快乐情绪的感染呢？

第二，感染是无意识的和不由自主的屈从。这一点和自我暗示有区别，自我暗示是有意识的向自己发出刺激，调节自己的认知、情感、意志和行为；而感染则是在不知不觉中发生了情感的变化。例如，当我们置身于热闹非凡的演唱会现场时，会不自觉地投入到那种热烈的气氛中。

第三，感染的同一性。感染者产生与发出刺激者相同的情绪，并可能产生相同情绪控制下的行为。看到小孩加入少先队后快乐地笑着，你自己也会深受感染而笑起来。当然，人的行为不单单只受情绪的控制，它还受到多种因素的影响，这里只是说受感染者可能产生，并且容易产生与发出刺激者相同情绪控制下的行为。

第四，感染的非单向性。暗示、模仿是单向性的影响，而感染是人们之间情绪的相互的传递与感染，是双向的或多向的影响。如明星演唱会的现场，歌星的激情演唱使观众受到了强烈的感染，歌迷们都情绪热烈，一个人尖叫可以引起众多人的尖叫，一个人鼓掌可以引起众多的人鼓掌。歌迷的全身心地投入，从而又激发了歌星的情绪，使他的表演更加充满激情。

二、感染的类别及特点

（一）直接感染

直接感染是指通过言语、表情、动作、行为等直接呈现当时的情绪情感，在无强加条件下影响周围公众的感染形式。直接感染具有三个特点。

（1）情境性。直接感染的发生和效果受当时特定环境的影响，而在特定的情境中发生的感染现象，感染的效果也更好一些。例如，一个总是嘻嘻哈哈的人，处于肃穆庄重、哀伤悲痛的情境中，自然会体验到一种沉重悲凉之感，从而变得严肃起来；一个总是郁郁寡欢的人，处于欢声笑语的集体气氛中，也会受到他人愉快情绪的熏陶和感染，渐渐忘掉个人的伤感，使自己乐观、舒心起来。

（2）即时性。正因为感染具有情境性，因此，当这情境消失之后，感染的力量就会淡化，这就是感染的即时性。感染的时间是短暂的，带有一定的冲动色彩，在受到感染时，情绪亢奋，过后会很快地恢复平静。比如，我们在看电影、读小说时，情绪会随着剧情而发生变化。

（3）互动性。感染会使一个群体中的成员在观念和行为上相互影响、相互制约、相互模仿，由此又反过来进一步地加深相互的感染。如球场上球迷们的情绪激动，会使周围的许多观众受到感染而激动起来。

（二）间接感染

间接感染是指通过语言或形象等媒介物（如报告、讲演、新闻报道、影视、戏剧、小说、音乐、诗歌等）所产生的感染。间接感染具有两个特点。

（1）借助媒介物进行。在间接感染中，感染者和被感染者不直接接触，而是通过一定的媒介物使被感染者受到影响。如英模人物通过作报告、讲演等形式，以亲身经历的现身说法来传递情感信息，使听众或读者受到感染；再如通过其他人的介绍、表演及创造，以典型人物或艺术形象的感情魅力来感染对象的形式也属间接感染。

（2）感染面较广。间接感染的感染力较强，它不是时过境迁、过眼烟云式的感染，它能广泛而深刻地震撼人心，从心灵的深处打动人，有时还能超越时空影响更大范围的几代人。如雷锋精神不仅感动激励了中国的几代人，而且还跨过国界，成为教育和感染美国西点军校学生的精神力量。

三、感染的心理分析

感染的心理基础包括以下几个方面：

（一）背景相近

受感染者与发出刺激者要有相近的背景，主要包括：情境相近，态度、价值观相近和社会地位相近。

1. 情境相近

情境在这里指物理的、社会的和个体心理的状态等等。如果你看到一个路人哭泣，恐怕你很难产生相同的情绪，但是假如你与他置身于同一场合（如在追悼会场），那么，相似的情景会使你很快受到感染。我们常说的同病相怜，就表明个体的心理状态相同易于相互感染。健康者很难理解病人的情绪，新婚者很难被他人丧子之痛所感染。总之，相似的自然和社会环境，以及个体的心理状态，是感染的一个重要条件，没有相似之处，就难以构成感染。

2. 态度、价值观相近

感染还受个体的态度和价值观的制约。在同一种刺激面前，两个态度和价值观不同的人，其情绪感染情况可能大不相同。在剧场里你常可以见到这样的情景：当摇滚歌手上台演出时，上了年纪的人、有一定社会地位和身份的人或一脸严肃，或一言不发，或拂袖而去；而与此同时，场内的年轻的"摇滚迷"们却会跟着"呼天喊地"，一派过节的景象。这种区别与年长一代和年轻一代的价值观、生活态度的不同极有关系。

3. 社会地位相近

不同阶层的人在不同的物质条件下生活，在很多情况下，他们对同一个事物所产生的情绪不相同。社会地位相近的人之间，彼此较少戒备感，心理距离较近，从这种意义上讲，感染容易发生。而社会地位差距大，就很难在情绪和行为方面相互感染。

补充材料 8－4：

在中国的思想史上，强调亲情仁爱，提倡"血浓于水"。"老吾老以及人之老，幼吾幼以及人之幼"等儒家学说向来被奉为经典，世代承袭。中国人珍视和遵循传统习俗与价值，庆佳节、重团圆，以享受天伦之乐为人生之大喜。为了迎合中国人的这种文化心理，近年来，以亲情、仁爱为诉求点的广告层出不穷，他们通过真挚的情感感染了公众，达到了公关的目的。

以母子亲情为主线的雕牌洗衣粉广告就不失为这一题材的代表作。画面中妈妈拍着小女孩入睡。待妈妈出去后，未曾入睡的小女孩不开心地说："最近妈妈总是唉声叹气"。接着，画面又转向下岗了的妈妈迈着沉重的步伐在街上找工作。此时，懂事的小女孩想起"妈妈说，雕牌洗衣粉只要一点点就能洗好多好多衣服，可省钱了。"于是，她收来一些脏衣服放入盆中，倒好了洗衣粉，用稚嫩的小手洗衣服、晾衣服，然后自己收拾好上床睡觉。待妈妈回来，小女孩早已入睡，妈妈发现桌子上放着小女孩写的字条："妈妈，我能帮您干活了。"妈妈顿时热泪盈眶，俯下身深情地凝视已懂事的女儿。这则广告深深地触动了观众的心弦，令人心酸而又温暖；与此同时还让人记住了雕牌洗衣粉的特征——物美价廉。

（二）理智制约

个体的理智水平高低，是决定是否受他人感染或者受多大程度感染的重要因素。苏联学者波尔什涅夫曾指出：社会发展的水平越高，个体对吸引他们的某些行为或心境的力量越具有批判的态度，因而感染机制的作用就越弱。一个人自我意识的水平越高，越有理智，就越有能力控制自己的感情，越能以分析批判的态度看待周围的事物。因此，也就会较少地受他人情绪的感染，能够保持独立性。

感染是情绪交流传递的一种基本形式，在许多场合，它都会在人们不知不觉中发挥作用。对于一个头脑冷静、自制力强的人，在自我控制的注意有所分散、自我控制的意志有所放松时，也会发生情绪感染现象。因为一个人不可能始终保持高度的自我控制状态。

四、感染的意义

（一）感染可以调整个体的心理状态

一方面感染可以使个体适应当时的环境气氛，采取比较恰当的反应形式，与别人和谐相处。例如，当你看到别人情绪紧张恐惧时，也会立刻受到感染，浑身紧张起来。这样就有可能调动全身的力量，有效地应付可能发生的危险事件。另一方面，感染可以改变个体的情绪，使个体在他人的影响之下摆脱悲观消极的情绪，处于积极乐观的精神状态之中。

（二）感染对人群可以起到一定的整合作用

感染可以整合一群人，人们相互之间依靠感染达到情绪的传递交流，使之逐渐一致起来，成为一个临时群体，进而采取比较一致的行为。

五、感染与公关

（一）对于内部公众而言，组织需要运用感染这种影响方法

组织要想在竞争中取得胜利，更好地生存发展，就需要提高组织

的凝聚力。因此，组织应该建立一种积极向上、融洽和谐的群体气氛，提高组织的凝聚力。所谓的群体凝聚力其实就是指群体对成员的吸引力和群体成员之间的相互吸引力。影响群体凝聚力的因素很多，如人际因素、群体活动、群体目标、群体满足成员需求的状况。假如企业的发展目标和个人的奋斗目标方向一致，或说企业目标的实现有助于员工个人目标，如实现自我价值，提升能力等，那么群体吸引力就大。在这样的组织里，成员就能自觉或不自觉地产生与组织相同的情感，通过情感的变化进一步来调整自己的认知和行为。

补充材料8-5：

美国国际通用机器公司（IBM）每年都要举行一次规模隆重的庆功会，对那些在一年中做出过突出贡献的销售人员进行表彰。这种表彰活动被称作"金环庆典"。这种活动常常是在风光旖旎的地方，如百慕大或马霍卡岛等地进行。在庆典中，IBM公司的高层管理人员始终在场，并主持盛大、庄重的颁奖酒宴，然后放映由公司自己制作的表现那些做出了突出贡献的销售人员工作情况、家庭生活乃至业务爱好的影片。被邀请参加庆典的人员，不仅有股东代表、工人代表、社会名流，还有那些做出了突出贡献的销售人员的家属和亲友。在庆典活动中，公司主管会同那些常年忙碌、难得一见的销售人员聚集在一起，彼此毫无拘束地谈天说地。这种交流，无形地加深了彼此心灵的沟通，增强了销售人员对企业的"亲密感"和责任感。

为了联络感情、增进友情，企业除了可以举办像IBM公司这样的庆典活动之外，还可以采用诸如组织全体职工开展文体活动，利用各种有意义的事件（如厂庆日、新产品投产和新设施的剪彩等）和有意义的节日（如新年、元旦、国庆节、五一节以及职工的生日等）举办各种形式的工作聚餐会、文化沙龙、知识竞赛以及其他联谊活动。企业通过这些活动，可以增强企业职工与领导、职工与职工之间的感情联系，从而提高组织的凝聚力。

（二）对于外部公众而言，组织也需要运用感染这种影响方法

组织为了改变公众的态度与行为，更好地实现公关目标，就需要运用感染这一种能够达到"润物细无声"的社会影响方法。许多厂家为了达到这样的目的，通过广告语和广告画面的作用，使商品摆脱了冷冰冰的面孔，戴上了温情脉脉的面纱，如台湾星辰表的广告："妈妈的时间换取了我的成长，推动摇篮的手是统治世界的手，也是最舍

不得享受的手。四分之一的妈妈没有表，只是因为她们认为自己忙于家务，没有必要戴表；四分之二的妈妈还戴着旧手表，是因为她们舍不得享受，即使是旧的，她们也认为是蛮好的；四分之三的妈妈还应该戴手表，是因为她们外出购物、访友、娱乐身心时，还是需要一只手表的。向伟大的母亲致敬，别再让母亲辛劳的手空着。母亲节，星辰表，送给母亲一份意外的惊喜！"试问，有哪个做儿女的看了这则广告，会不为之动情呢？当消费者被广告所渲染的情感打动的时候，就是消费者被说服的时候，从而在声情并茂的语境下变成了广告的"俘虏"。

补充材料 8-6：

《妈妈洗脚》是一个电视公益广告：睡觉前妈妈给儿子洗了脚，然后又给自己的妈妈洗脚，这个情节让孩子看在眼里，小小年纪的他给妈妈打来一盆洗脚水，用稚嫩的童声叫道："妈妈，洗脚。"

人的情感是最丰富的，也是最容易激发的。情感是广告一个很重要的切入口，这个案例运用情感诉求的方式相当出色，以情动人，取得了很好的社会效应。广告中没有什么波澜，没有我们所说的故事中的矛盾冲突，它完全是一个普通家庭里发生的一件普通的事情，正是这样一件普通家庭的普通事却不知赚走了多少人的眼泪，不知唤醒了多少人，让多少人开始感受到他们父母的辛苦，开始理解父母。该广告画面朴实、温馨，几许乡清，几许温馨，几许关怀，几许回忆，涵盖于此。母亲与孩子，关怀与成长溢于画面。它所表现的情感显得十分亲切，有动人心弦的魅力，从而突出了"其实父母是孩子最好的老师"，点明了广告的主题"将爱心传递下去"，使人们感到无比温馨。

课后思考练习：

"学者证言"广告

1998 年 9 月，长岭集团公司在首都各大报纸刊登的系列广告引起了人们的注意。广告与众不同之处就在于：隆重推出 7 位在科技领域取得了相当成就的学者和专家的形象。据说，请出如此阵容的专家、学者做广告，在国内尚属首次。这个以"卓越，是他和长岭的共同追求"为主题的系列广告，醒目处或刊登一组或刊登一位学者的头像，旁边是学者成就的简单介绍，大标题是"他（她）也用长岭冰箱"。

敢于"第一个吃螃蟹"，站出来为国企名牌的质量作证的专家阵容甚大，他们当中有：国家科技委员会专业评委、博士生导师陈庆寿；玉柴集团董事长王建明；语言学家、北大东方学系教授巴特尔等。

据悉，这些专家无一例外均是长岭冰箱的新老用户，他们此次为长岭冰箱做广告的起因，源于长岭集团董事长兼总经理王大中亲自带领的一次客户回访活动。王大中在用户档案中发现，在长岭冰箱十几年的老用户和最近购买长岭冰箱的新用户中，有很多是为国家做出了突出贡献的专家和学者。于是他派出专门的访问小组对这些学者进行了专访，访问中专家的话使王大中怦然心动。他想，在人们看烦了千篇一律的各类"明星"做的广告时，让社会形象较好的专家走上广告说一说实在话，也许能收到意想不到的效果，就这样长岭集团首家推出了"学者证言"广告。

（资料来源：http://202.96.111.92/media_file/2007_01_10/20070110162211.doc）

练习题：

长岭集团董事长兼总经理王大中为什么要推出"学者证言"广告？

第 九 章
人际交往心理与实务

人际交往是公共关系最基本的活动之一。从某种意义上说，公共关系是扩大了的人际关系。虽然说人际关系是以个人为支点，研究个人与个人、个人与群体的关系，但是它与公共关系实质是相通的，况且公共关系工作的完成，需要靠个人活动和个人行为。也就是说，公共关系活动终究要通过人际交往来实现。因此，研究公关人员的人际交往心理是开展好公共关系工作的重要内容。

第一节　人际交往概述

进入本章内容学习之前，首先需要对几个概念作一区分，如人际交往与人际关系，公共关系与人际关系等。

一、人际交往与人际关系

人际交往是指人与人之间通过一定的方式进行接触，从而在心理和行为上产生相互影响的动态的过程。人际交往是把人与社会联系起来的重要媒介。

人际关系是指在人与人的交往活动中所发生的直接的、可感的心理关系。

通过以上分析可以发现，人际交往与人际关系是两个不同的概念，两者之间存在着区别。

人际交往与人际关系的区别在于：前者是一个动态的过程，这一动态的过程缘于人际交往总是以获得一定的信息为目的的。从交往的动机来说，任何人际交往都是从一定的信息需求开始的，只有当一方拥有比另一方更多的信息时，双方的交往才会成为可能。从交往的效果来说，一段成功的交往离不开信息的正常沟通。而后者是一种相对稳定的关系。人际关系的形成需要以一定的情感来维系，这便决定了人际关系具有相对稳定性和非指向性的特点。众所周知，情感的建立是一个逐渐的过程，人们对情感的需求表现为对情感的依赖和信任，而这种依赖和信任是一个长期积累的过程，需要在不断交往的过程中相互接纳并融合，在达到一定程度后才能产生信任感和依赖感。所谓"日久生情"，正是说明情感依赖建立的长期性。另外，情感的建立是有选择性的，只有那些有相同价值观和相同信念的人才能在交往中形成稳定的关系，否则，两者之间的关系就会终止于人际交往，不会形成人际关系。

一般的观点认为，人际交往是人际关系的前提和手段，人际关系是人际交往的结果和表现。

二、公共关系与人际关系

没有系统地学过公共关系理论的人，往往把公共关系和人际关系混为一谈，并对人际关系存有误解，认为公共关系就是人际关系，而人际关系就是拉关系，是不正之风。所以，这里要对二者的联系和区别作简要的介绍。

（一）公共关系与人际关系的区别

公共关系是一种社会关系，人际关系是在社会关系内部所形成的一种特殊关系。既不能认为公共关系就是"迎来送往"的人际交流活动，也不能忽视了人际关系在公共关系活动中的地位和作用，两者的区别在于：

1. 两种关系的对象不同

从两种关系的对象上看，人际关系的主体是人，缔造这一关系的双方都是由一个一个的个体所组成。也就是说，它是个体与个体的心理关系，或个体与群体的心理关系，维系这一心理关系的纽带一般来讲是人的感情，它的表现形式体现为人际间的心理吸引与排斥。公共关系则是一个社会组织所面临的公共的、社会的关系，缔造这一关系的双方是组织与公众，是一种客观存在。

2. 两种关系运用的手段不一

从两种关系运用的手段来看，公共关系主要是运用信息传播的原理，运用现代化的大众传播媒介来传送信息，人际关系则主要是通过直接的、面对面的交往过程形成一种心理关系。在人际交往中，人们用自身的心思、情感、言谈举止来实现彼此间的沟通，达到个人之间的情感交流和思想融合。

（二）公共关系与人际关系的联系

公共关系与人际交往关系虽是两种不同事物，但它们之间却存在着密切的内在联系。公共关系活动离不开个人交往这一活动的基本方式。公共关系与人际关系的联系主要体现为：

1. 公共关系与人际关系都属于社会关系

公共关系与人际关系都是社会关系的一个分支，彼此交叉包容、相互渗透、相互依存，是你中有我、我中有你的关系。但仍要指出的是，交叉包容关系并不是等同关系，就产生的基础而言，人际关系的范畴远远大于公共关系的范畴。因此不能将二者混为一谈。

2. 公共关系与人际关系在许多基本原则上是相通的

作为人类社会关系的产物，无论是公共关系还是人际关系，在实践中都以互利互惠为最基本的准则。因为满足各自的精神与物质需要是各种社会交往背后的普遍动机。人与人之间的交往，既以满足自己需求为前提，又以满足对方需要为必要条件。互补是社会关系建立和发展的动力，互利是互相交往的基础。只有在互利互惠的基础上，才能建立和维持相互之间的关系互动。个体的人与人之间的交往如此，公共关系中的社会组织之间的交往亦同此理。此外，诚实信用、平等协调等也是公共关系活动与人际交往中最为基本的价值准则。

3. 良好的人际关系是构建良好的公共关系的基础，人际交往是开展公关活动的一种手段

在实践中，公共关系作为"内求团结，外求发展"的管理艺术，也要经常借助于人际关系中的某些手段，通过个体交往以构建健康有序、平等和谐的人际关系，来实现"内求团结，外求发展"，塑造良好组织形象的目的。20世纪初，一度被"扒粪运动"（又称"揭丑运动"）弄得声名狼藉的老洛克菲勒，为了改变不良的公司形象，接受了"世界公关之父"艾维·李的建议，开始赞助社会福利事业，建医院办学校，在街上向儿童施舍，并主动与普通员工打成一片，与工人的妻子跳舞，打破等级观念等等。通过上述努力，终于逐步改变了一度被认为是巧取豪夺、不顾社会公众利益的垄断寡头的形象，成了一位乐善好施的企业家，从而使洛氏集团走出了困境。由此可见，人际交往是开展公关活动的一种常用的手段，良好的人际关系有助于塑造良好的组织形象，良好的人际关系是构建良好的公共关系的基础。通过人际交往构建和谐的内外人事环境是公共关系的主要目标之一。

三、公关活动中人际心理特点

处于公共关系状态中的人际各方，或主动意识到其行为与特定组织的公共关系有着某种牵连的人，在参与组织的新闻发布会、联谊会、庆典、专题公共关系活动时，他们的人际心理特点与平常的人际心理特点有着明显的差异。具体表现为如下几方面：

（一）人际心理的指向差异

人际心理的指向性差异，是指人际各方的心理活动是否围绕着特定的目标和组织的活动来进行思考与行动。如果人际各方（不论是组织者一方，还是参与者一方）参加一个企业的开业庆典，人们的心理活动总是主动地围绕庆典的有关仪式活动，组织者有意图地引导公众投入活动，参与者则有意识地配合组织者开展活动，彼此心领神会、心照不宣。这说明人际心理的指向性高。而在日常的人际交往中，人们的人际心理尽管有时带有指向性特点（如求人办事、帮忙，对方也愿意），但更多的时候处于一种随意性的状态。也就是说，日常交往中的人际心理并不一定具有指向性的特点，很可能是此人意东彼人意西。人际心理的指向性并不是指人际一方的心理指向性，而是指人际各方心理的共同指向性。人际心理指向性的高低，取决于人际活动本身的趣味性和利益的关联性，活动越是有趣味，人际心理指向性越高；利益越是接近人际各方，人们心理的指向性也就愈高。公共关系活动的开展，把组织者与参与者聚集在一起，处于公关状态下的人际各方，只要活动开展得当，一般心理状态即具有较高的相同指向性。这是与日常交往中的人际心理有较大差异的一个特性。

（二）人际心理的主动性与应承性差异

在日常生活中，人际交往处于一种无组织的自然状态，交往很可能是松散的、随意性的，即使一方在交往中带有明确的目的性，但也未必能得到对方的认可，因而，在人际心理上会出现明显的一致性差异。在公共关系状态下，公共关系活动的组织者在人际心理上会表现出较高的主动性，而参与者则会有较强的心理应承性。人际各方都会在共同的公关主题下，彼此配合，心理相融。组织者发布各种信息，向参与者征求意见，以求社会各界的支持，进而树立良好的组织形象。而参与者在主人的热情感召下，或是基于理智的认同，或是出于情绪的感激，总是要在一定程度上应承对方的旨意和目标，并表示言语或内心的赞许。公共关系活动的开展，为人际各方提供了心理交流的环境。

（三）人际心理的顺行性与逆行性差异

人们在自然生活状态下，要接受或改变某种观点是很难的，特别是那些在我们生活中似是而非、离生活有一定距离的事物，要我们接受它或改变它更难。

处在公关状态下的人际心理，与自然生活状态下的人际心理，在心理顺行性与逆行性方面也同样存在很大差异。心理的顺行性是指人们在了解和认识事物的过程中，表现在心理发展上的一致性特性；心理的逆行性则是人们接受某种新概念时，表现在心理发展上的不一致特性。日常生活中人们常说吸烟有害健康，但有些吸烟者在心理上则不以为然，逆行思维，认为吸烟对人体并没有多少妨害。组织开展公共关系活动，能创造一种情境或氛围，使参与公共关系活动的公众在心理的顺行性和逆行性方面都会有较大改变。如在顺行性方面，公众将强化自己的观点与组织保持一致，提高组织的美誉度；而在逆行性方面，通过公关活动的潜移默化，削弱公众对组织的不良印象，最终达到改变反面形象树立正面形象的目的。危机公关活动的开展尤其如此。

四、人际关系在公共关系中的作用

（一）组织内的人际关系是影响公共关系的重要形式

公共关系活动的开展，最终要靠人去实现，并落实在人与人之间的关系上。从组织的领导者、专职公关人员，到组织里的每一个成员的人际关系状况，都将对公共关系产生一定的影响。特别是个人代表组织的人际交流活动，这种影响更为重要。因为个人在交流活动中表现出来的风度、气质、态度、能力等，往往直接影响到对方对组织的印象，从而奠定组织公共关系的基础。如果一个组织的领导者、公关人员和政府部门、新闻媒体、知名人士以及其他一些组织的领导者建立了良好的人际关系，同样也能使这个组织在众多的社会关系中有着一个和谐的公共关系环境。

一个组织的领导者或公关人员的人际关系对组织的公共关系活动的影响虽然很大，但组织中的每个员工的人际关系状况对组织的公共关系的影响也不能忽视。组织中的每一个成员在组织的内、外部都必然会形成一些人际关系，如朋友关系、同学关系、同乡关系、亲戚关系等等。他们在日常的交往活动中，不同程度地能为组织的公共关系起到宣传作用，因此，公共关系理论中提出了"全员公关"的要求。这并不是说要求组织的每一个员工都从事公共关系工作，而是要求组织的每一个成员都必须具有强烈的公关意识，为提高组织的知名度和美誉度做贡献。

（二）良好的人际关系是公共关系传播媒介的重要组成部分

尽管组织公共关系的开展经常是凭借着大众传播媒介（如电视、广播、报刊等）来塑造组织在公众中的良好的形象，但并不是几次大的宣传活动就能使组织在公众心目中有一个美好、完整的形象，而更多的是靠组织长期一点一滴的宣传。这种宣传主要渠道之一就是运用人际关系方式。社会中的每一个人都是信息源，每一个人的信息传播，或多或少都能起到一定的宣传作用，而且个人之间的交往活动具体、生动、真实，有针对性和直接性的反馈，能收到大众宣传媒介难以达到的效果。据调查资料表明：人们对亲友的宣传相信程度在75%以上，而对广告的宣传只能达到30%左右。由此可见，良好的人际关系不仅对组织公共关系的传播媒介有辅助补充的作用，而且是公共关系最有效的传播媒介，特别是与政府官员、新闻记者、科学家、影视体育明星、著名社会活动家等知名人士之间的人际关系，作用更明显。知名人物的态度和言论在某种意义上会超过大众传播媒介宣传的能力，他们不仅可以在广泛的人际关系活动中宣传组织的形象，而且人际关系宣传比专门凭借大众传播媒介进行公关更具经济效益和社会效益。

（三）善于处理人际关系，是公共关系工作的专业技能之一

人际关系的好坏，会直接影响、制约公共关系职能的发挥。因此，怎样建立和发展良好的人际关系，是衡量公共关系人员专业素质和能力的直接尺度。公关人员作为社会组织的"外交家"，要与各方面的社会公众交往，必须具备人际交往的素质和能力。因为人际间的密切关系是铺垫公共关系的基石，良好的人际沟通是公共关系传播沟通的重要组成部分，富有魅力的个人形象，有助于塑造组织的良好形象。因此，人际交往的能力和素质是公关人员的必备条件。

（四）组织领导者人际关系的好坏，直接影响组织内外部的公共关系

领导者一般是制定组织目标，联系团体内成员的人际关系，建立

协调成员间结合力，提高成员积极性，推进团体向目标前进的带头人。组织内领导者的人际关系处理得好，领导者之间就容易搞好团结，形成较强的凝聚力；反之，领导者的人际关系处理得不好，彼此之间就容易闹矛盾，造成组织的"内耗"现象，使组织的元气遭到损伤。这样的组织在外部公众心目中，也不会有好的形象。因此，一个组织要在内、外部创造良好的公共关系环境，领导者的人际关系状况是关键的因素。

第二节　人际吸引与人际关系发展阶段

要获得公众的好感与接纳，建立与公众的关系，需要了解影响人际吸引的基本因素和人际关系发展阶段。

一、人际吸引的基本因素

人际吸引（Interpersonal Attraction）指人与人之间产生关注、欣赏、倾慕等心理上的好感，进而相互接近而产生感情关系的过程。建立和发展人际关系的前提是互相吸引与喜欢，所以，人的吸引力对人际交往行为的影响是非常明显的。只有吸引了别人，才能得到别人的喜欢，产生进一步交往的愿望及行为。可见"吸引"是人际交往的艺术之一。"吸引"也就是魅力的散发，是一种无形的力量，它能在人际交往过程中起着互相接受、认同和影响的促进作用。人们在社会交往中，希望自己被对方所喜欢、尊重和赞赏，那么怎样实现自己这一愿望呢？首先就要增强自己的吸引力。社会心理学家认为，在人际吸引的过程中，引发人际吸引的主要因素有外貌与才华的因素、空间与交往的因素、相似性和互补性的因素、个性品质因素、互惠互利因素等。

（一）外貌与才华的因素

尽管我们常说："人不可貌相"，但是相貌所产生的"晕轮效应"是不可低估的，也是不以我们的意志为转移的。从心理学角度讲，人们见到相貌好的人，心理上会产生一种好感、亲切感；而对于相貌差的人会产生一种排斥感，尤其是和陌生人打交道的时候，这种现象更为明显。当然，外貌的吸引，不仅仅指人的长相，还包括人的衣着打扮、仪表风度。人的相貌几乎是无法经过个人的主观努力而改变的，但是人的衣着打扮、仪表风度却是能够经过个人的努力而改变的。所以说，人们在向社会推销自己的时候，务必注意在各种场合中自己的衣着打扮、仪表风度、言谈举止，尽量给人们留下良好的印象，这是走向成功的第一步。古往今来，人的外貌与才华并非像人们想象的那样统一，外貌美固然好，但如果"金玉其表，败絮其中"，人们也会很快厌倦。再者，外表的美是表面和短暂的，它可以随着岁月的流逝、环境的变化而变化，而才华是本质的东西，可以随着人的阅历而增长。较之喜欢外貌美，人们更喜欢才华，喜欢性格美。所以，一个人在日常生活中，应注意学习才艺，完善性格，使自己的外貌与才华合为一体，其魅力就无法抗拒。

（二）空间与交往的因素

外貌与才华尽管具有相当大的吸引力，但是，如果人与人之间不能经常在一起互相接触和交往，也达不到预期的目的。可见，空间和交往可以创造良好的人际关系。首先，"天时不如地利"，空间的作用是不可低估的，空间位置的接近是建立亲密关系的便利条件。其次，交往也是如此。没有交往就没有了解，交往是两个以上的人为了交流有关认识和信息而相互作用的过程。有了交往才能彼此感知，产生情感，没有交往就没有了解和认识，就谈不上感情，谈不上理解及建立人际关系了。值得一提的是，随着信息时代的到来，日常网络上的聊天信息、电话交谈使人们有一种同伴就在身边的感觉。一般来说，交往频率越高，越容易形成密切的关系。可见，交往频率对人际关系来说，有很大的现实意义。所以，我们要勇敢地走进社会生活，接近自己所要接近的人，与对方经常来往，让对方熟悉你、接受你，这也是人际吸引的重要条件。

（三）相似性和互补性的因素

相似性的概念很广泛，它可能是民族、信仰的相似，可能是性别、年龄的相似，可能是社会条件、社会身份的相似，也可能是思想观念、文化水平的相似，还可能是志向、性格、兴趣爱好的相似。相似性是人际吸引和喜欢的重要因素，因为人们总是喜欢那些信念、价值观、个性品质与自己相似的人。所谓"酒逢知己千杯少""相逢何必曾相识"就是这个道理。因此，我们在生活中要注意寻找与别人的相似性，从而引起别人的喜欢，吸引别人。

那么，是不是相似性越多彼此就会越加喜欢呢？这不是绝对的。因为喜欢的另一方面往往是互补，它指双方的需要以及对于对方的期望正好形成互补关系时，才会产生强烈的吸引。如脾气暴躁的人和脾气随和的人会友好相处。这是由于双方在气质、性格上都各有优点和缺点，彼此之间可取长补短、"刚柔相济"、互相满足对方的需要。由此可见，需要的互补性也是形成人们之间良好关系的一个重要因素。要学会在公共关系中，在与人的交往中取别人之长，补自己之短，用自己之长，补他人之短。这样，交往的双方都能得到满足。同时，由这种满足所产生出来的肯定性情感又将反作用于交往的双方，使人际关系更为牢固。

（四）个性品质因素

个性品质对人际交往的影响个性是指一个人的整个心理特征的总和。它包括一个人的性格、气质、能力、兴趣、爱好、理想、信念、人生观、世界观等。交往中，一个人热情、诚实、高尚、正直、友好，人们易于接受他而与之交往；相反，一个冷酷、虚伪、自私、奸诈、卑劣的人就会令人生厌，人们就会回避他、疏远他。对于一个口是心非、阳奉阴违、无中生有、嫉妒诽谤、搬弄是非的人和一个诚实正派、心诚意善的人，显然人们倾向于后者，更愿与之结交。在国外，心理学家安德森（N. Anderson，1968）对大学生的一项研究表明："大学生高度喜爱的品质，排在前六位的是真诚、诚实、理解、忠诚、真实、可信"。可见，良好的个性品质易于建立和谐的人际关系，不良的个性品质则会影响正常交往。此外，那些聪明能干、知识丰富而又热情的人也能引起人们的喜爱、钦佩、尊重和敬慕，在人际交往中也具有很强的吸引力。人们崇敬名人，实际上就是被名人较强的能力所吸引的缘故。为什么真诚的人会受人喜欢呢？因为与真诚的人交往，不用提防和戒备，心底有安全感。这样的人让人放心，别人会信任你所说的话、所做的宣传。因此，公关人员的人格在公关活动中起着至关重要的作用。

广州有一个售楼人员，销售业绩的提成每年竟达一百多万元。她成功的秘诀是什么呢？其实就是一个"诚"字！她在个人的经验介绍中一语道破天机：她把客户当作自己的亲人，站在客户角度，想客户之所想！尽可能地为客户多争取一些利益。比如有一次，一个穿戴相当朴素、骑着自行车的客户到售楼处了解情况时，其他售楼人员不理不睬，只有她赶紧处理完手头事务，上前热情地接待并详细介绍了楼盘中每一栋、每一套的利弊、价格等。该客户被感动，透露了准备为公司的高层雇员买 10 套住房时（该客户为某公司办公室主任），这位售楼小姐又站在客户利益的角度，建议他现在先别下定金，等国庆节开盘搞活动时再来。这样不仅为客户争取了更多的折扣，还额外为顾客争取了五个免费车位。结果该客户在公司受到嘉奖，老板及雇员都皆大欢喜。后来该客户十分信赖这位售楼小姐，又源源不断地为她介绍新的客户。从这个典型案例中可看出，该售楼小姐之所以业绩突出就在于善于与客户建立相互信任的关系。销售如此，公关更是如此。公关人员要与公众建立良好关系，其人格特征就十分重要，因为人们都先相信你的人品，然后才会相信你做的公关宣传。可以这么说，公关人员的人格特征就是公关宣传的一面旗帜，公关人员的人品如何决定公关工作的成败。

（五）互惠互利

人际间的交往准则是互惠互利。一个人对另一个人的交往包含着对回报的期待，这个回报可能是及时的，也可能是日后的。从某种意义上讲，人是功利的动物，人际间交往的根本动力在于价值关系的制约。人际间的相互吸引除了能带来互惠互利外，更深层的原因就是交往带来更深层次的、心灵的互惠互利，因为心理价值、情感获得都是人类心灵活动的动力。这里所说的回报既可以是物质的，也可以是精神的。精神的报酬很重要的一点是喜欢的相互性，即人们喜欢那些同时也喜欢自己的人，喜欢的相互性是决定一个人是否喜欢另一个人的关键性因素。

在人际关系建立的过程中，除上述因素外，一个人的能力、特长、职业、经济收入和社会背景，甚至年龄、性别、籍贯等也可能成为影响人际关系的因素。特别是在建立人际关系的初期，彼此不够了解的情况下更是如此。

公关人员应该培养自己具有较强的人际吸引力，这样才能为对方心理相容，从而建立起融洽的人际关系。增进人际吸引力，一是要注意自身修养，培养良好品质。只有加强自身修养，才能以自己的人格魅力感召人。二是广泛与工作对象接触，缩小空间距离。接触越多、越广泛，就越有可能拥有共同的话题，找到共同的语言。三是培养与工作对象类似的观念态度。相同的观念、信仰、人生观、世界观是产生人际吸引力的极其重要的因素。四是掌握丰富的知识和技能。有知识、有特长才能让对方产生钦佩感、赞同感，并愿意互相接近。五是注意仪表，举止得体。任何不雅观、不文明的举止都容易引起对方心理上的反感和厌恶。

二、人际关系发展的四个阶段

人与人的交往，都是由浅入深，从彼此陌生到相互熟知。心心相印成为知己，是需要一个逐步发展的过程的。一般来说，人际关系的发展分为四个阶段：初次见面、友谊关系、融洽关系和牢固关系。只有彼此能正确判断相互间的人际关系的发展阶段，才能更好地运用不同的交往技巧，加深彼此间的友谊。

（一）初次见面

初次见面是人际交往的起始点，人与人之间的接触是从初次见面开始的，所以，应十分重视初次见面时给人留下的印象。注意初次见面时要以自己的内在气质和才华打动对方，尽量不发生冲突，不流露出不满，尽量表现出一种亲切感，表现出对对方的兴趣。尽量谈论对方感兴趣的话题，给对方以恰如其分的赞美，以引起对方的好感，使对方产生心理上的快乐和满足。初次见面在人际交往中是很重要的，它往往可以决定双方是否可以继续交往下去。

（二）友谊关系

友谊关系表现为相互之间只是生活、学习、工作上的帮助和协作，彼此不承担任何义务。这种关系往往会随着时间和空间的变化而解体。在这一阶段，双方彼此间乐意表达自己的感情和思想，但有一定的界限，对自己的隐私是不说的，所以，双方在这一阶段中可以适当地对某些观点、事件等发表自己的看法，比较直率地进行批评与自我批评。

（三）融洽关系

在这一阶段，相互间对各自的背景和情感都比较熟悉和了解，所以遇到问题时，大致能估计对方会采取什么态度，对对方的语言和非语言信息能够心领神会。此外，在这一阶段，相互间敢于冒犯对方的尊严，如当对方不在场时，替他表达意见，当然这样做是冒险的，可能使双方关系大大推进，也可能使之退步甚至破裂。这主要取决于你的冒犯是否真诚、善意，是否把握了分寸。

（四）牢固关系

人际交往发展到这一阶段时，彼此会心心相印、水乳交融，你中有我、我中有你，坦诚相见、倾诉衷肠。这时，双方都可以准确地理解和把握对方的思想感情，善于站在对方的角度考虑问题。这一阶段是人们希望和追求的人际关系的境界，这一阶段要求交往双方都有现代交往的良好品质，如诚实、谦虚、自我牺牲等，还要有相互间志趣、性格等方面的相符和相补，要有交往的技巧和能力以及彼此间的配合，否则，即使达到了这一境界也是无法维持的。

第三节　了解人际交往中的人性特点

在社会生活中，利用人性的弱点与人打交道，是常用的方式，公共关系利用的就是人自重、自尊和自私等弱点。在这里说得较多的是人际交往中人性的劣根性。我们必须先承认人际交往中的人性有好的一面，也有不好的一面，然后去管理它，才可能更好地发展自己的人际交往能力。

一、寻求归宿性

人生来都有远离孤独的倾向，因此人们都希望归宿于某个社会团体，拥有一定的社会人际网络。

寻求归宿性的一个特点就是群体能使个人力量增强。因为一个人就算再强大，也还是渺小的，尤其是面对困难、面对障碍、面对灾难的时候。人生就来具有自卑感，克服自卑感的一个重要方式就是把自己融入群体当中，这样就会感到自己力量的增强。有研究表明，当人们受到重大创伤的时候，如果有社会的支持，患心理障碍的可能性就要小得多。因此，外在人际力量会内化为自我力量的一部分，有一个好的人际网络会使得自己感到更强大。那么，人什么时候最孤独呢？是高兴的时候无人分享。不管是高兴也好，悲伤也罢，人们都希望自己的情感被共享。

寻求归宿性的另一个特点就是相伴性，简单来说，就是希望有人陪着。即使是一个特立独行的人，若知道一个行为是所有人都不认可的，那他（她）也不会去做。尤其是我们在面临孤独的时候，更加渴望这种相伴性。比如，假设你在大海中航行时遇到风暴，茫茫大海上只有你一个人，你自然会感到非常恐惧；但这时你发现了另一个人和你一样，这种恐惧就会减轻；要是发现有好多人和你一样，那你不但不会感到恐惧，反而觉得有趣了。当处于紧张中的人发现原来还有和自己一样的人，甚至比自己还紧张的人，就不觉得那么痛苦了，这就叫作情绪的共有感。

二、获得他人尊重性

在人际交往当中，人们不仅希望自己不孤独，还希望得到他人的认可、尊重。

他人尊重性首先表现为人们的显示欲。每一个人都希望把自己好的一面展现给大家，因此，要想成为一个好的交际伙伴，你就要给别人表现的机会。如果一个人占有了所有表现的机会，处处争强好胜，那么别人也不会愿意与之做朋友。比如，在一个大型活动中，你是关注那些非常活跃的人，还是坐在角落里的人呢？活跃的人自然而然会受到关注，相反，那些坐在角落里的人，如果你给他们一次表现的机会，很可能将改变他们的一生。

他人尊重性还表现为在乎别人的评价，这是人社会化的一种表现。由于在乎他人评价，因此人们常常好面子，因为好面子，就会带很多面具。要成为一个好的交际伙伴，就要懂得给别人留面子；给别人留面子，也就是给自己留退路。

他人尊重性最后还表现为攀比性。人们常常会将自己与别人相比，希望自己比他人强，尤其是过分在乎别人评价的人，会拿自己的缺点与别人的优点相比。俗话说，"人比人，气死人"，所以你要比的对象不应该是别人，而是要跟自己比：今天的我比起昨天有进步，就应该值得高兴。

三、展示个别性

个别性表现为我们每个人在个性上的独特性。社会文明程度越高，给个性的空间就越大。在人际交往时，要尊重自己和他人的个性，只有做回自己，一个人才能活得最精彩。个性往往是人们的魅力所在，因此，不要忽略自己的个性，不要为了别人而改变自己的个性。另外，一个人的能力也常常反映在他的个性上。

个别性还要求人们在情感上的独立，人们需要有属于自己的情感上的净土，有自己的隐私和独处的机会，哪怕是恋人、夫妻。人和人之间都会有距离，要做一个好的交际伙伴，就要懂得给别人留空间，而不要涉及他人的禁区。我们的传统文化在这方面有一个误区，就是要求亲密无间，要求肝胆相照，其实这是不应该的。人与人就像两个气球，放在一起，一定的重叠是可以的，但也有一个极限，再近就会被挤爆。

四、偏好的正性刺激

每个人生来都喜欢听表扬的话，不喜欢听批评的话，但是人们常常对别人的优点视而不见，却很善于发现别人的毛病、缺点。其实，多多注意别人的优点，并表达出来，你只需说一句话，对别人来说却是很重要的。这就是一个人际不等式：赞扬者所付出的小于被赞扬者所得到的。国外有一个心理学家，在银行排队的时候，看到前面一个老态龙钟的老人满脸的不高兴，他就开始思索怎样让他高兴起来。结果他发现这个老人的一头金发很是漂亮，于是就由衷地夸奖了一句："您的金发真是漂亮啊，怎么保养的？"这个老人一听，腰也直了，满脸笑容，说这是他一生最引以为自豪的地方，然后就高高兴兴地走出了银行。这位心理学家只说了一句话，但对这个老人的影响却是显而易见的。不过，"马屁"不能随便拍，赞扬也有两个原则：一是真诚；二是赞扬的地方是对方所在意的。你对一个少年赞扬"你真年轻"，没有用；相反，如果赞扬一个三十多岁、每天花很多钱在保养上的女人，人家就会很开心。每个人都有自己的优点，只要善于发现，就能做到真诚地赞扬别人。

五、关注自我性

自我性就是指思维和行为的目的指向自我。因此，在遇到如竞争提升、发奖金等生活中常见利益相关问题时，人们自然而然地会为自己多考虑一些。这就很可能带来对人际往来利益判断的失真，于是另外两个不等式又出现了：实际付出小于感觉付出，实际得到大于感觉得到。人们常常会关注自己付出的，而不是得到的，因而会出现感觉的不平衡。当然，以上所提到的"自我"并不是狭隘地指自己一个人，而是在很少情况下可以外延，例如家人、朋友、学校、民族、祖国、人类等。

自我性带来另一个特点就是嫉妒心。嫉妒心谁都有，只有了解了这一点，才可能更好地处理人际关系。举个例子，一个看上去处处比上级强的下级，如果不注意上级的嫉妒心，不给上级留面子，不给上级表现的机会，就很可能招致上级更多的嫉妒。

人首先是对自己感兴趣，而不是对别人感兴趣！换句话说——一个人关注自己胜过关注别人一万倍。认识到"人们首先关心的是自己而不是别人"这一点，是交往成功的关键所在。

交谈的时候要令别人喜欢你，应该以对方为主。"说别人有兴趣的话题"比起"说自己喜欢说的话题"更有力。一位职业经理人说"人是追求快乐，追求懒惰的。他们关心的是自己，例如家庭、兴趣、梦想，可以随心随意地问，如果怕话题太隐私，则可以由工作开始，问他们工作上最享受的是什么。"

六、情绪的人际转移性

情绪的人际转移性指的是将自己的情绪转移给他人的特性，也就是说，情绪可以在人际当中蔓延。

了解了这一点，人们就可以对正性情绪的转移予以利用。比如你向别人借钱的时候，当然是在别人高兴的时候去借才更可能成功。在进行重要公关时要注意营造良好的心理氛围，激发公众的正性情绪，这样就容易接受来自你的建议和要求。

另一方面，我们也要对负性情绪的转移予以理解。丈夫在公司受气了，无处发泄，就回到家对妻子发火，妻子就把气撒在儿子身上，而儿子可能就对家里的宠物撒气。因此，当我们被别人伤害的时候，应该站在对方的角度去理解对方，不要以为这种情绪是对你的，这只是一种情绪的表达。有这样一句名言："伤害别人的人都是不幸的。"当你受了别人的气，你要想想他（她）可能有很多烦恼和痛苦，比你还不幸，所以才会对别人发火。

七、两性相吸性

这是人们生来具有的特性。与异性交往具有缓解不良情绪的作用。国外有一个实验，将抑郁症病人分成两组，一组交给医生治疗，另一组让他们与漂亮的异性聊天，发现同样有效，因为与异性的交往可以缓解抑郁症病人的不良情绪。与异性交往还能部分满足被压抑了的欲望，我们常说的"男女搭配，干活不累"也表明与异性交往可以调节人际氛围和个人行为。所以，我们要认识到，与异性的交往是必不可少，也是正常的。在对待两性相吸性时，我们常常会有这样三种不恰当的态度：看到他人两性相吸现象时感到不愉快，不能接纳自己对其他异性的渴望，将与异性的一般接触夸大化。尤其是在亲密关系当中，人们常不能忍受恋人对别的异性的喜好。我们都希望得到更多异性的爱，但同时又希望自己爱的人只爱自己一个，这是一个不可调和的矛盾。认识到这一点，我们就要坦然对待恋人与异性的一般交往。

第四节　掌握人际交往的原则与方法

公关人员要想成功地进行人际交往，还必须掌握一些人际交往的原则与技巧。

一、人际关系改善的理论

研究人际关系的目的，就是为了改善人际关系，形成良好的人际交往环境。为了达到这个目的，国外社会心理学家提出了许多关于改善人际关系的理论与方法。

（一）海德的平衡理论

这种理论常被用来解释人际关系的变化情况，这在第二章已有论述，在此不赘述。

（二）纽科姆的沟通活动理论

纽科姆的沟通活动理论社会心理学家纽科姆（T. Newcomb）把海德的理论推广到了人际沟通的领域。因此，在纽科姆的理论中就更加明确地讨论了人际关系的改善问题。如果说海德的平衡理论重点是考察知觉者内部的认知结构的话，那么纽科姆主要讨论的则是通过人际沟通而对现实的人际关系的改变。

纽科姆的理论被称作"A—B—X"模式。A表示知觉主体，B表示另一个体，X表示与A、B都有关系的客体。当A和B对X的关系相似或相同时，将产生A与B之间的依恋性；相异时，这些关系的差别将产生A与B之间的不和睦。同样，A与B之间沟通的发展，也将导致他们对X关系的相似性。

纽科姆的这一公式，对于人际关系改善的意义就在于三者之间的关系由不协调到协调的转变。如果在对待X的态度上，A与B之间产生了差别，并且A与B本来是处在相互肯定的关系之中，那么在A、B、X之间就会出现协调。为了达到新的协调，可能的方法有如下3种：

A改变自己对X的关系，以便使自己对X的态度与B对X的态度相类似；

B改变了自己对X的态度，从而使自己对X的态度与A对X的态度相一致；

A 改变自己对 B 的态度，从而使三者之间的关系趋于特殊的协调。

第一和第二种情况无疑会增进 A 与 B 之间的和睦与友谊，第三种情况则有可能破坏 A 与 B 之间的友好关系。但如果本来 A 与 B 是相互对立的，现在由于双方对 X 产生了相同的看法，因而改变了两个人之间的关系类型，则应另当别论。

（三）T 小组训练法

人际关系的改善不仅仅是一个理论问题，更重要的是一个实践问题。除去以上的一般理论原则之外，还有一些具体的操作技术，T 小组（T - group）训练法就是一种常见的改善人际关系的方法。

T 小组训练法（又叫作"敏感性训练"）是美国社会心理学家勒温（K. Lewin）于 1946 年创造的。T 小组训练法的主要目的是让接受训练者学会怎样有效地交流，细心地倾听，了解自己和别人的感情。其通常的训练方式是把十几名受训练者集中到实验室，或者是远离工作单位的地方，由心理学家来主持训练，时间为一两周或三四周。在T 小组里，成员没有要解决任何特殊问题的意图，也不想控制任何人，人人赤诚相见，互相坦率地交谈，交谈的内容只限在"此时此地"发生的事情。这种限定在狭窄范围里的自由讨论，逐渐使受训者陷入不安、厌烦的情绪当中。所谓"此时此地"的事情，实际上就是人们的这些心理状态和心理活动。随着这种交谈的进行，人们逐渐地更多地注意自己的内心活动，开始更多地倾听自己讲话。同时，由于与他人赤诚坦率地交谈，也开始发现别人那些原来自己没有注意到的语言和行为上的差别。经过一段训练之后，人们慢慢地发现了自己的内心世界，发现了平时不易察觉到的或者不愿意承认的不安和愤怒的情绪。另外，由于细心倾听了别人的交谈，也能够逐渐地设身处地地体察别人、理解别人。

实践证明，T 小组训练法是一种有效地改善人际关系的方法。一些研究还证明，参加过 T 小组的学生比没有参加 T 小组的学生在达到自己的目标方面有了更大的进步。另外的一些研究则表明，参加过 T 小组的人的偏见明显减少，他们比未参加 T 小组的人有一种更大的内部控制倾向以及增强了对他人的信任感等。

二、人际交往的原则

在公共关系活动中的人际交往中应遵循一定的交往原则。其内容如下：

（一）互惠互利

人际关系的建立与改善，必须在双方平等互惠互利的基础上，互相满足彼此的利益与需要。公共关系的定义是"选择有用的朋友"，双方皆然。如果一味追求自己利益而忽视对方需要，交际关系则无法建立，即使建立也不可能持久。

（二）重在感情交流

交际是一种有目的的直接接触的社会活动，常言道："见面三分情""相逢一笑泯恩仇"。直接的交流，容易建立感情，而感情又是人际关系牢靠的纽带。交际中重视感情交流，是建立良好人际关系的最有效手段。信息与情感是一对孪生姐妹，没有信息交流，互相不了解，就无从建立融洽的感情，融洽的感情又能促进相互更深的理解与信任。

（三）知己知彼

交际双方都是活生生的、有思想有感情的社会人，要使交际达到目的，必须了解对方的需要与特点，必须善于根据客观变化情况而随机应变，调节自己的行为：或淡化紧张气氛，融洽关系；或抓住时机，广交朋友，联谊四方；或临危不乱，失意不失礼。否则会因不识时务而说话得罪人，或做出不合时宜的愚蠢之举，致使关系的紧张，甚至濒临破裂，最终导致公共关系工作的失败。

（四）差异性原则

由于人们在年龄、文化程度、社会经历等方面存在着不同的差异，因而在交往时应注重因人因事给予不同的对待。

1. 与不同年龄的人交往方式

如对方是年纪大、地位高、经验丰富的长者，交往中应虚心、尊重和耐心请教，以争取他的好感，进而得到帮助和指教；若对方是同龄、同层次的同事或朋友，交往应平等、友好、真诚，以赢得他的友情、信任和合作；若对方是年龄小、资历浅的小辈，交往时应主动表示关心、鼓励和帮助，你的成熟、稳重和热情会博得他的钦佩、忠诚和协助。

2. 与不同性格人的交往方式

按照人们在社会生活中不同的态度和行为方式可将人的性格分成三种基本类型，即理智型、情绪型和意志型。

理智型的人在为人处事上总是三思后行，注重实际，情绪稳定、思维严谨、善抓问题的关键。与这类人交往，应真诚、认真、重事实根据、讲信义、礼貌待人，并善于发现他们的长处加以赞赏，以肯定成绩的方式来获取对方的信任和友情。

情绪型的人为人随和、热情、细心周到、容易接近、情绪不稳定、好感情用事。情绪高涨时对人主动热情，情绪低落时则冷漠、敷衍。与这类人交往要重视感情交流，善于寻找对方关心和感兴趣的话题，并学会对他的看法表示理解、同情和支持，以友好、尊重、亲切的态度争取他的好感和共鸣。

意志型的人行动坚定、目的明确、为人耿直、责任感强、看问题有较强的分析判断力，有时显得固执、死板。与这类人交往要有一定的宽容度，谈话时尽量用请教、协商的口气，切忌发生正面冲突，努力以认真、坦诚、谦让的态度赢得他们的友谊和合作。

3. 与不同性别人的交往方式

有人说：女人是感性动物，男人是理性动物。这一说法虽有些片面，但有一定道理。女性生活中常表现为处理问题时思维简单、直观、缺乏主见，情感丰富而脆弱，为人处事时常瞻前顾后、优柔寡断。与女性交往，要注重第一印象，谈吐自如、态度亲切，恰当地赞美和体贴地关照会受到女性的欢迎和好感，轻松、愉快、幽默的话题易引起女性的兴趣及共鸣。男性在为人处事方面表现出实际、理智、思维严谨、深入，他们情绪较稳定，意志坚强。与男性交往，应为人诚恳、谦和、通情达理，说话办事多从他人角度考虑，善于欣赏和肯定他人的长处，有时必要的妥协及让步是解决冲突、改善关系、友好相处的最佳途径。

三、公关人员在人际交往中应注意的问题

为了提高人际关系在公共关系工作中的效果，在进行交际性公共关系时还应注意以下几个问题：

（一）注意交际形式

在人际交往中，无论是公关部门，还是公关人员，在公关工作中还要注意公关交际的形式。接待方面，公关部门或公关人员能否给予热情、礼貌和周到的接待，做好迎来送往的工作，决定了来访者对本组织的第一印象。对任何上门来访的客人，都应该面带微笑、礼貌相迎、热情招呼，委婉地了解来访者的身份、来访目的和具体要求，以便决定接待的规格、程序和方式。一般情况应尽量满足来访者的要求，让他们高兴而来，满意而归。会见、会谈和谈判方面，为融洽双方关系，增强双向沟通和相互了解，以便和谐合作，公关人员需要为宾主

双方组织负责人安排会见、会谈或谈判的相关事宜。这是一种正式的交际形式。会见，就内容而言，有礼节性会见、事务性会见，或兼而有之。会见通常为初步接触，一般事先约定时间、地点，有时一方临时提出要求或直接登门拜访，另一方愿意接待也可。形式不太讲究。

赠送节日礼品。在人际交往中，可以小件纪念品（如贺卡）给予对方节日问候等，保持感情联系。这不仅能增进人与人间的感情，同时也增进了企业与企业间的感情交流，为今后开展公关工作打下良好的感情基础。

（二）善于维系友谊，巩固良好的公关构架

由于公共关系涉及的因素很多，受各种因素影响的可能性和必然性都很大。已经建立的良好的公共关系网络也并非长久不变。即使是在稳定发展之际，也必须采取相应措施对自我的公共关系结构进行加固，以确保其可靠性、延长时效性。维系良好的公共关系有两种方法：一是"硬维系"，二是"软维系"。所谓"硬维系"，是指活动形式所表现的"维系目的"很明确，一目了然，主客双方都能理解活动的意图。例如，企业在新年到来之际，往往喜欢互赠一些贺年片或挂历之类的小纪念品，特别是一些平时不太往来，但又有一定的工作关系或业务往来的人，这种一年一度的互赠活动一般都是很认真的。所谓"软维系"，即是指这种活动的目的不是十分具体，表现也比较超脱，往往带有"醉翁之意不在酒"的味道。所以，"软维系"的方式很能体现公共关系工作的艺术性，也能产生一些特殊的作用，收到一些特殊的效果。

（三）进行"人的整体形象设计"

"人的整体形象设计"是国外有关社交方面兴起的一专门学科，整体形象概括起来包括四个方面的内容：①仪容，包括美容、整容、美发和健美；②着装打扮，指从事礼仪活动时的服装、鞋、帽及装饰品；③仪表与礼仪，指从事礼仪活动的人员的言谈举止、接人待物的礼貌风度；④自身修养与行为，指礼仪参与者的社交行为、职业行为、伦理行为、宗教与政治行为。仪容、打扮可以体现参与社交活动的"外观美"，而仪表与礼仪、自身修养与行为，尤其是自身修养与行为则主要体现参与社交活动者的"心灵美"。随着我国改革开放的步子加快，国际交往日益频繁，"人的整体形象设计"这一主题越来越受到有识者在社交活动中的关注，对于企业公关者当然也不例外。

某厂经理在陪同外宾参观中，发现地毯上有一扔弃的烟头，即俯首拾起扔进垃圾箱，这一举动让外宾很受感动，认为从该厂领导人身上即可看企业的文明程度和企业形象，与这样的企业合作定会十分愉快，因此，很快与之签订了合作协议。

某厂公关人员在欢迎宴会结束，送外宾走出大厅时，一口痰吐在了红地毯上，使外宾很惊讶，认为该厂人员素质和文明程度太低，于是决定另选合作伙伴。

拾起烟头、随地吐痰，看起来事情不大，但是从"个人整体形象设计"理论上看，前者诠释了完美的形象，后者则是形象设计的失败者。此两种形象导致社交活动的两种截然不同的效果，很值得人们深思。

在抚顺商贸大厦超级市场丝宝集团产品促销柜台，先后有两名促销小姐工作，前者平平，日销售额不足 200 元，后者日销售额 1 000 元左右。究其原因，前者不注意仪表、言谈，后者比较注意"人的整体形象设计"即重视仪表，同时也注重内涵修养，努力去塑造个人完美的形象。若能视顾客为上帝，不分老幼贫富，一律平等对待、不歧视，热情介绍产品吸引新老顾客的购买欲，则可达到较为理想的效果。

公关人员如果注意"个人的形象设计"，从言行举止、仪表风度中为企业树立起良好的形象，就能为企业带来好的公关效益。但也可因不注意"个人形象设计"，不去创造美的交往环境，甚至于为一桩小事使企业形象毁于一旦，而导致社交活动失败。

（四）分析关心点，人际公关便有指南

关心点是指基于需要而对相关事物的关心焦点和关心重点。虽然马斯洛五层次需要理论揭示了个人需要的一般规律，但每个人由于所处的时空环境及当前所经历的事件不同，其关心点也就千差万别，不易归类分清楚。公关人员在初次会见目标公众的几分钟内，要通过观察大致摸清对方的关心点，可以通过以下三个渠道获得。

1. 在问候中了解

通过寒暄后的接触性交谈，一般对方关心某事，而某事恰被对方提到时，总是呈现两种极端情况：若避而不谈，此事属敏感点；若侃侃而谈，此事属兴奋点或成就点。公关人员可据此掌握分寸，决定下一步如何开展工作。

2. 从公众的体态语言中了解

当谈及客户的敏感点和兴奋点，客户总会在眼神、表情和其他态势语言中流露出来，公关人员应细心观察。如当你赞美女客户的衣饰典雅、秀美宜人时，她便会流露出难以掩饰的体势语——喜悦。此时，她可能脸色泛红，静静地享受你的赞美，也可能词不达意地回赞你两句，但眼神明显闪耀出喜悦的光，因为你的话切中了她的关心点。而对年纪较大的领导，话题可从他的成就开始。

3. 从其他非直接渠道了解

公众出于需要，在其周围构建了以家庭和工作为中心的各种关系，这些关系都是我们了解其关心点的重要渠道。任何重要关系，均是在关心点或利益点上建立起来的。常见的关心点是物质性关心点、形象性关心点、情感性关心点、成就性关心点和兴趣性关心点。因此，我们应关注公众对产品需要的变化，并对目标公众的子女升学、形象塑造、父母健康等问题多加留意，从而使客户心存感激。

（五）把握和保持最佳的空间距离

所谓空间距离，是一种空间范围，指的是在社交场合中人与人之间所保持的距离间隔。空间距离是无声的，但它对人际交往具有潜在的影响和作用，有时甚至决定着人际交往的成败。美国西北大学人类学教授爱德华·霍尔博士在其著作《无声的空间》中指出，人与人之间的亲密程度与双方的空间距离成正比。在书中，他还对人际交往时双方的一般方位距离作过大致划分，提出了大多数人都接受的四个空间，即亲密空间、个人空间、社交空间和公共空间。

亲密空间（40~50cm）（父母和子女，情人、夫妻间），能清楚地看到对方的表情，甚至感觉到对方的气息，并能接触到对方的身体。拥抱、亲吻等都属于这个空间。

个人空间（50~120cm）（朋友、熟人间），能接触到对方的身体，并进行对话，但感觉不到气息。

社会空间（2.7~3.6m）（一般认识者之间），必须用周围的人都能听到的声音进行交谈，是处理公务或社交时所需的距离，也可称之为商业空间。

公共空间（3.6m以上）（陌生人、上下级之间），指类似演讲场所、教室等适合向公众讲话的空间距离。

随着交往范围的扩大，人与人之间的亲密程度也随之逐渐降低。人在无意中已在内心里设定了与对方的心理距离，一旦不太亲密的人过于接近自己，就会下意识地采取后退等被动的防御姿态。

在公关交往中，公关人员把握最佳的空间距离应注意以下几点：

第一，尊重公众的个人空间。每个人都有自己的"私人空间"。

交往中，一般未经允许，不要贸然闯入他人的个人空间，问及个人私事，这样很容易引起他人的反感。同时，也不要为亲近对方而轻率地让别人闯入自己的私人空间，导致他人的误解或反感，或引起对方邪念，造成不必要的麻烦。

第二，注意公众的生、熟差异。若交往的双方互相认识，又是亲朋好友，交往中距离可以近一些，这样能促进关系的亲密；若双方是初次见面就靠得很近，甚至拍肩碰肘，这样会引起交往对方的不快和反感。

第三，注意公众的性别差异。性别不同，交往的时空间距离也明显会有不同。交往中，男子与男子交谈，距离不宜太近，近则会有不和谐之感；女子与女子交谈，不宜太远，远则会有不投机之嫌。

第四，注意公众的性格特点。人的性格一般可以分为内向型和外向型两种。与内向型的人交往时，空间距离可稍远些，如果距离太近，内向型的交往对象会感到不大自在；而与外向型的对象交往距离则可近些。

第五，注意公众文化背景的差异。不同的国家、不同的民族，由于其文化背景不同，往往对交往的空间范围具有不同的划分习惯。一般而言，阿拉伯人、拉丁美洲人、南欧人以及日本人交往时习惯于空间距离近些；亚洲人、印度人、北欧人和北美人交谈时空间距离稍远些。这就要求我们在对外交往中，应慎重考虑对方的文化背景和生活习惯，避免不必要的误会，以便能顺利地交往。

课后思考练习：

挫折助他成功

沃道夫受雇于一家超级市场担任收银员。有一天，他与一位中年妇女发生了争执。

"小伙子，我已将50美元交给你了。"中年妇女说。

"尊敬的女士，"沃道夫说，"我并没收到您给我的50美元啊！"

中年妇女有点生气了。沃道夫赶紧对她说："我们超市有自动监视设备，我们一起去看一看吧。这样，谁是谁非就很清楚了。"

中午妇女跟着他去了监控室。录像情况表明：当中年妇女把50美元放到一张桌子上时，前面的一位顾客顺手牵羊给拿走了，而这一情况，谁都没注意到。

沃道夫说："女士，我们很同情您的遭遇。但按照法律规定，钱交到收款员手上时，我们才承担责任。现在，请您付款吧。"

这时，中年妇女说话的声音有点颤抖："你们管理有欠缺，让我受到了屈辱。我不会再到这个让我倒霉的超市来了！"说完，她丢下钱气冲冲地走了。

超市总经理吉拉德获悉这一情况后，当即做出了辞退沃道夫的决定。

一些部门经理，还有超市员工都找到吉拉德，为沃道夫说情和鸣不平。但是，吉拉德的态度很坚决。

沃道夫觉得很委屈。吉拉德找他谈话："我想请你回答几个问题：那位妇女作出此举是故意的吗？她是不是个无赖？"

沃道夫答道："不是。"

吉拉德说："她被我们超市人员当作一个无赖请到保安监控室里看录像，是不是让她的自尊心受到了伤害？还有，她内心不快，会不会向她的家人、亲朋诉说？她的亲人、好友听到她的诉说后，会不会对我们超市也产生反感心理？"

面对这一系列问题，沃道夫都说"是"。

吉拉德说："那位中年妇女还会不会再来我们超市购买商品？像我们这样的超市，纽约有许多。凡是知道那位中年妇女遭遇的人，会不会再来我们超市购买商品？"

沃道夫说："不会。"

"问题就在这里。"吉拉德递给沃道夫一个计算器，然后说，"据专家测算，每位顾客的身后大约有250名亲朋好友，而这些人又有同样多的各种关系。商家得罪一名顾客，将会失去几十名、数百名甚至更多的潜在顾客；而善待每一位顾客，则会产生同样大的正效应。假设一个人每周到商店里购买20美元的商品，那么，气走一个顾客，这个商店在一年之中会有多少损失呢？"

几分钟后，沃道夫就计算出了答案。他说："这个商店会失去几十万甚至上百万美元的生意。"

吉拉德说："这可不是个小数字。虽然只是理论测算，与实际运作有点出入，但任何一个高明的商家都不能不考虑这一问题。那位中年妇女被我们气走了，我们无法向她赔礼道歉，无法挽回这一损失。为了教育超市营业人员善待每一位顾客，所以我做出了辞退你的决定。请你不要以为我的这一决定是在小题大做、乱加罪名，知道吗？"

沃道夫说："通过与您谈话，使我明白了您为什么要辞退我，我会尊重您的决定。可是我还有一个疑问，就是遇到这样的事件，我应该怎么去处理呢？"

吉拉德说："很简单，你只要改变一下说话方式就可以了。你可以这样说：'尊敬的女士，我忘了把您交给我的钱放到哪里去了，我们一起去看一下录像好吗？'你把'过错'揽到自己身上，就不会伤害她的自尊心。在清楚事实真相后，你还应该安慰她、帮助她。要知道，我们是依赖顾客生存的商店，不是明辨是非的法庭呀！怎样与顾客打交道，是我们最重要的课题！"

沃道夫说："与您一席谈，胜读十年书。谢谢您对我的教导。"

吉拉德说："你是个工作勤恳、悟性很强的年轻人。若干年后，你会明白我的这一决定不只对超市有好处，而且对你有益处。按照我们超市的规定，辞退一名员工是要多付半年工资作为补偿的。如果半年后，你还没有找到合适的工作，那么你再来我们超市。我们是欢迎你来的。"

沃道夫，这个20多岁的青年，怀着无限感慨离开了吉拉德管理的这家超市。以后，他筹集了一些资金，干起了旅馆事业。10年时间过去了，吉拉德、沃道夫都已拥有了上亿美元的个人资产。

［资料来源：《公关世界》，2005（7）.］

练习题：

1. 你如何评价吉拉德的做法？

2. 从本案例来看，沃道夫和吉拉德成功的秘诀是什么？对你有什么启发？

第 十 章

内部公关与组织内心理氛围的营造

如何塑造组织形象？大多数组织存在一个误区，即只注重组织外部公关，改造组织外部环境，忽视内部公关及内部心理氛围的营造，以至最终破坏了组织形象，影响了企业的生存和发展。本章拟就组织形象与内部公关、组织内心理氛围营造进行探讨。

第一节　内部公关概述

随着中国企业的迅速发展壮大，企业的子公司和企业的员工会越来越多，那么各子公司、各部门和员工之间的沟通问题将会变得越来越突出。让庞大企业的每一位员工都能够树立共同的发展愿望和保持良好的正面的沟通，是企业正常运转的重要保证。如果让每一位员工都能够代表企业在媒体、社区和公众心目中的形象，为企业代言，将为企业的声誉和品牌带来不可思议的强大力量。从这个意义上说，企业内部公关的有效开展，可以进一步配合企业外部公关的顺利展开。

一、内部公关含义

公共关系是一项专门的管理职能活动，通过对公共关系和与之密切相关的组织传播活动进行管理，实现组织与公众之间的相互信任关系，获得良好的企业形象，以促进组织战略目标的实现。从结构看，企业的公共关系可以分为：外部公共关系和内部公共关系。

通过前面对公共关系涵义的探讨，我们不妨这样理解内部公共关系：它是企业的一种专门管理职能，是企业为实现其既定战略目标和经营目标，基于与企业内部公众的各种利益关系而形成的一种客观的社会关系。正确理解内部公共关系，需要明确：它是一种管理职能，而绝非仅仅是一种非正式的公关。

企业内部公关的核心就在于"内求团结"。也就是说，促进企业内部组织与员工的沟通和理解、合作和团结，调动员工的积极性，充分发挥他们的潜力，使人人关心企业利益，珍惜企业形象，从而提高企业的工作效率和工作质量。

二、内部公关是塑造良好企业形象的根本手段

如何塑造良好的企业形象？公关手段即成为企业的首选。公关目标就是"内求团结，外求发展"，这就要求企业内部公关和企业外部公关双管齐下。通过外部公关，处理好企业与外部公众的关系，提高企业的知名度和美誉度，赢得消费者的信赖，为企业的生存和发展创造一个融洽和谐的外部合作环境和气氛；通过内部公关，处理好企业与企业内部公众的关系，使企业员工在长期的生产经营和管理活动中逐步建立起共同的价值取向、行为规范、心理定势和内部上下左右融洽协调的关系，给企业创造一个和谐的内部环境。内求团结是外求发展的基础。只有使全体员工团结一致，使企业的目标和职工的需要相一致，才能有效地增强企业的凝聚力和向心力，激励企业员工的士气，确保众多的外部公关手段落实到位，达到不断增强企业竞争力的目的。如果一个企业内部不能团结一致，要很好地向外拓展几乎是不可能的。目前，许多企业在利用公关手段塑造企业形象时，存在的一个明显误区，即只注重外部公关，忽视内部公关，热衷于通过媒体、大型公关活动、名人效应等来树立和宣传企业形象，追求轰动效应，为形象而形象，不重视内部公关。其结果是外部形象虽然像肥皂泡一样很快吹起来了，但很快又会因缺乏内在基础和动力而纷纷破灭，到头来是"竹篮打水一场空"，创名牌是有"名"无牌，搞促销是有"促"无销。

（一）内部员工是企业产品形象的直接决定者

产品形象是企业形象的客观基础，没有令人信赖的产品形象，仅

靠传媒宣传至多只能获得社会公众的短期认可，不可能建立长期的良好企业形象。在构成产品形象的诸要素中，产品的质量和服务特色最为重要，是企业形象的基础，塑造良好的企业形象必须由此开始。

1. 企业职工是决定产品质量形象的最关键因素

不管什么产品，整个生产过程不仅是人与物打交道，而且体现出人与人的关系。职工是企业的劳动主体，是产品的直接制造者；产品是职工思想情绪、态度、责任心、道德修养和整体素质的外在凝结。只有思想品质好、责任心强、职业修养好的高素质职工，才能制造高质量的产品。企业尽管可以通过制定质量标准、规章制度来对产品质量进行管理，但遵守制度的人则是有弹性的主体。如果企业没有处理好与内部职工的关系，或上下关系不协调，企业利益与个人利益相冲突，职工对企业就会缺乏责任感，抑或左右关系紧张，职工为了泄私愤而相互拆台，这种严重内耗最终会使企业外部形象受损。试想，如果质量标准明确规定某种产品应该 10 道工序，而职工却将其变为 5 道工序，或在第 1 道工序就查出质量问题，这又怎么能确保最终产品质量呢？所以，如果企业内部关系紧张，内耗严重，不管企业做出多大的外部公关努力都徒劳无功。

2. 企业职工是服务形象的直接决定者

一个企业要赢得消费者，除了提供优质产品外，更要以优质高效的服务去不断争取消费者。由于服务具有无形性和差异性的特点，其质量不像有形产品那样容易测定，因而服务质量对顾客来讲是一种主观的范畴，它取决于顾客对服务的预期与其实际感受的对比。顾客对服务质量的感知，不仅包括他们在服务过程中所得到的东西，还取决于他们是如何得到这些东西的。前者与服务人员的水平、责任心有关，后者则取决于服务人员的态度好坏。因此，企业职工是服务水平和服务态度的直接决定者。

（二）职工是企业形象的传播者

企业的产品形象和服务形象是可以直接被消费者所感知的，而企业的其他形象要素，如环境形象、组织形象、员工形象等则需要通过信息传播，才能建立公众印象。企业信息传播方式有大众传播和非大众传播。大众传播主要通过广告媒体和新闻媒体，非大众传媒主要是人际关系传播和实物传播。所谓人际关系传播，是借助人与人之间的语言、活动等进行的交流、交往，是一种最普遍、最深刻、最直接的传播方式。

人际关系传播对于企业形象的塑造起着极其重要的作用。因为处于企业对外关系第一线的往往并非专职的公关人员，而是普通职工，如服务人员、电话接线员、供销人员、维修人员等，他们是企业与外部公众联系的重要触角。其一言一行，都会在公众中留下第一印象，直接影响到企业形象的优劣。即使是处于生产线、装配线上工作的职工，也会通过他们生产的产品来影响企业形象。平常他们也会与亲属、朋友乃至各阶层人士打交道，其一言一行也都是在影响企业形象，虽然影响面不及大众媒体广，但效果和影响力都不容忽视。公众一旦接受了这样的信息，就很难忘记，而且还会起到间接传播者的作用，而且这种人际关系传播的能量是巨大的。企业职工的言行对企业形象产生积极或消极影响，取决于企业内部公共关系。若企业内部人心涣散、内耗严重，职工在与外界接触过程中就会大肆渲染企业的坏处，这不仅使企业对外公关努力毁于一旦，而且会毁坏企业在公众中建立的形象。相反，如果企业有一个健康向上的价值观，有一股强大的凝聚力，职工对企业就有一种归属感和使命感。他们在与外接触中，对企业的自豪感就会溢于言表，自觉充当企业的宣传员，这往往给消费者以信心，提高企业声誉。

补充材料：

20 世纪 70 年代初，三菱公司与松下、索尼等电器公司几乎同时向市场推出彩色电视机，质量不相上下。尽管三菱公司做了很多广告宣传，但其产品市场占有率却日益下降，由初期的 29% 下降至 14%，原因何在？这令公司管理层伤透了脑筋。有一次公司经理在走访员工家庭时，才悟出其中究竟。原来，经理发现员工家用的彩电并非自己的三菱牌，而是其他公司的彩电。他立即醒悟到，三菱公司有 10 万多员工，就算每位员工家中仅有 10 位亲朋来访，那也涉及上百万人。当这些人看到某种产品连本企业的员工都不愿买时，他们又怎会有信心买该产品呢？这岂不是一个最有说服力而且影响广泛的"反面广告"？为了扭转这种局面，三菱公司开展了"做三菱人，用三菱货"的大规模宣传教育活动，使员工明白自己的言行关系到企业兴衰的道理。经过内部公关努力，大多数员工换用了本公司生产的彩电，变反广告为正广告，使公司的经营状况迅速好转。

以上材料这说明，企业要塑造良好形象，首先必须从内部公关入手。日本三菱公司的经历对我们很有启发意义。

第二节　组织内心理氛围概述

内部公关的目标"内求团结"，其主要目的就是营造一个良好的组织内部心理氛围。在企业文化理论中，营造良好的组织内部心理氛围被认为是调动员工积极性、增强企业活力的有效措施，引起许多学者、企业家及管理人员的重视。

员工的活动直接受到环境因素的影响和制约。为了提高劳动生产率，员工必须适应环境、遵守各种劳动秩序、严格约束自己的行为，但严格的约束和管理却又可能使人感到不愉快，影响人的情绪，进而影响到工作效率的提高。特别是在经济和文化高度发达的今天，企业员工的素质和需求已经有了很大的变化，对工作环境自然就有了更高的要求。正如美国管理学者赫尔费尔特所说："今天的工人喜欢鼎力合作、生产效率高而不拘形式的工作场所，而不喜欢那种充满矛盾和冲突、墨守成规、以不尊重人格的劳动规则为特征的工作场所。"所以，如何改善工作环境、努力创设一种心理氛围，使人们在工作的同时感到心情舒畅、轻松愉快，就成为公关心理学研究中一个重要的课题。

一、组织心理氛围的含义

德国心理学家勒温曾提出一个公式，认为个体的行为是个体因素及环境的函数，即：

$$B = f\,(I \times E)$$

其中：B（Behavior）——个体的行为；I（Individual）——个体本身的特性；E（Environment）——环境。

这里的环境包括物理环境和社会环境。构成社会环境的因素很多，诸如组织结构、管理模式、工作性质、人际关系状态、领导作风、奖惩制度等等。这所有的因素综合起来，最后以一种员工感受到的心理氛围对自身产生直接影响。

组织的心理氛围指组织团体内部的心理环境，是以群体意识为主要内容的对组织工作、内部人际关系和外部公共关系的认识和情感方面的综合反映。体现了组织职工对本组织形象的普遍性态度以及相应的情感反应。这里的企业群体意识亦称企业团体意识，它是企业群体成员对其所在的企业群体作为一个整体、自己作为企业群体的一分子的认识和领悟。

心理氛围是一个主观的概念，它代表了在一特定环境中个人直接或间接地对于此环境的看法，是组织成员对所在组织特点的共同感受。这种感受与组织的实际特点并不一定完全符合，但它作为组织成员对组织知觉的总和，却可以基本上反映出该组织的整体的、综合的特点。组织心理氛围常常以一种组织内部环境给人以强烈印象的情感状态的形式表现出来，因而对组织职工的感染性极强，会对职工的工作态度、工作效率产生潜移默化的影响，就像给整个组织染上了特定的心理色彩。

如同心理学中的"人格"概念一样，心理氛围表现了企业独特的风格，并持续地、潜移默化地对组织成员及企业自身的行为产生综合性的、深刻的影响。

二、心理氛围对组织成员的影响作用

心理氛围作为最重要的环境因素直接作用于人，在组织成员的心中引起不同的感受，直接影响到他们的情绪和态度，导致不同行为的发生，最后对其工作效率产生影响。心理氛围对组织成员的影响大致有如下几个方面：

（一）激励作用

一定的心理氛围总是体现了组织的价值观，表明该组织所追求、所珍重的东西。这些目标、信念和价值观念通过环境气氛的中介作用，植入个体心中，在个体心中唤起一种情感、一种欲望，激励个体强烈的工作动机和高昂的精神状态，将个体行为导向企业价值观所倡导的方向，使个体焕发出巨大的工作能量。

（二）规范作用

心理氛围是企业文化的一个重要构成要素。一定的社会组织所特有的心理氛围常常体现为"一组习惯的、传统的思维、感知和推理方式，这是一定社会在一定时期处理问题的特有的方式。"（克拉克霍尔姆语）在这种组织环境和社会心理氛围熏陶下的成员，必然受到这种思维方式的影响、规范和制约，从而自觉地服从那些已形成的、无形的、非正式的行为准则，表现出与这种环境相符的思想与言行，并且由于合乎特定准则的行为受到承认和赞许而感到心理上的平衡与满足。

（三）调节作用

宽松明净的环境使人感到轻松舒畅，由此产生了愉悦的情绪。而

情绪本身具有弥散性和感染性，如同幕布上明亮的背景，使人的行为也笼罩上了舒展、明朗的色彩，有效地调节了个体对组织的态度。另外，良好的沟通使组织成员感受到了一种信任和尊重，缩短了管理者与被管理者的心理距离，有效地调节了管理者与被管理者之间的关系。

（四）凝聚作用

良好的心理氛围可以增强企业的凝聚力。由于组织内部信息沟通渠道通畅、交流频繁、气氛民主、关系和谐，成员之间相互吸引、感情融洽，产生了较强的亲和力和凝聚力，致使成员之间相互团结、共同协作、行为上自觉保持一致，对群体产生了整合作用，从而组织能够发挥出巨大的整体效应。

三、心理氛围的评价指标

我们可以从以下几个方面对组织内心理氛围进行评价：

1. 满足感

满足感即职工对企业是否满足自身需要而产生的一种心理体验。合理的报酬、稳定的职业、良好的工作条件、领导的关怀、成长与发展的机会等，往往可以使员工产生较高的满意度。

2. 愉悦感

愉悦感指个体在特定环境作用下所产生的一种比较持久的、愉快的、积极的情绪状态。整洁明亮的工作场所、融洽和睦的人际关系、顺利通畅的情感交流、宽松和谐的心理氛围均可以唤起员工良好的积极的情感体验，产生愉悦欢快的心情。苏联的一项研究表明，情绪好的班组可望提高产量 1.9%，而情绪状态不好的班组生产效率则下降 1.2%。

3. 归属感

归属感指社会组织在其成员心目中树立起"可以依托和归属"的形象而在成员心里引起的感受。这主要取决于企业与员工目标的相容程度、利益的相关程度和感情的融洽程度。归属感的积极意义在于它把个人与群体、组织联系起来，使员工与企业建立了一种文化认同，产生利益攸关、荣辱与共的"一体感"，成为联系成员与组织之间感情的纽带。

4. 信任感

信任感即员工在宽松的、充满理解与信任的环境氛围中感受到的一种心理满足。高度的信任、充分的尊重，为员工提供了充分施展才能、释放能量的舞台，同时满足了员工的尊重需要和成就需要，因而激发了员工的工作积极性。

第三节　协调内部人际关系，构建和谐组织

全体员工是企业赖以生存的细胞，是"内求团结"的根本、"外求发展"的基础。因此，一个企业与员工关系处理的好坏，直接关系到一个企业目标的实现，企业的一切方针、政策、计划、措施，都必须得到员工的理解、认可和支持，才能实现。处理好员工关系，应从以下几方面入手：

一、协调领导与员工层际关系

（一）树立良好的领导形象

企业的领导是企业的主心骨，在企业中处于核心地位。树立良好的领导形象是企业内部公关是否协调的关键。美国的管理学家罗伯特提出：管理人员的一言一行都能影响自己的下属。因此，作为一名优秀的企业领导必须做到三点：一是精神上要开拓创新。企业要在激烈的竞争中生存与发展，作为现代企业的领导必须进行开拓创新。企业的领导要通过始终如一的保持自己积极进取、奋发图强的精神风貌，并自然而然地影响每位员工，使整个企业充满生机和活力。二是行动上要率先垂范。"身教重于言教"，企业的领导要教育引导员工，首先必须从自己做起，真正起到表率作用。被海内外企业界誉为"经营之神"的日本企业家松下幸之助，经常以身作则，身先士卒，有时还自己动手清洗厕所。细节之处见精神，其影响力之大不言而喻。三是性格上要乐观开朗。现代企业在变幻莫测的市场经济大潮中，不时会遇到意想不到的困难和挫折，企业的领导必须举重若轻，处变不惊，时刻保持乐观开朗的情绪，以此感召员工始终坚信明天会更好。

（二）建立顺畅的沟通渠道

企业领导者常用工资、奖金、升级、表彰等作为激励员工的手段，却往往忽视了一个重要的因素——沟通。上下级间从思想到感情、兴趣的交流和理解比任何物质刺激都更有效。现代企业的规模日趋庞大，为了搞好企业管理，对外需要接收各方面的情报资料，对内需要加强沟通了解，并统一各方面的意见。而这只有在广泛的、多样化的、充

分的沟通交流中，才能增进员工对企业领导的决策、目标、计划的了解，及时化解存在的或可能产生的各种矛盾，增强团结，增进感情。

企业领导者与公关人员应注重与员工间的交流，把企业的有关信息及时传播给全体员工。同时，企业领导者除了耐心地接待员工的来访与咨询以外，还应采取各种方法主动搜集员工的意见，包括进行调查、开座谈会、设意见箱、建立领导接待日等，或者让员工通过其他正式或非正式的渠道向领导反映情况，提出意见或建议。通过这种纵向联系，可以增强领导与员工之间的相互了解和信任，及时协调和解决各种矛盾，消除各种不利因素。

（三）实行错位的角色扮演

传统的管理者强调权力和意志，认为上级指挥、下级服从是天经地义的。而在现代企业中，员工的素质普遍有了较大的提高，特别是知识型员工的不断增多，他们都有自己的个性和民主意识。因此，领导者在处理与员工的人际关系中要少一些强制，多一些民主。在必要的时候，领导者要转换自己的角色，在互换角色的交往中达到统一。我国有些企业实行职工代表轮流当一周"厂长"；在企业举办的各种文体活动中，领导者以普通员工的身份参与进去，当运动员、演员等。这些都在无形中就拉近了彼此的距离，融洽了领导与员工的关系。

（四）巧妙利用和改造非正式群体

每个企业都有一套正式的群体系统，如厂部、科室、车间、工段、班组等。同时，企业中又存在着非正式群体，即人们在交往中自发结成的，建立在共同利益、共同爱好、共同感情、共同目标和相互认同的基础上的群体，如同乡、同学等，具有内聚力强、信息沟通快等特点。由于非正式群体是出于自愿自发的人际联系，比起自上而下的正规化系统来说，其联络往往更密切、更有效、更富于弹性，因此受到管理学家的特别重视。作为企业领导人和公关人员应有意识地利用非正式群体中的感情因素，形成良好的工作情绪和工作气氛，以促进正式群体的效率。

1. 重视与非正式群体的信息沟通

利用非正式群体成员之间信息沟通快、交流范围广等特点，以及时地、准确地了解员工的思想动态、各种需求以及对企业各项政策的意见和看法，从而做到信息畅通、下情上传，合理地采纳员工的建议，及时妥善地化解不良因素，防患于未然。

2. 重视和利用非正式群体中的"意见领袖"

非正式群体中的"头头"或"意见领袖"，不一定有地位，也不是用强制手段迫使别人承认他的"领袖"身份，而是其在某些方面确有出色的才干，如消息灵通、足智多谋、有一定的人际关系和工作能力等。尽管某些"意见领袖"平日可能是领导眼中的"调皮捣蛋鬼"，但平日总是有一批人围着他转，所以企业领导人和公关人员不但不应嫌弃他们，相反还应尊重、信任他们，乐于与他们交朋友，了解他们的长处，并委以适当的责任和权力，关怀和引导他们，增强其正向作用，减少或消除其负向作用，使他们成为组织领导的有力助手。

3. 避免非正式群体消极因素对正式组织的影响

非正式群体的出现，与正式组织存在着一定的对抗关系，具有消极作用。如非正式群体成员往往遵守一种非正式的行为准则，从而阻碍了正式组织的行为准则的执行、贯彻、实施。一旦出现此种情况，企业领导人与公关人员应注意细心查找原因，找到解决问题的渠道。再者，从非正式群体中传播出来的小道消息，应引起正式组织的高度重视，一方面，它可能引起员工的思想混乱，影响和干扰组织的正常决策与计划；另一方面，又可以从某一侧面反映出民心民意，反映人心向背。企业领导人与公关人员应注意分析小道消息，深入了解小道消息背后的真正含义，掌握员工的思想动向，并针对那些不利于企业的传言，有的放矢地做好公开的宣传解释工作，澄清事实；同时还可以利用非正式群体中的"意见领袖"，用非正式渠道抵消谣言或小道消息的不利影响，将员工的情绪引导到健康的轨道上来。

二、协调全员人际关系

（一）营造平等民主的和谐氛围

要在企业中实现全员人际关系的协调，首先必须坚持平等的原则。平等的实质是企业的全体员工在经济、政治、文化等方面应机会均等。因此，生活在同一企业中的员工，在人格上是一律平等的，不能因职位高就受到尊重，职位低就受到歧视。其升降奖惩应凭自己的才干，不能因血缘、家庭等关系而受到优待或阻碍。其次是要坚持民主的原则。每一位员工都是企业的主人。企业作为一个集合体，要依赖于全体员工积极性、主动性、创造性的共同发展。如果只享有权利而不尽义务，或只尽义务而不享有权利，必然导致员工之间人际关系的紧张，挫伤工作积极性。只有在平等民主的和谐氛围中，才能建立健康而温暖的人际关系，进而激发员工的工作热情。

（二）了解各方不同层次的需要

尽量满足员工的需要，建立融洽的员工关系，激发员工的潜能，达到"内和"的目的，是企业不断开拓奋进的原动力。

由于各方的需求往往存在着差异，因此，了解各方的需求是组织内部公关的关键。现将各方的需求分析如下：

1. 股东需求

股东是企业的所有者，他们与企业的生存和发展休戚相关，他们的信心和态度有时可以决定企业的存亡。为了增强股东的信心，并使他们做出有利于企业的行为，他们的要求应首先得到满足。其需求主要有：①收益权。这是最重要的权利，他们对企业进行投资，无时无刻不在关心自己的收益。②决策权。股东关心自己的回报，自然需要一个强有力的领导班子，因此，他们往往通过股东大会和董事会选择自己所欣赏和信任的经营者。③知情权。信息对于股东有着特别重要的意义，是他们进行分析、判断和决策的基础，他们希望能够随时获得企业经营状况的信息，从而来了解企业的发展动力和前景。

2. 经营者需求

经营者在企业中拥有经营决策权，他们首先希望的是企业在自己的管理下健康快速发展。他们固然需要足够的物质回报，但更多的还是希望能够在岗位上锻炼自己，实现自己的人生价值。其次是追求个人报酬的最大化。企业经营者的报酬往往和企业的业绩挂钩，如果企业发展了，其薪酬自然也应水涨船高。另外，他们也期盼良好的企业文化氛围。这就意味着企业员工能够彼此谅解、融洽，人际关系和谐实际上也是内部公关所要追求的最大目标。

3. 一般员工需求

一般员工需求，首先是合理的薪酬和较好的福利待遇。各种形式的薪酬是员工生存和发展的基础，一方面管理者有责任引导员工发扬奉献精神，另一方面也要切实关心他们的薪酬问题。其次是晋升机会。员工所理解的晋升不仅是更多的报酬，而且还有个人价值的升华。再次是和谐的人际关系。企业员工在工作中离不开上级、同事和下级的支持，和谐的人际关系实际上也是一种自我满足。

三、企业内部公关应处理好的几种矛盾

（一）企业一般员工内部的矛盾

一个企业的生产、营销及研发等活动都是由员工及专业人员进行

的，他们之间的职责分工和相互依赖使之常常发生各种矛盾。例如，生产人员可能抱怨存货过多，而营销人员则可能指责生产人员供应不足。搞好内部公关可以对企业价值链进行重新认识和评估，协调各方利益，实现效率最大化。

（二）企业经营者和一般员工之间的矛盾

由于企业经营者和员工处于不同的地位，拥有不同的权利，承担着不同的责任，两者之间发生矛盾便不可避免。例如，有的企业实行年薪制，企业发展很快，但一般员工对高层领导的高薪却很不理解，甚至反对。因而这也反映出企业的共同价值观远未达到对两者利益认识协调一致的程度。

（三）企业经营者、一般员工和股东的矛盾

股东是企业的所有者，企业经营者和一般员工是企业的雇员，两个主体有着明显不同的利益。前者可能注重长期行为，后者可能注重短期效益，他们之间自然地存在着某种对立冲突，两者的矛盾常常集中在收益分配上。如何使两者的利益达到均衡，引入企业内部公关机制是十分必要的。

补充材料 10 - 1：

化解员工矛盾的妙术——"五室工作法"

日本有家企业化解员工之间的矛盾的方法与众不同，即安排闹矛盾的员工依次进入五个房间。犹如流水线作业生产产品一样，他们也用流水线作业的方式来解决矛盾。

第一个房间叫"哈哈镜室"。让两个盛怒难平的员工先照哈哈镜，看看自己那可笑的模样，消解一下怒气。

第二个房间叫"傲慢相室"。房内有一座橡皮塑像，用斜眼瞧着你，露出一副蔑视你的傲慢相。这时，工作人员要你拿橡皮榔头去敲打橡皮塑像，让你发泄、消解还没消尽的怒气、怨气。

第三个房间叫"弹力球室"。房内墙上绑着一个球，球上连着强力橡皮筋。工作人员叫你使劲拉开球再放开，这时球会打在墙上并马上反弹过来，打在你的脸上。工作人员乘机问："痛不痛？""为什么痛？"并解释说"这叫牛顿定律"，有作用力就有反作用力。你去招惹人家，人家就会报复你，这是很简单的道理。

第四个房间叫劳资、劳工关系展览室。让员工看看该企业和睦友好的劳资、劳工关系。

第五个房间叫"思想座谈室"。公司经理坐在房里，征求两个员工的意见。这时闹矛盾的员工，头脑已冷静下来，各自都做了自我批评。矛盾化解后，经理还对两人勉励一番，并当场给予物质奖励。

以"五室工作法"化解员工矛盾是独具匠心的：首先，它建立在充分相信员工的基础上，从而达到化解矛盾的目的。其次，它化解员工矛盾的艺术是高超的。我国教育家叶圣陶说过："教育的目的就是为了达到不教育。""五室工作法"将息事宁人的大道理深藏不露，一切尽在不言中，最终达到解决问题的目的。

上例体现了企业管理者在内部公关上的现代管理意识，即始终把人的因素放在第一位，注重人的自尊、人的价值、人的情感、人的自悟、人的自我实现，这对企业的发展无疑是十分有益的。

第四节　培养员工的主人翁意识

如果一个企业希望获得可持续发展，在市场上具有持久的竞争力，就必须培养员工的主人翁意识。

一、什么是主人翁意识

主人翁意识，顾名思义就是员工把自己当作是企业的主人，把企业当作自己的家，把企业的事当作自己家的事来看待。显然，这是建立在组织成员具有主人地位的基础上的，有了主人的地位，才会有主人翁意识。

在一个组织中，组织成员的主人翁意识的产生主要基于以下条件：第一，具有财产所有权，这是主人地位在经济上的直接体现；第二，具有直接的生产经营管理权；第三，具有管理者的监督权。但是，组织成员并不一定是组织财产确切份额的拥有者，也不一定直接参与管理，这就一定程度上妨碍了主人翁意识的形成。

在一个组织中，组织成员的主人翁意识主要表现在：第一，能积极主动地行使自己的权利，即不论在什么情况下，都能积极发表自己的见解，主动做好分内的工作，事事以集体利益为主，不计较个人的利益得失；第二，积极参与组织活动，并具有强烈的义务感，对自己的地位、角色都有明确的认识和评价，认为自己负有对自身以外的环境进行改善、改造和发展的责任和义务，并积极地去从事这些活动。

二、如何激发员工的主人翁意识

企业要想员工尽快进入角色、融入企业，从局外人转变成企业人，就需要通过规范系统的方法使其感到受尊重、被关注，从而形成认同感、归属感，激发其主人翁意识，并使其对自己在企业中的职业发展充满信心。

（一）培养员工的认同感

在一个企业里面，要培养员工有主人翁精神，首先必须要有一个很公平、公开、公正的平台，让所有人在其中都有"自己是该组织的主人"的感觉。这就是培养员工"都在为集体工作、为集体创业，人人都平等"的意识。要破除社会上流行的不良现象，打破阶级观念、本位主义、官僚主义等，在组织里，大家平等地学习和交流，就容易培养员工的主人翁的精神。要培养员工的认同感，需要做好以下工作：

1. 分享信息，缩短企业与职工的心理距离

在管理上，职工作为受命于管理者的执行者，以照章办事、服从管理为天职；但若职工长期干规定的工作，无须过问企业的生产经营状况，这就无形地拉大了企业与职工的距离，使他们对企业漠不关心。要改变这种状况，使职工在心目中确立起"企业是自己的企业"的意识，就要尽可能让全体职工知道企业重要的事情，这不仅可以唤起他们的主人翁意识，而且还可以消除隔阂。有时企业内部的很多意见、分歧、隔阂，常常是由于缺乏必要的沟通造成的。信息沟通可以引导职工达成共识。

企业领导要公开向员工介绍企业情况，把企业的困难向职工交代清楚，使其面对现实；把企业资产向职工交底，变被动为主动；把工作任务层层分解，落实责任，变压力为动力；及时把国家政治、经济形势向职工分析透彻，增强工作透明度，激发职工同舟共济、共渡难关的创业意识。只有这样，才能使职工树立起在困难面前与企业同呼吸、共命运，"企业兴亡，人人有责"的忧患意识。

2. 参与决策，让职工实现价值体验和心理换位

让职工参与决策，表明企业对职工价值的认定。当一个职工有机会对企业的经营管理提出意见时，其意义不在于意见的价值如何，更在于参与活动使职工在心理上对企业产生一种主人翁责任感，能调动职工的积极性和创造性，推动企业发展。要加强企业民主管理，从组织的大政方针、内部管理到生活福利的各个环节、各个方面，职工都

能有各抒己见的机会和条件。企业的重大决策、重大方案不经职代会通过的坚决不实施，使职工切实感到有家可当、有主可做。

3. 让职工分享企业成功的果实

要使职工真正关心企业，把企业当成"自己的企业"，尽职尽责，关键在于让职工能分享企业成功的果实。在我国的企业改革中，试点实行的职工持股制度，就是将职工与企业发展的长远利益有机结合起来，让职工分享企业成功果实的重要方式。这种方式可以把职工和企业以产权的关系维系在一起，此时职工真正成了企业的主人，职工会将所从事的工作作为自己的一份事业。企业精神、企业文化由此得以真正形成，企业才有真正的向心力、凝聚力。当职工的股份在企业成长的过程中不断增值时，职工就会像关心自己的眼睛一样关心企业的发展，自然会加倍努力工作。

（二）培养员工的归属感

要使组织的价值观成为全体员工个人生活价值的一个重要组成部分，形成共同的价值取向，就必须使全体员工从心里对组织产生认同感、归属感，或产生"家庭感觉"，使他为树立自身的良好形象而尽责尽力。

培养员工的归属感是件很不容易的事，需要企业的领导人与公关人员付出不懈的努力，处处从小处着眼来进行"情感维系"，加强员工的主人翁意识和参与意识，加强组织内部各种沟通活动，尤其是领导与群众的沟通。要通过举办员工报告会、展览会，向广大员工报告企业的成就；通过邀请员工家属参观生产作业现场，取得家属对员工和企业的支持；通过借助形式上的统一，如打造代表企业形象的口号、歌曲、徽章、制服等，求得心理上的认同；通过参加各类有意义的活动，据此提高企业的知名度和美誉度，从而激发员工的荣誉感和自豪感，强化员工的归属感。

补充材料 10 - 2：

西门子公司的"新员工融入计划"

西门子公司开发的"新员工融入计划"就是一个能够很好地培养新员工归属感的典型。

西门子公司从新员工的实际出发，设身处地地考虑新员工进入一个陌生环境的心理，既关心新员工，又不给其压力，尽量为他们创造轻松的第一天、温馨的第一天、难忘的第一天。

进入西门子之前，人事部会通知公司前台每一名新员工报到的时间，及时安排在职员工到前台迎接新员工。新员工被带到各自部门时，办公桌、电脑、电话、名片、移动电话、网络、电子信箱、文具等所有的办公用品早已准备妥当，桌上摆着漂亮的鲜花以欢迎其到来，同时还有一张欢迎卡，上面详细说明入职第一天的日程安排。周到、人性化的措施马上给新员工以家的感觉，让他们感受到西门子细致的、人性化的管理风格。这也会让新员工明白应该如何对待其他同事。接下来，公司会为新员工安排一名老员工做向导，引导新员工适应公司环境，带领他们签订劳动合同，为其提供一些诸如员工手册、公司内部管理制度等资料，指导他们登录公司内部网站查阅了解更多的信息。

试用期内，西门子会为新员工介绍公司的组织机构、企业文化及其工作内容等，组织新员工参加新员工研讨会，帮助新员工在融入过程中，了解自己在未来的几个月时间内能够学到什么、理解什么以及做到什么，再就是帮助新员工建立内部的工作网络等。西门子所做的一切无疑会使新员工有一种强烈的归属感，并在接下来的工作中自然地产生为企业效力的主人翁意识。

（三）树立员工的职业信心

当员工真正认同并融入企业后，组织就该引导他们树立职业信心，让他们知道怎样去创造和实现自身的价值。现在，很多企业新员工上岗前，在向其阐述组织前景的同时，也阐明员工个人发展空间，给员工在企业内部的职业生涯做个详细的规划，使员工能够确信他们有能力在未来的组织中事业有成，从而唤起员工个人的成就感和积极性。

对于每一名员工所扮演的角色，西门子称员工为"企业内部的企业家"，哪怕是刚进入不久的新人也如此。西门子倡导员工自己应该是自身发展的主导者、管理者，推动员工取得职业生涯成功的主要力量应该是员工自身。西门子认为，每一名员工都应该审视自身，知道自己的特长和兴趣，给自己明确定位，确定长期发展目标，并分析达到这个目标需要具备什么样的知识与技能。如果某些知识和技能欠缺，就应该及时通过培训完善自我，最终促进自身职业生涯的不断发展。

（四）容忍失败，鼓励员工有冒险的精神

为了鼓励员工不断创新，就要创造一种宽松的氛围，保护创新者。这里包括理解创新者的"怪异"习惯（如"憨傻""固执""神经质"等），支持他们的创新行为（不断行动、不断尝试），同时容忍创新者的失败。所以，许多成功的企业非常注意创造一种文化氛围，鼓励员工不断冒险、不断探索，并允许合理的失败。如美国一家电脑公司其经营哲学要求"员工一天至少犯十次错。如果你一天不犯十次错，就表示你尝试得不够。"有一家公司发明了一种"完美的失败"的做法：在公司中，每次发生"完美的失败"时，都要鸣炮以示庆祝，以鼓励员工在研究工作中不断学习并乐于承担风险。北京亚都公司设置一项"科技贡献奖"，规定奖励方向为：一是奖励那些在技术上有突出贡献者；另一则是专门奖励那些因研究失败而证明了此路不通者。可以设想，在这样的组织氛围中，员工怎么会不努力地去尝试、去创新呢？

补充材料 10-3：

IBM 的"野鸭精神"

美国国际商业机器公司（IBM）是一个拥有40万职工的从事电子计算机开发的高科技公司，年销售量占世界同类产业销售总量的67%，年销售额为500亿美元，年产值10年翻一番。IBM公司所取得的这些骄人成绩与它倡导的"野鸭精神"有着密切关系。

什么是"野鸭精神"？简言之就是创新精神。IBM公司强调每个职工都要有创造开拓精神，要有自己的个性。公司鼓励职工创造发明，不断开发新技术、新产品以把握市场制胜权。这已成为公司的管理原则。公司还不断地向职工灌输忧患意识，让他们认识到，如果不创新，"野鸭"就可能变成"家鸭""死鸭"。

在经营管理实践中，IBM公司领导十分关注并鼓励职工拥有"野鸭精神"，对于充满"野鸭精神"的创新拔尖人才，毫不犹豫地予以提升，哪怕这些人并不讨领导喜欢。公司对一些非正式科研群体中的出类拔萃人才也提供条件，如资金、材料、设备，让他们在公司内部创办风险性的小公司，鼓励他们及时地把科研成果转化为产品。难能可贵的是，公司还允许他们失败。公司尊重员工的自我价值，并通过智力投资强化职工技术教育。

"野鸭精神"给我们的启示至少有三点：

（1）"野鸭精神"是IBM公司精心塑造企业经营理念的真实写照。该公司总经理托马斯·沃森非常欣赏丹麦哲学家哥尔科加德的名言："野鸭或许能被人驯服，但是一旦被驯服，野鸭就失去了它的野性，再也无法海阔天空地自由飞翔了。"他强调IBM公司需要的不是驯服、听话、平庸的人才，而是那些不畏风险、敢于创新的拔尖人才。电子计算机是一种高风险、高收益、高发展的高科技产品，更需要一批高素质的创造型人才。

（2）"野鸭精神"以另一种方式体现了以人为本的思想。人是否能主动地、积极地、创造性地完成自己的任务，直接关系到企业的生存和发展。人的能动性发挥与管理效应也成正比，人的能动性程度越高，管理的效应也就越大。"野鸭精神"正是挖掘了人性最重要因素—创造精神，这是以人为本思想所要达到的最高境界。

（3）"野鸭精神"也符合高新技术及其产业化发展所需要的时代精神。创新过程也是一个冒风险的过程。IRM 公司能为员工营造一个鼓励创新、允许失败的企业环境，让人们懂得冒险创新是一种美德，并对失败者给予理解、帮助，鼓励其继续奋斗，直至成功。这种激励冒险创新的机制，国外把它誉为"冒险文化"，是高技术文化的核心。"野鸭精神"就体现了这种时代精神。

第五节　增强企业凝聚力

人们常说，企业的竞争归根到底是人才的竞争、人心的竞争。实际上，这也是企业凝聚力的竞争。企业经营必须具备强大的凝聚力，并且要不断增强这种凝聚力，才能持续有效地运行下去。

一、　什么是企业的凝聚力

所谓企业的凝聚力，就是一个行业或一个企业具有的优良素质所形成的吸引力。具体地说，企业的凝聚力就是能产生使内部职工充分发挥积极性和创造性的、磁石般的吸引力。企业凝聚力的大小反映了企业成员相互作用力的大小。凝聚力越强，企业成员之间的关系越融洽，企业的整体目标和成员的个体目标越容易实现。对于一个企业来说，凝聚力是活动的基础，是发展生产力的源泉。

（一）企业凝聚力的作用

1. 企业凝聚力与协同效应

企业的凝聚力主要表现在对企业成员的诱导作用方面。诱导即通过对企业成员的诱发、劝导，激发每个企业成员的积极性，以保证企业目标与个体目标的一致性。诱导的结果就是通常所说的协同效应，也就是 1 + 1 > 2 的效应。通俗地说，就是两个单个的人团结起来创造的效益可以大于他们分别单独创造的效益之和。

2. 企业凝聚力与生产效率

要使企业凝聚力与企业目标相一致，必须有一种作用力，使它得以规范化，这种作用力就是通常所说的管理能力。一个好的领导能够引导企业成员，使他们的合力方向朝向企业目标，也只有这样才能提高企业的生产效率。因此，不能简单地说企业凝聚力与生产效率正相关，只有在有好的领导的前提下，它们才具有正相关性。

3. 企业凝聚力与企业士气

士气就是对某一群体或组织感到满意，乐意成为该群体的一员并协助实现群体目标的一种态度，也就是一种团队精神。从这一点上说，企业士气与企业的凝聚力是一致的。一个企业士气旺盛，则企业凝聚力就强，就能较好地适应外界变化，处理好内部冲突；而企业成员对企业及企业领导持肯定和支持的态度，企业的目标就能得以实现。与协同效应一样，企业士气同样离不开企业管理者的正确引导。

（二）影响企业凝聚力的几个因素

企业凝聚力是一个复杂的变量，影响它的因素很多，既包括企业成员本身的心理、行为，又包括企业外界对企业的影响。任何一种因素的变化都可能使企业凝聚力的大小和方向发生变化。

1. 企业成员的相容性

企业成员的相容性即企业成员的相互接纳程度，表现为各企业成员的同质性与互补性。企业成员之间的爱好、兴趣、目标、信念等具有同质性，而性格、知识则具有互补性。同质性的多少与互补性的大小，关系到企业凝聚力的强弱。

2. 企业成员的需要

根据马斯洛的需要层次理论，人的需要从低级到高级分五个层次，分别为生理需要、安全需要、社交需要、尊重需要、自我实现需要。需要的层次具有很强的发展性。在一般情况下，只有低层次的需要得到满足后，才会产生高层次的需要。假如要让一个薪水很少的人经常参加娱乐活动，一般很难，他往往会把更多的精力放在如何挣钱上，以首先满足自己的生理需要。在五个层次的需要中，社交需要也叫归属需要，是建立在生理需要和安全需要基础之上的，只有当社交需要得到满足后，才会进一步产生尊重需要和自我实现需要。从这一点上来说，企业的凝聚力与企业成员的五个层次的需要均有关联。

3. 企业领导的行为与方式

领导是企业的核心。如果一个企业的领导层内部不团结，势必会影响到企业成员。而一个精诚团结、广开言路、善于听取各种意见的领导群体会对企业成员起到示范作用，有助于企业成员的内部团结，形成一种良好的企业氛围，进而增强企业的凝聚力。

4. 企业规范

企业规范是企业每个成员必须遵循的行为准则，是一系列的统一成员行为观念的标准体系。企业规范包括成文的和不成文的，成文的如企业内部各种规章制度，不成文的如约定俗成的企业成员的思想观念等。企业规范是维系企业行为的无形力量，是评价企业成员行为的尺度。企业成员严格遵循企业规范，将会受到表扬、鼓励；反之，则会受到来自其他成员的压力和批评，迫使他重新回到企业规范上来，否则，就会受到企业规范的惩罚。因此，企业规范是形成企业凝聚力的动力，它能够理顺每个成员的个体目标，使之与企业目标一致。如果缺乏企业规范或有规不依，则企业的凝聚力就难以形成。

5. 外部环境

当今世界是一个快速变化的世界，科学技术日新月异，企业要想获得发展，必须紧跟时代潮流，否则就会被淘汰。面对时代的压力，多数企业成员都会有一种紧迫感，都会自觉或不自觉地团结起来，以适应环境的变化，这自然而然地就形成一种凝聚力。外界环境变化了，企业凝聚力也会随之变化。企业领导只有善于利用外部环境，才能使企业凝聚力长久不衰，不断增强。

二、增强企业凝聚力的方法

（一）加强企业成员之间的沟通

企业成员的沟通包括信息沟通与情感沟通。通过沟通，可以促使信息在成员之间的流动，使成员之间加强了解，增进友谊，促进成员之间的相互接纳，提高企业成员之间的相容性。成员之间沟通的方式很多，既可以通过公开的方式，如召开座谈会，也可以通过一些非公开的方式，如谈心等。

（二）及时了解企业成员的需要，并尽可能给予满足

根据企业成员的生理需要，如对薪金、福利、良好工作环境的需要等，应结合企业的情况，适当增加成员收入、缩短工作时间、定期进行体检等。

根据企业成员的安全需要，如防止意外事故发生、职位保障等需要，应依照国家有关法律法规，建立健全本企业劳动保险制度、离退

休制度、用工制度等。

根据企业成员的社交需要，应开展经常性的各种娱乐活动，建立企业互助金制度等。

根据企业员工的尊重需要，如对职称、地位、权力的需要，应建立健全人事考核制度、晋升制度、奖励制度等。

根据企业成员的自我实现需要，应努力为其提供合适的工作岗位以及继续学习的机会，安排一些具有挑战性的工作，吸收其参加企业发展研究、制定计划等。

（三）正确行使领导职能

行使领导职能是引导和影响个人或组织在一定条件下实现某种目标的行动过程，是一种借助他人完成目标的过程。领导者要在不断增强自身素质、提高管理水平的同时，善于运用民主的方式、恰当的授权方式，给企业成员和各级管理者以参与企业管理、充分展示自己才能的机会。了解被领导者擅长什么、不擅长什么，以避其所短、扬其所长，从而调动下属的积极性，达到增强企业凝聚力的目的。

（四）加强企业规范建设

健全完善的企业规范，如考勤制度、奖惩制度、质量检查制度、财务制度等，是鼓励先进，约束落后，增强企业凝聚力的重要保证。在一个企业里，如果先进的得不到鼓励，落后的受不到触动，就会人心涣散，使企业的凝聚力大打折扣。此外，加强企业规范建设，还有利于培养健康向上的企业文化，倡导"比、学、赶、帮、超"的企业精神。

补充材料10-4：

麦当劳管理方式

美国快餐麦当劳在增强员工凝聚力上堪称典范。短短四五十年的创业史，麦当劳从一个小小快餐店发展成为全球快餐业巨头，这与其"大家庭"的管理方式是紧密相关的。

麦当劳的内部公关工作占有相当大的比例。麦当劳重视尊重员工，这种尊重不仅仅是姿态上、仪表上的，而是切切实实融化到了行动中。每位员工在他们的生日和麦当劳的周年纪念日时都能收到公司赠送的礼物以及总经理的鼓励，这种举动往往使员工深深地感动。因为在人们心中往往都有一个深爱的自我，有谁不爱自己？有谁真的不在乎自己的生日是否会接到礼物和祝福？又有谁不希望得到更多的鼓励和重视？尊重每个人内心的这种自尊、自爱，并真诚地用行动去表达，毫无疑问能获得广大员工对公司的信任和支持。总经理及公关部的这些努力，不仅拉近了员工们的距离，而且也促进了员工间的团结、友爱。用员工自己的话说就是"麦当劳是我们大家的家"。在这个大家庭中，员工们能够获得友谊、感受亲情，有什么比这更美好呢？

有亲情，没有责任是不能称其为家的。麦当劳说自己是一个大家庭，除亲情外，他们也没有放弃责任——对每位员工的责任。麦当劳有终生的培训制度。每位员工，只要进入麦当劳，就能享受终生的不间断的培训。大凡经过麦当劳严格培训出的工作人员都能成为快餐行业的全才。麦当劳还有平等的竞争制度，即每个人只要肯干、能干，都能够在麦当劳取得成功，在它的领导阶层中，三分之二的人来自基层（另外的二分之一是吸收外界的人才）。

事实证明了他们是成功的。

众所周知，麦当劳的用工制度是小时工。在传统观念中，这是最不稳定的工作，但却有不少人在人事处登记，等待成为麦当劳的一员。再看他现有员工的精神面貌，对顾客服务的那份仔细与耐心，这些远远不是金钱所能换取的，是责任和爱心的奉献铸造的凝聚力。只有这种凝聚力才是最坚韧的、最牢固的。

第六节　调动员工积极性

美国企业巨子艾柯卡有言：企业管理无非是调动员工的积极性，而调动员工积极性正是员工激励的主要职能。其激励核心就是调动人的积极性。

积极性这一概念从心理学的角度来看，主要是指人的行动的心理动力问题。心理动力大，积极性就高；心理动力小，积极性就低。要发挥职工的积极性，一般认为取决于两个方面：一是能力，二是动力。能力强容易出成果，然而能力的发挥却在很大程度上取决于动力。激发人的动机，使人有一股内在动力，朝向所期望的目标前进，这种心理活动的过程就是激励。研究调动职工积极性的策略，也就是研究激励人的方法。

一、激励的含义及原理

什么叫激励？所谓激励就是创设满足员工各种需要的条件，激发其工作动机，使之产生实现组织目标的特定行为的过程。其基本含义包括：①它的出发点是满足个体的各种需要；②必须贯穿于激励工作的始终；③是各种激励手段综合运用的过程；④信息沟通需要贯穿于工作的始终；⑤最终目的是实现组织目标和个人目标的统一。

激励需针对人的行为动机而进行。管理者通过激励，使下属认识到用一种符合要求的方式去做需要他们做的事，就会使自己的欲求得到满足，从而表现出符合组织需要的行为。为了进行有效的激励，收到预期的效果，领导者必须了解员工的行为规律，知道员工的行为是如何产生的，产生以后会发生何种变化，这种变化的过程和条件有何特点等等。

行为科学认为，人的行为是由动机决定的，而动机则是由需要引起的。动机产生以后，人们就会寻找能够满足需要的目标，而一旦目标确定，就会进行满足需要的活动。如果其结果未能使需要得到满足，则会出现三种情况：①目标不变，重新努力；②降低要求得到满足的档次；③变更目标，从事别的活动，以满足相同或类似的需要。如果活动的结果使作为活动原动力的需要得到满足，则人们往往会被自己的成功鼓舞，产生新的需要和动机，确定新的目标，进行新的活动。因此，从需要到目标，人的行为过程是一个周而复始、不断升华的循环。

上述分析表明：需要是人类行为的基础；不同的需要在不同的条件下会诱发不同的行为；本期行为的结果会使人们产生新的需要，从而影响下期行为。管理者要正确地引导人们的行为，必须：①分析需要的类型和特点；②研究需要是如何影响人的行为以及影响程度是如何决定的；③探索如何正确评价人们的行为结果，并据此予以公正的报酬，以使人们保持积极、合理的行为，或改正消极、不合理的行为。

二、激励理论的简要述评

按照研究的侧重及与行为关系的不同，管理激励理论可分为内容型、过程型、强化型和综合型四大理论类型。

（一）内容型激励理论

由于需要是人类行为的原动力，因而这一理论实际上是围绕人们的各种需要来进行研究的，故又称需要理论。其代表理论主要有：马斯洛（A. Maslow，1954）的需要层次理论、阿尔德弗（Alderfer，1972）的 ERG 理论、麦克利兰德（D. C. Mc. Clelland，1961）的成就需要理论、赫兹伯格（F. Herzberg，1957）的"激励—保健"双因素理论。

1. 马斯洛的需求层次理论

心理学家马斯洛将人的需要分为五个层次，由低级到高级依次为生理的需要、安全的需要、归属的需要、尊重的需要和自我实现的需要。这五个层次像阶梯一样从低向高逐渐增强，一个层次的需要满足了，就会向高一层次发展。因为人的行为是受多种需要支配的，所以同一时期内可能存在多种需要，但某一种需要会占支配地位。这一理论表明，针对人的需要实施相应的激励措施是可能的，但人的需要具有多样性，会根据不同环境和时期发生变化，所以激励的方式也应当多元化。近年来的研究还发现：满足需要时不一定先从最低层开始，有时可以从中层或高层开始；任何一种需要并不因为满足而消失，高层次需要发展时，低层次需要仍然存在；在许多情况下，各层次的需要是相互依赖和重叠的。

2. 阿尔德弗的 ERG 理论

阿尔德弗把需要层次理论概括为三种需要，即生存、关系和成长。其中，生存需要是人类最基本的需要，如衣、食、住、行等；关系需要指个体与他人交往的需要；而成长需要是指个体在事业、工作、前途等方面要求发展的需要。ERG 理论认为，较低层次需要的满足会带来较高层次需要的愿望，但满足较高层次需要的努力受挫会导致倒退到较低层次的需要。所以，阿尔德弗理论对工作激励的贡献在于：提出了当个体高层次的需求受到阻滞时达到激励的其他可能的途径，同时提醒管理高层应根据员工需要和自身素质特点设置适当的目标。如果组织目标设置过高，非员工能力所及，员工会因达不到目标、无法满足需要而产生挫折感，进而产生退却、害怕或消极心理，也就无法达到激励目的，实现预期目标。

3. 麦克利兰德的成就需要理论

麦克利兰德提出人的三种基本需要：成就、权力和情谊。成就需要是追求卓越、实现目标、争取成功的内驱力，权力需要指影响和控制他人的欲望，而情谊需要则是建立友好亲密关系的欲望。麦克利兰德的需要理论表明：具有高成就需要的人更喜欢具有个人责任、能获得工作反馈和适度冒险的环境，但高成就需要的人不一定就是一个优秀的领导者。因为他们所感兴趣的是他们个人如何做好，而不是如何影响他人做好，所以该理论对高目标值的企业家或经理人员的激励具有更为直接的指导意义。

4. 赫兹伯格的"激励—保健"双因素理论

赫兹伯格通过调查研究发现，人们对工作满意时的回答和对工作不满意时的回答大相径庭。员工倾向于把工作满意的因素归于自己，而把不满意的因素归于外部和组织，因此不满意的对立面并不是满意。管理者消除员工工作中的不满意因素，可能会带来平衡，却不一定有激励的作用。赫兹伯格把促使员工在工作中产生满意感的因素，如成就、认可、工作本身的吸引力、责任和晋升等称为激励因素，而把促使员工在工作中产生不满意的因素，如工作待遇、条件、环境、企业政策和人际关系等称为保健因素。双因素理论很好地解释了为什么有时员工的收入和福利都已相当不错时，还不能努力工作。管理者应重视工作本身的激励意义，使工作丰富化，提高工作的挑战性，设置合理的晋升渠道等，才能真正激励员工。

（二）过程型激励理论

过程型激励理论着重研究人从动机产生到采取行动的心理过程。这类理论表明，要使员工出现企业期望的行为，须在员工的行为与员工需要的满足之间建立起必要的联系。过程型激励理论主要有：洛克（E. A. Locke）的目标设置理论、弗鲁姆（V. H. Vroom，1964）的期望理论、亚当斯（J. S. Adams，1963）的公平理论等。

1. 洛克的目标设置理论

洛克认为，目标是激励因素影响个体工作动机的主要手段，给员工设置目标应根据目标的具体性、挑战性和认同性三大标准。目标设置理论的前提假设是每个人都忠于目标，即个人做出决定不降低或放弃目标。设置目标可以提高一个人对能胜任某项工作的信心，即个体的自我效能感。目标设置理论奠定了目标管理的理论基础。

2. 弗鲁姆的期望理论

弗鲁姆认为，人们从事任何工作的激励将取决于经其努力后取得的成果的价值（不论是正的或负的），乘以经其努力后将在实质上有助于达到目标的信念。弗鲁姆提出一个公式：激励＝效价×期望率，式中的激励是指一个人受到激励的强度，效价是指这个人对某种成果的偏好程度，而期望率是指通过特定的活动导致预期成果的概率。从这一公式我们可以看出，要使激励强度最大，效价和期望率都应最高，即只有员工偏好并抱有很高期望的工作才真正有激励意义。

3. 亚当斯的公平理论

亚当斯指出，员工激励不仅受报酬绝对数量的影响，更受到工作报酬相对比较的影响，同等的报酬不一定获得同样的激励效果。个体只有通过对报酬的横向社会比较和纵向历史比较，感到公平，才能激发工作积极性。

（三）强化理论

强化理论主要研究人的行为结果对目标行为选择的反作用，通过对行为结果的归因来强化、修正或改造员工的原有行为，使符合组织目标的行为持续反复出现。具有代表性的是斯金纳（B. F. Skinner，1938）的强化理论和凯利（Kelley. HH，1967）的归因理论。

1. 斯金纳的强化理论

斯金纳认为，人的行为是由外部环境刺激所做的反应，强化物就是能影响行为频率的刺激物，其作用可分为正强化、负强化和消退强化，只要创造和改变外部的强化条件，人的行为就会随之改变。这种理论的意义在于用改造环境的办法来保持积极行为，修正错误行为。

2. 凯利的归因理论

所谓归因，就是指为了预测和评价人们的行为并对环境和行为加以控制，而对他人或自己的行为结果所进行的因果解释和推论。对行为结果的不同归因会影响人们在未来的行为选择。这一理论的启示是：可以通过影响个体的归因，引导他反复选择组织期望的行为。

（四）综合型激励理论

综合型激励理论主要是将上述几类激励理论进行结合，把内外激励因素都考虑进去，系统地描述激励全过程，以期对人的行为做出更为全面的解释，克服单个激励理论的片面性。代表性理论有罗伯特·豪斯（RobertHouse）的激励力量理论、布朗（R. A. Baron，1986）的 VIE 理论、波特（L. Porter）和劳勒（E. Lawler）的期望概率理论。

1. 罗伯特·豪斯的激励力量理论

罗伯特·豪斯在双因素理论和期望理论基础上提出了一个整合模型：激励力量 = 任务内在激励 + 任务完成激励 + 任务结果激励。它的贡献在于把内外激励因素有机结合了起来。内在激励包括工作本身提供的效价和工作绩效产生的效价及其期望值，外在激励包括工作完成带来的各种外在报酬的效价。

2. 布朗的 VIE 理论

布朗认为，激励是绩效、手段和期望的乘积，其中任何一项要素为零，激励就等于零。该理论的实质是对目标设置理论和期望理论的综合。

3. 波特和劳勒的期望概率理论

期望概率理论认为激励力量的大小取决于多方面的变化因素，涉及当事人对该项工作的业绩、所获报酬、公平性、角色意识、个人技术能力以及相关影响的认识和评价。它可进一步看作是 VIE 理论和公平理论的结合。

三、员工激励的方法

员工激励的方法概括起来主要有以下 10 种：

（一）目标激励

目标激励就是通过确立工作目标来激励员工。正确而有吸引力的目标，能够激发员工奋发向上、勇往直前的斗志。

运用目标激励，管理者应注意以下几个问题：

1. 目标要切合实际

目标的激励作用 = 目标价值 × 期望概率。"目标价值"即目标本身的价值，"期望概率"就是实现目标的可能性。从理论上讲，目标的价值和期望概率越大，其激励作用就越强。但实际上，这是不可能的。因为目标价值和期望概率是成反比的，目标定得越高，价值越大，则实现的可能性，即期望概率就越小；反之，目标越低，价值越小，则实现的可能性，即期望概率就越大。因此，目标的制定，不能盲目地求高、求大，而应考虑其实现的可能性，要使员工通过努力能够实现。只有这样，才能使目标激励真正起作用，才能实现目标激励作用的最大化。否则，不但起不到激励作用，还可能起消极作用，使员工丧失信心。

2. 目标的制定应该是多层次、多方向的

除了企业的基本目标外，还应包括其他许多目标，如企业管理目标、培训和进修目标、技术考核目标和生活福利目标等。

3. 要将目标分解为阶段性的具体目标

有了总目标，会使员工看到前进的方向，鼓舞员工实现总目标的斗志。但只有总目标，会使人感到目标遥远，可望而不可即。如果在制定总目标同时又制定出阶段性的具体目标，就能使员工感到有实现的可能，就会将目标转化为工作压力和工作动力，既增大了期望值，也便于目标的实施和检查。

4. 要将企业的目标转化为部门、各班组以致员工个人的具体目标

企业目标不仅要分解为阶段性的具体目标，还要转化为各部门、各班组以致员工个人的具体目标，使目标和责任联系起来，再加上检查、考核、奖惩等一系列手段，才能保证企业总目标的实施，才能使目标起到应有的激励作用。

（二）角色激励

角色激励实际上就是责任激励，就是让个人认识并担当起应负的责任，激发其为所扮演的角色献身的精神，满足其成就感。

但是，如果一个人认识不到自己应负的责任，就会放松对自己的要求，出现"油瓶子倒了也不去扶"的现象，角色激励也就失去了作用。所以，企业管理人员的责任之一就是要帮助员工认识和重视自己的责任，认识到自己的工作对于顾客、对于企业以及对于社会的重要性。

（三）物质激励

马克思说过："人们奋斗所争取的一切，都同他们的利益有关。"物质的需求不仅是人类赖以生存的基本前提，也是个人在精神、智力、娱乐等各方面获得发展的基础。

管理者还应当清楚，物质奖励同时也是一种精神激励，是上级管理人员对下属的行为和所取得成就的肯定，能够满足下属的成就感；同时，也表明上级对下属的认可和赞赏。

企业管理人员在对员工进行物质激励时，一定要注意公平原则，否则，不但起不到激励作用，反而会挫伤员工的积极性，甚至造成矛盾，影响团结。事实证明，下属对领导者的能力和工作水平低大都可以原谅，而对领导者不能一视同仁，处理问题不公平，则往往表现出不能容忍的态度。

（四）竞争激励

人自幼就有一种竞争心理。例如，小孩子在一起玩，总是要想超过别人。到了成年，不甘落后于人的心理仍然存在。

竞争激励实际上也是荣誉激励。得到他人承认、受到别人尊重，荣誉感、成就感，这些都是著名心理学家马斯洛需求层次中的高级需求。现代企业中年轻人比较多，他们争强好胜，上进心强，对荣誉有强烈的需求，这是开展竞赛活动的心理基础。企业可以适时开展诸如

英语口语竞赛、知识竞赛、服务态度竞赛和工作技能技巧竞赛等活动。通过组织这些竞赛活动，不仅可以调动员工的积极性，而且，还可以提高员工的素质。

（五）信息激励

一个人不外界接触，闭目塞听，孤陋寡闻，必然自以为是，心安理得。而迈开双脚到外边去走一走、看一看，让头脑接收新的信息，会对人产生强大的激励作用。有一家企业的管理者迫切希望改进和提高服务水平，便在企业内积极推行服务的标准化、规范化和程序化。尽管管理者反复讲，亲自示范，然而收效甚微。后来，管理者改变了教育方法。他带领一批基层班组长和服务员去考察、参观了几家高标准的企业。回来后，这批职工就成了推行标准化、规范化、程序化服务的积极带头人，使该企业的服务质量有了大幅度的提高。这一案例清楚地说明了信息的激励作用。看到或听到别人的成就、别人的进步，才能发觉自己的落后，才能激发起奋起直追的热情。因此，有条件时，企业管理者应组织员工去其他先进企业参观学习，或向员工传递这方面的信息。

（六）奖惩激励

在管理工作中，奖励是一种"正强化"，是对员工的某种行为给予肯定，使这个行为能够得以巩固、保持；而惩罚则是一种"负强化"，是对某种行为的否定，从而使之减弱、消退。恰如其分的惩罚不仅能消除消极因素，还能变消极因素为积极因素。奖励和惩罚都能对员工起到激励作用，两者相结合，则效果更佳。

运用奖惩这一强化激励方法，必须注意以下几个问题：

1. 及时性

拿破仑不仅是一名卓越的军事家，而且是一位非常懂得激励艺术的管理者。他曾经说过："最有效的奖励是立即给予的奖励。"这一点在企业管理中同样适用。一个职工工作表现好，取得了优异成绩，或者提出了有效的合理化建议，就应及时给予肯定；相反一个员工如果表现不好，犯了错误，则应及时予以惩罚或批评。否则，时过境迁，激励作用会大打折扣。

2. 准确性

奖惩的准确性，是它发挥作用的前提条件。不论是对员工的表扬、奖励，还是批评、惩罚，管理人员都要做到实事求是、恰如其分、力求准确。表扬时不能为了突出某人的成绩而对之凭空拔高；批评时也不能捕风捉影、任意上纲。否则，不仅会让人反感，还会产生不良后果。

3. 艺术性

企业管理者特别要注意表扬和批评的艺术性，切勿在下属和客人面前批评员工。批评员工一定要注意时间、地点和场合，尤其不能当着其下属的面和客人的面批评员工，否则将极大地挫伤员工的积极性，伤害员工的自尊心，使其无"脸"继续做好工作，严重的还会因此而失去人才。

（七）参与激励

有位管理者曾经说过：如果你把员工当牛看待，他想做人；如果你把他当人看待，他想当牛。因此，为了激发员工的工作积极性和主人翁精神，必须发扬民主，重视与员工的沟通。

参与激励就是在企业管理中，给予职工发表意见的机会，尊重他们的意见和建议，使职工能够以不同的方式参与企业管理活动，从而达到激励员工的目的。管理者不仅要把上级的指示传达到下属，而且要注意倾听下属的心声，把下属的意见和建议及时、准确地反映给上级管理者。在做决策时，要多与员工沟通，因为决策的最终执行者还是下属员工。经过员工充分讨论的、科学合理的决策，有利于员工的贯彻执行，也有利于激励员工。

另外，企业办报不仅是企业文化的组成部分，同时也是一种参与激励的管理方式。企业办报可以设以下栏目：如鼓励员工出谋献策的"智囊团"栏目；为文学爱好者提供展示文采的"文学天地"；报道好人好事的"职工园地"；监督工作质量的"仙人掌"，以及职工所关心的"热门话题""管理之声""投诉案例"等。还有一种有效的沟通和激励方式，就是在企业确定"员工日"或总经理接待日。使每位员工都有机会和总经理面对面地说说自己的心里话，解解心中的"疙瘩"，提提合理化建议。

（八）情感激励

情感激励就是在对员工工作上严格要求的同时，在生活上要关心员工、尊重员工，以"情"动人。所谓尊重职工，就是要尊重职工的主人翁地位；理解职工，就是要理解职工的精神追求和物质追求；关心职工，就是要心系职工，尽可能解决职工的实际困难。高昂的士气，须有必要的物质保障，这意味着要为员工创造良好的工作环境和生活条件。只有职工真正意识到自己受到了尊重，他们才会以主人翁的精神积极工作。北京建国饭店的总经理连续两个钟头站在职工食堂门口，一次又一次地拉开大门，向来参加春节联欢会的职工点头致意，说："您辛苦了!"中方和外方经理们头戴白帽，腰系围裙，站在自助餐台后，微笑着为职工们盛菜打饭，使职工心里涌起阵阵暖流，使员工的心与企业贴得更紧。另有一家企业则规定：管理者见到员工时必须首先向员工打招呼或问好，从总经理到部门经理概莫能外，企业"给了员工一个家的氛围和环境，员工也把企业当成了家"。

运用情感激励这一激励手段时，特别值得一提的是，当员工家庭或个人生活遇到什么不幸或困难时，管理者要给予同情、关怀，必要时在经济上给以支持和帮助，员工对此会铭记在心，感恩戴德，从而起到极大的激励作用。事实证明，在关键时刻，对员工伸出同情与援助之手，比平时说上一千句、一万句激励的话要管用得多!

（九）晋升与调职激励

人人都有上进心，正所谓"不想当元帅的士兵不是好士兵"。利用人们的上进心，给予员工职位的晋升，无疑是一种极为有效的激励方法。但晋升激励并非一定要"升官"，因为"官位"毕竟是有限的，不可能让员工都当经理，但级别却是无限的。以服务业为例，可设实习生、初级服务员、中级服务员、高级服务师等。员工的行政职务虽然没有变，但员工的待遇发生了变化，荣誉感增强了，从而可以起到很好的激励作用。

除了对工作表现好的员工晋升以外，还可以通过在企业内部调换员工的工作岗位来激励员工。通常有两种情况：一是个别管理者与职工之间由于下意识的偏见、古怪习性或意外事故的发生而引起尖锐的矛盾，如通过协调或其他方式仍无法解决，可将该职工调离本部门（岗位），以调动矛盾双方的工作积极性；二是目前的工作岗位不适合他本人，不能充分发挥其个人专长和才干，通过调换工作岗位，不仅可以充分利用人力资源，还可以激励员工，极大地调动员工的工作积极性。

（十）示范激励

"榜样的作用是无穷的"，一个组织的士气和精神面貌很大程度上取决于其领导成员。有什么样的管理者，就有什么样的下属员工。因此，管理人员要以身作则，从各方面严格要求和提高自己，以自己的工作热情、干劲去影响和激励下属员工。

补充材料 10 - 5：

华为如何对人的能力进行管理和激发？

在华为开始创业的 20 世纪 80 年代中后期，国内诞生了 400 多家通信制造类企业，但这个行业注定是场死亡竞赛，赢者一定是死得最晚的那个。2012 年，华为的年销售额达到了惊人的 2 202 亿元——超越爱立信成为全球最大的电信设备供应商。同年，华为宣布利润突破 154 亿元（这还不包括用来给员工发奖金的 125 亿元红包）。华为活到了最后。华为为什么可以活到最后？背景论、关系论等纷纷出笼，是这样吗？

从某种意义上说，华为就是任正非管理思想的试验场。作为一家民营企业，华为之所以能够在 25 年里超越欧洲百年对手，很大程度是因为其对奋斗者精神的崇尚。付出和回报在这家企业是成正比的。

"不让雷锋穿破袜子，不让焦裕禄累出肝病。"华为的高速运转过程，一直走"高薪"路线。按任正非的说法，华为就是"高效率、高工资、高压力"的"三高"企业，"高工资是第一推动力"。任正非在企业内部推行"工者有其股"的激励机制，让员工和企业共同奋斗，共同受惠，形成了一个有机的命运共同体。根据华为 2010 年业绩，每股分红 2.98 元，如果一个老员工持 50 万股，他将在年底拿到分红 100 多万元。如果持股员工想要退出，目前华为采取按照企业增值估算的模式，将原有股本和增值部分一起退给员工。这种进退自如的方式获得了员工的认可。华为一年发一次红利，红利自动滚入本金。过去华为有"1 + 1 + 1"的说法，即员工的收入中，工资、奖金、股票分红的收入比例相当。一旦华为停止成长或关门，员工将损失惨重，所以华为能万众一心，蓬勃向上，企业的执行力特别强。因为员工都是在为自己工作。同时，尝到了高分红比例的不少员工每年都想方设法多挣一些股票，唯一的办法就是多给公司创造价值。在华为的核心价值观里，这就是"以奋斗者为本"。很多慕名前往华为的企业家在参观完华为之后，都有点蒙了，一个看不到多少人和多少设备的企业，为什么可以做到两千多亿元的销售额？更让他们发蒙的，是一段 2002 年的年会视频：任正非召集一万多名员工、供应商、客户等参加年会，会上员工高昂的士气让人震惊，而更令人震惊的是，整个活动过程里没有一个人的手机铃声响起，厕所里也没有发现烟头，这在一般的企业是难以想象的。高利润为华为带来了全新的经营思维。此时，手握大把现金的任正非，开始更深层面的经营策略：把高额利润带来的企业优势全部做足，以此激发出员工的所有激情，以"滚雪球"的方式，实现加速度和更大规模的发展——①实行全员高薪，激发员工潜力；②实行全员持股，形成企业内部的"全员利益共同体"；③大规模投入研发，每年保持营收的10%以上甚至远超过此数；④大量招聘高水平的研发人员，全力推进自主研发；⑤大量招聘市场一线人员，向全球市场全面出击。如果华为上市，就会产生成千上万个千万或亿万富翁，绑上黄金的雄鹰还能在天空翱翔吗？上市暴富与华为"长期坚持艰苦奋斗"的核心价值观完全背道而驰。著名的国际电信巨头加拿大北电为什么衰落得这么快？就是因为一大帮坐拥亿万美元的富翁讨论公司的生死存亡，散散淡淡地没有紧迫感。

华为的企业文化主要是两点：一，奋斗文化；二，不让雷锋吃亏。简单地说，你奋斗，就有好的回报，就有发展成长的机会。这种人才模型加上奋斗者文化再加上物质激励和成长机会，让很多年轻的华为人奔波在世界各地，无论是战火纷飞的伊拉克，还是贫穷落后的非洲，以及像清教徒生活的中东；同时，这也给了年轻人机会，很多人不到30岁就做了国家代表，去和总统部长会谈，做上亿美元的项目……

（资料来源：http://www.iceo.com.cn/com2013/2014/0522/289869.shtml）

课后思考练习：

美国IBM公司每年都要举行一次规模隆重的庆功会，对那些在一年中做出过突出贡献的销售人员进行表彰。这种活动常常是在风光旖旎的地方，如在百慕大或马霍卡岛等地进行。公司对3%的做出了突出贡献的人所进行的表彰，被称作"金环庆典"。在庆典中，IBM公司的最高层管理人员始终在场，并主持盛大、庄重的颁奖酒宴，然后放映由公司自己制作的表现那些做出了突出贡献的销售人员的工作情况、家庭生活，乃至其喜爱的影片。在被邀请参加庆典的人中，不仅有股东代表、工人代表、社会名流，还有那些做出了突出贡献的销售人员的家属和亲友。整个庆典活动，自始至终都被录制成电视（或电影）片，然后被拿到IBM公司的每一个单位去放映。

在这种庆典活动中，公司的主管同那些常年忙碌、难得一见的销售人员聚集在一起，彼此毫无拘束地谈天说地。在交流中，无形地加深了心灵的沟通，尤其是公司主管由衷地表示关心的语言，常常能使那些在第一线工作的销售人员"受宠若惊"。正是在这个过程中，销售人员更增强了对企业的"亲密感"和责任感。

在任何机构工作的人员，总不免会遇上不惬意的事情，觉得自己受到委屈或不公平的对待，渴望向上司痛快地投诉一番。为了解决这些问题，IBM 推行了"开门制"，如果一名职工感到自己受到不公平对待，他可以直接向负责人投诉；如果仍不满意的话，还可以"越级"上诉，直到问题圆满解决为止。此外，公司也很留意普通职工对公司的意见。公司定期要进行意见调查，并对结果进行分析，使雇员的"反馈"能通过公关这个"中间人"角色，迅速、有效地传达到公司的管理阶层。

在具体工作环境中，IBM 采用了一套与其他公司不同的方式。它不相信有所谓绝对的工作标准存在，而只期望每一位员工尽心尽力而为。这使每个员工都保持了本身的尊严，自然他们也就会尽忠职守，工作时不会怠慢。

练习题：

1. IBM 公司的上述做法在公司内部究竟都有哪些重大意义？这种活动对其他公司有何借鉴？

2. 请用已经学过的公共关系心理学知识，对这一案例进行分析。

参考文献

［1］彭聃龄．普通心理学［M］．北京：北京师范大学出版社，2001.

［2］章志光．社会心理学［M］．北京：人民教育出版社，1996.

［3］时蓉华．现代社会心理学［M］．上海：华东师范大学出版社，2000.

［4］朱吉玉．公关心理学［M］．大连：东北财经大学出版社，2006.

［5］张云．公关心理学教程［M］．北京：首都经济贸易大学出版社，2004.

［6］丁军强．公共关系原理与实务［M］．北京：北方交通大学出版社，2004.

［7］吴江霖．社会心理学［M］．广州：广东高等教育出版社，2003.

［8］全国十三所高等院校编写组．社会心理学［M］．天津：南开大学出版社，1990.

［9］沙莲香．社会心理学［M］．北京：中国人民大学出版社，2002.

［10］郑雪．社会心理学［M］．广州：暨南大学出版社，2004.

［11］金盛华．社会心理学［M］．北京：高等教育出版社，2005.

［12］乐国安．应用社会心理学［M］．天津：南开大学出版社，2003.

［13］屠文淑．社会心理学理论与应用［M］．北京：人民出版社，2004.

［14］方光罗．公共关系概论［M］．北京：中国商业出版社，2006.

［15］余阳明．公共关系学［M］．广州：广东高等教育出版社，2003.

［16］张云．公关心理学［M］．上海：复旦大学出版社，2003.

［17］秦启文．公共关系心理学［M］．上海：华东师范大学出版社，2002.

［18］张力行．公关心理学［M］．成都：四川大学出版社，1994.

［19］周晓虹．公共关系心理学［M］．南京：南京大学出版社，1992.

［20］周晓虹．现代社会心理学［M］．上海：上海人民出版社，2003.

［21］马建青．现代公关心理学［M］．杭州：浙江大学出版社，1999.

［22］赵国祥，赵俊峰．公关心理学原理与应用［M］．开封：河南大学出版社，2000.

［23］赵学前．公关心理学原理与应用［M］．长沙：湖南师范大学出版社，1994.

［24］孙时进．社会心理学［M］．上海：复旦大学出版社，2003.

［25］张百章．公共关系案例［M］．北京：中国财政经济出版社，1994.

［26］刘颖．公共关系案例分析［M］．北京：中国广播电视出版社，1990.

［27］张斯忠．现代青年公共关系技巧［M］．合肥：中国科技大学出版社，2001.

［28］吴方钰．公共关系心理学［M］．北京：中国劳动出版社，1995.

［29］汪秀英．公共关系实用技巧［M］．北京：兵器工业出版社，1989.

［30］吕维霞．案说公共关系［M］．北京：对外经济贸易大学出版社，2002.

［31］杨志芳．公共关系心理学［M］．长沙：湖南文艺出版社，1990.

［32］方世南．公共关系案例分析［M］．北京：中国商业出版

社，1999.

　　［33］杨魁，董雅丽．公关心理学［M］．青岛：青岛出版社，1994.

　　［34］肖辉．实用公共关系学［M］．北京：北京大学出版社，2001.

　　［35］何修猛．现代广告学［M］．上海：复旦大学出版社，2001.

　　［36］胡近．公共关系关系策略［M］．北京：高等教育出版社，2000.

　　［37］彭聃龄．普通心理学［M］．3版．北京：北京师范大学出版社，2002.

　　［38］王建军．心理素质概念的内涵新探［J］．石油大学学报：社会科学版，2005，21（6）．

　　［39］李林娜，岳晓峰．试论公共关系人员的"情商"［J］．科教文汇，2006（10）．

　　［40］郭海鹰．逢山开路，遇水搭桥：谈公关人员素质［J］．公关世界，2003（5）．

　　［41］唐登华．谈大学生人际交往［N］．现代教育报，2004-11-03（7）．

　　［42］刘建芬．试论公共关系中的人际关系心理［J］．湖南商学院学报，1996（4）．

　　［43］贾宗国，杨永慧．浅谈人际交往艺术在公共关系工作中的作用［J］．胜利油田党校学报，2003，16（5）．

　　［44］王友竹．公共关系活动中的人际关系［J］．哈尔滨金融高等专科学校学报，1994（3）．

　　［45］张烽．浅谈人际关系的构成因素、特点和作用［J］．郑州大学学报：哲学社会科学版，1998，31（2）．

　　［46］李彦亮．企业形象定位及其传播［J］．江西社会科学，2006（1）．

　　［47］翟庆萱．企业组织形象塑造的原则［J］．商业研究，2002（3）．

　　［48］沈翠珍，翟昊凌．企业内部公关与企业形象塑造［J］．武汉工业学院学报，2003，22（4）．

　　［49］刘凯．建设企业内部公共关系［J］．合作经济与科技，2005（2）．

［50］王贞，齐桂森，赵玉锦．论组织气候［J］．郑州航空工业管理学院学报，1995（1）．

［51］张经远．管理激励理论述评及应用［J］．科学与管理，2006（4）．

［52］刘伟．激励理论在企业管理中的应用［J］．企业管理，2005（5）．

［53］胡淑芳．提高企业凝聚力，搞好内部公关［J］．外向经济，1998（3）．

［54］杨绍先．日本企业的内部公关［J］．贵州师范大学学报：社会科学版，1996（4）．

［55］洪杰文，宁强．现代传播方式的比较［J］．印刷世界，2005（12）．

［56］张鑫．大众传播效果研究新论［J］．湖南社会科学，2003（1）．

［57］邢耀东．信息超载现象的传播效果分析及其解决对策［J］．中国医学教育技术，2006，20（1）．

［58］王健．浅谈大众传播中的受众心理［J］．辽宁工学院学报：社会科学版，2003，5（3）．

［59］朱向梅．消费者态度改变途径探讨［J］．科技情报开发与经济，2006，16（2）．

［60］陈洁琦．内部公关：以人为本的魅力［J］．财会月刊，2000（5）．

［61］甄珍．公共关系实务新编［M］．北京：北京大学出版社，2011．

［62］袁武林，李超．消费心理理论与实务［M］．西安：西北工业大学出版社，2013．